本书为江苏省社科基金后期资助项目"智库管理的理论与实践研究"（16HQ041）成果

南大智库文丛

李刚主编

完善智库管理

智库、"研究与倡导型"非政府组织及其资助者的实践指南

〔美〕雷蒙德·斯特鲁伊克 著

李刚 孔放 庆海涛 等译 伍丹履 校译

Raymond Struyk

Improving Think Tank Management:
Practical Guidance for Think Tanks,
Research Advocacy NGOs, and Their Funders

南京大学出版社

"大学与智库"

——"南大智库文丛"总序

中世纪的大学是学者的行会,传道授业是最基本的使命,也是教授们谋生的手段。柏林大学开创了科学研究的先河,成为现代大学的原型,但是由于曲高和寡,它被人们称为不食人间烟火的"象牙塔"。"二战"以来,美国大学的人才培养和科学研究都着眼于科技、经济和社会发展的需要,把服务社会列为大学的第三个基本功能。

智库作为现代社会从事战略和政策研究、咨询的专业机构,是现代政治运作、行政管理和社会治理综合需求的产物,是知识社会分工进一步细化的产物。大学不等同于智库,这是一个常识。一般而言,大学的历史要比智库悠久得多,大学的体量要比智库大得多,大学的结构和功能要比智库复杂得多。大学和智库的关系本来并不复杂,但是在中国特色新型智库建设中,有学者惊呼"高校就是高校,不能把高校建成智库",一时间大学和智库的关系变得复杂起来。因此,很有必要对大学和智库的关系做系统的讨论。

一

在现代社会中,大学和智库是两类性质完全不同的社会机构。虽然大学不是智库,但是大学和智库之间关系非常密切,有时甚至密切到难以分割。学科是大学的基本单元,学科建设是大学的重中之重。对于智库而言,政策问题是基本单元。当然学科取向和智库的问题导向研究本不应该对立。学科是基础,智库是学科体系的应用。有人认为,没有长期的知识积累,高校智库就对现实的国计民生问题指手画脚,这种行为不仅是不负责任的,而且是对知识不诚实的一种表现。这种观点无疑是正确的。对于当下的许多智库而言,这是非常及时的提醒。中国古代"士"阶层有强烈的济世情怀,有指点江山的豪情壮志,出谋划策、运筹帷幄、决胜千里被看成最风流潇洒的事业。这种古代智囊的遗风很容易被当代智库继承,所以当代中国智库要对古代智囊不调查不研究、信口开河的不良风气有所警惕。现代智库强调循证分析是现代科学精神的体现,是某一领域长期知识积累后的发现,提出的政策建议出于"知识的诚实"。

学科发展促进智库研究的一个经典案例出现在美国。1957 年苏联率先成功发射卫星,这对美国而言是一次沉重的打击,也让美国全面反思自己的教育体系。1958 年美国颁布了《国防教育法》,该法案要求大力推动科学、工程和外国地区研究,并为这些学科提供巨额经费支持,此后美国的地区研究蓬勃发展起来,对中国的研究也得益于《国防教育法》。在费正清的倡导下,美国的"中国学"学科渐成气候,西方传统汉学没落,着力于当代中国政治、经济和文化的"中国学"学科成为主流。在"中国学"学科范式的熏陶下,一代又一代学人不仅占据了美国研究型大学中国研究院系的教席,而且"中国学"也成为智库中"中国问题政策分析"的主流范式。2007 年,美国著名学者沈大伟(David Shambaugh)指出:"几乎所有华盛顿区域的智库都有一人或者多人全职或者半职专门研究中国外交和安全政策。"他列举了 30 位工作于智库的"中国学"研究专家,这些专家在他看来都是可以和大学教授平起平坐的专家。他说:"正是这些在学术机构和智库的研究人员共同催生并推动了中国对外政策研究这一领域的形成和发展。"

美国智库史专家詹姆斯·史密斯在《思想的掮客》里把智库专家分为六类,第二类专家就是在某一个特定的政策领域进行长期研究的人。他认为,"这些人可以称作'政策专家',这个领域的学者通常将更多的时间花在政策研究或者教学而不是政策制定和担任全职顾问上。无论是通过融入政策的理论洞见,还是培养继续在政府部门任职的学生,他们的工作或许具有极其深远的影响。这些人一般工作于大学的研究中心"。我们认为,这类政策专家从事的是"学科"层面的工作,他们的使命是为智库的实务生产概念,准备理论,锻造分析范式和分析工具。哈佛大学肯尼迪学院的约瑟夫·奈提出的"软实力"概念及其分析范式就是很好的例子,这个概念为智库分析国家综合国力提供了崭新的超越经济学的分析范式。哈佛大学商学院的波特提出的竞争战略分析框架也被许多战略研究智库用来分析国家竞争力。这都是学科突破促进政策分析的经典案例。这也解释了为何一流智库专家大多出身一流大学的社会科学学科。因此，越是一流的政策学科，越是一流的政策专家，越是能够提升智库的分析和咨询能力。

大学也是智库人才的摇篮。智库的人才从哪里来？全部靠自己培养吗？世界上的智库除了兰德公司有自己专门培养政策分析师的研究生院外，恐怕没有其他智库自己培养智库人才。当然中国社科院、上海社科院、中共中央党校等中国智库也培养研究生，但是他们的研究生大部分都不是针对公共政策研究需要的，和兰德还是有区别。那么，智库的人才显然主要来自大学。据调查，美国著名大学社会科学类的研究生中45％首选到咨询公司和智库工作，特别是政治学（美国的公共管理学科属于政治学，这和中国不一样）研究生把到华盛顿著名智库实习和工作当作未来从政的南山捷径。

中外许多著名大学的社会科学学科都很强，到智库中从事政策分析工作显然是大学社会科学专业研究生毕业后的一个重要出路。问题是中国大学的社会科学学科发展一直是所谓的"学科建设取向"，对大学而言，衡量一流学科的指标是核心期刊论文、专著、项目、博士点的数量。至于培养出来的学生能不能为智库所用，是不是智库所需要的，这并不是他们所关心的事情。如果我们仔细分析一下中国大学政治学和公共管理学科的教学大纲，不难发现，没有多少课程是专门为智库等政策分析部门服务的。令人忧思的是当代中国大学严重忽视了为智库提供优秀的战略研究和政策分析人才的任务。

二

2013 年 4 月 15 日，习近平总书记对智库建设做出重要批示，明确提出了建设"中国特色新型智库"的新目标。2014 年 10 月 27 日，《关于加强中国特色新型智库建设的意见》提交"深改组"第六次会议审议，习近平总书记就智库建设再次发表重要讲话，强调要从推动科学决策、民主决策，推进国家治理体系和治理能力现代化、增强国家软实力的战略高度，把中国特色新型智库建设作为一项重大而紧迫的任务切实抓好。2015

年 1 月 20 日，中央"两办"正式印发《意见》，揭开了新型智库发展的历史新阶段。

大学不会也不可能置身于这场新型智库建设的浪潮之外。的确，大学不是智库，但是大学可以培育智库，而且能够培育出很好的智库。发挥智库作用是哲学社会科学几大功能定位之一，而新型智库则是以战略问题和公共政策为主要研究对象的机构。大学既不能混淆学科与智库的区别，也不能割裂二者之间的有机联系，必须形成学科建设和新型智库建设螺旋发展、良性互动的新格局。学科是大学教学、研究和知识分类的基本建制，迄今为止仍是世界高等教育的基本格局。西方大学里培育优秀智库的案例并不少见。哈佛大学肯尼迪政府学院本身就是培养战略研究和政策研究的著名机构，该学院下属的贝尔夫中心等机构都是美国顶级的智库。普林斯顿大学的国际事务研究中心也是顶级的智库。近几年我国大学里也培育出了若干个著名智库，例如中国人民大学的重阳研究院、复旦大学的发展研究院、中山大学的粤港澳研究院等。

但是大学办智库也面临很多问题。首先，大学对培育学术型研究中心的经验和模式有路径依赖，因此很容易用建设学术型研究中心的思路来培育智库。大学学术型研究中心与智库的最大区别是研究中心关心的是教学和研究，研究成果的主要去向是学术刊物、学术会议和学术出版社；而智库关心的是通过研究、咨询和传播活动影响政策共同体或者影响公众舆论，对于智库而言，大部分研究项目从启动之日起就明确目标受众。当然自由研究在智库中不是没有。据华盛顿发展绩效研究所前董事长大卫介绍，他们研究所鼓励员工用三分之一的时间做不带任务的自由探究。布鲁金斯学会也给予资深研究员自主选择课题的自由。但是智库的自由研究不可能离开智库的"大盘子"，如丸走坂，自由选择是受限制的。

大学培育智库时，往往受建设研究中心的惯性思维影响。因此，虽然当下我国许多大学的研究中心和研究基地在向智库转型，但是转型成功者不多。重中之重是观念认识不到位：对智库本质认识不到位，对智库运行模式认识不到位，对智库产品设计的重要性认识不到位，对智库传播的重要性认识不到位。

大学研究中心产出相对单一，而智库的产品（productions）则包含研究报告（表现为各种出版物)、咨询服务、活动(智库主办的各种会议、论坛、听证、调研等,本质上是智库利用自己的专家、场地和品牌提供的服务)。据盘古智库易鹏理事长介绍,盘古一年的活动是150场。2015年布鲁金斯学会举办了292场活动,2万多人参加;举办了110场在线讨论,有5.9万人参加。恐怕我们任何一家大学的研究中心都不可能办这么多活动。如果智库局限于研究工作,以研究报告为主要产品,那么,这种智库和大学研究中心本质上没有任何区别。我们现在大学里的大部分智库都是此类性质,因此很难称其为"智库",这是典型的"智有余而库不足"。

大学研究中心、研究基地向智库转型的困难之二是缺乏熟悉智库业务的营运人才,尤其缺乏"政策企业家"。大学的大部分研究人员长期从事教学研究工作,长于思考与写作,但是运营能力严重不足,办事、办文、办会都非其所长。一旦让教授们运营智库,会存在很长的不适应期,如何处理好与政府、媒体、客户之间的关系,如何从事智库内部的管理,这些对他们而言都不是那么简单的事情。

例如,电视普及后,智库专家主要承担"政策解读"角色。而现代媒体已经从狭隘的政治报道转向更广泛的社会、政治和经济分析,这种趋势之上不仅需要更专业、拥有更好教育背景的记者,同时也更倚重专家的力量。现在这些公共专家与记者、编辑已经是一种共生的关系,他们在报纸专栏、广播新闻项目以及从电视衍生出来的访谈节目中找到了机会。报纸和电视新闻记者依靠这些专家来使每天的新闻报道更具深度,体现多样性并实现观点上的平衡。实际上,寻求争论本身就已经扩大了讨论的范围,将这些专家带到了聚光灯之下,让他们作为权威人士对各种社会热点做出评论。这种角色的扮演对于习惯了象牙塔的教授们而言并非易事。

一个成功的智库领袖往往都是"政策企业家"。他们的主要工作是机构建设。他们调用资源来推进一个特定议程的实现,或者是促成不同研究者和行动者之间的联合,提高他们的职业能力,或是将可造之材送入政策精英团队之中。他们往往领导一个强大高效的营运团队,把智库的一切都安排得有条有理。据复旦大学发展研究院张怡副院长介绍,复旦发展研究院有一支由20余名国内外知名大学硕士组成的营运团队，正是这一团队的高效运作才使得复旦发展研究院能够整合整个复旦的社会科学专家资源。南京大学的紫金传媒智库虽然成立时间不长，但是他们已经有了包括秘书长闵学勤教授在内的 5 人专职、10 余位硕士生兼职的营运团队，这个营运团队一年中完成的活动已经有 30 余场，其中包括很多大型活动。

大学培育智库的第三个障碍是人才评价体系。为了满足学科建设取向的需要，尤其是当下"双一流"的建设热潮，大学对事关学科发展的指标非常重视，甚至不惜推倒对教授的长聘制度，全部教员纳入合同制管理，三年一个周期进行考核。对于许多还没有晋升到教授岗的教师而言，高层次的项目、一流期刊论文、高级别奖项和各种人才奖励才是他们孜孜以求的目标。而大部分智库性成果并不是晋升教授的依据。

总而言之，大学想培育出优秀，甚至世界一流智库的道路是曲折迂回、遍布荆棘的。但是大学是不是就应该放弃培育智库？非也。大学发挥智库功能是大学服务社会、服务政治的需要，尤其是著名大学，人文社会科学学科很强，是国之重器，培育优秀智库是大学的义务，也是大学的责任。大学教授从象牙塔旋转到智库，经过智库的洗礼再回到研究机构，视角和体会都会不同，教学和研究都会变得更接地气。

三

八十四年前，罗家伦在出任国立中央大学（南京大学前身之一）校长的就职演说中，以"为中国建立有机体的民族文化""成为复兴民族大业的参谋本部"来定位学校的使命。时光荏苒，南京大学虽几经变革，但与时代、与民族同命运、共呼吸的追求始终未变，站在国家战略的高度，瞄准世界一流、追求卓越的思维始终未变。

南京大学在中国智库史上曾留下浓墨重彩的一笔。1978 年 5 月 11 日，《光明日报》发表了南京大学胡福明同志的《实践是检验真理的唯一标准》，引发了一场关于真理标准问题的大讨论，为改革开放扫清了思想障碍。今天看来，这也是大学和媒体发挥智库功能的一个经典案例。十余年前南京大学提出了研究型大学"顶天立地"的发展战略：一方面确立重点学科发展战略，着力打造世界一流科研成果；一方面融入国家地方创新体系,着力提升一流社会服务水平。在"顶天立地"战略的指引下,南京大学哲学与社会科学通过战略规划和顶层设计,在不断提升研究层次和质量的同时,充分发挥哲学与社会科学在认识世界、传承文明、创新理论、咨政育人、服务社会等方面的重要作用。南京大学哲学社会科学学科大多位于我国前列,实力雄厚,南大认为这种优势地位不仅不应该削弱,反而应该进一步加强。离开学科发展,高校智库建设往往成了无源之水,无本之木。实践也证明,南大在国内外有良好声誉的智库都以强大的母体学科为依托。

南京大学在哲学社会科学领域拥有国家级 2011 协同创新中心 1 个,省级协同创新中心 2 个,教育部重点研究基地 4 个,其他省部级研究机构 25 个,校级研究机构 99 个。研究机构众多也意味着存在专业领域细分化、决策研究"散兵游勇"化的现象,这影响了南京大学智库的国际竞争力和整体发展水平。南京大学根据教育部"并非所有的高校科研机构都要变成智库,也不是所有的高校重点研究基地都变成智库。而是重点研究基地可能有一批要转型升级发展为专业化的智库,还有一批基地要发挥好智库功能,但并不要求向专业化的智库发展"的指示精神,提出重点建设江苏发展高层论坛、中国南海研究协同创新中心、风险危机管理研究中心、南京大屠杀与和平学研究中心、长江产经研究院、江苏紫金传媒智库等国家急需、学科雄厚、团队力量强的研究机构,并促使它们向专业化智库转型。南京大学要求智库化建设的基地彰显现代智库的专业化:一是准确的功能定位,智库就是智库,不要过多承载其他非智库职能;二是明确的专业领域和方向,南大重点建设的智库都不是综合智库,都有明确的领域和方向,综合智库职能由南京大学整体承担;三是逐步形成的专业化的资政研究队伍;四是符合现代智库建设要求的治理结构、管理方式和运营模式。

陈骏校长指出在新型智库建设的时代课题中,"南京大学要以回答新的历史条件下国家发展面临的一系列重大理论和现实问题为己任,不断增强问题意识,坚持问题导向,大力推进原创科研,为早日实现中华民族伟大复兴的'中国梦'做出新的更大贡献"。南京大学以满足国家重大战略需求为目标,开展校内外协同创新,结出了丰硕成果。

2015年4月，南京大学在江苏省委宣传部的支持下，正式组建了南京大学中国智库研究与评价中心。该中心以信息管理学院人文社会科学评价研究创新团队为核心，积极开展智库研究和平台建设工作，并为江苏省有关部门推进新型智库建设提供了一系列咨询服务工作。"中心"联合光明日报智库研究与发布中心的专家，集中力量攻关，开发的"中国智库索引"（CTTI）已经于2016年9月28日正式上线。除了系统开发外，南京大学中国智库研究与评价中心还积极开展人才培养和研究工作。中心已经培养出一名智库研究方向的博士，另有在校的四名博士生都以智库研究和评价为博士论文的选题。对西方智库研究成果的译介是中心的重要工作，"南大智库文丛"首批三本图书就是我们团队的成果。

四

"南大智库文丛"是南京大学整个智库建设的有机组成部分，是一个战略性的安排。它将是一个开放的平台，坚持高品位、高质量、前瞻性、实践性的遴选标准，不仅汇聚南京大学的智库类出版物，而且面向全国、面向国际接纳一流的智库成果，聚沙成塔，集腋成裘，打造一个新的智库出版名牌。

"南大智库文丛"首批推出三本图书《完善智库管理：智库、"研究与倡导型"非政府组织及其资助者的实践指南》《思想的掮客：智库与新政策精英的崛起》和《国会的理念：智库和美国外交政策》。其中《完善智库管理：智库、"研究与倡导型"非政府组织及其资助者的实践指南》是我们课题组去年推出的《经营智库》的2015年修订版，作者几乎改写了三分之二以上的内容。雷蒙德博士是美国卡特政府时期的高官，也是世界著名智库华盛顿城市研究所的资深研究员。雷蒙德博士近20年来一直从事智库管理的研究与咨询，是智库管理方面真正的权威。对于刚刚起步的新型智库建设，这种操作性实务性的书最为需要。引进现代智库管理经验，夯实中国新型智库建设的基础是我们翻译的初衷。我们也要衷心感谢雷蒙德博士，他极力劝说了该书的版权所有者——"华盛顿发展绩效研究所"无偿把版权授予了南京大学中国智库研究与评价中心。

另外两本书都是美国智库研究方面的经典著作,《国会的理念》作者埃布尔森是北美智库研究的权威,是高产的智库研究专家,在这本书中,他选择了美国国家导弹防御系统和布什政府打击恐怖主义两个政策案例,考察了几个精英智库是如何影响美国的外交政策的。他认为这种案例考察法是评估智库影响力最审慎的研究方法。本书会对我们萌生智库评价评估新思路有所启发。《思想的掮客》更多采用了政治史的研究方法,系统考察了华盛顿政策精英的崛起过程及其影响。该书对美国智库专家的六类划分已经被智库界广泛接受。这两本书必将加深我们对美国智库及其影响力的认知,对美国智库愈加了解,我们愈加知道美国政治运行的本质,我们愈知道如何建设中国特色新型智库,所谓他山之石,可以攻玉矣。

最后,我要感谢南京大学朱庆葆副书记、王月清教授,要感谢南京大学出版社金鑫荣社长、薛志红副总编,没有他们的高瞻远瞩,"南大智库文丛"就不可能有诞生的这一天。我也要感谢江苏省哲学社会科学规划办的尚庆飞主任、汪桥红副主任,他们以历史的责任感推动了南京大学中国智库研究与评价中心 CTTI 项目的进程。我也衷心感谢光明日报的杜飞进总编、李春林副总编、李向军主任、王斯敏主编和她的智库团队。南京大学中国智库研究与评价中心得到了光明日报的鼎力支持,光明日报和南京大学就 CTTI 项目再一次开展了真诚的战略合作。当然,我要衷心感谢三本书的三个翻译团队,他们是来自南京大学中国智库研究与评价中心和南京大学外国语学院笔译硕士班朝气蓬勃的研究生。他们的勤奋、责任感和工作效率都让我惊奇,让我感动,让我自豪。

我不仅策划了文丛的选题,组织了翻译团队,而且通读、推敲了全部书稿,甚至重新翻译了个别章节。因此,成绩是团队的,不过书稿的错漏我难辞其咎。也请专家和业界同行多提宝贵意见,以便新版修改。

是为序!

李刚

2016 年 11 月 16 日

《完善智库管理》各章节译者

章节内容	姓名
第 1 章以及附录 1.1、1.2	黄松菲
前言,致谢,第 2 章,第 3 章,第 6 章,附录 3.1、6.1,以及附表 1、2、3	孔 放
第 4 章,第 5 章,附录 4.1、5.1,索引	胡金涛
第 7 章以及附录 7.2	李璐璐 薛 蕾
第 8 章,第 9 章,第 10 章以及附录 8.1、9.1、10.1、10.2	邹婧雅
第 11 章以及附录 11.1、11.2	胡金涛 李璐璐
第 12 章以及附录 12.1	邹婧雅 李璐璐
校对全书表格数据,编边码	王 琪
校阅全书	庆海涛

序　言

什么才是改变世界的力量？现在已经不是依靠武力、金钱或权力，而是依靠思想来改变世界。我们正处于这种思想社会中，但这种思想并非不速之客。纵观历史，总有少数人会产生令人难以置信的影响，他们提出一个概念，然后逐渐发展，最终为实际行动提供完整的路线图。

尽管"智库"这一术语出现于二十世纪五十年代，但实际上智库一直伴随着人类的发展——早在古希腊就有很多智库。目前，统计数据显示世界上约有 4 500 家智库，但这个数字远远低于真实的智库数量。虽然学术界作为知识的发源地擅长提出新的思想，但是智库更擅长吸收这些新思想，以此影响政要和精英人物的思想、言论和行为，从而影响他们事关千家万户生活的决策行为。

雷蒙德·斯特鲁伊克的这本书是学习如何创建和高效管理智库的必读书。本书中所提供的案例、观点、经验教训、从业者建议以及精心提炼的职业技巧，对绝大多数智库而言都有借鉴意义，特别是对发展中国家而言尤其重要，因为发展中国家更需要成立并发展大量的优秀智库。

我并不是轻率地评价这本书。作为一个在过去六年时间内经历快速成长、进入持续发展阶段的年轻智库的创建者和现任领导人，同时也是二战后最早出现的智库之一的兰德公司研究生院的校友，我真希望能够有这样一本提供建议的书，帮助我解决智库发展中遇到的问题。除了有助于建立一个繁荣而富有成效的智库，它还能够从各个方面节省我的时间，并且减少不必要的失误。这些方面包括制定战略策略，解析间接成本率的复杂细节，精心部署员工激励措施，关心文字产品的质量控制等。

雷蒙德重新修订他的著作，甚至重写了许多章节是为了让智库管理者、资助者、董事会成员和其他利益相关者从本书提供的务实的经验中获益。无论是在亚洲、非洲、拉丁美洲还是在发达的高收入国家，没有什么能比那些带领智库发展的人更加重要，因为他们对国家未来发展是至关重要的。他们领航智库发展，并做出了巨大贡献。

本书的这一版比以往几版在以下几个方面有了本质提升：

- 雷蒙德介绍了一些南方智库①为提升管理工作所实施的引人入胜的事例，讲述了这些智库如何从弱到强的发展经历，这些智库改变的动力、遭遇的问题、改变带来的收益。他在阐述许多重要观点时提供了大量类似的例证。

- 本书聚焦于智库，但同时兼顾了倡导型研究机构和资助智库的基金会等机构的管理需要。这样做的目的是发现这三类组织优秀管理实践的共性，建立有关此类组织良好管理的共识。

- 此外，雷蒙德在本书中也介绍了管理良好的组织为完成一系列关键管理任务而制定的政策和流程事例。参考借鉴这些精心编排并经过实践反复检验的政策和程序文件，智库管理者可以制定符合自己智库实际情况的管理政策和程序文件。

有些读者并不了解雷蒙德·斯特鲁伊克，也不了解他在多个智库中工作的经验。对这些人而言，值得一提的是，雷蒙德·斯特鲁伊克是为数不多的真正的智库管理专家之一。他从主管"美国智库研究中心"和许多对转型期和发展中国家的技术援助项目中获得了很多实际的管理经验。在技术援助项目中，他和当地智库紧密合作，使得这些智库在国际援助项目结束后仍然具备自主运行的能力。在俄罗斯和匈牙利，他与当地团队共同创建了智库，并在发展初期担任该智库的指导顾问。为了写作本书，他做了大量智库营运评估，并深入采访了数十位智库领袖。

因此，阅读并学习这本书吧。在从事智库管理工作之前好好阅读这本经典之作。

戴维·德费兰蒂

发展绩效研究所主席

---

① 译者注：南方智库指的是欠发达地区智库。

此书献给

比尔·奥斯曼

我的导师和朋友

顾问委员会[①]

K. Y. 阿莫阿科

非洲经济转型研究中心的创始主席

戈兰·布尔迪斯基

开放社会基金会的智库基金项目主任

姆万吉·金门易

布鲁金斯学会的全球经济和发展项目中非洲经济创新项目主任；

曾任肯尼亚公共政策研究与分析中心的创始执行董事

鲁斯·莱文

威廉和弗洛·休利特基金会的全球发展和人口项目的项目主任；

曾任全球发展中心副主席

纳迪姆哈克

国际货币基金组织；

曾任巴基斯坦发展经济学研究所主席

---

① 名单列举了委员们现任职务,为了说明他们和智库的联系,也列举了曾任的职务。

致　谢

在撰写这本书的过程中,我获得过许多人的慷慨帮助。

发展绩效研究所(The Results for Development Institute,R4D),本书的合作伙伴,在写作一开始就献言献策。柯特妮·托尔米是非常优秀的同事,提出了很多有用的和深思熟虑的意见。她工作刻苦,努力获取了本书至关重要的案例研究,并开展了一系列关于非洲智库的实践活动的对话。她解决了一系列组织必需品的问题。此外,柯特妮还对本书出版后对智库提升管理实践能力方面产生的效果进行了评估。马米·安南-布朗是发展绩效研究所的传播主任,他做了非常了不起的工作——确定了本书的出版商,并始终与他们保持联系,确定本书的营销计划。海娜·马哈穆德,马米·安南-布朗的助手,也常常给我们提供帮助,例如起草了本书的一些表单。而吉纳·拉格马西诺则从首席运营官的高度给我提供了一些想法。

发展绩效究所主席戴维·德费兰蒂从一开始就很有想法,不仅充分参与到成立本书编纂顾问委员会的工作中,而且参与了具体会议。戴维还额外给我提供了一些发展绩效研究所的管理政策和程序的文件,授权我在本书中使用。

上文中详细列出了我们的顾问委员会,他们积极参与会议,富有思考力,不管是对写作计划汇报,还是对本书的初稿都提出了上佳的建议。戈兰·布尔迪斯基除了积极参与顾问委员会外,还在高质量管理实践的案例研究的提供上起到至关重要的作用。在智库基金项目的支持下,他献言献策,对智库进行调研以供我写作所用。

鲁斯·莱文,我在威廉和弗洛·休利特基金会的同事,以及顾问委员会的成员,从项目提案阶段到项目结束,一直积极地给予我们质量上乘的反馈。她在智库管理方面的丰富经验加上她现在在基金会积累的经验使其观点尤其卓著。我和我的同事都非常感激威廉和弗洛·休利特基金会的支持。

肯尼亚经济分析研究所执行董事夸梅·欧恩审阅了本书的初稿，提供了绝佳的评语以及基于他的管理经验之上的非常有用的思考。

另外，我还要特别感谢汉斯·古特布罗德，他提出应当再编写《经营智库》的后续著作，但此著作应与《经营智库》迥然不同。他还为本书写作提供必要的"资源"和便利。此外，汉斯在本书的写作期间一直积极提供了诸多的想法。

多年来，在我采访调查多个国家的几十位智库执行董事、高级管理者和其他人员时，他们都十分配合，特别是乐于接受为本书的某些主题而进行的额外采访。例如，城市研究所（位于华盛顿特区）的高级管理者参与了他们主管领域内的采访，并在处理后续要求上慷慨相助。这些人包括项目规划和管理的高级副主席玛格丽·奥斯汀·特纳，人力资源总监德拉博·胡佛，执行副总裁、财务总监、首席财务官约翰·罗杰斯，战略沟通和推广副总裁布丽奇特·洛厄尔。

莫斯科城市经济研究所的娜杰日达·科萨列娃和亚历山大·普扎诺夫非常慷慨地回答了访谈问题，并且描述了他们近些年来遇到的挑战以及所采取的应对措施。

在国际发展研究中心（International Development Research Centre，IDRC），彼得·泰勒向我们提供了大量的数据、案例研究和由智库创新项目产生的其他材料，这些资料极大地丰富了汇报内容。凯蒂·斯托克顿不仅极其高效，而且能欣然地应对层出不穷的各种要求。在国际发展研究中心新德里办事处的萨马尔马和谢芭·瓦吉斯的热心帮助下，我得以在 2014 年春季的一次会议上采访了 12 位南亚智库执行董事。

全球发展网络允许我们使用由芝加哥大学 NORC 收集的 15 家参与监管项目的智库的数据。

我非常感激芝加哥大学的 NORC 允许我从它的人才政策文件中摘录和编辑材料。杰弗里·特尔加斯基在很多方面与我们合作。撒母耳·海德威非常高效，能力突出，并具有良好幽默感，他帮助我们从各种调查数据中集中生成一系列表格。

一些成熟的智库允许我在附录中使用他们的政策和程序文件,并且借鉴这些文件。在某些情况下,这些智库要求不要提及政策和程序文件的机构名称,采取匿名方式引用他们的文献。无论如何,我非常感谢这些智库能够与我们分享他们自己的内部资料。

《智库之声》主编恩里克·门迪扎芭非常积极地向智库界宣传本书,征集案例。

八位作者编纂的一系列案例使本书内容得到了实质性的完善。尽管我已经用他们的姓名命名了这些案例,但是我仍然感谢他们的合作,接受研究任务,并在进行研究时如此互帮互助,积极回复问题。

还有许多人为这本书或提供了想法,或允许使用相关材料,或提供关键信息,或配合采访工作。这都对本书产生重大影响。这些人包括:开放社会基金会的智库基金项目的维拉蒂斯拉夫·加卢什科、克里斯托弗·米勒、安·范杜森、克里斯·汉密尔顿,韩国发展研究院的金董硕,印度尼西亚"Article 33 研究所"的桑尼·芒比伦和齐特拉·赛普特安卡,经济和社会研究基金会的和散那·路能格洛,印度贱民文化研究所的尼迪·萨巴沃尔,社会和环境变迁研究所的阿杰亚·迪克西特,统计、社会和经济研究所的克莱门特·爱德克,科学、技术和创新政策研究中心的比瞿娜·戴雅米特和康斯坦丁·德斯·史让提,开罗埃及政府内阁信息决策支持中心的沙伊玛·卡德里,民主研究中心的欧尼昂·尚多福,乌干达经济政策研究中心的萨拉·塞瓦尼亚纳和比让芭娃·伊丽莎白·科利,印度科学、技术及政策研究中心的贾·奥桑迪,印度预算与治理责任研究中心的苏伯拉特·达斯,尼泊尔社会和环境变迁研究所的阿杰亚·迪克西特,印度经济增长研究所的马诺基·潘达,孟加拉国治理研究所的苏丹哈菲兹·拉赫曼,斯里兰卡政策研究所的达士妮·维拉孔,印度安纳德农村管理研究所的哈里·那噶让嘉,印度国家应用经济研究中心的谢加·汗,印度公共事务中心的瓦格·苏雷什,巴基斯坦可持续发展政策研究所的阿比德·苏莱瑞,斯里兰卡贫穷分析中心的乌丹·费尔南多,尼泊尔人口与环境发展中心的安德鲁·奥诺克霍瑞和乔布·艾依洪塞勒,尼泊尔非洲经济研究中心的埃贝雷·尤尼兹和德鲁茜拉·戴维,肯尼亚公共政策研究与分析中心的费利克斯·穆日提，肯尼亚经济事务研究所的夸梅·欧恩和奥斯卡·奥希昂，塞内加尔经济和社会研究协会的阿卜杜拉耶·迪亚涅，尼泊尔非洲经济研究中心的埃贝雷·尤尼兹。

　　费利西蒂·斯基德莫尔为本书做了非常了不起的编辑工作。她不但完善了本书，而且与她一起共事乐趣无穷。

目　录

提高员工效率

核心工作

设置议程

财务和绩效问责制

第一章　管理的重要性

智库是独立的，通常也是非官方的政策研究机构。智库专家围绕某个政策领域展开更广泛的政策议题研究，他们会积极努力地通过各种方式为决策者和公众提供政策教育和决策建议。智库之间的竞争一般体现在以下两个方面：资金和为决策者提供政策建议的机会。[1]

这一定义恰当典型地突出了智库的主要目标。此外，大量的证据表明，智库在政策研究过程中做出了杰出的贡献。[2] 它为解决全国性难题提供了多项精心研制的政策解决方案，为政治发展过程中的弱者提供了有力的论据和分析，同时在关键政策议题上为公众提供了及时的解读。

强调智库关注这些工作并无不妥，但人们经常会忽略一个事实——那就是若一个智库想要成功，必须要做到以下三点：执行严格的政策研究；与各种政策团体保持紧密的联系以确保研究成果得以被采纳；有效地管理好智库。本书的重点是第三点，而这往往也是最容易被忽视的一点。倘若管理做不好，另外两点更是无从谈起。

管理不善可能会给智库带来以下负面影响：员工士气低迷，生产率低下，质量控制力度不够，由于缺乏基本的支出控制系统而导致大量的资源得不到合理利用，或是

---

①　这一定义是格兰·宝迪奥思科(2010b)将斯通(2000)中的定义进行扩大后稍作编辑的版本。智库的定义现在有很多，大部分都强调了智库的非营利性。例如帕茨(2011)《为什么关于合法地位的强调被错放了》；还有曼迪热堡(2013d)。然而人们也可以这样说，通常非营利性可以很明显地表明一个机构的目的。安德鲁·瑟烈有一个关于这个话题的采访，具体可参考瑟烈(2013b)。

②　见考特和扬(2007)，斯特鲁伊克和海德薇(2012)，约翰逊(2000)，兰斯福德和布朗赛格(1992)，麦根(1999)，里奇(2001)，史密斯(1991)，斯通、德纳姆和加内特(1998)，斯特鲁伊克(1999)，麦根和约翰逊(2005)，特尔贾斯基和尤恩奥(1996)。

2

由于董事会成员干预首席执行官的事务（如日常的用人和采购决定等）而使得管理制度混乱等。在智库竞争的世界中，管理越完善，就越能有效地实现其目标。

以上列举的这些问题看起来并不陌生。确实，你可能会想：营利性的咨询公司和智库一样也经历过失败。但事实上，智库和其他机构所追求的目标是不一样的，而且，对大多数管理事务采取的处理方式会因目标的不同而受到根本性的影响。例如，咨询公司的董事会在评价项目的成败时，首先会看财政状况，也就是营利情况以及其他相关指标。而智库董事会主要关注的则是政策博弈场上智库的效益和在这方面的投入，特别是投入的人力资源以及在政策领域投入的沟通和宣传成本。智库的公益性从根本上决定了它所吸引的人才类型，除此之外，智库能够吸引到高级研究人才的原因也不尽相同。例如，智库专家可以通过提供良好的社会服务成功地改善众多穷人的生活状况，又或是通过智库这个平台成为一名公众人物，这对高级研究人才而言非常具有吸引力，相比之下咨询公司则主要通过高薪来招揽人才。智库和"研究与倡导型"非政府组织在机构的具体运营上也会存在一些重要的区别，下文将会展开阐述。简而言之，智库和各种营利性或非营利性的企业都存在本质上的区别，因此智库是我要重点阐述的对象。

过去几年中，智库和它们的资助者都充分认识到了管理不善所造成的损失，也采取了一些措施来弥补管理上的不足。这在一定程度上反映了过去 25 年中成立的大批智库（下文将会阐述）正逐步走向成熟，同时也体现了一个趋势，即随着全职管理职位的产生，管理会变得越来越专业化。

- 2013 年，欧盟在阿塞拜疆成立了一个由"经济研究中心"领导的小组，对当地的智库和"研究与倡导型"非政府组织进行培训和监管，以加强这些机构的各项管理职能，包括人力资源管理（HR）、会计以及沟通能力。[①]

---

① 为当地机构提供的这类完善管理的技术支援是非常必要的，并且阿塞拜疆的项目可以作为其他地区的模型。这个项目的具体信息详见附录1.1。

- 开放社会政策协会(PASOS)——来自东欧、高加索地区和中亚的一个智库协会——几年前就高度重视智库管理的完善,他们进行了一系列的调查研究,更重要的是,他们还让成员们讨论在智库的各项运营中,哪些属于良好的措施,以及这类措施要如何实施等。

- 国际发展研究中心的"智库创新"项目(TTI)为了解决智库在管理上存在的各种问题,组织了一次为期三日的"TTI交流2012"(TTI-EX-2012)活动。他们让智库的领导们就各种话题交流经验和教训。例如,如何加强智库的管理和提升董事会在智库中的作用,如何吸引和培养高素质的智库研究人才,以及如何在委托任务和长期研究之间保持平衡。大约有70人参加了那场活动,其中包括约50个智库的高级领导人,大家齐聚南非并开展了一系列的报告和辩论。

- "聚焦智库"是智库行业的一个实用博客,该博客会定期发布一些与管理问题有关的帖子,时常引发一些发人深省的评论。

- 在"全球发展网络"管理的一个能力培养项目中,15个智库里有10个在报告中表示,他们在2009—2010年收到了大笔慈善发展基金(下文会进行阐述)。

亚采·库哈尔奇克和彼得亚雷·卡茨米尔科沃兹(2007)曾对12家西欧智库的管理措施开展过深入的实地调查,该调查得出的结论非常到位地总结出了管理的根本问题。

　　所有的智库受访代表都意识到了要经营好智库绝不是一件轻而易举的事,他们希望能够根据智库的特点来实施最合适的管理措施。这个结果十分令人惊讶,因为智库界以往并不重视管理……要想更好地经营智库,首先要意识到完善智库管理的必要性。(第6页)

智库界越来越关注管理制度的完善,再加上近来外部环境的发展,都使得智库急需提升运营效率和效能。[①] 很多国家的政治风气都发生了改变，智库的作用也由此产生了变化：（1）出于党派利益的考虑，很多智库不惜漠视客观事实的价值；（2）随着政治上两极分化愈演愈烈，越来越多的智库也蒙上了政治色彩，它们正在演变成（至少局部演变成）他人的"合约枪手"，智库得出的成果和建议也不再是基于强有力且公正客观的研究。[②]

　　过去几年里涌现了大量博文和推文，其内容看似具有分析性，实则散播的是一些带有攻击性的信息，还有一些冠以"事实"的名义而实质却毫无研究根据的文章，这些信息和文章对政策界产生了影响。但智库却因为不能及时发表一些短小精悍的客观分析和建议，而在政治辩论中逐渐失去了应有的地位。新媒体时代要求智库必须表现得更加主动和活跃一些。但目前捐赠者对这种行动主义的资金支持还少之又少。

　　当所有的运营成本基本保持不变（或变动极小）的时候，只有常规管理完善的智库才有可能挤出部分资金进行这项投资，这就是现实。

一、这本书的写作目的

　　笔者写这本书的目的是通过提供一些全面具体的建议和良好的管理实践案例，以及论述如何获取这些成效从而回应和提高管理者们对完善机构运营的关注。笔者最关心的是转型中国家和发展中国家的管理者，因为他们当地几乎没有管理先进的智库可以效仿。笔者列举和分析了大量的真实案例，讲述了一些智库现行和典型的措施，并详述了如何实施改善措施。因此，笔者的重点不仅是要阐明完善管理的目标，还要说明如何实现这些目标。

---

　　① 梅德沃茨（2012）提供了一个更全面的分析，讲述了美国智库在演变成影响和制定政策的机构群体时所处的地位。为了解释这一点，他着重描述了智库所处空间的构成，那是一个混合的，流动性极强的，由政治、学术、经济和媒体等各界联结而成的，各个机构的博弈场。（第 213 页）

　　② "合约枪手"问题已经变得非常尖锐，以致 2014 年早期产生了一个博客专门报道智库收入来源，以提高智库收入的透明度，见 www.transparify.org。这个网站早期有一个帖子直接指出智库是否变成了说客（布鲁克纳，2014）。

以笔者和几十家智库打交道的多年经验看,智库的领导们经常会过分夸大一种观点,那就是改革需要付出很多代价。因为他们认为正常工作的运转会因此被打断,员工会拒绝改革,更何况改革也需要一定的资金投入。而且他们向来低估了良好的管理措施带来的效益。笔者在下文列举了几个例子,说的是一些智库为了提高其运营效率而做出的投资。这几个例子是从受本书委托进行的 9 个案例调查中抽取而来的。

- 莫斯科的城市经济研究所通过一个很严格的程序来决定其间接成本分摊率。这个分摊率得到了美国国际开发署的认证,开发署给城市经济研究所颁发了一张受全美政府部门承认的分摊率证明。城市经济研究所已经用这一分摊率和包括美国政府在内的资助者成功地签订了很多合约。并且,了解间接成本的构成让管理层在面对研究所的收入急剧减少时能够合理地缩减间接费用。

- 在印度尼西亚万隆政府研究所,高级管理者们发现职员做的展示报告有时缺乏重点并且没有充分考虑到其听众的观点,于是他们设计了一个程序来事先审核这些展示报告。无论汇报人是给政府官员做报告,还是就敏感的具体预算问题做说明,这个程序都要求他们做出更详尽的准备。这样做的一个好处就是汇报人在接下来的讨论中能够更加自信地提出评论和回答问题。

- 布宜诺斯艾利斯的促进公平与增长的公众政策实践中心(CIPPEC)是一个相当大的智库,其机构的大部分内部运营都有非常系统及成熟的政策和程序声明,包括人力资源、财政、传播、战略发展以及对自身工作的监督和评估。其"白皮书"中规定的运作方式多年来基本一致,包括质量控制、不同类型工作的时间掌控、著作权以及一系列的员工活动——例如年度绩效考核和"绩效奖励"的分配等等。长远来看,这些措施也提高了生产效益和员工的士气。

- 塔林的"实践智库"通过仔细地分析战略机遇后,决定在爱沙尼亚和该地区其他地方成立一个培训中心——"实践智库学院",为政府官员和非政府组织(NGOs)职员提供培训。他们将自己的研究发现作为培训内容,在提供高水平指导的同时,还能间接地影响政策。在过去的两年里,这个学院已经将实践智库的最低基准提升到了一个全新的高度,参与这一项目的兼职教师也对自己的工作十分满意。

简而言之,智库可以通过一定的努力来设计和实施完善的管理措施,并且,潜在的回报也很可观。资助者应该鼓励那些受资助的智库完善管理,至少适当地跳出自我利益的框架,这样受助者才能变得更加多产。

二、谁应该阅读本书

这本指南有三类目标受众:智库、"研究与倡导型"非政府组织以及资助他们的机构,特别是捐助团体。虽然这三类机构的组织架构不尽相同,但是管理原则是普遍适用的。

(一) 智库

在过去的 25 年中,随着苏联霸权在东欧的瓦解与苏联的解体,尤其是在 1991 到 2000 年间,智库和研究与倡导组织的数量在世界范围内急剧增加。[①] 虽然很多智库的规模较小,所关注的政策视野也比较狭隘,但仍然有大量的智库已经或者即将达到人们所说的"发展的第二阶段"。基于在智库的工作经验,笔者在这本书和其他地方都用了一个标准来定义智库达到了发展的第二阶段:有不少于 10 个全职研究员和至少 1 个传播专家持续受聘于该智库。[②]

6　　　　第二阶段的智库意味着其运营从简单到复杂,从为少数捐助者服务到开展更高

---

① 麦根(2013)估计 2012 年全世界大约有 6 600 家智库。基于回收的 4 348 份调查问卷样例,他发现在 1971 年到 1980 年间平均每年有 61 家新智库产生,在 1991 年到 2000 年间有 142 家,2001 年到 2007 年有 69 家。考虑到研究与倡导组织概念的尚未确定,因此对这个群体还没有可用的估计数据。我认为影响智库和研究与倡导组织产生的条件是相似的,因此这两类机构在过去 25 年的增长规律应该也是相似的。

② 1997 年一个关于东欧智库的综合调查发现大约有 30% 的智库达到了这样的标准。这个调查发表于美国自由之家(1999)。在独联体国家中,只有白俄罗斯和乌克兰有达到标准的智库。世界上的其他智库中还没有发现类似这类调查的数据。下一章将会对 59 家来自转型中国家和发展中国家智库的雇员现状进行介绍。

等级的"活动"：拥有更多的职员、更多的项目、更专业化的员工分工，在政策过程中拥有更多的机会，以及在当下的政策议题中承担更多的舆论引导责任。第三（最高）阶段的智库知名度和规模都很大，一般都有非常成熟的管理系统。在美国，布鲁金斯学会和城市研究所就是典型的第三阶段智库。发展中国家和转型期国家也有正在向第三阶段转变甚至已经属于第三阶段的智库——例如印度尼西亚的 SMERU 研究所以及国际与战略问题研究中心。由于难以区分第二阶段和第三阶段的智库，我便使用了一个惯例，将这两类智库统称为处于第二到三阶段的智库。

大部分第一阶段的智库规模都较小，关注的政策领域也较少。但通过让富有经验的个人同时处理各项事务（例如 HR 和一般的办公室管理，包括对 IT 专家的监督），久而久之这些智库的一些主要行政管理也可以变得很专业化。即使是第一阶段的智库，也能够以低成本来实施良好的管理措施。例如，它们可以实施第 2 章和附录 2.1 * 中讨论到的员工年度评估，或是可以如第 6 章所述，在质量控制上严格监管又不失灵活。

当智库达到发展的第二阶段，他们必须改变其管理和财政系统才能提高效率和效能。但是要把智库的活动层次提升到更高的水平还是很有难度的。再优秀的政策分析师或是执行董事也不能弥补一个智库粗糙的财务体制所造成的损失，这样的财务体制无法控制住成本，也不能为优先要执行的任务提供资金支持。

笔者给典型的第二阶段智库提出了很多建议，因为笔者发现，即便是发达国家的第二阶段乃至第三阶段的尖端智库，其管理措施也会有很多的不足之处，因此它们可以从管理指南中受益。而有所不足的原因之一是，有时候包括总裁和高级副总裁在内的一些高级行政职员和办公室职员虽然处在这些职位上，但却缺乏与智库或是研究机构相关的知识背景。虽然智库和传统的咨询公司有相似之处，但是两者还是有本质的区别的。关键的区别就在于，虽然智库的执行董事不一定要有非常专业或者大量的管理领域知识，但整个管理团队必须要有与其责任相匹配的管理知识。

有时候智库本身的特点会极大地影响到其采取何种方式来处理某些管理事务，

比如智库的规模。一个小规模的智库有可能会由于缺乏其他管理人才而让董事会充当管理团队。在受到规模大小影响的运营环节上，笔者为小规模的智库提供了几个特别的建议。

7   基本完全由政府资助的智库（"政府智库"）和附属于大学的智库（"大学智库"），这两者的管理方式也存在极大的区别，其中主要是管理架构和人事政策方面的区别。董事会对智库的议程可能会有很大的影响，而董事会的构成则会对智库的管理产生影响（因此也是受其观点和优先事项的影响）。如果智库的职员受到以下两方面的限制，那么人事政策就会有很大的区别：（1）政府或大学的薪资福利安排和绩效奖励的管理规定；（2）年度审核程序。有时候在资金筹集方面也会受到限制，例如，由于潜在的利益冲突，政府智库可能会被禁止接受来自营利机构的款项。总体来说，关于政府智库和大学智库，几乎没有系统的可用信息，对他们管理措施的了解则更少。[①] 因此如果这些智库觉得我对于他们实际运营的描述有失当之处，大可加以指正（见第7章的附加注释）。

总而言之，任何规模和阶段的智库都可以在这本指南中找到加强完善其管理的信息。不过正如前文所述，笔者重点针对的是那些规模较小和资历较浅的智库。

在智库中，本书的主要受众是执行董事、高级行政管理员（如人力资源部、财政部和传播部主任）和研究小组的领导，也就是团队领导或者中心主任。

（二）"研究与倡导型"非政府组织

"研究与倡导型"非政府组织（RAOs）是非营利的、公益性的倡导型团体，也是专业的NGOs成员。和传统的倡导型机构不同，它们非常强调成果要以客观的实证为基础。通常它们和传统的倡导型机构目标一致，但一般来说，它们会采用更复杂的分析技术，而且它们对倡导游说活动投入的资源比在研究上投入的资源要少，但这也都

---

① 甚至这类智库有多少家，这样的信息都没有。例如，麦根（2013）的全球智库报告就没有提供相关数据。这个报告提到了这些类型的智库，并且列出了最佳的政府智库和大学智库，但是这些智库的数量却没有发布。

不是绝对的。在美国,第三阶段的 RAOs 有专门保护老年人权益的"美国退休者协会"和努力拓宽其成员视野的"美国医院协会";传统的倡导型机构有世界野生生物基金会。在印度尼西亚,发达的第二阶段 RAOs 有区域研究和资讯中心(PATTIRO)。

NGOs 的成员(例如银行家协会)和智库在某些方面是不同的,意识到这点很重要。其中的区别包括下列三点:

- 职员。有些 NGOs 有大量的志愿者,有些则雇用专业的团队来提供大量的相关服务。

- 资金筹集。NGOs 虽然也会为政策研究筹集资金,但也有很多机构把会费当作主要的资金来源,还有些机构会将大量的资金用于与 NGOs 身份、政策研究无关的活动。

- 管理。NGOs 的总裁和副总裁很有可能只是稍微过问一下机构的日常工作,因为这些机构的运营会由一个强大的管理团队来执行;机构内有非常专业的管理者,当领导们想要做出巨大的变革时,他们有能力面对各种挑战。

尽管如此,笔者还是将 RAOs 列入了本书的受众范围,因为它们确实有政策研究的职能,并且标准的 NGOs 管理指南几乎不涉及这项重要的事务,即使有也极少。表 1.1 列的是笔者认为对 RAOs 最有用的篇章和章内适用他们的部分。由于每个 RAOs 的兴趣和组织架构不同,因此其他部分可能也同样值得关注。①

───────────────

① 由于研究与倡导组织的多样性,有一个很重要的考虑因素没有在此明确指出,那就是如何处理政策研究部门和非政策研究部门之间的矛盾。

表 1.1　适用研究与倡导组织的具体章节

章节		注释
章节序号	主题	
2~5	职员政策 —绩效奖励，年度评估 —职员培训 —岗位描述，绩效标准 —招聘和组织研究团队 —发展团队领导	这些章节主要关注的是研究人员，虽然也有很多关于行政管理人员和传播部职员的内容。对于政策研究职能来说某些类型的激励机制（著作权）和绩效审核标准（成功推进政策实施）是比较特殊的。研究类型多样的机构可以考虑建立一个完全由自己管理的政策研究型NGOs机构，来避免机构内不同部门间潜在的各种冲突。
6	对成果报告和其他报告的质量控制	这章专门应用于政策研究的运营，一整章都值得关注。
9	拓宽政策研究的前瞻视野，为进军新领域制定行程和组织实际行动	研究类型多样的机构可能需要在推进这一进程与其他活动之间进行调整。
10	是否接受政府机构的拨款和合同	与政策相关的任务和其他任务（例如为弱势群体提供服务）之间的矛盾在这里可能会爆发。潜在的利益冲突可能会促使机构成立一个政策研究子机构。
11	财政问责和财政持续性——这里主要提供了时间管理系统和间接费用分摊率的确定方法和案例	改善两个职能活动可能都需要整个机构做出调整。
12	从公共政策的视角出发，确定需要监察的绩效指标	可以对这些指标和跟踪其他运营情况的指标一起进行监督，以便让管理层了解与政策相关的产出和成果有哪些。对这些指标的监察不应该和其他的绩效监察产生冲突，因为很多运营环节都有可能被视为成本中心。

9

（三）资助者

有些机构会为智库提供钱款和合同，他们这样做有两大理由。一个是单纯地让智库做一些政策研究、调查研究和示范项目或示范评估，这时他们提供的钱款基本属于服务费用。另一个理由更为充分，那就是出于维护和支持机构自身及其发展的考虑。政府、多边组织（比如世界银行）、一些双边型援助机构（例如美国国际开发署和为他们工作的主要承包商）和一些雇佣当地智库的基金会，为智库提供钱款或合同的原因一般都会包含第一个理由。如果一个机构只向智库提供技术援助而没有投入任何项目资金，那么很明显，该机构这样做主要是出于第二个理由。

有些资助者认为和智库签订捐助合同就是在支持这个智库的发展。但是智库的执行董事是如何看待他们和不同资助者之间的关系的呢？以前学界没有针对这个问题开展过深入的讨论。为了填补这一空白，2014年春天，笔者在新德里的一个会议上明确地就这个问题对来自5个国家12家南亚智库的执行董事和高级管理者进行了一次结构式访谈。笔者的提问涉及以下五种类型的资助者：多边组织（例如世界银行和联合国组织），国际基金会和基金会联盟，①国内的基金会或者是捐助大量资金的公司或个人，双边型援助机构，以及中央政府或地方政府。笔者关注的重点是过去两三年内智库的执行董事与这五类资助机构合作时，在与具体资助者沟通时积累的相关经验，比如世界银行或亚洲开发银行。五类资助机构中，每个智库一般都会提及8到9个资助者。笔者的数据包含了28个对智库与国际基金会关系的评估，9个对智库与国内基金会或个人资助者关系的评估。虽然样本量很少，而且不具有代表性，但这些报告还是能给人们提供一个有价值的初步印象。

从上文提到的采访中总结出两点：

- 资助者"实际上有多关心你的智库发展？"有50％国际基金会的回答可以归为"非常关心"，但是另外也有30％的回答认为双方只是单纯的交易关系（也就是说，基金会只是在向智库购买服务）。几乎所有（94％）跨国公司和双边组织都回答双方只是单纯地进行交易。从另外23个案例来看，智库为国内政府机构做的工作都被视为单纯的交易行为。②

- "（与进展报告或行政管理报告相比，）不同类型的客户在审查分析报告时会详尽到什么程度？"由跨国机构资助的项目中大约有75％的负责人认为他们的资

10

---

　　① 下文将会提到的 TTI 就属于这一类。这个项目由加拿大的一个援助机构——国际发展研究中心管理，这个中心还为此项目捐助了资金，而这些资金大部分来自几个基金会。

　　② 只有5个评论来自国内的基金会。

助者提供了深刻详细的评价，此外由国际基金会、国内政府机构和双边型机构资助的项目中大约分别有 60％、45％和 40％的负责人也这样认为。

有几个执行董事很明确地表示，他们在和多边机构及国际基金会打交道时非常慎重，认为来自这些机构的项目给他们以及他们的资助者带来的，除了项目产出之外再无其他——很明显，这种想法会影响他们是去竞争一个多边组织发布的招标，还是争取基金会非竞争性(或竞争性不那么明显)的捐赠。

有时候基金会和双边组织援助的项目为了促进受助机构的发展和提升其能力，会特别强调提供培训和监督援助，而不是提供研究上的支持，但这种情况极少发生。著名的案例有由私人基金会和发达的援助机构资助的 TTI，以及开放社会基金会的"智库基金"项目(TTF)。很多技术援助项目都得到了资助，条件是将(包括营利和非营利的)合同方聘为执行代理人。[①] 但总的来说，很多智库的行政管理之所以比较薄弱，部分是由于很少有资助者对管理绩效感兴趣。

TTF 的董事格兰·宝迪奥思科将项目资助者和核心资助者或慈善资助者进行了比较，总结出了两者之间一些典型的区别(2013)。

- 核心资助者和慈善资助者不像项目委托者，他们对受助机构有一个更全面的了解。考虑到大部分的核心资助都会超过两年，那时资助者和受助者就可能变得或者已经变得十分信任彼此。这并非是指项目委托者无法和他们的受助者发展出深层的关系，而是委托项目有这样的特性：它持续的时间比较短，因此关注点比较容易集中在政策问题上，而不是受助机构的形象上。如果资助者对某个机构既有项目委托又有核心或慈善资助，那么资助者和机构之间的关系就可能会同时具备以上两种特性。

- 核心资助者和慈善资助者能够考虑到整个机构的能力培养需要，而不是像大

---

① 见休姆和爱德华兹(2013)，里面有文章讨论到了 NGO 代理与(包括智库在内的)民间社会组织的关系。

部分的专家那样只对其个人专长进行投资。但是,我的经验告诉我不要把资   11

助者和受助者之间的关系描绘得太美好。

- 资助者和受助者之间有时候会存在一种不健康的关系。比如有些资助者在捐

  资时会提出一些建议,而受助者由于担心失去这些资助通常会勉强接受。资

  助者必须小心,以免掉入"证实偏见"①的陷阱中,也不要认为受助者接受这些

  建议就是真心赞同它们。

基于 2014 年对那些执行董事的采访,笔者在第 10 章和第 11 章从智库的角度对

智库与资助者的关系进行了评论。

这本指南对智库和"研究与倡导型"非政府组织的资助者来说有两个用途。一是

这本书可以让资助者及其代理人相信,他们支持的智库有能力完成他们交付的项目。

随着项目规模的扩大和持续时间的加长,要求智库付出的努力也会更多。他们需要关

注的事务包括人事政策(实行的政策是否能够保护职员和机构),质量控制(松散的审

查程序对资助者来说是否有风险),管理架构(设置的管理是否合理)和财政管理(当受

助者的需求增加时,你是否知道你的钱是怎么花掉的)。

另一个是,当智库向其潜在的资助者请求资金支持其机构发展时,资助者可以利

用这本指南了解这些请求的必要性,以及判断他们能否从这项投资中得到丰厚的回

报。例如,HR 的长远发展(一部分指的是留住员工)对于能否吸引和留住尖端的研究

人才来说可能至关重要。很多基本的 HR 政策和程序可能会结合实际问题一起写成

正式的文件,以此作为一种行政管理手段。在这种情况下,资助者可以对智库 HR 的

发展进行投资,但是必须明确表示投入的资金仅可用于 HR 的发展。有时候智库可能

会向资助者请求资助,用于增加社交媒体这一传播渠道,但不提供任何分析来说明这

对传播部门来说是否是最重要的变革,而它是否准备了项目级水准的长期宣传运作计

---

①   译者注:证实偏见指的是当人们在主观上支持某种观点时,往往倾向于寻找那些能够支持其原来
观点的信息,而对于那些可能推翻原来观点的信息往往忽视掉。

划也不确定。资助者必须要当心，那些智库提交上来的各种请求明显都是有目的的。

以上所述的内容能让读者明白，这本指南是为了帮助资助者认识到什么是完善的管理措施，哪些措施需要改善，解决问题有哪些可行的办法。这本指南还为资助者提供了可以采取的具体措施。但是，关于资助者如何与一系列智库合作组织开展项目等内容，本书并没有涉及。

为了强调说明，随后每一章的最后一节都会带有"资助者须知"的总结陈述，以便资助者能够尽到基本的责任，并促进他们发展。每个"须知"的开头都会给出建议，告诉读者如何使用这一部分内容。资助者普遍认同的一个规则是：除非有智库领导明确的支持，否则在能力培养上花的钱都是白费的。① 通常，项目官员或类似职务的人可以通过评估执行董事是否已经意识到他们需要实施更好的管理措施以及他/她是否正落后于其他人等因素，来判断这个执行董事对于一些现行管理措施执行方式的看法。还有另一种判断方式，即观察执行董事在发表观点时是自发地提出要改善某些具体的措施，还是只单纯地说一些官员们想听到的话。

还有很重要的一点要铭记于心并且时常加以思考，那就是改善某些基本管理措施的成本并不高，例如加强质量控制项目和改善员工激励制度，并且在有研究资助的情况下更应该加以鼓励——虽然这还是需要领导明确的支持。

在每一章的"资助者须知"前都会有一节"实践经验"，两部分的内容互为补充，而且都有给智库和"研究与倡导型"非政府组织管理者的声明。

三、具体数据和最佳案例的来源

良好的管理原则可以很清楚地直接写在文件上，但是若管理者能看到这些原则的实际应用，那就再好不过了。这本书里案例运用比较灵活，没有太多的限制。这些案例除了来自笔者个人和发展绩效研究所（R4D）同事的经历之外，还有三个主要的来

① 例如宝迪奥思科（2012）。

源:(1) 对发展中国家和转型期国家(有些国家也被称作"南部"国家)的 59 个发展中智库和转型智库进行的调查,搜集了他们现行的具体措施;(2) 受本书委托实施的案例研究;(3) 通过各种各样的方式提供给我的其他案例。下文将具体列举各类来源。

(一) 来自智库当下实践的案例

了解发展中和转型期国家的智库实际采取的措施有两个目的。第一,这些数据会让读者对智库的管理现状有一个直观的感受,他们可以了解智库现行的措施具体有哪些。第二,这些数据表明了有些智库几乎在每项管理上都有非常成熟的措施——这让人们确信在智库各项事务的运营上确实可以取得非常高水平的绩效,而其他智库只要抓住其中要领也能达到这样的水准。

我在几年前写了一本智库管理的书(斯特鲁伊克,2006)[1],当时对于智库的管理措施基本没有系统的信息。确实,那时还缺乏有关智库规模和智库人员构成等基本信息,但从那以后形势就发生了急剧的变化。

我利用从三个来源得到的调查数据来说明各个智库现行的措施有哪些,并提供包括智库的规模分布和资金来源等基本信息。这类信息对于执行董事和他们的理事会或咨询委员会来说很重要,他们能够据此了解他们的智库在同行中处在什么地位,这在以前是没有的。同时我也提出了很多管理上的基本问题:与其他智库相比,他们与研究人员沟通的频率如何? 员工的离职率如何? 智库有多依赖国际资助者的支持?等等。资助者们还会发现这类基本信息在评价与他们合作过的智库时非常有参考价值。

有两个来源的信息是在过去几年里收集起来的:(1) GDN - 15 系列调查,就是对多个地区 15 家智库的调查,这些智库在 2008—2013 年间参加了一个智库指导项目;[2]

13

---

① 译者注:该书已经由李刚教授课题组翻译出版了中文版。《经营智库:成熟组织的实务指南》,江苏人民出版社,2015。
② 参加此项目的智库名单在附录 1.2 中。他们来自 5 个不同的地区:中美洲和拉丁美洲,撒哈拉沙漠以南的非洲,南亚,东南亚和高加索地区。

（2）TTI-48 调查，指的是对 48 家智库的调查，这些智库参加了 2008 年发布并且已经计划扩展到 2017 年的一个能力培养项目。第三类数据来源叫作 CEE-6，它由 2000 年笔者对中欧和东欧地区的 6 个智库就某些特定的管理措施进行的深度采访而来，这些措施虽然已经过时，但是它提供了其他案例中没有的重要细节。[①] 不过这些案例还不足以成为国际或地区智库的代表性案例（附录 1.2 会对这些数据进行更深入的介绍）。

（二）来自委托的案例研究

这里的案例研究是用以下几种方法选择和委托执行的。首先，为了选择出一些特别有说服力并且对智库管理者有用的真实案例，笔者提出了 16 个关于智库管理的实践案例和改善措施的话题。然后笔者和 R4D 的同事柯特妮·托尔米对外征求和委托他人接受调查。在这个过程中，有意者可以提出别的话题，笔者会采纳其中的两个。参与者要按照我们提供的大纲写一个 700 到 1 000 字的陈述报告，最后被选中的参与者会得到 500 美元的报酬，并且承诺将他们的名字和所属机构写在本书的案例研究中。

在征求案例时我们首先在几个智库的博客上发布了征集通告，比如"聚焦智库"和"政治与理念"。同时也通过 TTF 和 TTI 这两个项目发布了消息。然后从那些合作过并且有完善的管理措施或者是在某方面的管理有所提高的智库中选择案例。最后笔者敲定了 9 个案例，其中 8 个会写在这本书的"案例研究"一节，第 9 个案例是一个当地智库的指导项目，作为本章的附录附在书尾。案例研究非常详细地体现了管理措施的细节，是整本书中非常重要的一部分。

14　　### （三）政策与程序文本

读者们可能会认同改革可以改善某些管理措施，但是随后可能会因为要写一些基本的具体政策或程序文本而打退堂鼓。为了降低改革的成本，笔者把一些文本作

---

① 我还有限地使用了对来自中欧、高加索地区和中亚的 41 个智库的调查信息，这些智库在 2012 年收到了 TTF 的资助（智库资金 2012）。

为样例附在附录中供读者参考。可以想象，不是所有的智库在研究上投入了大量的资源后，还能为了公共利益准备规范的政策与程序文本。但也有几个智库在这点上做得非常好。这里大部分的文本都来自美国管理良好的智库，也有来自非洲和东欧的机构（带有星号的附录 2.1 * 包含了一些政策与程序文本，这则附录以 Word 格式发布在网上，以便使用）。

（四）其他来源

如前文所述，2012—2013 年的 TTI 是一个外部评估项目。评委向参与项目的智库征集他们"改革的故事"。主题可以自选，也可以参考评委给的建议和提示。以下就是评委给出的一些建议：

改革的内容可以是机构的工作方式，可以是职员的表现，也可以是外界对智库的做法：改变的原因有哪些？还可以包括：内部结构、改革的诱因或动力、外部因素、大量的事件等等。或者你对需要改革的原因进行了分析，那么论据是什么？

TTI 给我们提供了 24 个"改革的故事"，其中 5 个是关于完善管理的案例，正好与这本书的主题密切相关。

在 TTI-EX-2012 活动的讨论会上，有大概 50 家智库的 70 个领导，齐聚南非讨论了管理和一些其他的问题，这些讨论非常有价值。笔者之后又在网上回顾了这些视频。

在过去两年里笔者还时刻留意一些管理主题的帖子和知名智库博客上的有关评论。很多帖子为智库提供了面临挑战时可用的管理办法，指出了新的管理问题，或者为当下公众所关注的话题提供了大量情报。而知名智库的博客对我也有很大的启发。

最后，美国和其他国家智库的高级职员——执行董事、首席运营官、研究主管、人力资源部主任和传播部主任——都非常配合，他们不仅答应与笔者会面，并且在某些具体的操作问题上给了我极具启发性和有价值的回复，这些回复正好符合这本书稿的需要。应笔者的要求，6家智库向我提供了他们实际使用的政策与程序文本。

15　　**（五）本书的内容**

"管理"对不同的人可以有不同的意义，因此笔者特意将其定义缩至智库的核心管理任务，最好的办法可能就是说明其中不包括什么内容。执行研究任务本质上就不属于管理范畴，设计和执行沟通策略来加大政策参与力度也不属于该范畴。随着多种（包括社交网络在内的）数字化通讯新方式的到来，本书将会对机构的组织工作、提交文档和促进智库有效率地参与政策制定进程等进行细致的描述，这些描述在本书中占据了一定的比例。同时笔者也十分期待看到其他作者的著作。第5章详述了团队领导者关于政策参与度的责任，提出了制定项目级水准（与机构级水准相对）的沟通计划时有哪些关键原则。机构级水准的战略基本要点则在第9章，这些要点将会在发展智库的战略计划时体现出来。而关于如何处理沟通问题的大量要点则在本书的索引中。

在这本书中，关于人事政策、人员招募、员工激励和培训这几项的内容要多于其他的行政事务，因为虽然研究和沟通也会涉及这些行政事务，但是相关的书籍已经很多，所以在这里我不再赘述。而且考虑到高能高产的职员对于智库成功的核心作用，对职员相关的事务多加关注也无可厚非。此外，职员薪资一直占据智库支出的60％～70％，这使得智库必须要有非常好的员工绩效才可以保证有所收获。本书也将详细地讲述质量控制的内容。最佳案例是很重要的，目的是为了起到预防作用（也就是说，要保护智库的声誉免受损害）。笔者在此强调的是为产出高质量的研究成果创造良好的工作环境，而没有过多说明如何通过专家评审来获得高质量的研究成果。为了让人们了解这些工作的环境，笔者还介绍了一个新型的范例。

其中一章是关于智库的管理架构，特别是董事会，因为它能够为执行董事提供强有力的支持，包括在智库面临重大的挑战时提出建议。要做到这点，董事会必须把焦点放在智库的战略计划以及全面监督财政和政策效益上,而不是整日纠缠于智库的日常管理事务。还有一章是关于智库内部管理会面临的挑战——主要内容是确保智库所做的决定要及时且经过充分的考虑,并且信息流动的方向既要有从管理层到职员,也要有从职员到决策者。

在第 9 章和第 10 章我写了一个前瞻性政策研究议程,以及阐述了机构要想在选择研究主题时能够有所创新需要何种条件。在谈到是否要拿政府机构的合同资金时,笔者提出了特别谨慎的观点。

最后一个篇章的两章分别写的是财政管理和监督绩效。财政管理这一章的重点是确保智库在按计划使用资源。① 笔者认为智库应该要有这样一套系统,它能够跟踪记录职员如何分配时间,也能记录在具体项目上非全职雇员的时间花费。但显而易见,这类跟踪很难完成。笔者还详细地说明了如何计算和使用间接成本率,而且强烈反对现在的资助者随意选择 10%～20% 作为支付的间接成本率。这显得他们目光短浅,而且这会导致会计制度变得一塌糊涂。最后一章是关于衡量和跟踪智库各个方面的绩效,包括一系列广泛的产出指标和沟通运营的中间成果。

16

四、如何使用本书

这不是一本烹饪书,写满了即时可烤的食谱。相反,这是一本理论书,它旨在指出和解决普遍的管理问题。本书为智库的各级管理者提供了一些原则和相关案例,以便他们处理一些主要事务。这也不是一本智库管理方法汇编,告诉读者政府智库或是大学智库等各类智库如何通过各种办法完成任务。笔者希望这几类智库有意愿,并且应该根据机构自身的特点来适应和贯彻这些原则。

有两类读者最有可能从本书中获益。第一类是那些刚涉足智库管理领域的新人,他们可能会从头到尾阅读这本书,以便大致了解智库的管理问题及其解决之道。

---

① 本书不涉及防贼控制等类似的基本财政管理问题,因为在这方面有很多其他可用的书。

举一些例子，在发展中国家和转型期国家中，刚接手负责与智库合作的基金会项目官员就可能属于这类读者。还有那些接受了智库董事会邀约的商人，他们很有可能会深入研读涉及他们不太熟悉的管理问题的章节，比如开发一个政策研究项目或是对研究产品进行质量控制。新升职为中心主任或是团队领导（级别高于项目主管）的高级研究员也很可能是这类读者。

　　第二类读者是面临着某个特定问题并在寻求解决之道的管理者。笔者相信这本书最主要的作用就是为这类读者提供帮助，笔者也希望智库的管理者能将这本书当作一个长期的参考读本。大部分章节基本上都是独立成章的，这样读者使用起来也比较方便。同时笔者也提供了一个详细的目录和索引，以便读者能够快速地找到自己感兴趣的话题。很多运营细节则写在了附录中。

　　每一章的"总结"都强调了管理良好的智库在相关运作上最重要的特点。在这些方面有所缺失的智库就可以有针对性地开展工作以提高效率和效益。这部分内容很简洁，只强调最重要的部分。最后，正如前文所述，这本书是针对包括智库在内的各类读者，并且应该能够为高级管理者所用，包括传播部负责人、人力资源部主任、高级财政主任以及团队领导。

　　资助者在阅读"总结"时应该侧重的是，他们要找出什么问题，提出什么要求，才能理解智库的管理任务和具体的执行过程。这一小节还提供了一些意见，供资助者在与智库领导讨论管理话题时使用，这些意见应该特别加以注意。

提高员工效率

第二章　激励员工以提高生产率，减少员工流失率

对于所有服务性行业而言，员工素质是成功与否的关键性因素；然而，对智库而言，员工素质却是最根本的要素。智库可以从处理哪些困扰国家发展的问题中获利？资深研究员和政策分析人员对此可以提出自己的观点，并直观分析这些问题，提出应对政策。资深研究员同样也是智库政策精英的代表，他们可以为智库提出的行动方案做出有力的辩护。或许在政策研究市场上，从研究员成为一名合格的资深研究员的竞争最为激烈。然而，事实上，要想成为IT行业和传播行业的翘楚，这类竞争也是同等残酷。与此相类似的竞争还有成为金融行业和人力资源行业的高级管理人才。

相较于关注人才竞争，智库必须要更善于激励和管理员工，这是因为智库通常没有足够的能力将员工薪酬与其竞争力相挂钩。在一些国家，私营企业（比如银行、咨询公司和其他企业）能够为员工提供更高的薪酬，他们是智库招募人才时的主要竞争者；而在另一些国家，一些国际组织（如世界银行）则是智库招聘时的主要竞争者。

正如第1章所述，智库的使命和品牌，对智库而言是至关重要的。但是，智库无法预先决定员工工作时的精力、热情、创造能力和敬业程度，以及员工从工作中获得的自我满足感。智库的人事管理制度及其具体措施对此有巨大的影响。此外，其他影响因素还有智库领导者、高级管理人员、普通员工之间建立的人际关系，以及失业补偿金、工作环境、对优秀员工的精神鼓励以及恰当的员工评估系统（该系统重视对员工绩效反馈的质量）等。"失之东隅，收之桑榆"，在分析员工流动率、工作士气、生产效率等因素时，智库更需要全面评估员工与机构互动交流情况，而不仅仅是关注失业补偿制度和工作评估系统。

尽管员工与智库之间的沟通非常重要，但是，有时智库可能会忽略了一些基本问

题，比如不了解发展中国家和转型期国家的智库员工流动率，以及处于第三阶段的智库的人事政策等。技术扎实、工作积极的高素质员工可以提升智库实力，鉴于此，智库及其资助者应该重视对员工的激励。

22 　　本章内容将填补智库员工激励方面的空白。尽管本章主要的关注对象是研究人员，但是近年来，通讯工具的多样化及机构发布的个性化产品数量急剧增加，本章也将智库传播领域的工作人员视为特别关注对象。尤其在传统报告和政策简报中提及社交媒体时，关注传播人员的工作显得尤为重要。这里需要强调的是，对团队领导（有时也称为中心主任）的具体讨论放在了第 3 章。第 3 章的重点就是介绍团队领导吸引、凝聚研究人员的方式。

　　本章首先介绍了智库员工配置模式的基本内容，以便读者可以将自己智库的人员配置模式放到较大的背景中进行考量。其次，笔者审视了员工配置的核心原则，这些原则来自于笔者对人力资源管理文献——特别是私人机构（包括非政府组织）人力资源管理的文献——以及智库领导者的工作总结的提炼。预先进行这样的讨论和审查可以为智库设计自身的人力资源管理系统提供借鉴和参考。再次，将智库人员配置模式的做法与 6 个中东欧智库（原属苏联集团）的模式相比较，这 6 个中东欧智库大多成立十年之久，员工激励管理已是它们的常规工作。

　　非营利性组织（包括智库）的员工与大多数政府公职人员、营利性企业员工的一个主要的区别是：非营利性组织与后两种组织相比，采取不同的方式激励员工，以提高生产效率。莱茨、瑞安、格罗斯曼（1999）充分表达了这种差异的精髓：

　　　　（非营利性部门的员工）致力于他们机构所从事的社会事业，并被“改变社会”的信念所鼓舞。正因如此，非营利性组织面临的人力资源问题，不同于绝大多数营利性企业。非营利性组织人力资源的最大问题并不是招揽更多积极上进的员工（这些员工会寻找做社会公益的契机），而是合理配置员工能力，以推动组织使命和目标的实现。（107～108 页）

一、样本智库的人员配置模式

参照 GDN 和 TTI 案例，此处首先介绍智库全职员工配置模式；其次，提供更多关于 GDN 智库全职人员和兼职人员的人员配置模式的信息。最后，探讨员工流动率。

（一）总体模式：第一阶段智库和第二、第三阶段智库的主要区别

表 2.1 将参与 GDN 监管项目的 15 个智库和参与 TTI 监管项目的 48 个智库融合在了一起，展示了 GDN - 15 和 TTI - 48 全职人员的平均数量。这些数据将第一阶段智库（其全职研究人员通常不超过 10 人）与较大且较成熟的第二、三阶段智库区别开来（笔者并不十分确定在规模较大的智库中，是否有智库能够符合笔者对"第三阶段智库"的严苛的定义。因此，笔者将第二阶段和第三阶段智库归为一类，即第二、三阶段智库）。从机构规模方面来看，第一阶段智库与第二、三阶段智库有显著的差异：第一阶段智库平均有 17 个全职人员，而第二、三阶段智库平均总人数为 58 人，第一阶段智库总人数不及第二、三阶段智库总人数的一半。研究人员的差异更为明显，第二、三阶段智库的研究人员数量与第一阶段智库的研究人员数量之比为 4∶1。第一阶段智库与第二、三阶段智库在非研究岗位上全职人员数量的差异，相较于研究人员的差距，就显得小得多。例如，在传播岗位上，第一阶段智库平均有 1.6 个全职员工，第二、三阶段智库则平均有 3.4 个。在管理人员的绝对数量上，第一阶段智库与第二、三阶段智库的差距也较小。即使是第一阶段的智库也至少有 6 个全职管理人员，这表明，不管智库规模大小，一些至关重要的管理岗位都必须由专业人员担任，例如会计、信息技术岗位。

23

表 2.1　GDN‑15 与 TTI‑48ª同岗位的平均全职人员数量

全职人员的类型 （2009/2011）	GDN 与 TTI		
	≤10 位全职 研究人员	>10 位全职 研究人员	合计
研究人员	**5.7**	**27.9**	**19.3**
高级	2.2	8.2	5.9
中级	2.6	9.3	6.7
初级	1.0	10.4	6.7
传播人员/公关人员	**1.6**	**3.4**	**2.7**
高级	0.5	0.9	0.7
中级和初级	1.1	2.4	1.9
行政技术人员	**3.9**	**8.6**	**6.8**
高级	1.4	2.5	2.1
中级和初级	2.5	6.1	4.7
调查运营人员	**1.7**	**4.1**	**3.1**
面试官	1.1	1.4	1.3
监察员	0.3	1.3	0.9
数据录入/清除人员	0.3	1.4	0.9
辅助人员	**4.0**	**14.4**	**10.4**
秘书	1.5	7.1	4.9
后勤人员（司机、 餐饮服务人员等）	2.4	7.3	5.4
全体员工	**16.9**	**58.3**	**42.1**
♯不同类型的智库数量	**23**	**36**	**59**

a. 表 2.1 中数据为 GDN 2009 年的智库数据，TTI 2011 年的智库数据。

　　表 2.2 介绍了参与 GDN 监管项目的 15 个智库的全职和兼职人员数量，从更为细微的视角展示了智库的人员配置。在表 2.2 中，以全职人员平均工时为单位，采用全工时测量法，计算兼职人员的平均工时。这 15 个智库中有 8 个智库是属于第一阶

段的智库，有 7 个智库是属于第二、三阶段的智库，表 2.2 将其各自信息分开展示。与上文相同，第二、三阶段的智库规模更大，员工总人数约 60 人，其中全职人员平均有 52 人；而第一阶段的智库，员工总人数约 24 人，其中全职人员平均仅有 9 人。

24

表 2.2　GDN-15 智库的规模及其员工构成

员工类型	≤10 位全职研究人员[a]		>10 位全职研究人员		合计	
	全职员工的平均人数	兼职员工的平均人数[b]（全工时测量法）	全职员工的平均人数	兼职员工的平均人数[b]（全工时测量法）	全职员工的平均人数	兼职员工的平均人数[b]（全工时测量法）
研究人员	**3.8**	**8.9**	**27.9**	**0.6**	**15.0**	**5.0**
高级	2.3	3.5	8.1	0.6	5.0	2.1
中级	1.0	2.8	7.7	0.0	4.1	1.5
初级	0.5	2.6	12.0	0.0	5.9	1.4
传播人员/公关人员	**0.4**	**0.3**	**4.6**	**0.0**	**2.3**	**0.2**
高级	0.3	0.1	1.6	0.0	0.9	0.1
中级和初级	0.1	0.2	3.0	0.0	1.5	0.1
行政技术人员	**2.1**	**0.1**	**6.3**	**0.0**	**4.1**	**0.0**
高级	1.0	0.0	2.3	0.0	1.6	0.0
中级和初级	1.1	0.1	4.0	0.0	2.5	0.0
调查运营人员	**0.8**	**5.8**	**1.4**	**7.6**	**1.1**	**6.6**
面试官	0.4	4.5	1.0	5.7	0.6	5.1
监察员	0.1	0.6	0.4	1.1	0.2	0.9
数据录入/清除人员	0.3	0.6	0.6	0.7	0.4	0.7
行政-辅助人员	**1.6**	**0.1**	**10.7**	**0.0**	**5.9**	**0.1**
秘书	0.5	0.0	3.4	0.0	1.9	0.0

028 | 完善智库管理:智库、"研究与倡导型"非政府组织及其资助者的实践指南 |

(续表)

员工类型	≤10 位全职研究人员[a]		>10 位全职研究人员		合计	
	全职员工的平均人数	兼职员工的平均人数[b]（全工时测量法）	全职员工的平均人数	兼职员工的平均人数[b]（全工时测量法）	全职员工的平均人数	兼职员工的平均人数[b]（全工时测量法）
后勤人员(司机、餐饮服务人员等)	1.1	0.1	7.3	0.0	4.0	0.1
全体员工	8.6	15.3	52.0	7.9	28.4	11.8
♯不同类型的智库数量	8	7	15			
兼职员工占总人数的百分比	65.0	13.3	38.6			
兼职研究人员占总人数的百分比	70.0	2.1	36.0			

a. 全职研究人员的数量是基于 2009～2011 年研究人员平均数的基础之上统计的。
b. 兼职人员的工时,以全职人员平均工时为单位,采用全工时评量法,计算兼职人员的平均工时。

需要特别注意的是,第一阶段智库的全职人员和兼职人员的相关系数更大:对比第二、三阶段智库中仅 13％的 FTEs[①] 员工,第一阶段智库 FTEs 员工竟达到了近 64％。同样,研究人员的差异也是非常明显的:第一阶段智库中兼职研究人员的平均比例高达 70％,而第二、第三阶段智库的兼职研究人员只占总人数的 2％。高比例兼职研究人员的存在,使得第一阶段智库难以维持高质量的成果产出[②]。传播人员和公关人员的数量直接表明第二、三阶段智库足以提供更为专业的服务。表 2.2 同样表明大型智库更有能力聘任专业的传播人员和公关人员:表中第一阶段的智库从事

25

---

① 译者注:FTEs 指的是用全工时测量法表达的兼职员工数。
② 第 6 章概述了书面报告总结的书写范例,这些书面报告总结不仅适用于外包工作,同时也适用于内部工作。

传播和公关工作的员工非常少，而第二、三阶段智库从事传播和公关工作的员工较多，而且全都是全职员工，总人数大约是第一阶段传播和公关员工的 10 倍。显而易见，虽然第一阶段的智库正努力宣传其思想和主张，但是第二、三阶段的智库在政策社群中更活跃，更有影响力。

同样，行政人员的职业化倾向十分明显。第二、三阶段智库的全职高级管理人员和技术人员平均有 6.3 位，而第一阶段智库平均值为 2.1。当然第一阶段智库仍呈现出行政人员职业化的趋势：第一阶段智库平均有 2.1 位全职的高级管理人员和技术人员，而它兼职的高级管理人员和技术人员数量极其少。

（二）显著的流动率

员工流动率对智库管理工作而言至关重要，因为智库聘任新员工，并对其进行入职培训需要花费一定的经济成本，并且相对而言，生产效率会有所下降。TTI－48 数据既涵盖了所有岗位的流动率，也包含个别岗位的流动率。表 2.3 包括了所有员工的流动率与研究人员单独的流动率，这是按照员工规模决定智库规模，从而决定不同类型的员工流动率来分类的。鉴于表中数据相差较大，因此流动率显然是非常不稳定的。

表 2.3　2010—2011 年 TTI－48 的全职人员流动率及特定岗位的全职人员流动率

小组 A:智库全体员工[a]

	≤10 位全职研究人员	>10 位全职研究人员	所有智库
♯全职员工的离职率	20	15	17
♯新聘任的全职人员率	23	18	20
全职人员数量	21	59	45
全职人员数量的净变化率	＋0.4	＋1.3	－0.6

a. 表中放弃了 3 个智库的数据，因为这 3 个智库的员工流动率出现了虚高的情况。

♯ 以全职员工百分比形式表示。

小组 B:研究人员[a]

	≤10 位全职研究人员	>10 位全职研究人员	所有智库
♯全职员工的离职率	13	20	18
♯新聘任的全职人员率	32	22	25
全职人员数量	7	28	20
全职人员数量的净变化率	+1.1	+0.3	+0.6

a. 表中放弃了3个智库的数据,因为这3个智库的员工流动率出现了虚高的情况。

♯ 以全职员工百分比形式表示。

　　智库年度员工流动率大约是18％,即17％的员工离职,同年,会聘任20％的新员工。然而,不管举行多少次的老员工欢送会或新员工欢迎会,员工流动率对员工总数量的影响都非常小,几乎可以忽略不计。在研究人员中,新聘任的员工所占的比例较高(大约是25％)。西蒙·马克斯韦尔长期担任海外发展研究所的领导一职,他对比其他西方智库,估测英国智库的员工流动率大约是25％(曼迪热堡,2011)。这表明,西方智库和其他智库在员工流动率方面,大体是相同的。

26　　　以员工总数百分比形式呈现的上一年新聘任员工率以及员工离职率的分布(见表2.4)表明,对绝大多数智库而言,流动率都不会出现大幅度的波动。其中40％的智库,他们的新聘员工率和员工离职率都在10％以下;只有10％的智库,它们的新聘员工率和员工离职率超过了40％。离职率超过40％的智库,非常有必要重新审视和分析自身的(或者智库本身就没有的)挽留员工的奖励措施。

表 2.4　TTI－48 智库岗位的新聘任员工率和员工离职率的百分比分布[a]

新聘任员工率的分布	♯TTI 监测的智库
0～5％	13
6％～10％	24
11％～20％	22
21％～40％	27
41％～75％	13

员工离职率的分布	♯TTI 监测的智库
0～5％	22
6％～10％	22
11％～20％	31
21％～40％	13
41％～75％	11

　　a. 上表中的两个小组，同表 2.3 一样，都是以 45 个智库数据为基础的，删除了 3 个智库的数据，因为这 3 个智库显示了高于 75％的员工离职率，而他们的全职员工仅有 4 人。

　　♯ 以全职员工百分比形式表示。

二、员工激励的原则

27

　　有两种比较有效的激励员工的方式。第一种方式包括各种具体的奖励，比如加薪或使普通员工能够接触政策界的领军人物（比如高级员工向智库董事会做汇报）。第二种方式是在员工年度绩效评估中，智库可以向员工提供咨询和内部指导。下文将会详细阐述这两种激励方式。笔者将智库实践经验和有关员工激励的文献相结合，并在此基础上，提出了这两种激励员工的方式。智库只有在对如何实施激励措施有一个全面的计划，并且团队领导在此激励计划下，针对不同人员制定特定的激励措施时，这两种激励方式才会发挥最大的效用。

　　在充分理解智库对其期望之后，智库员工将会更有效地开展工作。HR 总监应该对不同的岗位设置不同的期望目标，并要确保员工在刚入职以及年度绩效总结时，能够完全理解这种岗位期望。当一个人回忆在智库曾经接受的培训和工作经历时，令他难忘的往往是智库的独特的学术取向，即衡量一位研究人员是否成功并不是取决于能不能及时交付研究产品，也不是取决于是否参加交流活动，更不是取决于是否能在预算之内完成研究工作，而是取决于他的价值取向。这种价值取向反而更能说明明确岗位描述的重要性。

　　为了更有效地与员工沟通相关业绩的期望，智库管理人员自身首先必须要明确不同岗位的业绩期望。这可以与智库首次明确岗位及其要求同时进行。（如何界定业绩期望会在第 3 章探讨招聘流程时再详作介绍。）对于新员工而言，职位描述和入职培训是至关重要的信息。管理人员还可以将业绩期望写到纸上，几个关键的要点足矣。当管理人员与员工交流时，可以将业绩期望的副本分发给员工，并与他们达成共识。对于老员工而言，绩效评估结果和年度目标决定了他们的业绩期望。

三、用于激励的奖励

员工激励理论包括两种激励类型：一种类型很大程度上依赖外部奖励和强化（外部激励或物质激励）；另一种类型依赖于员工岗位的内部因素（内部激励或非物质激励），详见表 2.5。内部激励是指认同其所做的工作，或者促进其完成工作，以此来增加分析人员的自我满足感和自我价值感。物质奖励与业绩相挂钩，在某种程度上，相较于工作本身，这属于外部激励。

28

表 2.5　智库所使用的主要的员工激励因素

物质方面（外部）	非物质方面（内部）
薪酬	工作环境；其他便利条件
奖金	署名权
额外福利	参与大型会议
—医疗保险 —养老金 —休假	参与机构内部—例如，小组会议
	晋升（通常需要有职业阶梯）
	奖赏
	向董事会做汇报
	参与政策制定会议
	职业发展的机会
	—通过指导和培训丰富工作内容 —补贴与工作相关的课程 —有机会从事出版事项

为了强调这一点，营利性和非营利性机构中的人力资源管理专家都认为，保证基本工资对留住员工，并完成工作的基本目标是至关重要的。然而，其他类型的奖励措施能够激励员工取得更高的成就。例如，莱特和他的同事（1999）提到良好的薪酬"只是消除员工的不满，而非长久发展的动力。金钱并不能够取代成就带来的满足感"（第123页）。由富利波士顿金融实施的旨在降低员工流动率的案例研究证明，在加薪的前提下，非物质奖励能发挥很大的影响（纳班提恩和绍斯塔克，2004）。

（一）物质奖励

薪酬通常是指基本工资、福利和奖励，特别是奖金——它可以每年支付一次，也可以在取得特殊的成就时发放。

第三阶段智库的基本工资按月发放[①]。当智库预算紧张、不确定因素增多时，智库通常都会选择将每月"绩效工资"的风险由组织转移到个人。其中一种做法就是只有当研究人员进行研究时，才发放工资。在新项目启动时，管理人员将会界定实际的工作范围，并与参与项目的每位研究员签订固定薪酬的合同。另外一种做法就是每月支付少量工资，以及具体项目的合同金额。有时年度奖金在财务状况良好的年份会全额发放，但有时也会作为薪酬的一部分，以避免出现过高的基本工资。

绝大多数员工更喜欢稳定的月薪，他们在挑选雇主或做其他事情的时候，往往重点关注机构的薪酬结构。坦桑尼亚的经济与社会研究基金会提到 TTI 计划给他们带来的好处："我们很高兴能够支付核心研究人员（充足的）工资，IDRC(TTI)帮助我们增强了研究部门在人力资源方面的实力。"

库哈尔奇克和卡米尔科佑（2007，第16页）通过现场访谈的形式对欧洲智库就管理实践方面进行了调查研究，他们发现："一个机构若从学术型模式转为'咨询型'模式，想要转变越彻底，直接的经济奖励就越重要。"

29

---

① 城市研究所属于第三阶段的智库，它践行了这一政策，附录2.2＊介绍了城市研究所的薪酬管理机制。

毫无疑问，工资是员工关注的重点，因为工资水平不仅从根本上决定了员工工作之外的生活质量，而且代表了他们的工作给智库带来的价值量。员工的工资水平取决于他们的个人劳动效率以及人才的稀缺程度。市场供需不同通常会导致员工工资的不平等，即便他们拥有相似的工作经验和最高学历（例如，同样拥有硕士学位，IT专家的工资通常比 HR 专家工资高）。

智库应认可并奖励员工的高效率工作。2000 年笔者对中东欧 6 个智库（第 1 章介绍了其特征）进行的一项小规模调研发现，其中 4 个智库的执行董事认为他们的员工劳动效率是很高的，但还可以进一步提升。助理研究员在工作的最初几年中，其工作效率很可能提升最快——因为他们会学习软件和研究协议，深入了解智库工作的具体细节。但是初级研究员为了高薪酬会经常跳槽，这对于智库有着负面影响。因为为了招揽和培训新员工而花费的成本要比给他们加薪花费的更多。劳动效率的提高在一些初级职位或者近似初级职位上有所体现，例如传播团队、IT 人员或者会计师。此外，智库员工高流动率的原因之一是未能随劳动效率的提升而及时加薪，这导致员工的工作效率提升以后，会为了更高的薪酬而选择跳槽。在某种程度上，本章节前面提到的员工高流动率足以使智库高级管理人员进行深刻反思，并找出如何留住智库员工的方法。

另一方面，资深研究人员和行政部门领导的劳动效率的提升就相对缓慢。因此，尽管他们底薪都很高，但他们工资增长的速度也非常平缓。通常，明确的绩效工资方案（例如奖金）并未在公共部门和非营利组织中取得很好的效果（琳娜等人，2001，第15～16 页），甚至营利性机构对绩效工资方案的价值都持怀疑的态度（克尔，2003）。原因之一是智库难以精确地确定员工目标和成就。例如，如果一个高级政策分析人员关于新项目的意见并未被议会接受，那么评估人员如何判定其所起到的作用？激励制度目的在于促使员工收入最大化，在这一制度下，研究人员往往只会向客户提供多份仅仅达到合格质量标准的研究报告，这就有可能损害智库的声誉，久而久之，便会导致客户的流失。其他经常被提到的问题包括：员工认为工作绩效和工资增长之间关系不大，缺乏完整的评级体系，以及由此产生的不平等的工资模式。总之，尽管一些智库通过改善这些制度提升了员工工作绩效（麦克亚当斯和霍克，1994），但这些制度对员工的负面影响多于正面影响（佩里，1991）。

在智库集团内部，奖金制度是很有争议的。在2012年召开的旨在减少员工离职率的50家智库联盟领导人会议上，一个来自南亚的代表谈到了他们智库研究人员对机构奖金制度的不满，这得到了与会人员的广泛认可。下文转述自他的发言：

> 一开始，智库对取得特殊成就的员工发放奖金，效果非常好。但是很快员工为了获得奖金只做能够得到奖励的那一部分工作，结果是工作并没有取得实质性的突破。因此，我们中断了这种奖励模式。（门斯，2012）

与会者们更倾向于创造性地运用智库福利，以此来吸引和留住员工。许多国家都有国家健康保险项目，在人们向医疗保健系统预先支付（全部或部分）保险金后，该项目可为国民提供正式免费医疗。在某些情况下，特别是就医等待时间较长的情况下，这种医疗制度并不令人满意。因此，智库通常为员工单独购买保险，与个人或家庭购买保险相比，智库通常以更低的价格买到同等的保险。因此，智库为员工购买保险是吸引、留住员工的重要手段。

合理运用物质奖励，如养老金和员工休假，可以提高员工留任率。与会者达成这一共识：为智库内部工作满三年的员工（除了公共养老金制度中政府规定缴纳的部分之外）缴纳一定的养老金。一些私营企业和大学也考虑为机构内部工作满七年及以上的员工提供休假。相比于大学的休假模式，智库更倾向于向员工提供两个月的全薪假期或四个半月的半薪假期（邓恩和诺顿，2013，第70页）。

养老金（工作满三年）加上休假（工作满七年）是一个颇有吸引力的员工奖励方案。为了节省开支，这些奖励也可以限定在分析人员或高级管理人员团体中实施。

31　　（二）非物质奖励

与物质奖励相比较，大多数智库并未真正系统地——比如从策略角度——考虑过非物质奖励。然而，非物质奖励是激励员工的重要手段，尤其是对研究人员和分析人员而言。

成功的政策研究人员、分析人员需要能出色地扮演以下三项角色：研究能力很强的分析人员，管理能力超群的项目管理者，以书面报告形式或者私下一对一的形式宣传其研究中政策建议的"推销员"。大多数智库研究分析人员能够从高质量的政策研究中获得丰厚的奖励，他们的研究成果成功地吸引政策制定者的关注，他们向政策制定者提供政策建议以完善公共政策，并提高公众生活质量。因此，智库管理层面临的一个重要的问题是：智库需要怎么做才能给研究分析人员提供良好的工作环境，提高员工的工作效率，并留住员工。

通常而言，非物质奖励是解决上述问题的较好办法。尽管本书主要关注的是研究人员，但也会特别关注传播员工，用以说明不同类型的员工激励方式的差异。

1. **工作环境**。通常情况下，当人们看到"工作环境"时，首先会想到工作的物理条件——办公空间质量、拥挤程度、隐私程度（安静程度），规模不同的会议是否有合适的举办场所，室内设计合理性（它是否便于员工面对面交流），智库所在建筑的外观。[①]

对智库而言，办公地点的空间和布局当然是很重要的，但是那些保障研究和通信功能的辅助设备也是同等重要的。这些辅助设备包括一系列先进的统计分析软件、绘图软件，以及其他功能的设备；互联网访问效率；现代计算机利用率；现有打印机的质量；随时可获取与项目有关的文献，特别是国际期刊与书籍；此外，对研究人员而言，辅助他们完成研究工作的助理的能力水平和数量也是非常重要的。正如 ESRF

---

① 曼迪热堡（2013e）为办公地点提出了一些意见以供智库使用。艾伦和亨（2007）就同事位置如何影响沟通的频率这一问题进行了分析。

智库所言，"良好的工作环境有助于留住和激励员工，使其高效地工作"。

对智库整体而言，尤其是规模较小的智库，他们很容易适应较差的工作环境。但现实情况是，这些工作在较差环境中的智库员工，效率低于工作环境较好的同行，且工作环境较差的智库也缺乏吸引力。工作环境恶劣的智库，会使其优秀的员工流失到工作环境优异的智库中。要找到改善这种情况的方法是比较困难的。但是，正如第 11 章所言，确定一个实际的间接费用率，并找到资助方是解决此问题的关键。

2. **署名权**。确定研究报告或文章的作者及其排列顺序是非常重要的，这通常会引起人们的争议。毫无疑问，以原创作者的身份发表的文献，尤其是国际同行评审期刊的文章，对研究人员的声誉及其市场价值是至关重要的。很多地方制定了有关署名权的"规则"。下文是来自城市研究所规章中的一则说明：

> 总体而言，一本书、一份报告、一篇论文或文章的署名权应该属于那些有重要学术贡献的研究人员。此处的学术贡献包括（但又不仅限于）制定研究规划或研究理念，分析、解析研究数据，撰写或重写大部分稿件。成为原创作者的另外一个条件是有能力解释或回答研究中的问题。一般来说，学术贡献的质量和重要性，并非取决于花费在项目的时间长短，而是取决于谁是原创作者。请牢记每一个项目成员的兴趣和能力，以及与之相匹配的研究任务。规章鼓励项目负责人为员工提供更多的机会，使其做出显著的学术贡献。

智库应该意识到研究团队的领导者在决定署名权时应当"慷慨大方"。比如，城市研究所规章中明确鼓励项目负责人为员工提供更多机会。对员工而言，智库认可员工署名权是对他辛苦工作的奖励，这也是非常有价值的荣誉，有利于提高个人形象。此外，智库应邀请此类员工参与智库议题讨论，从而增强员工对智库的认同感和归属感。显然，年轻的研究人员更关注其能否获得成果署名权。

3. 晋级。对员工而言，从低级别岗位晋升至高级别岗位意味着他的能力获得智库的认可。因此，小型智库也会对每个类别的工作，包括研究人员、谈判专家、IT专家、财务人员等等，划分多个级别。工作岗位的所有级别并不都需要专职人员，但工作岗位级别可以作为评价员工绩效的重要指标。

附录2.3*和2.4*介绍了城市研究所中的研究岗位、传播岗位的具体级别划分。附录2.2*阐述了该智库的薪酬管理系统，并且通过上下文可以看出每年薪酬的增量。

研究岗位有五个明确的级别，因此研究岗位的职业道路十分明了，每一级别都有清晰明确的研究任务。然而，研究人员参与政策制定分析过程、并向政策团体[①]递交研究成果这一行为，并未被囊括到这五个级别的任务中。这是一个明显的漏洞（这个标准更多地强调了高水平员工晋级的要求）。如今，研究人员积极参与政策团体交流，并向其介绍智库研究成果，比以往任何时候都重要。因此智库要明确规定研究人员的责任。最近在南非召开的由12个智库参与的政策研究和传播实践会议都强调研究人员参与政策分析过程、宣传推广研究成果的重要性，会议中提到："目前智库面临的问题是研究人员的日程安排已经非常紧凑，他们都不愿意承担宣传推广工作（TTI, 2013）。"这12个智库都认为在研究岗位任务中加入宣传推广研究成果职能或许会促使研究人员积极与政策团队展开交流。

城市研究所传播岗位的模式与研究岗位截然不同。除去总负责人（副总裁）之外，划分了九个不同级别的传播岗位。这些岗位大都是专职岗位，如网络专家、图表专家和内容与社会媒体战略家。但编辑岗位级别划分较少，有时社论编辑兼任出版物编辑。而博客编辑（城市政策编辑）则归属于数字媒体总监领导。较少层级或单一层级的传播岗位级别阻碍了该领域取得显著的突破。

图2.1是一个大型传播团队的组织图，这是由一个智库传播领域的副总裁专门

---

① 附录5.1介绍了团队领导和中心主任的工作，并将其沟通责任确定了下来。

为本书设计的，与城市研究所的传播岗位数量相同，但在此基础上有稍许调整（附录 2.4 ＊ 有两者的对比图）。表格中最主要的区别在于数字媒体和其他传播方式（此项由对外事务总监分管）。但划分的岗位层级依然很少。

34

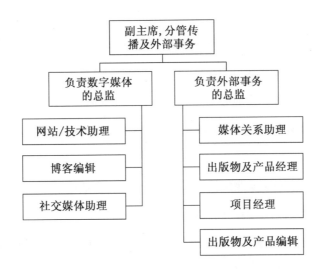

图 2.1　传播人员组织结构图案例

有的大型组织在部分行政管理岗位设置的层级也比较少。附录 2.5 ＊ 展示了一个位于华盛顿、约 70 人规模的大型智库的行政管理岗位层级与相应责任：

- 会计：普通会计、高级会计师和预算、赠款和合同主管。
- 行政管理：管理协调员，项目协调员和行政助理。
- 运营：运营项目助理、业务经理和首席行政官。

值得注意的是，该机构只有一个人力资源岗位，并没有划分级别。

如果某个岗位没有划分工作级别，那么管理者需要增加该岗位工作人员的工作 35
责任和工作量，并没有必要改变工作职位。例如，将一个分析师任命为一个项目的项目负责人，为其配备研究助理帮助其完成低难度的工作；又或者是给予分析师更多的自由，使其自由地与客户、政策制定者沟通。又比如，一个博客编辑可以与研究人员就"候选人是否过于政治化"的问题进行直接交流。

传播岗位的工作级别通常较少,那么传播人员需要具备哪些素质和技术呢？政策共同体(2013)小组于 2013 年 12 月完美地回答了这个问题。3 个智库(2 个位于伦敦,1 个位于纽约)的传播总监参与了该小组的调查。尽管 3 个智库全职传播员工的规模不同:多至 15 人,少至 3 人,但他们的观点却出奇地一致。传播总监都希望找到能够积极适应新任务、融入新集体并且有一技之长的员工。这里的"一技之长"指的是:能够又好又快地编辑和写作;拥有强大的技术能力(例如,超文本标记语言);拥有良好的电话礼节(与编辑沟通等等)。有些人还关注其他品质,即理解政策过程(清楚政策制定者、员工以及政策建议者的关系),并且有目的地参与政策议题中,而不只是一时地兴起。

此外,智库以何种方式吸纳传播人才也是非常重要的。智库赋予了传播人员更多的自由,使其可以充分发挥其想象力。智库的一大"卖点"是人们在智库内可以依据自己的方式理想化地解决问题。很多智库员工发现解决一项重要的问题会获得巨大的满足感。最后,对于传播岗位的应聘者而言,"如何以尽量短的篇幅传播丰富的信息"是非常具有挑战性的。比如,如何编辑篇幅较短的博客类目,同时又使其内容丰富、通俗易懂、朗朗上口。

(三) 奖励、参与会议和向董事会做汇报

这三种活动是奖励优秀员工的重要方式。例如,在某些情况下,智库可以让员工参与会议(这同样也是培训员工的方式之一)。

1. **奖励**。当某个员工或团队被公认取得了特殊的成就时,智库可以对其进行奖励,具体的奖励形式通常取决于执行董事的处事风格以及智库的惯例。恰当的一次性现金奖励通常是奖励的重要方式之一。

个人奖励是非常有必要的,特别是在一些大型组织中,因为大型机构人才济济,个人很难脱颖而出。然而,确定合适的奖励对象以及颁奖仪式也是很重要的。智库应该加大对支持人员的奖励,因为他们很难被智库领导关注到。

智库设立的团队奖励措施可以促使研究人员之间寻求合作,其中以年度团队奖

最具影响力和吸引力。西方大型智库每年有两项"总裁奖"：其一是奖励年度最佳政策研究，其二是奖励年度最佳公关。这两项奖励既可以是团队奖励又可以是个人奖励，获奖者名单会张贴在机构入口处。

　　智库进行奖励时应遵循以下规则：(1) 确定入围团队名单；(2) 深思熟虑地做出决定。然而，智库制定奖励政策时需要考虑奖励对不同人的利弊影响，以及由此可能导致的嫉妒。这也是很多机构只颁发一两个"年度最佳成就奖"而回避其他奖励的原因。

　　2. 向董事会做汇报。董事会会议上通常会有一个资深研究员就非常有趣的项目或者对政策具有影响的项目进行汇报。员工能够被智库选出做汇报对于员工而言是一项殊荣。大多数智库在午餐、晚餐或其他社会活动中，都把汇报人看成客人。员工与董事的位置都是交叉相邻的。这使员工有机会与这些杰出人物交流，并提出自己所擅长领域的一两个政策建议。

　　3. 出席会议。会议是员工获取更多知识，并与同行交流的重要场合。对研究人员而言，同行指的是对会议主题有浓厚兴趣的分析师或政策制定者。对支持人员而言，同行指的是同一专业领域的人。当员工被邀请在会议上做汇报时，只要她/他有能力去做一个有影响力的汇报，那么该机构都会鼓励并支持受邀者参与会议。如果对受邀员工能力有任何疑问，那么智库管理者必须与员工共同面对质疑并做出回应。管理者需要预先听取并评论受邀员工汇报内容。总之，智库员工受邀出席会议本身就是对员工能力的认可。

　　智库应慎重决定作为非汇报人出席会议的员工人选，尤其是当会议主题与员工从事的工作相关时。员工参与会议可能会耽误员工的其他工作，智库领导人也会怀疑员工参与会议的必要性。因此，通常作为非汇报人出席会议被看作是对优秀员工辛勤工作的奖励。对高级行政人员而言，出席会议被看作是对他们专业地位的高度认可。大多数会议还会提供关于与会者的专业领域发展趋势的信息，这对与会者来说是非常重要的学习机会。

4. 参与机构内部活动（例如团队会议）。 一些文献重点关注员工参与组织决策
37　的影响，这些文献讲述了员工绩效与员工能否参与组织行政议程设置的关系（佩里、
梅斯和帕尔伯格，2006）。研究结果表明，员工参与机构内部活动，有利于增强员工对
机构的认同感，但并未显著提高员工工作效率。因此智库可以经常举办一些员工可
以自由发表意见的活动，例如员工会议，这有利于员工间交流信息，产生一种集体感，
增强员工对机构的认同感。对大型智库而言，工作组、研究部门或财务部门的内部员
工会议，比全体员工会议更具成效。针对具体项目召开的研究团队会议同样也有利
于团队精神的建设以及工作效率的提高（团队会议详见第 3、5、8 章）。

5. 职业发展。 表 2.5 非物质奖励一栏中最后四项，重点关注了技能和能力的提
高。在研究岗位和行政岗位中，"通过接受资深员工的指导和培训以充实工作内容"
对初级水平的员工来说具有巨大的吸引力。正如第 3 章所言，员工培训包括正式员
工培训和在职员工培训。但是大多数机构和智库随意组织在职员工的培训，导致在
职员工培训的积极作用无法发挥。因此机构应组织恰当的在职员工培训，这是至关
重要的（鲍舍，1998；罗思威尔和凯赞纳斯，1994）。

然而资深员工的指导并不总是有效果的。值得注意的是，大多数资深研究员自
认为他们本身就是导师，并且是经验丰富的导师，他们并不深入考虑怎样高效地开展
指导工作。事实上，一些资深研究员理应被看作是卓有成效的导师，但大部分研究员
并非如此。尽管他们也有能力向低水平员工解释项目涉及的概念、方法和成果。因
此，团队领导则须要支持并鼓励资深研究员开展指导工作。此外，资深研究员可以将
定期更换研究助理作为指导方式之一，因为研究助理在工作时总会得到资深研究员
的指导。

智库鼓励中级研究人员参与政策会议既是对中级研究员研究能力的长期投资，
又可以直接影响其专业地位。初级研究员在资深研究员带领下参与会议，这可以极
大地丰富初级研究员的专业知识。初级研究人员可以从政策会议中学到丰富的知
识，例如如何进行会前准备、如何开展会中讨论、如何开展会后工作等。一些国家的

政策在递交给议会或政府之前都需要召开听证会，初级研究员参与这样的听证会可以获得极其宝贵的经验。此外，初级研究员由资深研究员带领参加会议，其他与会者便会认为资深研究员为他的同事做担保，这样初级研究员就很容易获得与会人员的认可。笔者认为，资深研究员应鼓励初级研究员放松心情，尤其是当初级研究员须要在会议上做汇报时。因为汇报时过分紧张只会使缺乏经验的初级研究员无法发挥正常的水平。

此外，资深研究员非常在意是否能够维护自己与政策制定者的人脉关系，他们并不愿意与别人分享这种资源。但是，一般而言，资深研究员在政策领域影响甚小，他们更多地扮演技术精湛的技术人员和撰稿人的角色。因此，智库需要帮助研究员进入政策团体，扩大他们的政策影响力，否则当其他智库提供这样的帮助时，研究员很可能会选择到这样的智库中工作。总之，智库高层管理人员需要重视研究员的政策影响力，调整他们的工作量，增加研究员的公众曝光度。①

（四）激励机制的管理

表 2.5 所列出的一些激励方式很显然与智库的经济状况相关，智库在实施这些激励措施之前，必须仔细评估它们的利弊。其中很多激励方式对间接费用分摊率会产生巨大的影响，由此也会导致机构间对资助者资金的竞争。因此，智库高级管理层，甚至董事会，必须制定详细的激励方案，并决定该方案中是否要包括表 2.5 中所有激励方式，以及所选择的每个激励类型应投入多少钱。根据预算目的，可以将激励模式分为以下几种类型：

1. 至关重要的物质奖励。这包括强制性社会费用以外的福利，如奖金、个人医疗保险、辅助养老金、休假以及带薪学术假。最后一项有时会显得非常重要，例如，分析人员获得几个月的带薪学术假去写一本书。

---

① 然而，值得注意的是，随着社交媒体和博客发展，很多中级研究人员迅速被广为人知，这种方式的重要性逐渐下降。

2. **实现或维持理想工作条件的成本。**包括物理设施、家具、计算机系统、软件和其他 IT 投资以及培训预算。

3. **在相对温和的成本水平下，一系列激励措施的总成本。**包括参与会议（国内与国际）的成本，员工奖励支出以及准备出版物的少量时间成本。

4. **低成本的激励措施。**署名权、参与机构内部会议、向董事会做汇报以及给予工作指导等属于这一类。

类型 1 和 2 中的激励涉及重大的预算以及决策管理，相比较而言类型 3 和 4 中的激励所需资金较少，但要求制定相关的机构内部规章。这四种类型都要求激励成本处于可控范围内：智库可以选择是否采纳前两种类型的激励措施以鼓励员工（然而智库不能选择文章或报告的署名归属，这需要依据客观事实决定署名权归属）；后两种类型需要智库高级管理人员做出相关决定：（1）用于激励的资源总数量以及如何分配；（2）非物质因素的奖励政策（署名权、参与机构活动、向董事会做汇报以及奖励都属于这一类）。

但是很少有智库开展系统的激励活动，因此在激励员工时，有些智库往往浪费很多资源。为了避免这种情况，智库第一步需要确定机构目标，以及所拥有的资源总数量。然后智库据此分配用于激励员工的资源。激励员工的主要目的是留住高质量、高产出的资深研究员，同时解决低水平研究员生产效率低下和高流动率的问题。智库应当合理分配用于员工激励的资源，并采取恰当的激励措施，若不这样做，即便员工仍然坚持工作，真正问题却依然存在。

一旦激励方案和预算得以确定，主要的问题就变成由谁来实施激励：激励对象是全体员工，还是某些特定岗位的员工（比如高级分析师、会计人员）。笔者建议，尽可能地由团队领导进行员工激励。他们比高级管理人员更了解自己团队成员，他们也了解什么时候进行激励更能发挥作用。智库将用于激励的资源分配给团队领导时，应采取简单而公平的方式：依据团队年度员工薪酬占总员工薪酬的份额来进行分配（需要注意，这里按照员工薪酬比例分配，而非按照员工人数比例来分配）。针对研究团队和行政团队，智库应采取不同的激励方案。

在激励员工时，若智库管理层采取现金奖励的方式，则应注意以下几点内容：(1) 公平（绩效相同的员工，收益应当大致相同）；(2) 认可优异的工作成绩，促进生产效率的提高。第三阶段智库的高层管理人员认为，与规模较小的智库相比，规模较大的智库能更公平地分配用于激励的资源，因为规模较大的智库几乎都有固定的奖励分配制度。

对智库管理层而言，高效地开展员工激励活动并不十分容易。笔者了解的管理人员会建立一个矩阵，将员工标记到顶部，将奖励，包括晋级标记在左边。每个员工的矩阵有三列——之前的两年和今年，因此管理人员可以随时间推移，轻松记录下他们给每位员工发放的奖励。智库记录下颁发的奖励及其成本是非常有用的，当高级管理人员想要分析过去一两年内奖励发布情况时，这个矩阵是非常方便实用的。

当然智库激励员工时，也会出现偏袒或歧视的情况。如果员工认为奖励分配不公平，员工奖励的积极作用就会迅速消失。因此笔者强烈建议执行董事随时更新上述矩阵的记录内容，并且每年检查若干次，以查看是否存在明显的偏袒或歧视个别员工的现象。这样做可以促使智库认真反思员工间的奖励分配方式是否合理高效，是否达到智库的预期目标。

创建和管理激励机制是一项重要任务，这需要花费人力资源总监、高级管理人员和团队领导大量的时间。他们需要针对性地采取哪些激励措施，这些措施对哪些团体最富有成效，以及哪些团体最需要激励等问题提出自己的观点。因此智库花时间充分讨论如何制定员工激励方案，以达到留住员工、团结员工、提高员工生产效率的目的。

四、年度绩效考核

一个强大的评估系统是记录员工工作成绩的基本工具，它可以用来评估员工绩效，也可用来帮助员工制定新的工作目标。格伦（1990，第 2 页）是这样解释绩效评估过程的：

　　　员工绩效评估数据能够精确评估员工当前工作，帮助员工增强优势，识
别工作中的不足之处，还可以预测员工未来绩效变化。员工绩效评估的目
的是衡量员工工作水平，区分不同的绩效等级，收集相关员工培训需求，确
定员工激励对象以及可晋升对象。

　　很多智库董事并不热衷于年度评估。"我了解我的员工，我真的不需要这样做"
是常见的回应。笔者并不认同这种说法。任何一个管理者都能清楚地记得过去一年
内若干个下属取得的不同成就吗？笔者对此表示怀疑。笔者发现员工的"自我评价"
对智库评估员工绩效而言，至关重要。但有时连项目主管都未必完全知晓下属的工
作业绩，这会出现低估员工工作成就的情况。当智库领导每年与员工就未来职业发
展规划问题进行针对性谈话时，员工年度绩效评估结果就可用来探讨并制定员工未
来一年的发展计划，并设置其具体的工作目标。

　　良好的评估系统可以记录员工设定的目标以及员工所取得的业绩（李，1996；威
尔逊，1994）。虽然这些评估可用于工资评定，但是，这些评估结果并不能决定工资的
多少。也就是说，工资调整和其他奖励发放应参照评估结果，但不能由评估结果
决定①。

　　绩效评估中出现的另一问题是，如何评估团队而非个人的业绩（赫尼曼，2001，第
8章）。有些智库中的团队，其成员多年几乎只从事一个大型项目，对这样的团队开
展集体评估是必要的。然而，在一般情况下，智库对员工评估更倾向于遵循惯例，毕
竟跨年度、全职性的团队非常少，几乎没有。

41

---

　　①　这一评估系统是由我熟悉的若干个西方智库所使用的。一些运营良好的企业也使用该系统，
包括通用电气公司（格伦，1990；李，1996和莱德福，1995）。其中，也有几个企业强烈支持将评估结果与
正式薪酬调整分离，使其互不受干扰。

　　智库可以从下节内容或其他书籍①中获取员工评估的一整套评估系统和流程。这里需要强调，一个有效的评估过程对智库获得员工业绩而言是至关重要的，员工绩效评估结果是智库开展奖励的依据，同时也是智库制定员工职业发展规划的依据。员工职业发展良好，反过来也会提高员工绩效，增加其工作满意度。工作目标设定是员工绩效评估的关键组成部分，它与提高员工生产率密切相关（佩里，梅斯和帕尔伯格，2006，第509页）。

（一）优秀的年度评估过程案例

　　城市研究所的员工绩效评估方案是值得我们花时间去研究的。附录2.1＊介绍了城市研究所人力资源部门的三个相关的文献：(1)向全体员工解释年度绩效评估流程的备忘录；(2)由正在接受评审的员工和主管共同完成的员工评价表；(3)由智库资深研究员撰写的员工绩效评估备忘录。这三个文献在员工绩效评估中发挥重要作用。

　　附录2.2＊城市研究所薪酬管理政策的第一个文档中，从员工绩效考核过程的视角，对以上三个文献做了进一步的补充说明。该附录内容包括了职务分类，职务的薪酬范围，新员工的工资、加薪、晋升以及岗位的调整。

42

　　员工绩效评估备忘录对智库管理者而言是非常有用的，因为它展示了整个评估过程，记录了考核者和被考核者的评估与被评估的流程和各自职责，同时它也介绍了绩效评级，以及解释了部门领导与员工就绩效评估结果开展对话的目的。此处，需要强调的是员工和部门领导签署绩效评估结果文档的重要性（如果员工并不认可评估结果，那么他/她可以上诉；签名仅仅是表明他/她阅读了该文档）。最后，员工绩效评估备忘录也解释了评估与晋升、评估与岗位调整之间的关系。城市研究所举办了多次会议，不仅使新员工可以了解到更多的关于绩效评估过程的知识和细节，而且也使

_____

　　①　其他关于员工评估系统和流程的讨论可见雷宾等，1985，第184～194页，以及赫尼曼(2001)的第7章。另一个值得注意的评估模式是所谓的360度绩效评估。该系统将大量信息反馈给管理者，目的是提高管理者绩效。例如，一个中级管理者，将由他所监管的员工，以及与他工作密切的管理者（除了他/她的上级）进行评估。该系统被引入到商界，并被广泛认可。然而，近些年仔细分析该系统，人们对其功效产生了质疑。例证详见特伊格、康格(2003)、布拉肯和罗斯(2011)。

部门领导了解如何开展绩效评估工作。

员工绩效评估的第一步是员工进行自我评估。城市研究所员工绩效评估文档的前两页就是员工的自我评估(现在城市研究所采取了网上评估的方式)。首先员工列出该年内他的工作业绩。研究人员的业绩包括各种形式的出版物(现在也包括博客文章),所做的演讲及汇报,为智库募集的资金以及参与政策研究过程的活动(这些都属于研究人员的具体外部活动)。此外,员工绩效评估文档对管理人员和技术人员来说也是非常有用的。我认为城市研究所的评估文档也应该针对传播人员做一些调整,增加特定的适合评估传播人员的指标。

该评估文档除了有助于评估员工业绩外,还有其他作用。例如,它可以帮助员工明确去年职业规划中已完成的部分,也可以帮助员工列出已获得的技能、过去一年内取得的主要成绩、新的工作任务和未来一年内的工作目标。该评估文档也包括一些需要员工、部门领导双方协商沟通的问题。此外,员工需要按照评估文档要求提交一份最新的个人简历。

员工绩效评估的第二步是部门领导评估员工工作。首先,部门领导须要对员工的自我评价以及设定的未来一年的目标进行评价,然后评价员工的优缺点,并提出"一经被采纳就能够改善员工绩效、增强技能、增加员工进步或职业发展机会的建议"。这部分是部门领导应当完成的任务,部门领导需要认真思考,提出有利于提高员工生产效率的建议。

同时部门领导应从五个维度(加上"不能评估"和"不适用")评价员工各个方面(例如工作质量、生产效率、专业技术技能、写作技能、人际关系技能和其他方面)的绩效。部门领导需要评价全体员工 11 个方面的绩效,而针对研究人员则需另外增加 4 个方面的绩效评价,针对管理人员,则在研究人员评估指标的基础上另加 4 个指标(比如管理技巧以及项目或其他活动的财务管理质量)。最后,部门领导须要对员工绩效做出全面评估或总结。

值得注意的是,虽然一些智库明确规定了不同职位的绩效评估标准,但更常见的做法是，智库依据相关的岗位职责推断出合理的绩效评估标准。附录 2.5＊介绍了华盛顿发展绩效研究所的管理岗位的绩效评估标准（这可能更加吸引读者，因为它们隐含了岗位职责和工作任务）。

　　员工绩效评估的最后一步是部门领导与员工见面会谈。这种会谈需要员工至少提前一天去阅读、理解部门领导所给出的评价和评级。只有这样做，此次会谈才能真正为双方提供交流和沟通的机会，此次会谈的目的是由部门领导和员工共同制定员工的"个人发展规划"，包括设定员工未来一年的发展目标，预测员工职务可能发生的变化，以及可能接受的培训。

　　需要注意的是，城市研究所的员工绩效评估评并不会产生一个用数字表示的分数，尽管评估过程的第二部分的确需要定量研究。城市研究所认为该评估过程非常负责，以至于不能简单地将评估结果归纳为一两个数字。[1] 此外该评估结果避免出现"员工排名"（即每组成员，如研究助理，依据绩效从高到低排列）。员工排名往往用来确定绩效差的员工，这些人通常是被淘汰的对象。有很多智库使用这样的员工排名机制，甚至在每位员工都很优秀的团队中也要生硬死板地排出绩效高低。因此这种"员工排名"方法近些年被广泛批判，依笔者看来，智库应该避免出现这种排名[2]。

（二）员工绩效评估对薪酬决策的影响

　　绩效评估如何影响薪酬决策？首先我们应当关注员工薪酬是在何种环境下决定的。对智库决定员工薪酬而言，外部市场环境是非常重要的。如果来自基金的资助减少，或者因为捐赠收益普遍降低导致下个年度基金会减少了对智库的支持力度，那么智库对小额捐助的竞争会更加激烈，智库从事募集资金的员工薪酬也会上升。最后，通货膨胀率与加薪比例密切相关。当智库制定全体员工薪酬的平均增长比例时，

---

　　① 福克斯(1991)，雷宾等(1985，第 183～184 页)和威尔逊(1994，第 9 章)同样也列出僵化的评估过程带来的问题。李(1996)发表报告称接受调查的 218 家机构中的 60％使用文字评价与综合分数相结合的评价方式；第二个最常使用的方式是以数字表示的分数。

　　② 2013 年 11 月 16 日，北美印刷版的《经济学人》第 69～70 页的"Ranked and Yanked"一文从非专业人士角度探讨了该机制。

需要将以上因素全都考虑进去。通常执行董事与高级管理人员共同协商决定员工薪酬增长比例，如果机构有执行委员会，这一任务则可由执行委员会决定。

对工作团队相对同质的员工（员工是否同质，这由工作任务、员工在机构内的所处的层次水平、员工经验程度及市场对员工从事的工作的需求来确定的）来说，"薪酬管理委员会"可以通过绩效评估，了解每位员工过去一年绩效及其未来期望，在此绩效评估非常重要。然而，绩效评估与员工薪酬增长之间并不是简单的同步关系。即使在同一机构中，薪酬管理委员会的成员在评定员工薪酬时，会更加侧重于不同的因素。员工晋升一般伴随着薪酬增加，而且薪酬增长要高于优秀的绩效评估结果的加薪。对员工晋升而言，绩效评估结果和管理人员对该员工的推荐是同等重要的。员工绩效评估从以下两方面影响员工薪酬：(1)同事的评价（此处同事指本段第一句话中提及的同质员工）；(2)研究员未来预期的贡献。

最后，薪酬管理委员会需要留意员工薪酬决策中任何形式的歧视，例如，女性员工及少数民族员工薪酬很有可能较低，人们可能误以为他们的机会成本较低。人力资源总监应负责审查员工的自动加薪模式和拟定的不同岗位的薪酬水平，并在下一年员工薪酬确定之前，向薪酬管理委员会汇报任何异常之处。

五、智库实践

本部分介绍了 CEE-6 中第二阶段智库有关员工激励和年度员工绩效评估的实践。其中 CEE-6 中有关人事部门的信息缺乏必要细节，因此，笔者用 GDN 和 TTI 调研中的部分数据，以及其他资源的信息加以补充。

（一）CEE-6 的激励机制与年度评估

第 1 章及附录 1.2 已经简要介绍了 CEE-6 智库，表 2.6 显示了每个智库的名字、成立时间、2000 年的全职研究人员数量，这 6 个智库的全职研究人员数量多至 53 人，少至 10 人。需要强调的是，这 6 个智库有关员工激励和年度员工绩效评估的实践，为相对年轻的智库提供了使用的经验参考。

表 2.6　6 个中东欧智库：所在地、成立时间、2000 年员工规模

智库	所在地	成立时间	全职研究人员数量
大都会研究所（MRI）	布达佩斯	1990	11
社会研究所（TARKI）	布达佩斯	1985[a]	31
民主研究中心（CSD）	索菲亚	1990	20
城市经济研究所（IUE）	莫斯科	1995	38
转型经济研究所（IET）	莫斯科	1990	53
俄罗斯产业与企业家同盟研究所（Expert）	莫斯科	1991	10[b]

a. 社会研究所（TARKI）于 1997 年转为营利性机构，尽管它仍保留非营利部分。

b. 这包括主席、执行董事和 8 个团队领导。所有研究人员则根据合同负责各自项目。

　　1. **激励**。首先探讨物质激励。表单 2.1 大体介绍了员工薪酬的决策机制。纵览表单，我们可以发现员工薪酬决策机制的复杂性。6 个智库中只有 2 个智库使用较简单的薪酬决策方案：CSD 和 IUE（列表中的中间两个）。其他 4 个智库则将奖金融入薪酬体系，它们设计了一些奖金计划用来提高营销效果和工作承接效率，但这些计划也带来了一定的负面效应。IET 和 TARKI 从事固定价格合同的员工总是偷工减料地去履行合同。TARKI 和 Expert 的一些项目主管会迫使客户提高报价，同时降低合同中自己的付出，从而最大限度地提高收益。很明显，对高层来说，阻止这种行为的发生是一个很重要的挑战，客户付出高额代价，收到的却是低劣的产品，最终这些客户只会慢慢流失掉。

表单 2.1　6 个中东欧智库 2000 年的薪酬体系

智库	薪酬体系
MRI	全体员工。从 2001 年开始，员工每月领取 75％的基本工资。管理部门每年展开两次员工绩效评估（分拨给计费项目的时间比例）。员工如果在整个期间完成 75％比例，将获取剩余的 25％基本工资。每周工作超过 40 小时，员工可以获取加班费。但至少 75％收费时间应为计薪时间。研究被分为两个项目组，每个组由一个项目经理领导，项目组成员的薪资主要取决于整个项目组的工作绩效。

(续表)

智库	薪酬体系
TARKI	项目总监或团队领导。总薪酬包括基本工资和奖金。奖金是非常高的,甚至有时都超过基本工资。奖金由项目总监根据项目的净收益决定分配方案。项目总监一般负责合同谈判,并对履行合同负责。智库与项目总监按照惯例分配净利润。 　　高级研究员和初级研究员。这些研究员同样也可以获得基本工资之外的奖金。项目总监和初级研究员可以协商决定完成指定任务所需时间(例如两个月完成一项特定的分析工作)。实际上,员工都签署了固定工资的合同。员工应当信守承诺,全职工作,从而增加自身的总薪酬。
CSD	全体员工[a]每月的基本工资,再加上一个月奖金。奖金比例依据通货膨胀率和改善绩效的需要,每年都发生变化。(也就是说,需要有一个恒定的薪酬审查程序。)
IUE	全体员工。薪酬通过与综合员工评估程序相关的年度工资评定机制,得以确定。
IET	全体员工[b]。薪酬由以下三部分组成:较少的基本工资;主要收入由项目负责人与雇员签署的包含固定工资的合同所决定,但员工需要参与具体项目才能获得这一收入;基于合同的奖金,根据项目完成的质量,由项目总监决定。
Expert	团队领导。薪酬主要有两部分:较低的月薪和监管项目的报酬。团队领导负责项目的编制和执行,包括支付员工薪水。团队领导的项目报酬须经过执行董事的同意。

　　a. 不包括董事会——主席、执行董事、主管——以及调查研究岗位的员工。后者的奖金主要取决于项目加班时长。

　　b. 不包括高级管理人员。

　　这些智库的薪酬体系往往会带来其他重大风险。例如,月薪大幅度波动,造成员工家庭财务管理的紧张和困难;奖金少的员工仇恨奖金多的员工,从而引起员工的不满和离职。

47　　　2013 年初,笔者对 TTF 给予欧洲第比利斯自由倡议学院(EI-LAT))的三年固定资助的效果进行了评估。EI-LAT 属于第一阶段的智库,它的研究团队规模较小,自身能力有限,因此它们将签订合约的研究项目中的部分报告撰写任务,或整个报告撰写任务承包给外部顾问。笔者采访过的一家"研究与倡导型"非政府组织,称赞EI-LAT 对与其合作的外部咨询公司进行了强有力的监管,使其更好地执行了质量

控制标准。笔者认为这一行为恰好证明智库无论与内部员工还是外部顾问签订固定
价格的合约时，都要对员工、外部顾问的工作实施严格的质量控制措施。

　　表2.7介绍了这6个智库的非物质激励因素——研究设施的质量，有关署名权
的政策，现有的岗位晋级阶梯，以及鼓励员工出版研究成果的政策。这6个智库在非
物质激励方面的实践如下：

- 从办公质量、空间和计算机设施而言，这6个智库出现了两个截然不同的现象：其中有4个智库，他们的办公环境非常好，但是计算机设施却有些落后；另外2个智库办公环境弱于前面提到的4个智库，但计算机设施却强于这4个智库。

- 6个智库中有5个智库将报告的撰写者姓名写入书名页。

- 6个智库都鼓励员工出版研究成果。

- 员工岗位级别划分模糊。只有3个智库的研究人员有正式的级别划分，这意味着另外3个智库未能明确岗位级别。明确岗位晋升途径是激励员工的重要方式，而岗位级别划分的缺乏则会阻碍该项激励措施积极作用的发挥。

表 2.7　2000 年 6 个中东欧智库的激励因素

激励因素	样本智库的条件[b]
研究设施的评级[a]	
人均办公空间	4 个智库评级较高，1 个智库具有竞争力，1 个智库处于平均水平。
计算机和网络支持	1 个智库达到优秀，1 个智库在平均水平之上，4 个智库不相上下。
关于署名权的政策	
作者名字是否出现在书名页处？	5 个智库将报告撰写者的名字写进书名页，1 个智库则不这样做。
正式的研究岗位分级（例如初级、中级、高级或项目负责人）	3 个智库并没有分级。
是否鼓励员工出版研究成果	6 个智库都鼓励员工出版研究成果。

　　a. 与相似机构作比较
　　b. 与其他机构相比，这是由智库基于自身机构管理条件做出的自我评级。

48　　　　其他非物质激励措施并没有在这 6 个智库中起到很大的作用。在某种程度上，表 2.7 中的非物质激励措施有利于鼓励员工出版研究成果，参与会议，参加培训。但是也存在一些例外，有时智库仍会使用这些非物质激励措施，但并不把它们作为激励方式，而是按照实际情况分发给最适合的员工。例如，撰写报告的任务就会交给那些暂时没有参与项目，但仍需要工作的员工。同样智库在选择参与国际会议的人选时，也要充分考虑员工的外语能力。

TTI 和 GDN 调查中关于员工激励措施的数据是非常少的。2009 年 TTI 开展的调研中，提到了部分非物质激励因素（如基础设施和计算机设施）。具体内容详见表 2.8。

表 2.8　TTI‐48 智库的基础设施及 IT 设施的百分比分布

	TTI		
	≤10 位全职研究人员	>10 位全职研究人员	所有智库
基础设施质量（2009）			
非常舒适	0	13	8
舒适	50	57	54
比较舒适	33	23	27
不舒适	17	7	10
IT 设施质量（2009）			
先进水平	6	13	10
满足使用	50	70	63
尚能运转	22	13	17
过时	22	3	10

关于基础设施方面，第二、三阶段智库中 13％的智库认为自己基础设施达到"非常舒适"的级别，而第一阶段智库都认为自己基础设施远没有达到"非常舒适"的级别。调查的全部智库中，大约一半的智库认为自己基础设施达到"舒适"级别，约 27％的智库认为达到"比较舒适"级别，10％的智库认为是"不舒适"。此外，调查的全

部智库中，63％的智库认为自己计算机设施能够"满足使用"。总而言之，智库可以通过改善基础设施和计算机设施的条件，来提高员工士气和生产效率。也许人们会质疑这样做是否能达到智库预期目的，但无论怎样，基础设施和计算机设施条件的改善，确实能够为员工提供更好的工作环境。

除上述激励措施外，这6个智库通常都会通过某些其他方式认可员工成就，以此来激励员工。比如在机构研讨会、工作会议、庆祝出版的舞会、成功举办的大会、成功签订大型合同时，智库通过公开宣讲或发表通告的方式，表扬杰出员工。IET会在自己公告栏中发布表扬通告。IUE的行政总监和部门总监每年都从各个层级（比如专家、资深专家）中选出优异的研究人员，并在年末员工大会上公开授予奖励。[①] 49

2. **员工评估。** 正式的评估重点在于向员工反馈其绩效，并为员工未来发展提供准则，但在2000年，6个智库中仅有3个智库进行了员工评估（表2.9）。[②] 没有正式员工评估机制的智库认为他们智库规模小，这些智库平时就和员工之间存在持续的信息反馈，没有必要制定专门的员工评估流程。就连总监也持这样的观点（这也许是因为他要避免负面评论带来的潜在冲突）。尽管其中的2个智库在那个时候有20位以上的研究人员，但这2个智库的管理者仍然认为智库并不需要制定正式的员工评估机制。

表 2.9　2000 年 CEE - 6 智库年度员工评估实践

实践	样本智库的条件
每年都有员工评估吗?	3个智库有，3个智库没有。
对那些每年进行员工评估的智库：	
是否有员工自评?	1个智库有，2个智库没有。

① 在我们能够对其"激励和奖励机制"有一定了解的这28个智库样本中，其中大约一半的智库正在使用这种机制，第二、三阶段的智库几乎都在使用。但这种机制是否同时包括物质激励和非物质激励，就不得而知了。

② 在2009年调研中，28个TTI智库中约一半智库表示他们也有相似的机制。

（续表）

实践	样本智库的条件
主管人员是否能够完成评估表，或准备一份书面说明？	1个智库能够做到，2个智库做不到。
员工是否能够参与评估结果讨论？	3个智库都能做到。
评估结果与薪酬决策的关系如何？	3个智库中评估结果与薪酬决策都有关系。
评估结果与激励措施的关系如何？	2个智库的评估结果与激励措施紧密相关，1个智库几乎没有关系。

相比之下，在2009年的调研中，TTI中一半的智库和GDN中三分之一的智库都有"年度绩效评估机制或其他系统化绩效评估机制"。其中大多数智库都认为在评估时，智库领导应当听取有关研究人员的自我评价。

MRI和TARKI拥有正式评估机制，评估形式包括两个高级管理人员与研究人员的会谈。会谈并不涉及员工的成就（比如一份有关年度成就的书面说明）；高级管理人员也不需要提前将其意见整理成书面文字。因此会谈不会产生对员工未来目标设定或员工职业规划起参考作用的文字记录。

只有IUE拥有完整的员工评估机制，该机制首先由员工提交一份全年的个人业绩书面报告，包括自身职责和能力方面的改变、下一年度目标，以及提供给主管关于如何提高协助员工完成任务的效率的建议。评估员（通常是团队领导）再完成一个补充性评估报告，并将这两个报告作为智库领导和员工面谈的基础。此外，团队领导还应就如何培训研究人员以提高其生产效率、保持先进水平的问题，发表自己的意见。IUE的评价机制与第三阶段智库的评价机制大致相同。

在每年员工进行薪酬决策时，上述3个有正式评估机制的智库都利用评估结果决定年终是否调薪。然而，只有IUE将评估结果用于决定员工是否接受其他非物质奖励（如参加国际会议），决定哪些人应当获得非物质奖励。

与实际运营良好的第三阶段智库相比，如何评价这6个样本智库的实践呢？以下评价可能是不完整的：

- 员工评估比较薄弱。6 个智库中只有 3 个有年度员工评估机制，其中只有 1 个智库既有员工自我评价，又有评估人员的评价表。这表明这 6 个样本智库并不十分重视员工评估。

- 薪酬结构迥异。只有 2 个智库的薪酬方案与第三阶段智库的薪酬方案相一致。有 3 个智库的薪酬方案，目的在于提高有潜能的员工待遇。还有 1 个智库的薪酬方案侧重于在固定的员工薪酬基础上，开展更多的项目以充分利用员工时间。西方国家智库并不使用这些类型的激励方案。CEE 组织使用这些激励方案，可能是因为它们并不成熟的智库领导人想用此来测试此激励结构的效果，然而并没有任何证据证明其有效。

- 尽管 CEE 的 6 个智库中有 5 个智库或多或少地制定了员工激励措施，但与人事管理文献中描述的成功案例相比，这些激励措施并未被充分利用。这说明目前还没有形成一个整体有效的奖励方案。

这 6 个智库的员工激励措施在很多方面都不同于第三阶段智库的惯例，这些智库是否需要变更它们现有激励政策呢？答案是不需要。原因如下：首先，这些智库领导普遍认为他们绝大多数实践和各自机构具体的结构、规模和操作风格是相适应的。其次，宽松的环境和民主的共事氛围在那时备受重视，这是智库在和商业机构竞争优秀员工时的优势所在。此外，智库在行政管理上也并不过分强调规范化和标准化，工作中的官僚作风较少。这些都是这 6 个智库员工激励实践的特征。另外需要注意的是，这 6 个智库政策研究质量都很高，许多工作成果都被官方运用到政策过程中去（斯特鲁伊克，1999）。

这 6 个智库实践的不足之处是，尽管这 6 个智库中有 5 个智库的员工激励机制不够完善，但在一定程度上仍取得了成功，而这种成功似乎严重依赖核心管理者的性格和处事风格。大多数智库，特别是年轻的智库，更多的是依靠创始人的魅力。随着智库的壮大成熟，如果员工激励仍旧按照领导者个性化的操作风格来决定，那么当

51

新的领导者就职时，智库将会出现混乱的状况。为了避免这种情况，成熟的智库应当采用第三阶段智库的系统化方案，以避免因领导人的变动而打乱它们的运营风格。

六、总结

（一）实践经验

运营良好的智库，其特征如下：

- 基本工资应包括带薪休假和法定假期。薪酬方案越简单，效果越好。员工都不喜欢不稳定的工资方案，因为这会导致员工工作绩效较低（例如，员工匆忙地完成任务，以将每个小时的报酬最大化），相应地，员工流失率较高。

- 不设立奖金制度。奖金制度并不适合智库。智库不应设立奖金制度，即便是奖金制度在一些智库中的确发挥了积极的作用。

- 除了医疗保险、退休基金等基本支出外，只有满足以下三个条件，智库才能使用奖金进行激励：（1）明确规定每笔奖励资金的目的；（2）当间接费用率增长时，智库仍能够承担这些奖金的支出；（3）所选定的激励措施能够使他们的工作效率最大化以达到智库特定的目标。

- 高级管理人员在与团队领导商谈后，决定使用哪种非物质激励措施。如有必要，他们还须要制定智库内部相关政策（如关于如何决定署名权的政策）。团队领导在高级管理人员的监督下，决定团体奖励如何分配。

- 年度绩效评估机制是非常必要的，它应包括员工自评、评估人员的评估表、部门领导和员工之间的会谈（通常会谈的焦点是制定员工职业发展规划和提高员工生产效率）。

（二）资助者须知

1. 资助者应注意：

- 研究人员的工资结构。是否有奖励津贴？不同项目是否都签订了固定价格的合同？（例如合同统一规定管理人员可从每个项目中提取报酬的比例——如管理费用比例。）需要注意的是，非标准化的薪酬结构可能不利于资助者资助项目的发展。

- 年度员工评估。目前，公认的评估方案包括三个步骤。评估机制的缺失表明了智库整体都不重视员工评估工作。若详问为何缺失评估机制，答案就是执行董事对员工不够重视（有时执行董事认为不必把所有信息都告诉员工）。

2. 资助者可能需要做：

资助者应当参与到智库评估活动中，这是非常重要的。这可能需要花费好多年的时间。目前，并没有一个恰当的、具有普遍适用性的员工评估机制，因此资助者需要帮助智库建立适合自身的员工评估机制，并观察智库管理者是否重视该评估机制。

一些资助者特别希望智库可以不论性别、宗教信仰或种族，平等地对待员工。如果智库的资助者有这种想法，那么该智库员工的性别、宗教信仰和种族分布结构最好和智库所在地的大学毕业生的性别、宗教信仰和种族的分布结构相一致（如果智库可以获得当地大学毕业生的数据的话，这样做可以满足资助者的要求）。但在一些国家中，智库收集大学毕业生的相关信息的这一行为，并不被大众所接受，智库一味地这样做只会招来公众的厌恶，甚至抵制。

第三章　聘用和组建研究团队

　　本章讨论的主要问题是如何提高研究人员的效率。笔者首先讨论了如何组织研究人员——尤其是在面临有限条件时,是组建研究团队还是为高级研究人员配备一到两个研究助理? 其次,笔者讨论了如何筛选高级研究人员的候选人。执行董事普遍反映,寻找和聘用精密分析和政策参与领域的高级研究人员很困难。那么这一过程中哪些因素是最重要的呢? 哪些因素又最能吸引这些高级研究人员呢?

　　本章最后讨论了员工雇佣合同中需要慎重考虑的条款,以及新员工应该签署的职业道德声明。完善的合同和明确的双边协定可以彻底有效地减少利益冲突、不适当的政策活动及其他类似事件中的误解和矛盾。诚然,这些都不是最引人关注的管理问题。但对这些问题的持续关注可以避免员工纠纷的恶化,而这往往会对员工士气和工作效率产生本质上的影响。

一、组织研究人员的方法

　　虽然智库利用当前的研究人员组织结构,也可以完成高质量的工作。但是,如果管理者能在部分或全部的研究、决策分析工作中采用另一种组织结构,或许更能提升员工的工作效率和满意度。通常情况下,智库在多年前因某种原因所采取的组织人员结构往往已经不再适用于当前成熟智库的现状。当然,这里讨论的内容同最近才成立的智库也有关系。随着这些机构的发展,一些问题也越来越明显,比如:(1) 是否应该设立研究主管来管理所有项目,这些研究主管可能也被赋予了一些权力;或者是否应该成立一些独立团队,这些团队拥有自己的领导者,其中一个团队专门研究该智库最重要的议题,其他团队则进行其他领域的研究。(2) 全职和兼职研究人员最合适的比例关系是什么。

（一）可选模式

随着时间的推移，各个智库在组织分析和进行决策工作时采用了几种明显不同的组织模式，这或许并不让人感到意外。通过对 10 个国家约 40 家智库的采访和现场调研，作者总结了以下几种模式。研究组织和人员结构是智库进行研究活动的两个不同的方面，这些模式正是这两个方面进行复杂的相互作用所产生的结果。

研究组织可以分为两种模式：

54

- 明星型。在这种模式下，著名的有影响力的研究员通常是在一个或两个研究助理的协助下独立地开展工作。他们得出的研究成果往往是"软"的，这就意味着它只涉及有限的大型数据集的处理和复杂的统计分析。而且，研究成果通常以这些"明星"——著名研究员的名义出版。比如，在美国采用明星型模式的智库都拥有一批资深研究员，他们与政府、国会和学术界都有着密切的关联。

- 团队型。这种模式通常包含一个核心团队，该团队可以从智库其他研究中心和咨询顾问那里获取特别的帮助，比如抽样调查。依赖团队合作的智库倾向于开展一些大型研究项目、项目评估、示范和试点项目。其工作通常包括原始数据的收集和其他的现场调查工作，其统计分析也较为复杂和严密。同时，建立仿真模型也是惯例。

- 团队模式以两种方式存在。对于大型智库而言，研究活动通常以研究中心或部门为单位开展，每个研究中心或部门关注特定的主题或地区。在这些研究中心里，研究团队是以项目执行为基础进行组织的。这些研究中心其实是规模较大的特定专家团体。第二种模式在小型智库中更加常见，在这些智库中，研究团队是以特定的项目为基础进行组织的。不管是哪种情况，研究人员都要同时为多个项目工作，因为很少有项目在其整个执行期内都需要全职工作。比如，对于一个需要进行大型家庭调查的项目而言，研究人员往往可以在数据收集阶段获得"停工时间"。

人员结构也包含两种形式：一种是单独依靠全职员工，另一种是一小部分处于核心位置的全职员工辅以各种类型的辅助人员（客座研究员，通常是以兼职或者全职形式受聘于特定项目的著名学者；咨询顾问，他们通常被聘请来从事特定项目，并和智库的固定员工一起工作）。客座研究员是西方第二和第三阶段智库的"标配"。大部分客座研究员是暂时离开教学研究岗位的教学人员，他们会利用两到三年的时间主持一项对其研究很重要的项目，或者花费一两年时间为某个正在进行的项目提供专业领域的支持。这些客座研究员往往是高级分析师，智库很难把他们聘任为正式员工，但智库可以通过这种方式利用这些高级分析师的力量。而这种方式的缺点是，为了让这些学术性很强的高级学者完全融入智库工作当中，智库高级员工需要给与其充分的关注。①

55　　人员结构包括两种变体：

- 智库以固定员工为主体，再加上一些补充性的研究员，但他们并不是智库运营所必需的。

- 智库固定员工与客座研究员、咨询顾问三类人员的混合。在某些情况下，智库员工只会承担一小部分分析工作。

为了让智库管理层熟悉影响人员结构的决定因素，接下来将介绍智库人员结构模式。

（二）发展中国家和转型期国家智库的人员结构模式

第一阶段智库所普遍采用的人员结构模式是小部分核心员工模式，这些核心员工可以在多个专业领域开展工作。如果有需要的话，不管是因为员工能力问题还是专业限制，即使是单个项目也可以聘请咨询顾问或客座研究员。相反的，出于管理需要，第三阶段智库普遍成立了研究中心和团队，根据相对宽泛的演讲主题组织一个以

---

① 详细的人员结构模式详见瑟烈（2013，第74～75页）。

该问题为基础的研究中心,将处理国际事务或安全问题的研究人员组织起来成立一个以该地区为主的研究中心。[①] 根据研究类型特点,这些研究中心也会有"明星"研究员或综合服务团队。

本书第 2 章表 2.2 也证实了这一点。在第一阶段智库中,兼职研究员同全职研究员的人员比例是 4∶1。即使是高级研究员,平均也有 2.3 个全职员工和 3.5 个全日制员工参与兼职工作。规模大一点的智库的情况则与此完全不同,这些智库中几乎没有兼职研究员,很明显,这些智库属于全职员工模式。同时,在规模大一点的智库中,中低级研究员同高级研究员的比例是 2.5∶1,这说明了相对于明星型组织模式,这些智库更喜欢团队型的组织模式。

20 世纪 90 年代末,笔者曾对位于亚美尼亚、保加利亚、匈牙利和俄罗斯的 21 家至少拥有 7 名以上全职员工的智库进行了研究,该研究发现了不一样的结果(斯特鲁伊克,2006,第 117~118 页)。相对于核心员工辅以大量兼职辅助人员的模式,这些智库更喜欢全职员工模式。只有 2 家智库称他们的兼职员工多于全职员工。简言之,东欧独联体国家更加青睐以固定员工为主的人员结构模式。

除此之外,也有一些智库,比如印度贱民文化研究所(Indian Institute for Dalit Studies,IIDS)和欧洲政策研究中心也会采取一种研究员共同体模式。[②] 在这种模式下,以地域划分的骨干分析师和数量相对较少的智库固定分析人员往往会就某个项目一起开展工作。比如在 IIDS 中,房地产市场的差异研究是他们近期合作的焦点。科学、技术和创新政策研究中心(2012)报道了一种与该模式相类似的人员结构模式,结果却十分糟糕,因此他们建议应谨慎采用该模式。

(三)哪种模式最适合你的智库

当智库高级管理者为智库制定最合适的人员结构模式时,应该考虑到以下五个

56

---

① 库哈赤克和卡茨米尔科沃兹,2007,第 16 页;斯特鲁伊克,2006,第 117 页。
② www.ceps.eu 和斯特鲁伊克,上野和铃木(1993)。

因素:

1. 项目的类型和规模。 智库承载的工作负荷越大,团队选用何种模式的争议就越大,这些工作主要是需要收集大量数据的项目(比如项目评估、示范和试点项目、技术援助项目)。研究团队通常需要一小部分全职员工作为核心成员来管理项目,并要求必要的凝聚力和组织性。举例来说,试想智库有一个同地方政府合作的试点项目,目的是明确当地社会援助项目的受益人群。因此需要一个智库研究团队来设计并实施这个试点项目,然后还要通过严格的实施过程或者过程评估来判定这个试点项目是否成功。一个拥有至少6个专业人员的研究团队要想完成这个项目可能需要2年多的时间。①

相比之下,如果智库主要是依靠二次信息和数量有限的定性信息进行政策分析,那么明星型模式则更合适。比如,当研究员要处理一些涉及国家外交政策的问题时,他的任务通常包括审查大量的文献资料,也许还需要检查大量外交部的内部文件,也可能需要采访一些政界精英。这种情况下,一两位有能力的研究助理就能够为高级研究员开展这个项目提供足够的支持。

当然,客座研究员、咨询顾问或智库员工都可以充当"明星"角色,但是,智库还是要依靠原有骨干力量来保障智库的信誉。因此,很少有智库选择了明星型研究模式但其人员结构又不以全职员工为基础。

2. 工作量的变化性。 这里所说的变化主要包括两点:一是工作总量的变化;二是局部构成工作量的变化,以及所需分析工作量的变化,即使工作总量不变。不管是哪一种情况,这种变化越大,智库管理层就越难以维持稳定的核心员工。为了解决这一问题,管理层必须:(1)在资金紧张时,尽可能地为全职员工提供合适的项目工作;(2)在资金充裕时,迅速招聘和培训所需要的附加员工。

———————————

① 值得一提的是,当团队针对精英层进行访谈时,通常就不必要开展常规的、大规模的调查活动。抽样调查专家和采访者将担负起对精英层进行访谈这一职责。当然,团队还是要对调查过程负责以保证其能满足项目的需求。

　　然而,在全职员工人员规模有限的情况下维持全职员工的数量很容易耗干智库　57
的财政储备。如果高级核心研究员可以在多个专业领域工作,并且拥有很强的学习
能力,那么智库就可以通过最少地解雇员工和聘请新领域的咨询顾问来应对这种工
作量的变化。尽管在通常情况下,工作量的变化越大,智库对临时员工、客座研究员
和咨询顾问的依赖就越大,对全职员工也相对有所限制。即便如此,智库也要用一些
模棱两可的合同来雇佣正式员工。很多第一阶段的智库的资金流动性很大,财政储
备有限,所以它们不得不雇佣固定的正式员工以保护其财政状况。

　　3. 员工适应性。 尽管智库的工作总量可能没有太大的波动,但由于受国家政策
重点转变和资助方利益改变的影响,智库的议程可能每年都要进行大幅度的调整。
即使在这些困难条件下,留住一些高级的固定员工仍然是值得的。这些研究员累积
的业务知识,他们的忠诚度,以及他们为保证工作连续付出的贡献都是智库非常重要
的资产。

　　但是如果这些资深的高级研究员不愿为新的课题工作怎么办? 一个高级研究员
不愿意将关注重点从他青睐的主题或研究问题上移开,这通常是比他的能力更值得
考虑的一个问题。遇到这种情况,高级管理层或许须要对其进行一些感性的引导,说
服这个高级分析师做出改变并继续留在智库工作。然而这也意味着,研究人员也需
要通过学习新专业领域的期刊和专著来使自己成为该领域真正的专家。

　　一般来说,高级研究员对于不同课题的适应性越大,机构拥有的固定员工就会越
多,情况也就会越好。尽管如此,对于那些很重要但智库员工却又不熟悉的研究课
题,高级管理层还是不得不为固定员工增补一些短期受聘的外来专家,以保证新课题
能有高质量的研究水平。

　　4. 纳税和社会基金的影响。 在很多国家,智库聘用一个人当固定研究员的成本
和聘用他作咨询顾问的成本是有很大区别的。这是因为雇主在这两种雇佣模式下承
担的扣缴个人所得税或缴纳各种社保基金的责任是不同的(比如健康保险和养老
金)。通常在这种情况下智库聘用咨询顾问的费用是相对较低的,因为智库不需要为

其支付社会保险费用。但如果大部分智库和咨询公司都使用咨询顾问来完成其大部分工作，那么为了维持竞争力，智库可能别无选择，只好通过各种咨询协议雇佣一些研究员来填补团队中的人员空缺。[①]

58　　　**5. 机构的形象。**智库选择固定员工、咨询顾问和优秀的客座研究员三种模式的能力主要取决于该机构的形象。智库的形象越好，就越容易吸引高级政策分析师或研究员来担任兼职人员或访问学者。即使该机构尚未跻身国家一流智库行列，雇佣这样的高层人士作为咨询顾问也可能是一个极好的策略，这样不仅可以激励固定员工，还可以美化智库的形象。需要重视的是，一般来说，固定员工有着强烈的动力去完成出色的工作或通过采取积极的行动来树立机构的形象。相反的，咨询顾问完成任务通常是为了实现每小时工资率的最大化，因此不太可能会拿出具有典范意义的工作成果。为避免这种情况，核心员工应特别注意在项目讨论期间审查咨询顾问的工作质量。

（四）其他建议

对于大多数智库来说，最好每隔几年就重新审视一下它的员工结构以及研究活动的组织策略。管理层可以对照上文所列的 5 个因素对智库进行逐条分析，对重新审视智库来说这是个很有益的起点。下面提供四条更进一步的建议：

第一，客座研究员的规模不宜过大。在公众看来，客座研究员与聘请机构的关系并不密切，人们普遍认为客座研究员与其原来所在机构的关系更为紧密。一般情况下，客座研究员在智库大多工作较为出色，因而人们会误以为如果没有客座研究员的主持，智库就不会在该研究领域取得如此大的成果。这样一来，当智库内客座研究员过多时，反而不利于其自身品牌的提升。

第二，不要只考虑智库当前的需求，也要考虑其在未来几年想要努力达到的目标。智库是否想要将研究活动从以技术援助性项目为主转移到更多的政策研究项目

---

① 尽管经济学理论认为咨询费用应该等于或高于智库全职员工报酬，因为咨询工作不是连续的，咨询顾问也要为自己的社会基金项目负责。但在很多国家情况并非这样，且原因也并不明了。

中？是否要争取将政府项目的过程评估和执行评估作为其议程的重要部分？这些计划都应该在智库研究活动组织模式的变化中得以体现。

第三，要具有灵活性。智库在开展研究时完全没必要只采用一种模式作为唯一结构。正如前文提到的，美国和欧洲的一些重要智库经常会根据所做任务的不同而采用多种模式。即使在相同的智库中，针对不同的环境，也要采用不同的模式。不过，智库采用一般方法来构建研究团队可能还是很适用的（即这种模式在当前的运营环境下是高效的），除非有值得改变的好理由。

第四，要具有创新性。举例来说，一些智库会发现尽管"固定员工模式/团队型模式"一般都很适用，但是，没有一个团队可以实现完全的自给自足。其共同的问题在于智库的研究团队需要得到来自计量经济学方面评估和分析的帮助，但是没有一个团队会需要一个全职的计量经济学家（抑或一个制度或管理专家）。所以智库需要聘请一个计量经济学家（或者其他专家）作为团队的内部顾问，同时他也可开展自己的研究项目。抽样和调查方面的专家也可以以同样的方式参与到项目中来。

二、吸引高级研究员

许多智库在招募和挽留高级研究员上面临着困难，尤其是发展中国家和转型期国家智库。在 TTI‐EX‐2012 国际会议的研讨会上，作者观看了一段视频——"如何吸引和激励优秀研究员"。[①] 视频中，所有人都如此一致地认为吸引高级研究员非常困难，作者对此深感震惊。大家对此深表赞同，作者也在其他地方看到过类似观点。[②] 2013—2014 年对智库领导者的访谈也证实了吸引高级研究员的确很困难。各营利性智库对于训练有素的研究人员的竞争也十分激烈。

表 3.1 的数据也证实了这一点。该表将 TTI‐48 智库按照地区（非洲、亚洲和

---

① 研讨会详见门萨（2012）。其他相关研讨会详见奥弗里·门萨（2012）和库拉萨班纳汗（2012）。
② 伊比努（2008，3）证实了尼日利亚智库也存在这种情况。真迪（2012）也用另一种说法描述了这种情况。

拉丁美洲)划分,将其聘请优秀高级研究员的难度划分为四个等级(分别是基本不可能,虽然有合适人选但必须做出很大努力,稍微有困难,毫无困难),并统计了各个等级中的智库所占比例。3个地区的智库都反映其在聘请高级研究员上存在很大困难。拉丁美洲的情况稍微好一点——83％的智库处于前两个困难等级,而亚洲则有94％的智库处于前两个等级,非洲这类智库的比例则是85％。

表 3.1　TTI－48 智库寻找优秀高级研究员的难度的百分比分布

等级	地区			整体
	非洲	亚洲	拉丁美洲	
基本不可能找到优秀的人才	5	6	0	4
有合适的人选,但必须要为此付出巨大努力	80	88	83	83
稍微有困难	0	0	0	0
毫无困难	0	0	0	0
其他	0	0	0	0

如果智库为了聘请高级研究员必须要频繁地做出实质性承诺,那么管理层就应结构化招聘流程,提高科学决策的可能性。为了达到这样的目的,首先管理层应明白,空缺的高级研究员职位最需要的人员应该拥有哪些特征。这在很大程度上取决于研究活动是如何组织的:团队型还是明星型? 如果是团队型,那些在复杂项目中有过突出表现的人显然比那些喜欢单独开展研究的人更合适。

附录 3.1＊中的"岗位说明书"列举了候选人应该去做的特定工作和必须拥有的特征。这些特征分为四个类型:教育,经历,技能和其他被期望的特征。智库中的填表人被要求对这些特征的重要性进行排序。① 仔细填写这个表格——并同高级管理层和高级研究员取得一致,可以理顺招聘思路,更专注地对候选人进行筛选。这一过

60

----

① 附录也提供了一份有用的设立新岗位的政策文本范例。

程也可以引发智库内部的讨论：如果没有完全合适的候选人，那么智库可以对这些特征因子做出怎么样的权衡和取舍？候选人的面试官们要按照统一的格式对候选人做出评价，这样既便于对不同候选人进行对比，也便于对比不同面试官对统一候选人所做出的评价有何不同。

TTI-EX-2012国际会议的与会者们认为，优秀的高级研究员应具有以下重要特征：

- 必要的学历，丰富的已出版的学术成果

- 优秀的人际沟通交往能力

- 对自己所在的专业领域充满热情，为国家做出了积极贡献

- 将问题放到多学科背景下考虑

- 恪守学术道德

- 有处理争议的能力

- 可以成为一名优秀的指导者

- 可以同时开展多项工作

在另一场TTI-EX研讨会上，现全球发展中心主席南希·伯索尔提出了更高的要求：政府工作经验。政府工作经验可以让研究员对项目管理有直观的认识，让他们清楚地认识到推动政策改变的难度有多大（伯索尔，2012）。[①] 上文所罗列的这些特征有一部分属于岗位说明书中"其他被期望的特征"部分。毫无疑问，要求某个候选人同时拥有这些特征很苛刻，因此有必要对其中一些特征进行取舍。管理层也应该清楚，候选人某些能力（比如，处理争议的能力，是否可以成为一名优秀的指导者）究

---

① 没有人提到候选人的政治倾向，即候选人奉行自由主义还是保守主义。默里·韦登鲍姆在两种派别的美国智库中都工作过，他认为，智库倾向于聘用那些早就赞同自身政治主张的候选人。相似的，捐赠方也只会向那些与自身政治立场一致的智库提供赞助，而不是去尝试资助某个智库同时改变其政治立场。韦登鲍姆（2009，第55页）。

61　　竟达到了何种水平只能通过与候选人以前的同事交流才能得出结论。

　　　TTI - EX - 2012 国际会议有关吸引和激励优秀研究员的研讨会同时也讨论了那些可以吸引研究员的因素——包括长期合同，高薪，保证研究员研究自己感兴趣主题的时间，提供共治融洽的工作环境，给那些想要在智库管理上拥有发言权的研究员以一定保证。研讨会也讨论了该如何和该去哪里寻找候选人的问题，包括：(1) 犹太人聚居区；(2) 招聘博士，指导并培养其成为高级研究员。学术界的候选人也可以考虑，至少从目前的情况来看，因为他们可以成为研究辅助人员——担任研究助理、统计分析师或者在政策参与活动中充当宣传人员(真迪，2012)。

　　　研讨会的最后，有 2 家智库表示，智库的活跃度和良好的形象是吸引合适研究员的关键因素。其中一家智库提到，积极参与国际和国内会议也是出于这一目的。[①]瑟烈(2013，78)也强调智库"品牌"对于吸引高级研究员的重要性。品牌和参与活动的活跃度都很重要。因此，为了在宾夕法尼亚大学的《全球智库报告》中名列前茅，很多智库都毫无遮掩地吹嘘自己(案例可见麦根，2012)，不管他们为取得好的排名而使用的方法会招致怎样的批判。很明显，好的排名可以大大提升智库形象，帮助他们聘请到优秀人才。同样明显的是，宣传团队对于提升智库排名也有着极其重要的作用。

　　　研讨会上所提出的观点和评论是，根据国家的不同，在劳工市场上招募研究员的具体实践也有所不同。他们也指出，如果智库竭尽全力地去聘用有经验的研究员，那么他们可能需要为此承诺支出巨额中期资金。如果这样的话，一旦他们遭遇财务低谷，智库就很难实现其资金承诺。一名参会的本书咨询委员会成员指出，聘请高级研究员对智库财务有着潜在的负面影响。

　　　在讨论聘请优秀的高级研究员的时候，西蒙·马克斯韦尔的观点很有价值。马

---

　　① 详见爱德克(2012)和迪克西特(2012)。

克斯韦尔长期担任英国海外发展研究所的领导,对于培养优秀的分析师很有心得:①

> 我们最终决定自己培养年轻的研究员,我们招募年轻人并帮助他们调
> 整工作方式……其中有一些已经成为我们最优秀的高级研究员。(研究人
> 员领导的)平均年龄下降……

> 需要注意的是,培养年轻员工需要借助有经验的员工进行管理和指导,
> 这会带来额外的成本。这对于我们而言是一种挑战,尤其是在拓展新研究
> 领域的时候。我们不断增加对我和其他高级员工领导力(而非管理能力)培
> 训的投入,并辅以一系列的指导,来帮助我们在这方面做得更好,推动智库
> 发展,为员工提供更多的支持。

一些发展中国家和转型期国家智库通过资助年轻的分析师参与高等教育来培养
自己的高级研究员。这些分析师与智库之间应该签订培训合同,要求分析师完成培
训之后,必须为智库提供与培训赞助等价的工作年限作为回报。韩国发展研究院
(Korean Development Institute,KDI)自 1973 年起就一直有类似的项目,那时韩国
还是一个贫困的国家。② KDI 管理层认为该项目(详见表单 3.1)十分成功。

一些执行董事认为,向新的博士许诺其在智库可以得到实际的培训非常有吸引
力。尤其是在当前情况下,人们普遍认为培训不应该仅仅是为了培养技术型精英研
究员,还应该包括教导他们如何与政策领域建立关系以及与国家和地区内的专业同
行建立联系。2013 年,一名非洲第二阶段智库的执行董事告诉作者他们智库有一位
非常优秀的女性员工,该员工有着国际教育的背景,并有帮助智库员工建立区域内专
业关系网络以提升其知名度和政策效益的经验。因此,就智库而言向年轻研究员许

---

① 恩里克·门迪扎芭于 2011 年进行了这次访谈。
② 1970 年韩国人均 GDP 仅为 9 美元,而当时日本的人均 GDP 为 206 美元。到 2007 年,韩国人均 GDP 已经达到 25 000 美元。

诺可以得到如何面向政策大众写作的培训，对他们而言也很有吸引力。此外，许多年轻研究员在从学术界向咨询行业转型过程中遇到的问题也得到了引导，因为在咨询行业中，时间和预算限制很紧，必须要仔细地规划自己的时间。①

最后，一个经常被忽视的能产生高级员工的群体是那些有分析能力的退休的高级私人研究助理。这其中有一些可能是因为某些原因提前退休。他们可以就许多问题提出一些精辟的观点。但最重要的是，他们对政府政策过程很了解，并且也曾亲自管理过政府项目。其中一些人还可以成为项目设计和管理问题的短期顾问候选人。

63 三、智库管理层和员工的合同关系

在讨论智库管理层和智库员工的合同关系时，作者大致介绍了有关雇佣合同和针对职业道德问题的补充性智库规章（这些内容一般不属于正式雇佣合同内容）。因为智库高级员工，尤其是高级研究员往往是社会公众人物，同智库其他员工相比，他们可以接触更多的体制资源，因此这些内容专门针对这些高级员工及其高层管理者。当然，这些内容也适用于全体员工。

（一）雇佣合同

雇佣合同的具体内容并未引起智库管理层的关注。如果对比一下不同国家劳工法的主要区别，你就会发现这是可以理解的。但同时，劳工法中并没有能规范员工所有不合规行为的相关条例，但智库必须警惕这些行为。比如，一个高级研究员以智库的名义支持某个政府竞选候选人，尽管这在劳工法中是合法的，但智库应该有自己的规章严格禁止这种行为。智库管理层有义务维护智库形象，避免诸如此类的信誉风险，不管这些行为是有意的还是无意的。

---

① 莱安德罗·埃克特（2014）在一篇博客中列举了阿拉伯世界研究员所面临的三个主要问题。在作者看来，大部分发展中国家和转型期国家的年轻研究员都面临着这样的问题。这些问题是：（1）获取必要数据受限；（2）缺少资金参加国际会议（这对于学习知识和建立关系网络很重要）；（3）以牺牲研究质量为代价追求研究数量。一个有经验的、有能力的年轻研究员导师都会在某种程度上解决这些问题。

劳工合同应该包括哪些内容呢？这些内容可以很简洁。下文提供了一个典型的合同条款列表，不管这些条款是包含在合同文件中，还是以附件或参考的形式出现：

- 对于国家法律已经有所规定的有关财务一揽子计划价值和结构的内容，劳工合同中应涉及较小的篇幅，包括福利、带薪休假及其他可能的事宜。

- 岗位名称，可能包括工作描述、供职的部门及其主管姓名等。

- 特殊规定，可能包括：(1) 员工教育补助（甚至包括国际教育），员工可以进行自选研究主题研究的时间比例；(2) 对员工指导年轻员工或积极参与沟通交流活动的期望。

基本没有哪个国家会指定劳工合同的有效年限。作者工作过的两个智库都没有规定合同的年限。劳动关系可能随时依法解除。劳工合同的文本类似下文：[①]

> 如果合同双方都感到合适且满意，那么这一雇佣关系就是成立的。因此，你和深度分析研究所（作者虚构的美国智库，后文也会用到）都有权随时终止劳动关系及相关报酬和福利，不管是否有理由或已提前告知。这使得雇佣关系看上去有些"随意"，但只有人力资源主管才有权变动人事安排。

64

劳动关系可以随时解除的约定是维护智库利益的重要合同条款。可随时依法解除的劳工合同赋予智库很大的灵活性，这样智库在财务状况不佳时可以解雇员工。20 世纪 80 年代早期，政府以"便于开展政府工作"为由（实际上是出于政治原因）取消了几项主要政府合同，使得我所工作过的城市研究所遇到了很大的困难。唯一可以采取的自救方法就是利用劳工合同中的两周通知期限条款解雇一部分员工。仅仅11 个月，城市研究所的员工数量就从约 350 人降到了 140 人——这对于每一个人来说都是一次惨痛的经历。但最终城市研究所度过了这场危机，几年后又重新发展起

---

① 这种写法是作者综合了自己工作过的两家智库的劳工合同并做出了适当修改。

来。美国其他几个第三阶段智库也都遭遇并最终顺利度过了这次危机。

　　另一方面，一旦雇佣关系中没有明确规定工作期限，那么这样一来就会降低员工的归属感。当然他们也会慎重考虑离职问题，毕竟离职会给智库带来负面情绪，也往往会引发一系列的流言。

　　这里需要注意：(1) 特定绩效周期，即使雇佣合同中有所规定，也会因为法律原因难以实施。(2) 在一些国家，模棱两可的条款是没有法律效力的。管理层需要明确表述可以提前终止雇佣关系的适用情况。(3) 合同应包含"例外条款"，便于智库根据其财务状况缩减培训及其他福利。但智库也应该尽可能地兑现其承诺，因为若不这样做必然会极大地损害智库形象。

　　然而，智库管理层也应该认识到，在一些国家，合同中模棱两可的条款会给候选人评估智库提供的工作机会时带来负面影响。正如真迪（2012）所说，"在一个高度不健全的市场中，一个可以提供稳定的工作岗位的民间社会组织对于研究员来说才具有很强的吸引力……"

（二）其他从业规定

　　除了一纸雇佣合同，还有其他一些值得智库管理层写入智库政策声明的重要规定。每一个新员工都应该了解这些政策声明，在签订雇佣合同之前被聘任的研究员必须仔细阅读这些声明。签订雇佣合同之后，新的员工会被立刻要求做出书面保证，即他已经知晓并同意从业规定。

　　表单 3.2 列举了上文虚构的深度分析研究所《职业道德声明和从业行为规范》所包含的主要条款。① 其中有一些值得在这里进行深入讨论。

　　例如，"利益冲突"部分最后三段包含了三点最重要的内容：

- 要求雇员向深度分析研究所说明与前公司所签订的所有竞业禁止、保密及类似协议情况。

---

① 实际上这些内容是依据两家第三阶段智库的政策条款撰写的。

- 禁止雇员向其他公司提供任何建议或合作，如果这样做会有损深度分析研究所利益或降低雇员工作绩效。

- 禁止与其他调研机构或社会科学研究机构签订咨询或雇佣协议。

- 一些规模较小甚至较大的智库只会在需要员工工作时才会支付报酬，这些智库需要对后两个条款进行修改。虽然这些条款并不符合规程，但这些智库最好还是需要了解其员工为其他公司项目工作的情况。

表单 3.2 中还有三项条款值得注意：

- 学术不端行为，尤其是学术抄袭。这种情况越来越普遍，随着在线文档的"复制粘贴"，抄袭也变得更加容易。

- 职务作品的著作权和知识产权概念使得为智库工作的成果成了智库资产（也就是说，没有智库的允许，员工不能按照自己的意愿出版其成果）。智库一般都会允许员工出版自己的研究成果，但是智库管理层会劝说员工依照相关手续出版，如果合适的话，管理层会和作者协商讨论成果在何处出版会更有政策效益（一般情况下，笔者认为这种政策对于作者而言是不公平的，有各种各样的比这更加合理的产权划分方式①）。

- 禁止为政府候选人提供政治献金，或者利用深度分析研究所资源支持竞选活动，包括利用工作时间为竞选服务。但员工可以利用自己的资金赞助政府候选人。大部分智库都以从事独立的无党派的政策研究而自豪。很明显，员工与某个候选人或党派联系过于紧密会有损智库作为无政治目的的顾问的公信力，也会对从不想参与当地政治的基金会和国际组织那里获取资金赞助产生不良影响。

有这些职业道德规定的智库会严格执行其规定。职业道德规定的结尾通常

66

---

①　知识共享组织管网（http://creativecommons.org/）列举了一系列许可协议，并提供了各种情况下的最佳做法指引。

如下:

　　违反这些规定可能会面临一定的惩罚,包括终止雇佣关系,甚至会让你面临刑事诉讼。违反这些规定的员工也会被要求赔偿该行为给深度分析研究所带来的损失和不良后果。此外,雇员要接受这些惩罚措施,如果该雇员不配合事件调查或者调查中提供虚假信息,智库可以终止与其的雇佣关系。

表单3.2所列条款值得深入学习。尽管这些条款所规定的禁止行为很苛刻,但智库确实需要把这些条款运用起来,以保持员工的独立性并让他们在法律允许的范围内行事。比较好的做法是:(1)确保新来的员工知晓这些规定;(2)利用邮件每年提醒员工不要忘记这些规定,尽可能地规避违反规定的行为,确保绝大部分违反规定的行为都是无意的。

四、总结

(一)实践经验

一个经营良好的智库有如下特征:

- 吸引优秀的高级分析师入职是智库完成任务的重要保障。一位能力出众、善于表达的高级分析师可以充当一名思想领袖和有效的沟通者,这是维护智库在政策领域良好形象的关键因素。

- 制定健全的招聘策略,根据智库研究项目确定候选人应该拥有的特征并对这些特征的重要性进行排序。吸引优秀候选人的综合有效性因素和智库可以承担的财政负债决定了智库在吸引优秀员工时可以提供哪些条件。

- 完善的职业道德规定可以保护智库避免出现违法行为和信誉危机,不管这些行为是有意的还是无意的。作为员工入职的标准流程,所有的新入职员工都须要签订书面声明,即他们已经阅读并会遵守职业道德规定。

每隔几年,第二和第三阶段智库都应该重新考虑如何有效地组织研究人员的政策研究活动,这时智库应该同时考虑到当前和预期的项目。比如,明星型组织模式会导致研究助理大材小用,并且不适用于规模较大和较为复杂的研究项目。

(二)资助者须知

1. 资助者应注意:

- 智库在吸引优秀的高级研究员时所面临的困难,以及近期智库聘请高级研究员的记录。高级研究员是智库研究出高质量、具有创新性研究成果的重要因素。接下来要关注智库为吸引高级研究员开出了怎么样的条件,判断智库是否有大规模的、潜在的财务危机,以及招募活动是否会给智库带来大规模的、潜在的财务危机。

- 智库职业道德规定。应检查智库职业道德规定的完整性,并询问智库是如何向全体员工公布这些规定的。毫无疑问,没有职业道德规定,或者职业道德规定不够完善都是智库的失职,这种失职完全是不必要的。而智库投资者对此也负有小部分责任。

- 高级研究员是否参与了过多课题或主持了过多项目?这会分散员工研究精力,降低研究质量,不利于政策参与,甚至会导致员工因此离职。从投资者利益的角度看,这会对投资者资助的研究项目产生很不好的影响,当然,也会给智库自身带来不良后果。

2. 资助者可能需要做:

如果智库没有完善的职业道德规定,一般情况下,制定完备的职业道德规定成本并不大,在智库相应规定不健全的情况下,投资者还是要在授权协议上要求智库制定完善的职业道德规定。如果智库拒绝这样做,则意味着目前智库可能存在着一些问题。

68　　　　　　　　表单3.1　派遣年轻研究员出国参与高等教育①

> 韩国发展研究院(Korean Development Institute,KDI)创办于1971年,是一家独立的、由政府扶持的、帮助政府制定有效经济政策的智库。毫无疑问,KDI是韩国经济发展署的"智囊团"。经济发展署是韩国总统办公室的直属机构,帮助制定和改进国家发展政策(斯塔威尔,92~127页)。在那个年代,韩国国内的经济学家和社会科学家严重匮乏。
>
> 从1973年开始,KDI每年都会通过评估员工的能力和工作绩效,筛选五到六名刚刚大学毕业的研究员到美国高校学习。在取得硕士学位之后,这些研究员会回国继续担任KDI研究员。在这些人当中,KDI会再次筛选出优秀的学员,额外资助他们完成博士学位的进修。最终,这些人会带着博士学位回国,成为KDI的主要研究人员。
>
> 早期(1972—1976年)开展该项目的资金来自于美国国际开发署项目基金,但具体使用方式由KDI负责。后来,KDI开始自己筹集资金开展该项目。对于KDI研究员而言,这是一项很大的福利政策,他们都对该项目表示满意。
>
> 协议规定,完成该学术援助项目的研究员必须返回KDI工作,工作时间应等于其参与此项目的时间。许多人在约定期限过后选择继续在KDI工作,其他绝大部分都去了一些名牌大学任教。1977年,KDI启动了国内学术援助项目,派遣员工到国内大学攻读硕士学位,这反映了韩国大学教学质量的提高。2001年,该项目宣布终止。
>
> KDI认为该项目十分成功,"……这个项目不仅仅培养了研究员的能力,而且为整个KDI创造了一种更加优秀的、富有成效的研究环境。那些取得博士学位回来的人参与了很多重要的研究项目,他们先进的知识和专业能力为项目带来了很多高质量的成果。这个项目也为韩国社会做出了很大贡献,因为KDI允许这些优秀的专家为其他社会组织做贡献,比如学校、研究机构和政府机关。所有的这一切都证明该项目十分成功,十分值得我们这么做。"

69　　　　　表单3.2　美国深度分析研究所(虚构)员工职业道德声明和从业行为规范

> **利益冲突**
>
> 如果员工有以下行为,将会产生利益冲突:
> - 员工把本应投入到研究所事务上的时间和精力用于追求外部利益;
> - 与研究所以外的人员有直接或间接的利益关系:
>   - 本身就被认为是不道德的行为
>   - 因为员工对商业行为的影响,使得员工有可能获得个人利益
>   - 因为个人原因,员工开始维护外部人员的利益,或者使得员工不能公正地评估研究所的商业行为
>   - 将员工或研究所置于一个暧昧的、尴尬的、非道德的境地
>   - 影响研究所的团结

---

① 资料来源:2013年夏与KDI高级副主席金董硕的私人通信。

（续表）

- 别有目的地利用研究所资源；
- 向未授权的人公开受产权保护的信息；
- 私自利用本应属于研究所的机会。

雇员应向研究所说明与前公司所签订的所有竞业禁止、保密及类似协议情况。如果雇员与研究所赞助商有过诉讼或索赔事件，雇员也应向研究所说明这些事件最终或预期的处理结果。

雇员不应参与外部事务，不应附带就业，包括提供咨询服务或担任其他机构的董事，尤其当提供这些服务会损害研究所利益，或影响雇员工作绩效时。

无论有偿或无偿，雇员都不能接受其他调研机构、社会研究组织或私人公司的咨询请求或聘任，除非这得到了执行董事的书面批准。

礼品和酬金

雇员可以因业务关系邀请赞助商或供应商聚餐或参与活动，只要这种行为不会促成互惠性协议或限制竞争性行为。举办这类活动的花销原则上是不被允许的，只能通过部门主管批准才行。严禁雇员以任何形式向赞助商赠送礼物。

学术不端行为

学术不端是指有意采取会降低研究数据和成果准确性和质量的行为。例如数据造假，不恰当地损毁数据，不恰当地采访等。研究所严禁学术抄袭。

职业道德，保密和商业惯例

记录留存

禁止损坏、修改、删改、隐藏、私藏、伪造任何与美国政府调查、诉讼事务、申请破产保护有关或可能有关的文件、档案及实物。在政府调查、诉讼事务和申请破产保护时，研究所必须留存所有有关的电子邮件及其附件，电子文件，相关文件的硬拷贝。

著作权和知识产权的使用

必须遵守与著作权相关的法律，包括与计算机软件使用相关的法律。违反著作权法会严重损坏研究所形象，并会面临严重的经济处罚。因此，研究所员工禁止拷贝或使用没有获取版权或许可的计算机软件、论文、出版物或其他音响材料。遵守这些条款可以保证研究所不违反著作权法以及计算机软件、论文、出版物或其他音响材料的授权协议。员工应该留心在使用版权保护材料时的限制。

根据 1976 美国版权法的规定，研究所员工和代理人的工作成果属于职务作品。研究所可以毫无限制地保留对成果的所有权利，并以研究所的名义申请版权。研究所员工在此已经将书面作品、数据或任何其他信息或材料的所有权利、名称和全球范围内的利益转移给了研究所。

政治献金

研究所不能出于政府候选人的利益参与政治活动。作为一个组织，研究所不能支持或认可任何一个政党或候选人。同样，为了维护研究所的利益，研究所员工也应该在参与支持政府候选人的活动上保持中立。对于员工为政府候选人所做的任何赞助，或出于政治目的所进行的活动，研究所不会给予任何补偿。研究所基金和资产（包括员工工作时间）不会用于或借给政党或联邦、州、地方政府候选人，以及外国政党，候选人或团队事务，也不会允许其利用研究所基金和资产。

（续表）

71

反垄断法

国家反垄断法禁止商业限制或其他限制性行为协议,这种行为企图在不为客户产生实质利益的情况下减少竞争。禁止竞争者之间达成此类协议或谅解;固定或控制价格;联合抵制供应商或赞助方;划分产量、地区或市场;限制产量、产品销售或生产线。研究所员工或代理人禁止与其他机构的代理人协商此类问题,如果其他机构想要协商此类问题,应及时上报该情况。

机密信息

研究所非常重视机密信息和私有信息的保护。研究报告、数据、文件、员工或顾问的研究或辅助成果是研究所的财产。员工在研究所任职期间或之后的所有保存在研究所的文件、档案也都属于研究所资产。

机密信息包括但不限于财务信息、工资单和人事档案、计算机口令和安全码、研究及商业战略、计算机软件、专有技术、数据库、供应商信息及研究所其他不对外公开的信息。除非这是为了研究所工作的需要,又或者得到了研究所的明确授权,任何员工都严禁使用、公开、发送、传播这些信息,或者散播机密信息及知晓者信息。

第四章　组织员工培训：从兴趣小组到大学课程

智库以提升员工水平为目的，依据新入职员工的实际情况，决定培训需求。员工的离职、更替或者智库的扩展导致很多智库经历了严重的人员流失，尤其是初级研究员、行政人员的流失。因此，智库必须花费大量时间为新员工提供在职培训（即熟练员工向新员工培训智库有关文件撰写、档案统计分析、客户工作以及机构信息系统等方面的制度）。为了提高培训效率，可指派一名有经验的员工同时指导若干名新员工，而不必为每个新员工分别指派一位有经验的搭档。

与提高工作效率及员工满意度一样，连续的员工培训也很重要。诸如个别指导、自学兴趣小组、内部项目研讨会以及介绍最新软件的 IT 部门会议等方式，都会在员工培训中发挥作用。而让员工参加外部短期培训或大学课程也是一种重要的培训方式。

员工技能培训的机会很多。许多新研究员并不擅长政策分析和项目监管及评估，而这些技能恰恰又是大多数智库所需要的。对于大多数新研究员而言，他们使用数据分析软件的经验很少，比如 SPSS 和 SAS。行政人员和研究员可以通过同事的指导逐渐锻炼自己的能力，但这种单独指导的方式效率不高。同事并不总是有时间去详细地解释，他们所做出的解释并不如最佳答案那样彻底，同时也不是所有的同事都可以解决出现的问题。为了避免浪费资源和打击员工积极性，智库管理层必须仔细思考如何最好地协调内部培训和外部培训的关系。

本章主要介绍针对行政人员和政策分析师的培训项目。接下来我们将讨论如何制定年度培训计划，该培训计划很重视内部的和非正式的培训方式。然后笔者将为读者展现笔者所总结的目前智库的普遍做法，并提供一个指导性案例。最后为智库领导者提供了经验总结，同时也为智库资助者提出了建议。

74　一、制定年度计划

员工培训包括正式培训和多种形式的在职培训（OJT）。大部分智库只是偶尔组织在职培训，其潜在作用很难预测，其重要性也往往被忽视（鲍舍，1998；罗思韦尔、卡扎娜思，1994）。其实，智库可以采取多种方式鼓励有效的在职培训，如组织结构化的正式培训。

（一）基本立足点

原则上，一个机构一般有两种培训需求：（1）组织培训需求；（2）以个人发展为目的的员工培训需求。

组织层面的培训需求来源于两个方面：组织未来的战略规划（正式的或者非正式的）和当前项目的需要（鲍舍，1998；班恩、费尔曼、里库奇，1992）。许多智库都开始重视严格的项目评估，智库通常会派遣高级研究员参与如国际影响力评估组织举办的短期培训班来增强智库自身的实力。

员工层面的培训需求主要来源于年度的绩效评估。合格的人力资源管理可以通过完善的绩效评估列出被评估员工和评估者所共同认可的培训需求清单，这种培训可以提高员工的能力，但员工新获得的能力可能仅仅适用于智库当前的或未来的工作需要。比如，在一个专门从事银行政策研究的智库中，员工可能会参加有关如何进行复杂的银行风险管理的财政课程，这可以为员工处理当前的和预期的事务提供知识背景。但员工之所以重视它，更多的是因为此课程可以提高自身价值。

大部分智库的培训焦点是专业技能，这是可以理解的。而非专业技能的培训也越来越多地成为给予重要员工的奖励。

如果人事经理没有系统地收集由绩效评估确定的培训需求，另一种备选的方法就是通过与团队领导和部门主管交流，征求他们对小组或部门成员的培训意见。

培训计划的制定可以采取正式或非正式方式。文献表明，不管培训计划是如何制定和实施的，它都必须清晰、具体、明确（罗思韦尔、卡扎娜思，1994）。

（二）培训计划的内容

培训中最明显的区别在于分析师和行政人员培训内容的差异，但对其他人员的培训也有所不同。例如，翻译人员可以通过参加有关项目评估的研究型讲习班来学习更多的概念和词汇，然后再把这些新学到的知识应用到翻译项目报告等非研究性工作中。智库可以把培训需求相同的员工视为一体，确定培训内容。表 4.1 分别列出了分析师和行政人员的典型培训内容，它们都包括以下三个方面：常规培训、人力资本建设和岗位技能培训。

75

表 4.1 智库员工培训内容

针对研究人员的培训	
常规培训	• 智库的任务和基本职能，如何组织工作 • 智库的目标和价值观、工作方式和道德标准 • 高质量工作的重要性以及如何保证工作质量 • 智库工作指南——例如如何同时处理多个任务，如何在预算内工作 • 工作时间记录表制度 • 年度绩效评估：目的、目标、时间 • 员工福利概述——健康和人寿保险，节假日和病假，与工作相关的培训支持等 • 员工档案、劳工手册和其他政府表单，行政人员岗位介绍中有关人力资源事务的内容（详见表 4.2） • 智库信息系统和相关培训的介绍 • 通讯与传播部门及其活动、活动负责人、软件工具的介绍 • "如何成为一名咨询顾问"
工具	• 基本软件——内部计算机系统，电子邮件，归档要求，报表格式 • 统计软件包（如 SPSS，SAS），Excel，Microsoft Project 等 • 演讲、汇报、展示，包括高水平 PPT 的制作 • 如何进行简短有效的沟通交流——撰写政策简报和日志，有效应对媒体采访
人力资本建设——重点领域	• 公共政策分析，包括高效撰写政策建议 • 项目评估 • 针对投资项目的财务分析——如公共服务，道路，公共交通，住房

（续表）

针对行政人员的培训	
常规培训	• 智库的目标和价值观、工作方式、岗位规范等 • 文件处理、归档、文件格式、差旅费用等的规定 • 员工福利概述——健康和人寿保险，节假日和病假，与工作相关的培训支持 • 工作时间记录表制度 • 年度绩效评估：目的、目标、时间
工具	• 智库常用的文字编辑软件 • 基本软件——内部计算机系统，电子邮件，归档要求，报表格式
人力资本建设	• 参加针对技能培训的短期课程的政策

76　　**1. 常规培训。**对于研究人员而言，其常规培训应该包括三个部分：（1）智库目标和主要任务；（2）在智库工作要了解的基本信息，如人事规定、信息系统等；（3）如何成为一个成功的"咨询顾问"（也就是说，如何更好地回应委托人的问题，或者其他所谓"好的表现"）。

针对研究人员的培训应致力于使新的研究人员熟悉智库目标和运行方式，并向其介绍智库所鼓励的工作方式。智库的职能范围很广泛，所以培训也应该随着需求多样化。

在一个特别强调计量经济研究的智库中，对新任研究人员的第二个部分的培训除了要关注人事规定外，还应关注：

• 保证研究质量的重要性

• 如何衡量数据的价值

• 智库项目的组织方式和项目执行中对团队合作的要求

• 如何寻求有关计算、统计、计量经济学等专业领域的帮助

而对于一个主要为当地政府提供和评估技术援助项目的智库而言，其培训主要应集中于，如何更好地开展面向当地政府和非政府组织的技术援助试点项目。以下

是一些相对宽泛的培训主题：

- 了解政府参加试点项目的动机

- 走进一个具体的行政部门

- 如何与地方官员合作

- 如何建立信任关系

- 明白什么是"需求导向"的技术援助

研究人员培训的第二部分包括许多管理因素，详见表 4.1"针对研究人员的培训"中"常规培训"部分的第 5～11 点。

关于培训的第三部分，"如何成为一名咨询顾问"，则是着眼于帮助新员工适应特定的体系，并使其对工作有所期待。许多分析师在智库所做的第一件工作的所属项目并没有严格的预算限制（也就是说分析师有足够多的时间完成任务而不用加班加点）。这是一个值得讨论的问题，在这种情况下如果分配的时间不足以完成任务该怎么办？同样的，如果分配的时间过多又该怎么办？针对这种情况，开展工作安排和进度控制方法的研讨会非常有效。同时，如果有多个任务（可能也有多个主管）同时进行，又该如何满足工作需求？如果不同主管对分析师提出的要求之间有冲突该怎么办？这些都值得去探讨。培训中另一个值得讨论的主题是填写每日工作时间记录表的重要性，这样可以保证项目成本有迹可循。①

表 4.2 是一个更加详细的针对行政人员的培训内容表。培训内容包括智库目标和价值观，完成实际工作任务的指南，以及其他一些有用的资源。同时表 4.2 也包括针对通讯与传播部门新入职的成员的培训内容。

---

① 详见本书第 11 章有关时间管理制度的内容。

表 4.2　智库行政人员培训

介绍
- 智库的定义
- 智库任务、活动的主要方向

员工档案
- 劳工手册和/或其他政府文件
- 劳资协议的内容，注意与法律的一致性

办公文档
- 各种类型文件的撰写规范——信件、报告、给赞助方的活动报告
- 通讯录和地址的规范与更新
- 归档文件

参与员工培训计划
- 通知指定员工参与培训，包括跟踪行程安排

介绍图书馆和机构文档数据库
- 订阅机构出版物以供分发
- 为重大活动准备充足的出版物复本
- 图书馆和自动化卡片目录的使用
- 熟悉图书馆馆藏，包括期刊

介绍通讯与传播系统
- 通讯与传播部门的主要职责
- 通讯与传播部门成员分工
- 研究人员和行政人员提交需要邮寄的文件的要求

有关国内出差的文件
- 出差预付款
- 费用报告
- 特定项目中开具出差票据的重要性

有关国际出差文件
- 申请签证——邀请函，各国大使馆的规定
- 出差预付款
- 费用报告

计算机网络和办公设备
- 介绍计算机网络，包括备份要求
- 操作复印机（操作步骤、使用的纸张等）
- 操作扫描仪
- 操作 CD－ROM 刻录机
- 电话系统

（续表）

将普通行政员工培训成通信员
- 通讯与传播工作的目标和整体策略
- 项目层面的通讯与传播工作规划及其实施
- 与研究人员合作
- 沟通交流活动

令人意外的是，几乎所有的智库都没有上述常规性培训计划。这就导致新的员工花费大量时间通过"尝试"去"学习"，而这些时间本可以用于参与项目或者处理行政事务。缺乏常规培训的另一个不好的后果就是研究人员在政策互动过程中更加低效，如果他们在刚开始的时候就知道从通讯与传播部门那里获取和利用资源，就可以避免这样的后果。

人力资源部门可以在全体新员工面前发表一番慷慨激昂的演讲，但有时候他们也就仅仅发表演讲而已。实际上，人力资源部门在组织协调所有的培训活动时扮演着重要的角色，就像本章稍后在讨论培训的组织时将会讲到的一样，如果人力资源部门发现部分培训项目并没有得到普遍利用，那么这就是一个取消该培训项目的好机会。除此之外，人力资源部门还应该把新的员工分配到合适的培训项目中，比如信息技术或者传播培训项目，并确保该员工确实参与到了该培训当中。

2. **人力资本建设**。对于研究人员而言，大部分中、高级研究员在进入智库时就已经具备了基本的、甚至更高的定量分析能力和在某个经济领域深厚的知识功底。比如，一个典型的新研究员可能拥有较高的经济学学位，同时又有三年在交通领域工作的经验。在这三年之中，该研究人员掌握了该领域的法律和政策信息，如市民出行选择、不同出行方式的成本和收益的二次信息。但是这样的研究人员也缺乏政策分析和项目评估能力，同时对其他领域知识的掌握程度也不充分。

研究人员缺乏政策分析和项目评估能力的现象在处于发展中国家和转型期国家的智库中普遍存在，这和他们所受高等教育的结构和内容密切相关。但分析人员若想在智库中占有一席之地，政策分析和项目评估能力必不可少。此外，根据智库具体工作内容的不同，新的研究人员可能还需要其他方面的培训。例如，如果智库在诸如供水和污水处理设施、地方供热厂或者交通改善方案等领域从事替代投资的效益分析工作，那么该机构员工还需有能力对项目投资进行财务分析。对于智库来说，其职能结构决定了其培训的具体内容。

3. 适用于研究人员和行政人员的工具。 工具类培训可以提高员工工作效率，但不能培养他们在一个全新领域工作的能力（比如项目评估或复杂的桌面排版系统）。表 4.1 列出了适用于研究人员和行政人员的"工具"培训内容。

对于研究人员而言，演讲和展示能力（包括使用 PPT 的能力）都十分重要，这方面的培训也包括如何组织演讲的内容和使用演讲技巧。部分智库需要的统计软件的培训也包括在内。有关这些软件的有限的正规培训可以让新员工利用这些软件为他们的早期工作创造一个良好的开端。

对于行政人员而言，工具类培训致力于帮助行政人员熟悉计算机系统和常用软件，尤其是智库使用的文字编辑软件。一旦员工有需要，智库就应该通过人力资源建设项目或短期培训班提供相关的"工具"培训。

表 4.1 列出的培训内容仅供参考。每一个智库都知道自己最需要哪种培训，这是由智库的工作内容及其培训方式决定的。需要注意的是内部培训一般由 IT 部门、通讯与传播部门或者管理层主办，高级研究员也经常充当"导师"的角色。如果员工需要 PPT 或 Word 使用方法的系统培训，往往需要参加外部短期培训班。

（三）培训计划的实施

对于绝大多数处于发展中国家和转型期国家的智库而言，他们需要思考如何将捐赠方提供的培训（经常在国际场馆举行）整合到智库自身的培训体系中。这确实很困难，因为这样的机会往往带有突发性和偶然性，并且培训水平也不是很高。但这些培训费用比较低，而且涵盖的范围和当地所提供的教育项目不同，这对于智库员工和管理者而言还是比较有吸引力的。这些培训通常被作为员工优秀表现的奖励。

但参与这种培训很大程度上也意味着工作被搁置。核心员工参加长时间的离职培训,会严重削弱一个团队履行合同义务和在关键时期有效参与政策过程的能力。

如果一项培训内容被智库单独赋予了高优先级,并且该培训包含在了培训计划之中,那么管理层的首要工作也要随之确定。这是显而易见的。如果培训内容没有包括在培训计划之中,那么只有在特殊情况下才需要参加培训。因此,若智库想要拒绝培训邀请,那么可以以培训内容不在自己的培训计划当中为理由。

员工培训结束后,相对于向同事分发所取得的培训资料,比较好的做法是,在培训结束后的几周内,将自己学到的知识通过非正式的汇报展示给感兴趣的同事。让员工事先知道培训结束后会有这样一个汇报,可以让培训参与者在培训中更加专心投入(有关这样的知识分享活动的实践经验详见下文)。

(四) 最简法则

80

我知道很多读者在阅读完本节内容后,对制定年度培训计划抱有抵触的心理。这种心理是没有必要的,尤其是计划实施的第一年后。一旦确定了培训内容,计划的制定其实非常简单。这里所提到的"内容"包括三个不同的问题:(1) 培训活动包括什么,也就是前文所述的培训的三个部分都包括什么;(2) 每一部分的教学方法(利用大学等外部培训资源还是内部培训资源,针对每一种培训需求选择一个合适的教师);(3) 开设讲座、讲习班或培训班的频率。只需要一个电子表格就可以把这些问题的答案总结出来。为了帮助读者更好地制定培训计划,接下来将会更多地讨论组织培训的方法。

二、组织培训

在制定培训计划时,需要注意智库内部的几个问题。本节讨论了其中 4 个较为重要的问题——从确定培训对象到筹集培训资金等。

(一) 开始阶段

1. **确定培训需求。**智库的培训需求因智库规模、员工流失率以及其研究方向的不同有着很大差异,因此并没有普适性的标准培训计划。接下来的内容将以前文讨论的培训需求分析为基础。

　　培训计划的制定取决于智库的培训资源、培训需求以及在一定时期内需要接受培训的人数。培训人数会影响到培训活动的单位成本（如果培训费用是根据员工数量计算的），以及特定培训活动开展的频率，也可能决定了是否应选择内部培训方式。小型智库可以与类似机构合作，通过自主举办讲习班集中资源培养普遍需要的人才，而不是参与大学或其他培训机构提供的课程。

　　每两年举办一次高层管理人员和团队领导者参加的专题会议是确定总体培训需求的有效途径。与会者需要知晓智库将要规划的新政策研究领域的观点。如果能够向与会者提前提供会议可能涉及内容的清单，那么会议就会更有效率。通过评估年度培训预算的预期效果和典型活动的花费，可以将培训日程安排控制在可行范围之内。在会议中，一些与会者容易将个别员工的培训需求与组织整体的培训需求相混淆，但在公开讨论的时候还是需要明确区分两者之间的界限的。会议应该聚焦于组织层面的培训需求。

　　培训计划首先要以年度绩效评估所确定的培训需求为基础，同时也要以潜在的培养新员工能力的需要和上文提到的高层管理人员的审议结果为依据。但这在某种程度上只是理想状态，因为最后都不得不审查培训资金是否宽裕。

　　2. 决定由谁培训。 与其说这个话题在本书第一次出现，不如说它的内容更加宽泛。培训师的选择通常和培训组织的过程同时进行。区分以下三种培训形式非常有用：非正式培训、内部"工具"培训（比如一个关于如何高效使用微软 Office 的 1～3 个小时的讲习班）和正式培训。后文将对这个问题进行深入探讨。

（二）入职培训

　　许多读者可能还记得这样一个入职欢迎会，介绍会从人事经理致欢迎词开始，一直讲到诸如员工福利、签约条件等人事规定，最后以预祝你工作顺利结束。遗憾的是，目前智库新员工入职欢迎会依然是这一套流程。

　　有效的入职培训包括很多方面的内容（比如让一个合适的"百事通"开设专题讲

习班）。高层管理人员应该确定培训的主题，而一旦主题被确定下来，机构各个部门就应该具体明确哪些培训归自己负责，以及哪些培训最应该由新员工的主管负责。以下关于培训分工的方法仅供参考（高层管理人员应该如何确定培训主题详见第8章）。

对于研究人员而言，人力资源部门要负责那些一般或明确属于人力资源事务的培训，其中很多都已经在表4.1"针对研究人员的培训"中"常规培训"部分中列出。智库的其他部门应该以专题讲习班的形式承担表中所列其他主题内容的培训。IT部门也要负责和自己职责范围相关的培训，通讯与传播部门也是如此，因为这些培训非常专业，而且研究人员在一开始就有必要从这两个部门获得帮助和建议。

部分培训内容需要单独和每个新员工分别进行探讨。需要注意的是，表4.1列出的前四项培训内容需要由新员工的团队或部门领导具体负责。这也是领导表达自己对新员工工作期望的好机会。其他培训，如组织的任务目标和价值观，可以由执行董事或其他高层管理人员在和新员工谈话时一起传达。

在由通讯与传播主管举办的入职培训中，将会介绍通讯与传播部门的职责及其工作任务和工具。该培训将会告诉研究人员，当其与政治利益集团沟通时，哪种情况可以向通讯与传播部门寻求帮助。通讯与传播部门也是智库社交媒体文稿撰写和博客工作中重要的一环。除此之外，因为通讯与传播部门管理机构图书馆（也可能负责采购图书和期刊论文），图书馆的布局、馆藏和服务也应该纳入其培训分工。

对于行政人员而言，表4.2所列出的人力资源、财务和通讯与传播工作相关的培训之间存在明显的区别。

IT部门应对智库信息系统、常规服务、日常技术培训和IT部门具体分工做基本介绍，并概述可用的软件以及接下来几个月的教学安排。其中包括对常用软件比如PPT和其他办公软件进行培训的短期培训班或讲习班。

案例研究4.1探讨了位于保加利亚首都索菲亚的民主研究中心针对其实习生的入职培训项目，其结构和内容广泛适用于针对新入职的研究员开展的培训。民主研

82

究中心充分考虑了如何在六个月的实习期内培训指导他们工作，让他们充分融入这个组织。该培训项目是民主研究中心主要的招聘渠道。

（三）培训的推进

1. 在岗培训。 大部分培训都是非正式的（比如在职培训）。制定培训计划要对可利用的内部资源有明确的认识，在正式培训之前也要弄清楚内部培训是否可以有效、彻底地满足培训需求。这两点是一年一度或两度的有关员工培训的管理层会议的议题。除了两种传统的在职培训方式（"内部伙伴制"或由一个更有经验的老员工指导一个新员工）之外，至少还有三种非正式培训形式可供选择。

（1）工作指导法：由一个更加有能力的员工（项目首席研究员，通讯与传播主管等）有意识地、系统地指导一个缺乏经验的员工。这种培训方式与操作性技能相对简单的"点对点"培训（比如编写统计软件的运行命令）不同。"导师"的能力越来越重要，就像笔者在前面提到的那样，这往往需要其是高级研究人员。与此同时，培训和指导员工也逐渐成为高级研究人员新的岗位职责。对于研究人员而言，"导师"必须思考如何逐步地提高较低级别研究人员的能力。比如，让一个兢兢业业做了18个月基础统计分析的研究助理去汇报统计分析结果并将其写成正式报告（刚开始撰写报告的时候可能仅需要罗列重点）。

（2）内部研讨会：对于少部分高级研究人员和需要帮助设计和实施政策参与计划的通讯与传播部门成员来说，内部探讨会是一种经常被忽视的资源。对于研究助理而言，新的培训主题和新的研究方法非常重要，也很受他们欢迎。而对于那些稍微有一些地位的研究人员而言，他们好像不乐意参加太多这样的研讨会，除非他们被要求参加。如果有可能的话，研讨会最好在中午进行，以尽可能少地影响正常工作，并鼓励员工多多参与。

内部研讨会同时也为通讯与传播部门和研究人员之间建立联系提供了重要的机会。在许多智库中，这两个团队之间存在着一些隔阂，会让研究人员在制定和实施交流沟通策略时遇到很多困难（典型的矛盾包括通讯与传播部门认为研究人员傲慢自大,而研究人员认为通讯与传播部门"低能"或者过于简化有争议的研究)。通讯与传播部门参与培训非常重要,这可以表现出其对培训的尊重。通讯与传播部门同时也可以借此充分学习如何更有效地参与竞选活动,这些竞选活动经常有倡导型非政府组织参加,而这些倡导型非政府组织很可能是推广智库政策建议的潜在伙伴。

(3)兴趣小组:兴趣小组是由一部分有共同研究兴趣的人自发组织的,定期(经常是每月)聚集起来探讨某个共同关心的话题的小团体。这些小团体的兴趣点包括三维绘图软件,教师和专业保健医生的旷工现象等。一般都会有人自愿主持下一次讨论活动,并做好将要讨论问题的背景介绍工作。这种讨论通常在午餐时间进行。

这些培训方式对员工能力培养有着重要作用,因此当高层管理人员针对众多培训需求考虑选择哪种培训方式时,应该像对待正式培训那样给予这些培训方式同样的关注。提醒一句:尽管正式的培训课程早已确定,但在培训开始时向员工展示可能提供的培训项目清单以征求他们的意见是非常必要的。经验表明,对这些非正式培训方式持积极态度的人远远多于实际反对的人,但一系列非正式培训也需要按部就班地开展。

工具类培训一般以内部培训的方式进行,并由智库员工任教。笔者在前文给出了一个软件培训的案例。社会化媒体工具的使用也是一个好的培训主题,除此之外针对软件使用的培训机会也有很多。对于分析师而言也可以举办类似培训(如进行罗吉特模式分析的工具培训)。

而智库未能充分重视培训中、高级研究人员应如何面对广播电视媒体的采访,包括如何录制一段长达两三分钟的时政热点问题讨论的录像,这段录像可能被放在智库官网或其他网站上。这种培训可能仅需花费两三个小时,还可以在课前播放一些面对采访时典型的可取和不可取的言行的视频,以供大家参考。很多研究人员都有一种错觉,觉得自己是天生的发言人或受访者。如果要让他们认清事实,可能需要让他们看一段研究人员在最近的发言或采访中表现非常差劲的视频。没有经过培训的

84

人面对提问所给出的答案要么过长，要么与问题无关，答非所问。

　　管理层可以感觉到高级研究人员明显抵触参与这种短期的沟通交流培训班。一个鼓励他们参与的办法就是通知所有应该参训的人，智库执行董事也会参与培训，并且执行董事希望其他人也能参加。让执行董事和那些最需要培训的人私下聊天，鼓励他们参与也是一种可选之法。

　　目前所提到的培训方式都属于智库内部培训。但这并不意味着内部培训没有成本，实际上内部培训成本有时还很高。显而易见，软件操作培训或为了成为优秀的媒体发言人准备一次优秀汇报演示都需要时间成本。除非这些培训占用的是员工的私人时间（比如午餐时间或正常工作时间之外的时间），但这就会让员工付出成本。还有一种方法是把培训活动纳入到近期研究项目当中，并据此支付时间报酬。

　　关于培训课程，参与培训的学员越多，授课主题和内部讲师经验的契合度越高，开展内部培训班并由内部高级员工任课的呼声就越高（也就是，培训班需要老师和学生之间有更多的接触，或者对员工专业知识有更高的学历要求）。所以，如果有10个员工需要参加培训班，恰好又有一名曾经教过这类课程的员工，那么举办内部培训班是可行的。然而这只是一种理想状态，当现实与理想状态的差别越大，也就是说参加培训的学员越少，内部讲师相关经验也很少，要求参与由大学或其他机构提供的培训班并报销费用的呼声就会越高。当然，费用的报销一般取决于学员是否通过了课程考核。

　　2. 离岗培训。离岗培训有两个比较宽泛的方案可供选择：（1）当地大学或培训机构的培训课程（培训主题为计算机技术或会计、人力资源管理、社交媒体运用等）；（2）上述主题的网络课程。这里提到的网络课程与传统的课堂教学内容相似。需要注意的是，笔者在这里已经把捐赠方资助的有关沟通、研究技巧及其他培养员工能力的一次性网络培训排除在外。

　　一般而言，智库是否报销员工参加这种培训的经费取决于三个条件：

- 培训内容是否与员工岗位职责直接相关。

- 员工参与培训之前是否获得了人力资源主管的批准。

- 员工是否通过了课程考核。

在审批参加此类课程(以及可能的学费补贴)时,人力资源部门一般需要和申请 85
人的主管核对情况。

网络课程的出现极大地扩展了可利用课程的范围,但却鲜有智库利用这种方式。
这可以从 2014 年春季发展情况研究会的一个小组访谈中得到印证。该访谈在撒哈
拉以南非洲的一个英语系国家进行,该地区六家智库的执行董事受访。[①] 受访的一
半董事都说几乎很少有员工参与网络课程,访谈的一些要点包括:

- 员工自发性地参与网络培训;也就是说,他们自己选择和参加课程。参加网
  络课程并不是智库培训计划的一部分(如果智库有培训计划的话)。

- 尽管大部分的网络课程是免费的,但也有部分收费课程。有两个智库报销培
  训费用——一个是因为培训内容是智库"感兴趣的",另一个是因为培训内容
  包含在智库培训计划之中。

- 完成课程的学员获得了结业证书(访谈中并没有询问是否进行了考试)。

对于很多网络课程而言,智库管理层难以判断参加网络课程的学员是否掌握了
应掌握的知识。一些主要的网络培训机构,如免费在线大学课程(它的网址是 www.
coursera. com)会采取有效措施确保那些想要取得结业证书的注册学员高质量地完
成培训任务。[②] 尽管如此,不管这些措施多么完善,还是会出现一些问题。

3. **确定培训对象。**区分员工培训需求的三个不同层次很有必要:

---

① 该访谈是与 2014 年 4 月一个由 TTI 赞助的政策参与和沟通项目讲习班共同完成的。

② 免费在线大学课程网站有一句话值得我们关注:"首先,免费在线大学课程及其结业证书并不
能代替认证培训机构的课程,也不能视为学术成果。其次,任何一家网络培训机构的导师及其合作机
构都不会花费精力争取自己的培训课程获得教育或认证机构的认证。"https://authentication.
coursera. org/auth/auth/normal/tos. php. 学员在参与网络课程考试的时候被允许使用笔记、教科书及
其他材料已经是司空见惯的事,但在传统的课堂这些都是不被允许的。这使得我们难以判断两种教育
方式哪种可以让学员更好地掌握教学内容。案例可见柯文尔等(2014)。

- 员工无法胜任当前工作，或者无法胜任很可能即将分配给他/她的工作，员工缺乏培训涉及的知识（比如核心能力的缺失）。

- 参与培训并学习相关资料可以提高员工工作能力，并可以为以后的提拔和将来的工作做好准备。

- 培训与员工岗位职责没有直接关系，对以后的工作是否有帮助也不明确。

大部分我所熟悉的智库都乐于支持针对前两个层次员工展开的培训，但第三个层次的培训往往被忽视，尽管他们具体分析了每个员工的培训需求。处于第一个层次的员工必须参与并通过培训，否则只能换岗，甚至离职。处于第二个层次的员工往往是在其主管的要求下参与培训。如果智库年度绩效评估做得很好，那么根据绩效目标说明就可以明确地区分出处于前两个层次的员工。

4. **培训经费**。为了启动和维持培训项目，智库的年度预算中必须有适当部分用于员工培训。对于智库而言，制定年度培训预算意味着间接费用中必须要有一部分用于培训支出。大部分智库在确定间接费用分摊率的大小和构成时都会把员工培训补贴考虑进去。于是这就成了培训经费的一个可靠来源——在年初时就可以知道整年的经费数额。（当然，实际可用的经费取决于智库是否成功完成了年度筹资目标，但大部分智库都可以基本预测出一年筹资的大概数额。）通常，间接费用筹资构成了培训经费的主要来源[1]（间接费用分摊率的计算详见第 11 章）。

第二种资金来源于项目中的培训活动。智库至少有两种方式可以利用项目资源：其一，许多智库同外部顾问合作开展项目，这些顾问往往来自北美、西欧及澳大利亚地区，他们利用自己的专长参与项目。这些博学的外部顾问可以开展项目主题相关的讲习班。员工除了在这些讲习班收获知识之外，会议上分发的材料可以作为将来该智库开展类似培训的参考资料。其二，项目资金可用于支持员工参加与项目活动直接相关的培训活动。培训结束后，参加这些培训的员工就可以在其所属智库就

---

① 企业界普遍认为培训支出应等于薪资支出的 5%（鲍舍，1998，第 76 页）。

这一主题开展培训。附录 4.1 以 GDN 的项目为例分析了不同程度分享在技能培训班学到的知识所带来的效果，案例鼓励高度的知识共享，并指出这种"倍数效应"可能比一般的知识收获更加重要。

最后，员工可以利用部分私人时间来参与培训活动，而不是花费办公时间。例如，利用午餐时间开展一些培训活动，员工在吃午餐的同时就可以参与活动。智库也可以将培训安排到快要下班的时候，这样大部分培训都会在正常工作结束后开展。这种"成本分担"做法是一种很好的方式。但是需要注意的是，经常使用这种方法或者选择机会成本太高的时段，比如假期开展培训，会打击员工的积极性。

在考虑智库培训经费的时候，成本是需要实际面对的重要因素。许多智库为了节约培训成本，经常会无偿地增加员工的教学职责，或者要求员工更频繁地参与培训。这不仅会造成员工不满，打击员工士气，而且相对于让员工主动投入时间学习，还降低了教学质量和学员学习的积极性，以致无法挽留更多的员工。

三、智库对培训的看法

因为有关智库运营的管理资料及系统资料有限，所以这一部分根据对若干智库领导者的访谈和对培训看法完全不同的两种智库的研究撰写（这两种智库的特点详见第 2 章）。第一个研究以 2000 年中东欧（CEE）6 家智库有关人力资源事务的资料为基础，第二个研究以 2000—2001 年 GDN 监控计划下的 15 家智库有关人力资源事务的资料为基础。

虽然缺少智库制定年度培训计划的调研资料，但在 2014 年的一次访谈中我们得知位于塞内加尔的经济和社会研究协会最近在 TTI 的资助下创建了这样的培训计划。该培训计划充分考虑了员工绩效，同时也包含例如针对计算机和写作技能的内部培训以及可以获得资助的外部培训课程。

(一)6 家 CEE 智库

通过对这 6 家智库的研究,最主要的两点发现是:(1)不同智库对培训的重视程度差别很大;(2)重视培训的智库确实在培训活动上很积极(见表4.3)。与内部研讨班一样,免费的国际培训是所有培训项目的主体(大部分如此)。

89　　　　　CSD、Expert 和 TARKI 三家智库的管理层没有赋予正式培训很高的优先权,相应的一年中也只有小部分员工参与外部培训。这些智库的管理层认为,他们的员工足够优秀,不需要太多的培训。TARKI 和 CSD 的高级研究员同时也是各自所在国家知名大学的教师,因此可以紧跟学科前沿。尽管如此,Expert 和 TARKI 也有自己的内部培训项目(见下文)。培训费用预算被控制在智库总支出的 1% 以下,这其中并不包括员工参与培训的时间成本。这些智库的培训主要依赖于雇用那些已经掌握必需技能的并受过良好培训的员工。

88

表 4.3　CEE-6 的员工培训情况(2000 年数据)

调查问题	MRI	TARKI	CSD	IUE	IET	Expert
管理层赋予的研究人员培训的重要性	高	低	很低	高	高	很低
智库间接费用中是否有专门的培训经费	有,但没有单独列出	无	有	有	无	无[a]
是否有年度培训计划	无	有,主要集中于内部培训	无	无,但包括必要的培训项目[b]	有,每半年有国际培训机会	无
参与人员	不适用	高管和团队负责人	不适用	不适用	高管	不适用
是否在财政年度开始就制定培训计划	不适用	是	不适用	不适用	否	不适用

（续表）

调查问题	MRI	TARKI	CSD	IUE	IET	Expert
资源如何分配	根据捐赠方及员工需求	主要集中于小型活动；根据人员需求	根据员工需求	根据员工测评所确定培训需求	根据捐赠方提供的机会[c]	根据捐赠方要求
由第三方资助的培训项目的重要程度[d]	非常重要	很少	很少	非常重要	非常重要	非常重要
每年至少参加一次培训的人员比例	少于50%	5%～10%	5%～10%	少于50%	少于50%	10%～15%
有无正式的内部培训项目	无；但每月有针对当前项目的研讨会	有；针对方法论的内部研讨会	很少	有；针对实质性主题及研究方法的内部研讨会	有；针对实质性主题及研究方法的内部研讨会	有；项目总结研讨会及研究方法的头脑风暴

a. 但其有专门的员工差旅费，其中包括了参加培训项目和会议的大部分费用。
b. 员工测评时一般会有必要的培训。
c. 部门主管决定是否参加附带培训活动的国内会议及研讨会。
d. 包括由智库捐赠方发起的活动。

另外3家机构则认为员工培训非常重要，每年几乎有一半的研究人员参加相关的会议及正规培训。比如，IUE每年大概会有3%～4%的营业额用于员工培训（包括内部和外部资金）。不过，不同的智库有不同的培训方式。IUE和IET有完整的培训计划。IUE尽管没有正式的培训计划，但是其通过员工测评全方位地掌握了培训需求，为培训活动的开展奠定了良好的基础。国际上有时也有培训机会，为培训提供必要的补充（国际交流一般是作为奖励安排给需要培训的员工）。

世界各地都有充足的国际培训活动可供利用（国际投资商早在2000年就已经大量涉足培训领域）。IET已经制定计划，决定每年参加两次国际培训。IUE和IET的许多结构化培训就是通过安排员工参加国际会议或国际培训活动完成的。这些培训的资金有的是根据合约条款提供，有的来自一些机构基金，还有一些项目有国际上的赞助。IUE 会派遣员工参加当地（俄罗斯）的培训项目。如果目前智库的培训课程不能满足需要的话，智库也会与一些专家机构签订合同来进行专门的培训（比如项目分析中有关财务的培训）。

出于对内部培训的重视，6 家智库中有 4 家——TARKI、IUE、Expert 和 IET——都会以研讨班的形式进行实际工作方法的学习。这 4 家智库都十分鼓励员工（主要是初级和中级人员）参加这些培训。MRI 每月举办研讨班对机构当前项目进行总结分析；除此之外，这些研讨班也是为了传播技术层面的信息，以及使员工了解智库目前进行的工作。

（二）GDN 监控计划中的 15 家智库

参加各种培训的员工数量是 2010 年 4 月到 2011 年 11 月（即评估 GDN 监控计划时的两个调研时间节点）对 GDN 智库进行调研时所问的一个重要问题。[①] 问题的措辞比较特别：

> 在 2010 年 4 月至 2011 年 11 月间，有多少员工参加了针对如下主题的讲习班或课程，并使得该员工的能力有了很大提升。如果没有，请填"0"。"能力提升"这一点很关键；我们都知道有很多培训都在重复大家已经掌握的内容，或者对于扩大知识面只有很小的帮助。我们所关注是可以让员工做以前无法做的工作的培训。

因此，受访者关注的重点应该是技能的提升，而不是有多少员工参与了培训。在分析受访者的答案时，应该考虑到调查反馈期间，GDN 有项目正在进行几种不同类型的分析能力培训。

调研结果（见表 4.4）显示，有三分之二的智库都表示其员工至少有一项分析能

---

① 该研究所用的 TTI 调研成果不包括培训的具体实践。

力得到了提升，也有同样比例的智库表示至少有一项沟通能力得到了提升。在所有被调查的智库中，平均有 6 名员工得到了分析能力的提高，有多于 3 名的员工得到了沟通能力的提高。在如此短的时间内，智库取得如此结果已非常理想。

处于第一阶段智库的员工参加培训的比例要高于一些规模更大的智库。在处于第一阶段的智库中，有 88% 的员工得到了分析能力和沟通能力的提高。而在那些规模更大的智库中，这个比例只有 43%。

对于所有的智库而言，在"分析能力"中，在特定领域分析能力的提升（比如卫生部门，或者统计软件如 SPSS）所占比例最高，在 60% 至 67% 之间。同时也有 47% 的智库表示其员工在项目评估方面也有所提高，尤其是对于规模较大的智库而言，更多的员工会参与这方面的培训。这和规模更大的智库更重视提高定量分析的精确度有关。在其所在国家加入 GDN 时，它们在这方面普遍很薄弱。

参加沟通能力培训的比例也很高。60% 的智库得到了常规沟通能力的提高，53% 的智库得到了特定沟通能力的提高。在这些智库中，平均有 3 名员工从各种沟通能力培训中获益——这有助于提高智库对沟通交流活动重视。

总体来说，与十年前相比，其中一些智库在员工能力培养上取得了实质性的进展。

91

92

表 4.4　GDN 监控计划中 15 家智库的培训效果

（2010 年 4 月—2011 年 11 月）

员工的能力提升[a]	研究人员数量≤10（处于第一阶段）的智库		研究人员数量>10的智库		所有智库	
	该能力得到提升的智库比例	能力提升员工平均数量（只计算非零数）	该能力得到提升的智库比例	能力提升员工平均数量（只计算非零数）	该能力得到提升的智库比例	能力提升员工平均数量（只计算非零数）
分析能力	**88%**	**2.7**	**43%**	**14.3**	**67%**	**6.2**
特定领域的分析能力（如卫生部门的预算分析）	75%	2.2	57%	10.3	67%	5.4

（续表）

员工的能力提升[a]	研究人员数量≤10（处于第一阶段）的智库		研究人员数量>10的智库		所有智库	
	该能力得到提升的智库比例	能力提升员工平均数量（只计算非零数）	该能力得到提升的智库比例	能力提升员工平均数量（只计算非零数）	该能力得到提升的智库比例	能力提升员工平均数量（只计算非零数）
统计分析	50%	3.8	29%	3.5	40%	3.7
计量经济学或社会学、心理学等领域的计量分析能力	38%	1.3	43%	4	40%	2.7
项目评估能力	38%	1.3	57%	11.5	47%	7.1
使用 SPSS,SAS 等统计软件的能力	63%	3.6	57%	5.8	60%	4.6
沟通能力	**88%**	**2.9**	**43%**	**4.7**	**67%**	**3.4**
处理公共关系:如何应对媒体,策划活动,面对观众	50%	1.5	57%	4	53%	2.8
撰写网站文稿或其他文件,学习写作格式和成果形式,如何根据用户要求选择合适的成果表现形式。	75%	3.5	43%	4.7	60%	3.9
其他	13%	1	0%	0	7%	1

a. 员工必须在如下领域中有明显的能力提升。

四、总结

在智库中,员工培训对于提高智库生产力的作用常常被忽视。对培训进行投资不仅是提高员工效率的合理的经济的选择,还可以让员工收获新的知识和能力,提高他们对工作的满意度，激发他们的斗志，进而挽留更多的员工。在员工培训上有着良好声誉的智库也更容易吸引人才。

（一）实践经验

出色的智库员工培训有如下特征：

- 一个包含新"工具"学习和人力资本建设内容的年度培训计划要以如下三点为基础：(1) 主管和下属在年度绩效评估中所达成的有关个人能力提高的约定；(2) 高层管理人员对智库新项目的规划；(3) 研究人员主管和行政主管的投入。

- 在制定间接费用预算时单独考虑培训费用，并在预算范围内制定一个可负担的计划。该计划内容并不一定要非常详尽，甚至只要在预算大纲中写上一条就足以为培训提供支持和关注。

- 培训尽可能地利用各种各样的内部资源，管理层重视对员工的培训以及培训质量。管理层支持以内部研讨会和兴趣小组的形式开展非正式培训。

- 如果有特殊需要，可以采取讲习班、短期课程、大学课程和网络课程等形式，但只有与员工工作直接相关的培训才可以获得资金支持。

（二）资助者须知

1. 资助者应注意：

- 间接费用中是否包含了培训经费。不管包含还是没有包含都传递着重要的信息。不管是哪种情况，都要问清楚智库是否有任何形式的年度培训计划，哪怕仅仅是脑海中的培训计划。

- 智库如何进行新员工的入职培训？这包含了培训主题、参与人员和如何组织培训。投资者可以适当给予一些指点，因为智库对"入职培训"的理解可能很狭隘。比如，回答者可能会将其简单地理解为新员工欢迎会，而不是在一段时间内连续举行的覆盖多个主题的系列研讨会。

93   **2. 资助者可能需要做:**

- 在没有接到通知的情况下,投资者不应该私自邀请甚至要求员工个人,比如通讯与传播主管,参加培训。更好的做法是向执行董事咨询其员工参与培训的情况(换句话说,保证智库管理层和相关工作人员对将要开展的培训课程的知情权非常重要)。

- 在制定智库教学计划时,要尽可能长远地安排培训活动以保证智库可以将这些培训活动纳入其培训计划。投资者应提供详细的课程说明,以保证智库更好地评估培训课程可以在多大程度上满足其需要。如果投资者可以提供一份培训评价反馈方案就更好了,这可以让智库看到培训课程可以根据受训者可能的需求进行适当的调整。

- 因为大部分培训尤其是与员工关系最密切的培训一般是根据每个员工的"个人发展规划"制定,并在其工作岗位上开展,因此投资者可以考虑资助智库自身的培训活动,比如,为智库自身的培训计划提供对等的预算支持。这会促使智库更加重视绩效评估和年度培训计划的制定。投资者的补助金中可以包含用于建立完善的年度评估项目的一次性基金,通过这些年度评估项目可以制定员工及其主管都认可的个人发展规划。

- 只有和智库建立一种长期的、相当稳定的关系时,投资者介入智库培训活动才有意义。投资者很容易就会陷入有关培训的细节性问题的讨论之中,如果你真的陷入了这种讨论,尽可能地把它放到整体的员工政策层面考虑,尤其是讨论员工职业发展路径和员工去留问题时。

案例研究 4.1　民主研究中心（CSD）入职培训项目

位于保加利亚的民主研究中心在欢迎和指导实习生上制订了完善、明确和标准的政策。这些政策提供了：(1) 与 CSD 或其他机构的一般研究人员和/或特殊领域的专家相同的固定职位；(2) 允许进入精英研究院；(3) 为额外的工作和/或培训提供资金支持。CSD 每年会招收 20 名左右的实习生，实习期一般为三个月。实习生一般通过其所在大学的奖学金项目或欧盟基金获取补助，有时 CSD 也会为表现优秀者提供适当的报酬。

CSD 在实习生入职培训中借鉴了以往积累的实习生管理经验并运用了很多标准化做法，同时这也是为了同等地对待不同的性别和种族。CSD 一直秉承多元化管理的理念，它认为这是寻找员工个人定位，同时确定实习生个性化培训需求的标准化做法。

入职

在实习生报道之前，CSD 首先向其传达以下信息：

- 所有必需知晓的文件（个人权限和承诺书，保密协议等）；
- 在该城市生活的相关信息（商店、租房小贴士、交通及交通工具、人身安全保障和城市文化等）；着装要求（什么是"商务休闲装"风格）；
- 联系方式（即实习期的主管和导师的联系方式）。

CSD 一般单独为每个实习生办理入职。在实习生报到后的第一周，将会进行：

- "迎接新人"和入职，包括：

　—与整个团队和项目董事见面（即 CSD 四个项目组——安全、经济、社会、法律的主管）；

　—对智库架构、体系和工作方式的概述；

　—智库工作介绍/总览；

　—介绍内部食堂，了解实习生个人饮食习惯，以及健康或宗教方面的饮食禁忌。

- 与导师进行面谈,培养共同的研究兴趣和潜在的协作默契,包括:

  —确定初步的实习安排(如果有必要的话,可以根据实习生的需要进行调整);

  —介绍工作/项目,以及这些工作/项目与智库整体工作的关系(即工作环境、背景);

  —明确实习生承担的任务和职责(对每个项目中实习生所扮演的角色给予特别关注);

  —明确导师义务,并确定较好的指导方式(导师指导每个实习生的时间大约为每周三个小时);

  —明确对于实习生的期望;

  —介绍已经安排好的工作日程表和关键日期;

  —介绍后勤保障及其他未尽事宜。

- 在第一周的最后会把所有新入职的实习生召集到一起,举行智库全体员工参加的欢迎会。

不管在哪种情况下雇佣实习生,CSD都会依据标准化的模板和程序去制定实习生工作计划和指导计划,以指导实习生主管的工作。这些工作计划和指导计划包括实习生的工作时间安排,以及优秀的实习应有的表现。同时,制定工作计划和指导计划也是对实习可能的收获和机会进行初步评估,这对于实习生和智库而言都具有参考价值。借助这些评估,实习生和智库可以明确:

- 实习生希望从导师那里获得什么;

- 实习生的职业或学术目标;

- 实习生希望承担怎么样的职责;

- 对实习生独立开展工作和自我学习/发展程度的预期(或者实习生参与正式的结构化工作的程度);判断哪种指导方式更适合实习生(是每天都进行详细的指导和反馈合适还是根据实际需要提供指导和进行反馈合适);

- 最适合实习生的学习方式（比如，通过阅读、倾听、观察还是实践）；

- 记录导师和实习生的时间；

- 为实习生提供专业的实践机会；

- 针对每个项目制定临时时间规划（即对正在进行项目进行调整）；

- 智库擅长的研究领域、当前项目和实习生专业兴趣之间的共性。

正式实习

实习生应参加其所在部门所有已经规划好的事务（研讨会、会议、圆桌会议等等）。平均就单个项目而言，实习生每月平均需要参加三项活动。如果实习生有兴趣，他/她也可以参加 CSD 其他项目组或部门组织的活动。他们可以通过 CSD 局域网全权访问已经规划好的项目日程。

CSD 希望把实习生的专业兴趣和他们的工作结合起来。经过二十年的发展，CSD 已经成为经济、能源、可持续发展、移民政策、人权问题、信息技术与创新、反腐、国际关系和安全等领域的知名智库，并吸引了很多专业人才。实习生可以在这里做自己感兴趣的工作，至少 CSD 会保证实习生撰写与其教育背景和/或未来的专业目标相关的政策简报（根据指导及必要的反馈）和小结。

近些年来，CSD 管理大型国际项目的能力有所提高，这使得 CSD 可以在欧盟 28 个成员国开展项目，并在相关国家出版研究报告。这使得把实习生更有可能将他们的天赋和如此庞大项目下的工作任务结合起来。也正是因为智库研究领域的多样性和参与项目国家的多元化，使得其他国家的实习生可以选择在自己国家和/或现居地开展研究。

CSD 通过 Dropbox 向国际实习生提供主要的项目文件和指导，如果他们不能一直待在索菲亚，CSD 则通过 Skype 管理这些实习生。最初的"虚拟"培训和入职一般是为了让国际实习生熟悉撰写国家研究报告的标准化方法（假设他们的能力都很出众），让他们在高级专家的指导下可以为其所在国家的研究报告撰写做出贡献，甚至合著研究报告。这可以让他们积累一些极其有用的经验，同时也可以让他们受到

CSD项目主管之外的国际专家的指导。

实习生评估

对于实习生的绩效评估，CSD并没有一个精确的或正式的评价体系。衡量实习生实习成就的基本指标包括：

- 实习生做出贡献的出版物或合著出版物的数量；
- 实习生做出贡献的具体事务的数量；
- 实习生为项目推进做出贡献的次数（比如撰写建议书/承诺书）。

除此之外，CSD也会考虑实习生离职面谈的情况。在离职面谈的时候，CSD会衡量实习生对实习的满意度，并征求他们的意见，以进一步推动CSD实习项目发展。CSD同时也会关注申请实习的人数，尽管如果没有比较大的负面趋势，关注人数变化并没有意义（CSD关注的焦点是维持稳定的实习生招募数量，以保证每个实习生都可以受到充分关注）。

尼古拉·塔加罗夫

民主研究中心

索菲亚，保加利亚

第五章 培养团队领导

团队领导是负责智库研究工作的中层管理者。他们的重要性仅次于智库总裁。智库对这一角色的称呼不尽相同,比如中心主任、部门主管、部门经理等,其管理的团队规模从两三个研究员至二十多人的团队不等。团队领导是其所参与项目原则上的负责人。研究人员团体一旦超过10个人,通常就会形成一个团队,随之管理层会指派某人担任团队领导,这种任命有时是正式的,有时则是非正式的。[①]

在一些大的部门,项目主管要向团队领导汇报,受其领导和指示。[②] 如此一来,一个部门里面就会有两个层次的"团队领导":全体团队领导和项目主管。相比后者而言,前者要承担更大的管理责任。在下文的讨论中,只有当两者有明显的差别时我才会对其进行区分。

第二和第三阶段智库的团队领导职责包括推进项目、激励员工积极性、保持良好的工作环境、保证研究质量、积极推进政策研究以及争取新项目。总之,团队领导的职责可以概括为五个方面:(1)确立目标、管理和协调团队以最佳的状态开展工作;(2)与项目委托人保持积极有效的联系;(3)为团队争取资源;(4)负责团队与智库其他部门的沟通;(5)同时也要做一个乐于贡献的团队成员。[③]

在理想状况下,智库团队领导需要具备以下特征:

---

① 有一种类型的智库并没有遵循这一模式。这些智库往往由一些资深学者组成,他们在很大程度上都是独自进行项目研究,有时也会有研究助理的协助。智库会把这些学者归入一些部门或研究中心,但仅仅是为了便于管理。具体描述详见第3章。

② 需要明确的是,本章讨论的团队领导这一职位属于长期管理岗位。相比之下,有很多智库会为解决某个具体任务成立一个研究团队,一旦任务完成团队也会被解散。

③ 资料来源:里斯(2001,第86页)。

- 具备过硬的研究和决策能力以便管理员工，并且要在决策制定过程中充当引导者。

- 可以胜任思想领袖的角色。

- 有很强的人际沟通技巧和领导能力，充分发掘员工最大价值。

98

- 是一名优秀的项目经理——也就是说，他应该清楚地知道执行一个项目需要多少资源，以及如何通过计划和组织实现这些资源的有效利用。

- 有很强的组织能力，以确保团队能够高效按时地开展工作并保证工作质量。

- 能把团队特长有效地展示给现有客户。

- 在评估现有客户及潜在客户需求时具有创新精神，能够为团队争取新的研究课题和项目。

这看上去很像第 3 章描述高级研究人员应有特征的那个列表，但其中关键性的区别在于团队领导也是团队的思想领袖。

有关团队领导更加详细的职责描述参见表单 5.1（更多细节详见附录 5.1）。这个较为详细的职责描述来源于一个不愿透露名称的第三阶段智库，因此该智库觉得自己对于中心主任的职责描述并不完善。在表单 5.1 中，作者把该智库称为数据政策研究所。

表单 5.1 的职责描述中有四个方面比较引人注目，在与团队领导候选人讨论团队领导职责的时候，往往会忽视或过于强调这四个方面。第一是参与智库整体治理，即其有责任与其他团队领导和高级研究人员一起为实现智库共同愿景而努力。第二是参与涉外事务，即积极与智库利益相关者合作，以及与传播部门一起推动智库政策主张。第三是筹集资金，新任智库领导不应该过多关注研究、培训和政策过程中的资金支出，资金的筹集需要宽阔的视野，超前的规划，聪明的头脑，积极的营销和出色的建议书。最后一个就是员工招募和管理，团队领导和其他高级研究人员应该尽最大努力去提高初、中级员工的能力和资质。

毫无疑问，没有哪个团队领导能具备全部的优秀品质。但是，让人感到惊讶的是几乎没有一家智库设有专门项目来培训和指导团队领导以确保他们能有效地开展工作。通常情况下,一个有着良好组织能力和足够的亲和力、在政策领域表现突出并在市场开拓上独具慧眼的研究员会被提拔为团队领导。从这时起,他就要通过实践学习如何领导团队。而当他有些力不从心时,他将会获得智库总裁或研究总监的一些帮助。大多数团队领导最终都可以达到基本任职要求,但还是有一部分团队领导的表现分化为了两个极端:他们要么因为工作出色而再次被委任,要么是表现差劲到不能满足团队和智库的要求。

智库可以通过以下方式提升这些管理精英的工作效率,即让他们在自己职责范围内,和准团队领导或新上任的团队领导一起开展工作。本章基于民营企业实践和对成功团队领导的观察研究,列举了高级管理层培养高效率的团队领导可以采取的方法。

这就是说,高级管理层要准备好拒绝处于边缘的团队领导候选人,不管其是内部人员还是外部人员。要关注以前从事研究工作的内部候选人,并让内部候选人从事其擅长的工作,突出他们在政策参与过程中的存在感。只有当所有的内部人员都明确不具备候选人资格的时候,智库才值得去花费资源寻求外部候选人。

本章内容由两部分组成。第一部分针对高级管理层,简略地探讨了团队领导身上应该具备哪些特征,以便于管理层挑选团队领导,以及管理层应怎样帮助团队领导把工作做得更好。这一部分需要对团队领导和项目主管在负责特定岗位时的职责和资格做明确的区分。第二部分针对团队领导,指出了团队领导必须从事的一系列工作,并为其有效并高效地完成工作提供了建议。

一、高级管理层的职责

智库领导层负责招募团队领导。在某些情况下,这是件简单的事,因为候选人本来就是智库现有员工中的一员,而且通常就是其将要管理的团队成员。但从智库外部招募团队领导也是有必要的。从一名智库主管在 TTI‐EX‐2012 会议上的发言

（详见第 3 章）中我们可以得知，寻找并招募一名高级研究人员是一项很有挑战性的工作；实际上寻找一位有管理才能的人也是如此。不论是哪一种情况，都必须依照明确的标准对团队领导候选人进行严格的评估和筛选。筛选一旦结束，高级管理层可以采取一些措施来提高中意候选人最终胜出的几率。

（一）筛选团队领导

智库对团队领导的要求是苛刻的。表 5.1 列出了有助于智库对候选人进行评估的一些标准。该表囊括了上文提到的被普遍认可的团队领导应有的主要特征。作者还在该表中赋予了各个特征不同的权重，这些权重值跟标准本身相比主观性更强，对此下文将做出解释。但重点是高级管理层自己应该给予这些标准或者其他类似的资格指标相应的权重，这便于他们在评估候选人时能够达成一致（适当修改附录 3.1 的格式就可以用于排列这些指标及其权重）。

100

表 5.1　理想的团队领导应该具备的品质及其权重

权重值[a]	品质
25	丰富的知识，分析能力和政治敏锐性——熟悉相关主题领域的知识并有着多年工作经验；精通主要的统计方法，对政策问题和政策参与有着深刻的理解。
20	人际交往能力——天生的领导者和引导者；管理层会议的高效参与者。
16	主动性和洞察力——主动为筹集资金和开拓政策研究领域寻求机会；努力提升团队成员能力；擅长预测政策重点的变化和用户需求。
16	有效处理外部关系——乐于并胜任与所有党派的政策制定者交往；优秀的沟通联络人。
13	筹集资金的能力——突出的领导政策方案团队的能力；能够承担筹集资金的责任。
10	发展潜力——具有潜在的创造性和适应力；在管理方面有很大潜力。
100	总权重值

a. 在具体的打分中，这些权重值可以作为各特征可以给分的上限。

丰富的知识，分析技巧和政治敏锐性被赋予了最高权重（25 分）。这是因为，团队领导必须是其领导团队研究领域的权威专家，深刻理解大的政治环境，并且知道如何在这样的环境中有效开展工作。缺乏这种特征，很可能会使得团队所从事工作不够前沿，团队领导也不得不在工作的同时花费时间去学习相关的东西。团队领导如果想要在知识上领导其他成员，渊博的学识是十分必要的（该特征在这种情况下不适用：部门的规模很大，以至于仅管理工作一项就要花费团队领导大部分精力，并且需要团队领导为每个项目投入适当的管理时间和资金。但这种情况比较少见）。

但是，只有丰富的知识是不够的，智库也要证实候选人在相关政策领域也具备一定能力。同研究人员一起工作过的人都清楚地知道，很多研究员很难将他们的研究成果与特定的政治问题联系起来。只有少数研究人员能成为优秀的政策分析师，但也有许多研究人员仅仅是对此不感兴趣。[①] 理想状态下，团队领导也是其所在政策领域的"思想领袖"。这样的领导者对其工作领域的政策地位和发展方向有着深刻的理解，他清楚改进政府政策途径所必需的政策变化，以及有效的项目交付需要完善的地方。他可以清楚地预测到为了改进政策路径，政府将要采取的两到三个关键政策制定步骤（这将在第三个特征中详细说明）。

权重第二高的是人际交往能力（20 分）。在一个领域内如此看重个人表达技巧和能力，看起来可能会有点奇怪。但是，这样做的理由是显而易见的：团队领导糟糕的人际交往能力会降低团队的工作效率，甚至可能会造成优秀人才流失。据笔者了解，处于第二、第三阶段的智库都曾出现过这种情况：一个专业能力突出、管理高效的团队领导却让下属的生活苦不堪言，董事会除了将其解雇或重新委派他人别无选择。正如邦克德、克拉姆和亭（2002）所说，真正的团队领导应该是平易近人的，能构建起团队精神并且能够激励整个团队。[②] 只有心理成熟的人才具备这种能力，年轻的分析人员在这方面往往是比较缺乏的。但是，这种成熟与年龄也并不是高度相关的。

管理层该如何了解候选人的人际交往能力究竟怎样呢？如果候选人本身就是智库员工，那将有很多机会对其进行评估。候选人在人际交往方面可能存在问题的迹象包括：（1）候选人比较特立独行（也就是不喜欢参与团队项目或者不乐意帮助别人）；（2）总是吹毛求疵，而且其质疑毫无意义；（3）总是想方设法逃避其对成果质量

---

① 详见 TTI 的评论（2013）。

② 至于团队领导和管理者的区别，请参考凯勒曼（2004）。

和汇报展示应负的责任。当然，管理层也应该花费一些时间去和候选人进行深入交流，以确定其对于每天处理管理性事务是否感兴趣。

智库往往难以对机构外部的候选人进行评估。然而，除了候选人与智库高层之间的面试，还有别的方法可以收集相关信息。可以采取的方法包括：

- 咨询特定领域的研究员和专家候选人：候选人是否具有合作精神和积极性？是否具有竞争力？咨询对象应该是被本机构员工所熟知的员工或专家，并且跟候选者一起参与过学术会议或政策研讨会。

- 向那些曾跟候选人合作过的人了解候选人的工作作风以及同事关系。向候选人当前供职机构的同事们了解情况往往会比较困难，但是其以前的工作经历也是很有价值的信息。最好的做法是招聘中介通过自己的私人关系向候选人在其他机构有过合作的朋友了解情况。

- 安排候选人与两三个将来要一起共事的员工进行交流。有时候候选人会在交流中表现得咄咄逼人，有时候则会摆出一副高人一等的姿态。不论是哪种情况，都是一个令人担忧的迹象。因此，从智库员工那里获取客观反馈是很重要的。

- 邀请候选人就自己所在专业领域开一次专题讲座。确保有人提问，并认真观察候选人是如何回答的。

主动性和洞察力是第三重要的特征，它与前文所讨论的思想上的领导力关系密切（16 分）。如果不是为了突出人际交往能力对于思想领导发挥其作用的重要性，我会把首创精神和洞察力排在第二位。拥有这种特征的人可以大体预测其所在专业领域接下来的中心政策议题。这不仅仅是仔细思考或者凭借聪明睿智就可以做到的，更需要其从与各种各样的政治团体的交流中获取信息——其中包括，通常也是最重要的，高级政府官员和国会议员（或者与其直接共事的可靠的员工）。主动性对于洞察力而言很重要，也就是说，主动性可以为团队开展第一轮政策研究争取资源，第一轮政策研究包括：（1）问题，包括有助于对问题进行分析判断的相关数据；（2）解决这一问题可以采取的一系列的行为；（3）用于评估备选解决方案的一系列标准。很明显，这些工作的要求都很高，但成为某个研究主题的"探路者"所获得的回报也是十分丰厚的。

排名第四的特征是"有效处理外部关系"（16 分）。成功的团队领导必须乐于与政府官员、非政府组织以及议会议员打交道。他们必须是会议和小团队中优秀的发言人。如果有可能的话，候选人应该是其所在政治团体中早已被认可的专家。即使候选人没有达到这个程度，他的主要政见也应该是有根据并有说服力的。会谈、智库举办的研讨会以及公共演说都可以用于考察候选人在这方面的能力。

尽管后两个特征的权重较低，但其依旧很重要。就拿筹集资金的能力（13 分）来说，很多高级员工都不愿意撰写政策方案，也不愿意与投资者会面。虽然一些高级专业人员已经意识到，撰写政策方案只是概念性的工作（只需要确定和充实主要观点和相关假设）并且开始喜欢上这一过程。但如果一个团队领导候选人不是优秀的政策方案撰写者，或者带着厌恶的态度去撰写政策方案，这样的情况都会对团队产生潜移默化的影响，以至于为这项工作营造了一种恶劣的环境。

投资者的特点和专业领域不尽相同，团队领导对与不同投资者的关系也有不同的看法，这使得两者交往的方式也千差万别。通常情况下，团队领导比项目专员有更强的技术能力，一些团队领导是天生的导师，乐于向项目专员分析利害因素，而且能做得很好。而一些团队领导则认为指导别人很无趣，通过他们的态度（可能有些高人一等）就可以看出来。很明显，团队领导对项目专员恶劣的态度不利于与投资者维持长期稳定的关系。与其他的特征相比，如果没有直接的观察（候选人为智库员工）或公开并完整的（候选人非智库员工）参考资料，智库难以对候选人的这一特征进行评估。与智库和候选人目前所在机构都有过合作的资助项目专员是潜在的信息来源，智库和候选人目前所在机构都可以从他那里了解到候选人变换工作可能会给自身带来怎么样的利益和损失。当然，智库可以问候选人这样一个问题，即"你（候选人）与主要投资方建立关系的根本出发点是什么，以及为了与其建立关系你将采取何种行动"。通过这一问题，智库可以得到很多有用的信息来评估候选人在这方面的能力。

表 5.1 的前五点具体是在讨论候选人已有的特征。第六点也就是最后一个特征则聚焦于发展潜力（10 分），虽然这是以后的事情，但发展潜力对于候选人尤其是年轻的候选人而言也很重要。那么判断候选人拥有或缺少发展潜力的根据是什么呢？这些根据往往是主观的，在实践中也很难判断。表 5.2 是一家营利性智库（查兰、罗特和诺埃尔，2001）用于评判候选人发展潜力的标准。表格左栏为拥有巨大发展潜力

的候选人应具有的特征，表格右栏的特征则表明候选人很可能只会在当前岗位上获得有限发展。

表 5.2　判断候选人发展潜力的标准①

有巨大领导潜能的候选人的特征	有有限领导潜能的候选人的特征
• 拥有广泛而深厚的运营知识、技术能力和专业能力。 • 展现出可靠的管理才能。 • 显示出与团队领导岗位相一致的领导才能。 • 经常学习新技能。 • 渴望更高级别的挑战和机会。 • 对智库工作表现出很高的兴趣和积极性。 • 以智库整体利益而不仅仅是团队利益为导向。	• 总的来说，其运营知识、技术能力和专业能力仅处于可接受的水平。 • 只付出很少的努力来学习新技能，但能保持现有技能的最佳水平。 • 渴望继续留在智库工作，但对较大的挑战并不感兴趣。 • 其工作动力只是为了满足目前需要。 • 对当前工作很了解。 • 主要关注技术层面的成功。

　　这些标准能够为管理者判断候选人的潜力提供一些好的思路。显然，将这些标准应用到内部候选人身上要比运用到外部候选人身上简单一些。对内部候选人来说，我们可以从对其以往的绩效评估中获取重要信息，也可以向候选人的评估者咨询相关情况。智库会询问外部候选人是否对管理工作感兴趣，以及他们的能力和经验如何。候选人可能会被问到如何处理特定任务的相关问题，包括为团队工作制定计划，为团队工作制定新方向，或者就某项工作进行分工。

　　在对候选人进行比较时，由智库的两三个领导就同样的因素独立地对候选人进行评估通常是有用的。然后由这几个人就各自的评估结果进行交流讨论，并且探讨差异形成的原因。鉴于任何一种评估方法都不会彻底规避错误决策的风险，这种由小组成员同时地独立地对候选人进行评估的方法还是很有效的。②

---

① 　资料来源：查兰、罗特和诺埃尔（2001，展示 10.1）。
② 　提高评估有效性的更加详细和生动的述评详见希思（2013）。

(二) 为新任团队领导提供帮助和支持

从一个高产的政策分析家转变成团队领导需要思想上的巨大改变。[1] 大多数人喜欢并想继续从事他们擅长的工作。但是新的团队领导必须学会重新分配时间,即把他的时间从研究转移到管理上来。通常这对首次担任团队领导的人来说是比较困难的,为此他们不得不减少在原来工作上花费的精力,虽然正是那些工作为他们带来了今天的成功。除此之外,他们还必须学会分配职责。表 5.3 扼要地说明了在这个角色转变过程中,个人技能、时间分配、工作价值观会发生的一系列变化。

104

表 5.3 从团队成员转变为团队领导——工作方式的改变[2]

	团队成员	团队领导
技能	• 精通技术或专业技能 • 团队行动 • 基于个人利益和个人成果构建人际关系[a] • 使用智库规定的方法、流程和程序	• 制定计划——项目、预算和团队 • 分配工作 • 选择团队成员 • 委任和授权 • 绩效监督管理 • 培训与反馈 • 奖励和激励员工 • 协调沟通与创建有利氛围 • 为了团队的利益与客户建立或解除关系 • 招揽业务
时间分配	• 遵循每天的时间安排 • 主要的项目职责以及根据项目安排按时完成任务[a]	• 为预算和项目制定年度计划和月度计划 • 综合团队和员工个人需要,合理安排下属工作时间 • 设定团队工作任务优先级 • 留出与智库其他部门以及客户进行沟通的时间

---

[1] 这一部分普遍借鉴了多特利奇、卡伊罗(1999)查兰及其同事(2001),以及康格和本杰明(1999)的论述。

[2] 资料来源:查兰、罗特和诺埃尔(2001),表 2.1。

（续表）

	团队成员	团队领导
工作价值	• 凭借个人能力获得研究成果 • 高质量的专业工作[a] • 认同智库的价值观	• 通过他人取得成果 • 团队成员的成功 • 管理方面的工作和纪律 • 团队的成功 • 管理者的自律 • 有目共睹的正直

a. 当员工晋升为团队领导后该条描述的现象将会明显减少。

105　　　考虑到准团队领导将会面临的这些巨大变化，智库领导层的支持就显得十分重要了。帮助新任团队领导及时开展工作，就能避免来自各方面的许多障碍。这一部分简要地概述了高级管理层应如何帮助新任团队领导完成角色转变。

　　1. 明确工作职责。在智库中经常会上演这样一幕：一个普通员工通过努力成为政策分析家，继而又被提拔为团队领导。这时，智库总裁或研究主管应该在整个团队面前宣布任命通知，并说明团队工作计划和对团队未来几个月的期待。但是新任团队领导可能对新的工作职责（即他必须要开展的具体工作）还不够熟悉。很多智库并没有一个专为团队领导准备的书面工作说明，即使有工作说明，其内容往往也很笼统。智库通常认为，新上任的团队领导通过观察以前的团队领导就能知道自己应该做什么。实际上，新任团队领导对其工作职责的理解很大程度上取决于他前任的管理方式——就像新的大学教授喜欢模仿他自己导师的风格那样。前任团队领导在讨论团队整体工作、计划和任务时越公开和开放，越是为准团队领导上任做好了准备。

　　智库总裁或副手可以通过提供书面的工作说明作为补充的具体任务列表来帮助新任团队领导明确职责。任务列表应该详细说明每项工作每隔多长时间需要做一次。这样的工作应该包括：在现有及预期资金、合同的基础上对团队规模进行季度预测，每月向特定客户汇报工作，检查研究报告的质量并就此发表意见，制定团队成员的月出差计划。

除此之外，高级管理层应该明确他们对于团队发展的期待。毫无疑问，团队工作成果的市场推广和创收是其中的一大主题。如果团队每个月的花销能维持其现有规模，将会有利于创收目标的实现。另一大主题可能是智库总裁对团队未来工作方向的构想，这会直接影响团队领导开展营销及招聘活动。

让团队领导清楚自己的职责至少会有两个好处。首先，可以使团队领导不至于总对新的工作任务感到惊讶。试想，如果团队领导已经分配好了自己的时间，那么这些意想不到的额外职责就会破坏已有安排。其次，可以使智库总裁和团队领导就团队领导应该负责哪些主要活动达成一致，这也为智库总裁监督团队领导日常工作打下了基础。

2. 如何帮助新任团队领导。 在团队领导上任后的最初半年至一年时间内，高级管理层需要认真但不能毫无顾忌地监督其工作。而且，还要定期提供反馈意见和指导以帮助其实现角色转变。

绩效监督。管理层可以借助一系列文件来监督团队领导的活动，包括由团队成员和团队领导分别负责的工作时间分配表、团队人员规模预测、项目出差记录、对团队成果的同行评审意见，以及领导者的月团队工作报告。此外，管理者可以通过与团队领导会谈的方式来了解人员分配情况（比如在专业分工、出差方式上有哪些变动），还可以借此判断团队领导是否为团队以及智库服务开展了有效的市场推广活动。团队成员的反馈意见也同样重要，反馈信息包括同事间的工作关系、团队的工作氛围、团队的工作效率，以及员工对领导风格的意见。

同样的，客户的反馈信息也很重要。当新任团队领导接管项目之后，客户很乐意向智库管理层反映项目交接的情况。直接的客户反馈是对团队领导进行全面评价的重要信息。

团队领导可能会遇到哪些问题呢？这些问题可以分为两类：一类是与团队成果相关的问题，另一类则是与领导风格直接相关的问题。表单 5.2 分别列举了相应的例子。判断和解决这两类问题的方法有着很大的差别。

团队研究成果质量存在问题是很明显的危险信号，因为它表明智库出现了信誉危机。这种问题需要立即得到关注。从理论上讲，管理层应该能轻松识别大部分这样的问题，除非他们在质量控制上出了差错。也就是说，如果对成果进行评审的同行都来自团队内部且并非自愿，同时团队领导也不重视质量控制，那么研究成果存在的问题可能在相当长的一段时间内都不会被发现，直到客户抱怨或者外部分析专家批评智库成果质量欠缺。

团队成果问题，除了市场推广方面的因素外，都能以相当简单的方法进行解决，主要方法就是改进工作组织。高级管理层可以就如何改进工作组织给予指导，或者建议团队领导委派某个员工协助其跟踪各项任务的进展情况。

团队领导那些无益的行为比较难以识别和处理。而且，这些问题往往都隐藏在团队内部，不易被管理层察觉到。团队领导与行政部门的关系可能很紧张，可能是因为这些部门并没有在其主管范围内给予自己的团队足够的支持。例如在财务（追缴应收账款过于迟缓，审核财政计划时间过长）、合同（审核协议草案过慢或者对合同要求太苛刻）和人力资源事务（就某个公开职位招聘所做的工作不够）上。

即使发现了这些问题，处理起来也比较棘手。因为这些问题通常都与团队领导的基本态度和个性特征有关，而不是因为其在基本研究管理活动中缺乏敏感或精力投入。查兰、罗特和诺埃尔（2001）为高级管理层提供了若干方法，来帮助他们更好地判断团队领导是否真正由"贡献者"成功转型为了管理者和领导者。下面三种方法值得尝试：

- 弄清楚团队领导如何分配自己的时间。团队领导的时间分配情况可以使我们了解其对不同活动的重视程度。团队领导应该把主要时间花费在制定计划、同单个员工及整个团队开展讨论、开展市场推广活动上。与普通员工相比，团队领导应该在具体研究活动和撰写报告上花费更少的时间。

- 注意倾听团队领导对下属的评价。如果团队领导对员工有过多的消极评论，或者他只根据单一的业绩标准对员工进行评价，那么这都是令人担忧的。

- 以实用性为出发点评估团队领导制定的计划（书面或口头形式）。计划通常会显示出团队领导最重视什么。或许团队领导将太多的时间分配给了研究和分析活动（即他最感兴趣的主题），而用于开拓市场和员工培训的时间通常都少得可怜。此外，计划本身的质量也很重要，一个混乱的计划意味着缺乏思考或者不重视整体规划，不管是哪种情况都需要引起重视。

除此之外，每一个月或两个月与团队领导进行一次敞开心扉的会谈可以获取大量有用的信息——假设团队领导与参与会谈的智库高层管理者有着很好的工作关系。会谈也是团队领导就如何处理某个具体问题咨询高层管理者的机会。高层管理者应该鼓励团队领导一旦出现人事问题，就应该立即把该问题移交给人力资源主管，提前为团队领导提供建议往往会给以后处理相同问题节省很多时间。

（三）处理显著问题

一旦发现一些显著问题，那么高级管理层要怎样帮助团队领导解决问题呢？

1. 首先从管理层自身寻找原因。高级管理层是智库的负责人。发现问题时，高级管理层首先应该先检查其自身对于团队领导的行为是不是推动了这些问题的出现。举例来说，高层管理者应反思有没有以下行为：

- 对团队领导管得太细，让团队领导误以为是高层管理者控制着管理、调度和规划事宜，几乎没有给团队领导在管理团队上的创新空间。
- 没有很好地表达出智库对于团队发展的期望，或者在没有通知的情况下就改变智库发展方向。
- 提供的资源不足，导致团队领导无法发挥其才能以保证项目按时完成。
- 越过团队领导直接给团队成员分派任务，导致团队领导威信下降，团队领导可用于团队研究和分析的资源也因此减少。

高层管理者在这方面的自我反省能够避免他们无意识地削弱团队领导的领导力进而使团队领导受挫，而且也可以避免他们与团队领导之间发生冲突。

2. 为团队领导提供指导。新上任的团队领导难免会犯错误。通过适当的监督指导，管理者可以尽早发现团队领导的过失，以免其发展成为更严重的问题。团队领导需要从上级领导那里获取一对一的指导，这种方法是不可替代的。"指导是借助他人提供的帮助来开发一个人的能力并改进其工作方式。指导是一项着眼于当前任务而不是未来任务的，实践性很强的活动。"（利和梅纳德，1995，141）有关指导培训方面的著作概述了当问题出现时指导者（比如智库的某个高层领导者）与被指导者（团队领导）一起工作的大致过程。

"领导者不是天生的而是后天培养出来的"，这句话正是对目前所进行的讨论的一个总结。随着时间的推移，大多数智库主管都意识到，培养一个有能力的、可靠的团队领导需要巨大的前期投资。尽管这项投资很昂贵，它通常都会带来很丰厚的回报。

（四）管理层监督指导团队领导实例

不得不承认，我们对智库在这方面的工作了解较少。对智库管理工作所进行的调研很少包含有关团队领导的问题，主要是因为这些问题的答案很难提前组织，或者回答者很难简洁明了地说清楚这个问题。在与智库工作人员的交流中，作者发现了两个有很大指导意义的实例。

作者在城市研究所工作了多年，这是一个位于华盛顿的处于第三阶段的大型智库。在这里，新来的团队领导（城市研究所称之为中心主任）会得到充分关注。新任中心主任在其任期的第一年每月都会和智库执行副总裁（智库二号人物）及高级研究副总裁（智库三号人物）进行一个小时的会谈，这些会谈都是早就安排好的。如果任何一方有要求，这样的会谈还会延续到新中心主任任期的第二年。

会谈主要关注管理问题。在会谈一开始，新任中心主任可以咨询任何他想咨询的问题，没有数量限制。当这一环节结束后，这些副总裁们会讨论中心主任任职情况的四个关键问题：团队研究质量，团队成员士气和工作效率，财务（包括管理开支和筹集资金)以及研究成果。①

为了撰写本书,作者专门访问了这两位副总裁,他们都认为这种会谈富有成效。

除了城市研究所,ABT 联合公司在这方面的做法也值得我们参考。ABT 联合公司是一家处于第三阶段的大型营利性咨询公司,其总部位于美国马萨诸塞州的剑桥,主要为美国政府机构服务。该公司很乐于就如何指导团队领导进行交流,因为它在培训新任项目主管上投入了很多资源。项目主管是主持项目的团队成员,位于团队领导之下,但有些项目主管的管理职责比团队领导还大。ABT 多年以来一直努力为新任项目主管设计培训课程,并已经多次举办此类课程。ABT 公司的规模很大,有足够的资金设计培训课程并提供给每个团队的新任项目主管。

最新的培训分布在三个星期中的六个整天中完成。培训主题包括:客户关系,合同管理和转接,管理项目计划和预算,领导项目小组,以及高质量地完成项目。ABT 认为项目主管参与这些培训非常重要,从员工为此投入的时间和该公司为设计和提供这些课程投入的资源就能看出来。

二、团队领导的职责

这一部分指出了团队领导应该承担哪些职责。这些职责分为四个方面:(1) 规划、调配和使用员工;(2) 客户关系;(3) 项目实施;(4) 提高员工工作效率。

(一) 规划、调配和使用员工

对于典型的研究项目或技术援助项目来说,给员工支付的工资往往会占成本的绝大部分。员工的常规工资往往会超过总成本的 70%。除此之外,间接成本也会构成员工收入的一部分,通常是以时薪的形式发放给员工。由此可知,要想将项目成本控制在预算之内,最关键的就是要控制人工成本。同样道理,要想使团队保持当前的

---

①　现在中心主任只与上文提到的两位副总裁(非总裁)单独会谈并讨论相同的话题和问题。随着总裁的不再参与,会谈也变得越来越公开。

工作水平，最重要的就是必须确保员工在未来几个月内有事可做。总之，这一部分简要地论述了团队领导在项目开展过程中如何跟踪员工利用率的变化并估算团队未来规模。

团队领导控制项目的时间成本首先要做的就是要为项目执行制定一个详细的时间规划，为每一个团队成员分配具体的时间，做好时间预算。同样重要的是，必须清楚地告知每一个员工他要做的任务以及可用的时间。然后，所谓的"控制"就是指团队领导对照项目时间规划监督员工对时间的利用情况，如果有必要，也可以对原来的规划做出适当调整。

这听起来似乎十分简单，但是有很多智库，甚至包括第三阶段智库，在项目执行时常常因为对员工时间控制不佳而陷入困境。最终造成的结果可能会是成本大幅度超支，严重时还会对智库的财务状况造成恶劣影响。工作时间记录表或者时间管理系统是控制时间成本的核心（就像第 11 章讨论的那样），其关键在于提交给项目管理者的定期报告。报告基于员工提交的一周或两周时间记录表撰写，可以向项目管理者提供精确的信息用于监督员工向项目投入的精力，并在需要控制时间成本时及时采取措施。

对未来员工利用的规划和控制当前项目的员工利用率同样重要。缺少这样的规划会导致如下问题：

110

- 资金亏空。当团队规模呈现潜在的缩减趋势时，团队就应该努力寻求新的研究项目。如果团队领导没有察觉到工作数量潜在的减少趋势，那么可能会引发一系列严重的员工利用问题，即可能会迫使一些员工另找兼职工作来养家糊口，甚至还要裁退冗余员工。团队领导和高级管理层提前意识到这类问题的存在会对他们考虑是否要向不太感兴趣的项目投标时产生重要影响（详见第 10 章）。

- 工作任务过多。跟上面情况相反，另一个极端是团队领导可能向过多的项目投标。因为管理者为了控制资金亏空的风险，往往会假定一个比实际中标率更小的签约率。虽说这比出现员工利用不充分的情况好一些,但是它也会导致相应的压力。因为并不是智库所有的研究方案最后都会成功,长远来看,当员工为制定这些不能确定的研究方案付出劳动时,大部分员工都被过度使用了。当团队研究方案获得了比预期更高的中标率时,至少可以确定有一到两个关键成员被过度使用了。最明显的影响就是员工会承担更多的压力,他们不得不非常努力地工作以完成所有合同或委托事务——在压力如此大的环境下工作很可能会导致工作质量的下降。智库可以通过引入咨询顾问来解决这一问题,但正如下文所说,引入咨询顾问需要明确其职权范围,同时要对其工作的进度和质量进行控制,这必然会在很大程度上提升管理成本。

高级管理层很不乐意看到团队领导因为缺乏规划而陷入这些问题。为此,一些智库有明确的计划和措施来帮助团队领导提前做好规划。表 5.4 综合了多家智库采用的方法制订了一个时间规划表,该表格由团队领导填写,为每一个员工规划好了未来三个月的时间分配情况,因为每一季度至少进行一次新的时间规划。智库一直处于新老研究计划不断更替的动态环境中,新的研究计划被定期提交,在研项目也在不断完结。如果团队领导想要及时了解实际情况,那么就必须经常更新调整时间规划表。

表 5.4 上半部分显示了当前项目的员工时间分配情况。下半部分则是针对将来计划进行的项目时间预算,通常是为那些重要的项目计划准备的。凭借过去跟客户交往的经验或者与客户就特定研究计划进行的交流,团队领导很有可能赢得各种资助项目或合同,并且能够相应地调整预期时间成本。[①] 对团队员工在当前以及将来项目中的可用时间进行总结,能够使团队领导更切实际地评估每位员工在未来三个月的时间分配情况(也就是在进行新的时间分配情况评估和该表格下一次调整之前)。

111

---

① 举例来说,一个研究计划可能占用研究者的时间为 30 天。如果团队领导将该研究员成功完成工作的可能性评估为 0.6,那么预期的时间成本就是 18 天(30 * 0.6)。

表 5.4 虚构了一个员工理查德·琼斯。从 2013 年 4 月开始，琼斯先生前三个月的时间分配情况尚可。他前两个月的工作时间确实会超过被分配的时间（看底部最后两行）。琼斯先生 5 月份的工作量非常大，他这个月要额外工作 11 天。在这种情况下，团队领导还应不应该去争取这份为 NGO 服务提供者提供技术援助的项目合同呢？考虑到这种情况，团队领导就应该考虑让团队中的其他人为琼斯先生分担一些工作，以及是否应该同时开始所有的项目。团队领导还可以尽量去争取客户的许可来延缓完成某个项目的截止时间。

表 5.4　员工时间规划表实例

员工姓名	理查德·琼斯			
所在部门	地方政府			
有效期	2013.04.01～2014.07.01			
填表人	安德烈·苏科			
		月数		
项目名称	项目编号	4	5	6	总天数
当前项目					
非营利机构的立法问题	00127 - 00	10	8	2	20
为地方政府向市民供给住房提供技术援助	00136 - 00	9	9	9	27
合计		19	17	11	47
计划进行的项目					
针对 NGO 服务提供者的技术援助		—	8	8	16
准备研究计划		3	5	—	8
辅助财政部	OV	2	—	—	2
合计		5	13	8	26
总计					
实际/计划工作总时间		24	30	19	73
月工作日天数		21	19	20	60

这些表格应该由谁来填写呢？经验表明员工往往对计划进行项目缺乏实际的了解。他们通常不会参与项目投标的准备活动，也不会参与讨论如何增加中标几率。因此，由他们来填写表格的下半部分并不合适。否则，他们往往会给计划实施的项目分配过多的时间。相比而言，由团队领导为每位员工填写这份表格通常更可靠一些。

在开始一个新的问题之前，讨论一下团队领导如何规划自己的时间是非常有价值的。对于一个新任团队领导而言，一个最让他苦恼的改变是其花费在会谈上的时间——包括与其他管理者和员工进行的约定好的会谈，以及一些员工为了寻求帮助的"随时拜访"。这些会谈使得团队领导很难把时间集中起来进行分析或写作，甚至都没有时间去提前思考一下如何做这些事情。这会让新任团队领导感到很沮丧。一个把时间集中起来的方法就是设立会客时间，在会客时间内团队领导可以接见没有预约的来访者，除此时间之外，一律不接见未预约的来访者。当然，还可以将具体的会客时间段提前一两天发布到公共 Outlook 日历上，以保证团队成员可以很容易就看到该信息。有关设立"工作时间"的其他形式，可见格雷厄姆（2009）。

（二）客户关系

智库开展政策研究项目的合同和授权来源于委托人即客户，以及其员工（这种委托人和所谓的"政策委托人"有着重要区别，详见下文）。

客户关系中有两种不同的形式：即智库开展客户委托项目时所产生的客户关系和拥有共同市场目标时产生的、更具普遍性的、直接的或间接的客户关系。

对于不同的客户，团队领导所面临的有关客户关系处理的工作都是一样的。除了准时完成困难工作，团队领导也应该开展以下常规性的工作：

- 当客户要求获取项目及有关事宜的相关信息时，团队领导应及时有效地回应。

- 保证客户的知情权，让他们可以紧跟项目进展，这就需要团队领导按照约定提交季度报告。如果项目取得了重大进展，或者是根据项目计划需要开展一项活动，又或是政策参与竞选即将到来，团队领导都应该在客户项目主管办

112

公室或者其他什么地方与项目主管进行一次会谈。委托方的项目主管希望参与进来，希望有人询问他们的意见，而不是一封邮件通知一下就打发了。某些特定的活动应该邀请哪些人参与？在哪里举办公开圆桌会议并说些什么？项目主管都能就这些问题发表自己的具有很大参考价值的看法。

- 处理客户关系的黄金法则就是始终保证项目委托方主管的"知情权"。确保项目委托方主管提前知晓有关项目的所有公共活动（甚至仅仅是发布一条博客）情况，以防他猝不及防。没有人会因为他的受托人发布了虽然精彩但没有给他过目的博客而欣喜，因为他都不知道这天会发布这样一条博客。哪怕是发布一些简单信息或积极成果，不告知项目委托方主管已经非常不妥，如果发布的是一些负面消息那就更无法原谅了。因此，向项目委托方主管公开最近的项目事宜（比如，一位高级研究人员正在考虑脱离项目，如果这件事真的发生了应该如何处理）一般都是必需的。

团队领导开展政策研究项目的主要挑战在于其要向两种支持者负责：赞助方以及政策委托人（并不是严格意义上的项目委托人，而是智库和投资方都想尽力与其搭上关系的潜在支持者）。① 政策委托人是对一类人的总称，这类人包括政府官员、获选议员及其幕僚、倡导型非政府组织以及一线项目管理者，他们都有着自己的独特的各种各样的政治诉求。赞助方和政策委托人的利益并不总是一致的，其中一个分歧就是他们对理想中的智库项目报告看法不一。如果赞助方的代理人对这个国家相对陌生，不管他是不是这个国家的居民，他都没有时间去深入了解这个国家政府结构的里里外外，例如政府机构是如何分工的，社会活动是如何组织和运行的。这会导致两者对项目报告撰写要求的冲突：赞助方代理人希望报告中提供详细的背景信息，而政策委托人则希望报告简明扼要（但基本的项目背景还是必不可少的）。

---

① 那些资助智库研究项目并会在其主管领域直接利用项目研究成果的政府机构才是真正意义上的委托人。

毫无疑问,平衡这两者之间的利益关系需要一些技巧。一个有效的办法就是向政策制定者提供两份项目报告———一份详细完整的报告和一份扩展版政策简报(他们可以先看政策简报,如果有需要的话再去参考详细报告)。需要注意的是,这两份报告需要同时提供,避免政策委托人在翻看完整的报告时觉得项目描述得过于详细,不值得他们投入时间去阅读。

在智库事务上两者也会出现类似的分歧。制定政策参与和沟通(Policy Engagement and Communications,PEC)计划需要同政府高级官员进行一次小型会议,以通过一些改革推动事态发展。赞助方代理人自身可能也希望参与到会议当中以扩大会议规模,甚至不仅仅是希望他自己可以参与。

除了一些特殊的项目,客户关系本质上都是以开拓市场为焦点的。最主要的一点是,在市场导向下,处理客户关系不只是回应客户的建议请求这样简单。许多研究人员讨厌所谓的"客户关系论",因此他们要做的就是等待客户提出建议请求。研究人员可以这样做,并且应尽量做到:(1)比从事市场推广工作的研究人员接受更少的建议请求,因为这些研究人员面临的竞争更大(通常委托机构项目管理者会选择三家智库"竞争上岗");(2)与那些和评审人关系更为密切的智库相比,在研究计划的撰写方面要更胜一筹。对于客户而言,决定授权和委托合同的最终归属是带有风险的,很多项目最终的研究成果都很平庸。当然,客户更喜欢那些曾经给他们提交过优秀成果的或者和他们关系不错的智库。

安德鲁·瑟烈的观点很有价值:"集资的核心在于通过集资建立人际关系网,该人际关系网是由主动或被动地分配任务并想要参与其中的人组成的"(2013,第76页)。因此,与现在的和潜在的客户保持持续的联系,以建立和维持工作关系并逐渐和他们达成协定十分重要。具体措施(即毫无谄媚地表现出对客户或其所在机构的兴趣)包括:

- 把客户及其所在机构录入你的电子通讯录通讯名单中,以及智库运营的客户感兴趣主题的博客的通讯名单中。

- 偶尔出席一些客户也极有可能出现的活动，确保可以跟客户打个招呼，并进行一些实质性的交谈，如果你确实有相关的事情要说。

- 确保出席客户赞助的活动。组织者对于出席活动的人数很敏感，并会记住都有谁参加了活动。你也应该明确，你或者智库的其他人也要乐于积极参与将来的活动。

- 如果客户对某个其曾投资过的领域展现出了浓厚的兴趣，就可以与你的团队讨论在该领域开展新项目的可能性。如果你认为讨论很有价值，可以准备一两页的讨论纲要发送给客户，并建议会面详谈。大部分情况下，这些"好想法"都走不远。但花费时间去准备这些充满想法的纲要确实向客户证明了这个团队对此感兴趣并具有潜在的创造力。

本书第 1 章介绍了笔者在 2014 年春采访南亚智库执行总裁的情况，其中提供了另一种有趣的方法。在智库讨论政府机构委托人提出的意见时，智库把员工分为两组：一组精通技术并且可以对技术报告做出有效评论，另一组对技术并不精通也不能发表有效评论。第二组中有人认为提供一份报告简介会很有用，这样他们就会对报告有一个直观的印象而不需要给政府官员"难堪"。受访者认为这对于与这些政府官员建立关系很重要，再辅以其他措施，往往会在没有竞争的情况下收获一份项目合同。

很明显，团队领导能在市场开拓上投入的时间有限，尤其是在出席活动上。所以要慎重选择出席哪些活动，如果有可能可以委派其他团队成员代为出席——但必须要向他们简要说明在市场推广上应该做什么。即便如此，上文提到的领导者出席一些恰当的市场推广活动也很重要。

（三）项目实施

表 5.5 列举了项目实施必须进行的 6 个步骤，其中一部分将在下文进行讨论，特别是那些新任团队领导比较缺乏经验的工作步骤。

表 5.5　项目实施的 6 个步骤　　　　　　　　　　　　　115

1. 明确政策目标 清楚明白地表述待解决的政策问题及对应的研究问题，以及要验证的假说等。在这一阶段邀请利益相关者参与讨论和确定这些待解决的问题是非常明智的。
2. 确定分析方法 对于研究性项目而言，确定分析方法包括根据需要更加详细地描述假设，确定验证假说所需数据的来源以及需要做的分析工作。对于技术援助项目而言，任务包括：与客户共同确定为了实现目标需要做哪些工作；如果有需要的话，需要在法律上做哪些修订；选择开展培训和/或试点项目的方法；最后对研究成果进行评估。
3. 制定日程安排 列出项目开展的时间安排，并指出重要的时间节点。确定哪些人在哪些时间开展何种工作。制定出差、培训、研讨会以及所有报告会的日程安排。
4. 制定沟通策略[a] 根据待解决的政策问题，同通讯与传播部门合作，在咨询智库执行董事之后确定与该问题利益关系最大的个人或机构（以及那些最乐于改变的人），并制定和这些个人或机构联系的沟通策略。根据合同或协议的要求，调整沟通策略中与合同要求有出入的地方。
5. 控制工作质量 在项目启动、中期或者结束时安排研讨会。确保项目回顾和总结的深度，邀请同行评议员发言，并在时间安排中留出总结和发言所需的时间。可以把研究草案发送给其他利益相关者，这样可以在最终结果形成前听取他们的意见，并让他们与研究工作建立利益关系，为以后传播研究结果时可能的合作铺平道路。要特别注意控制外包给他人工作的质量。
6. 宣传研究结果 将研究结果传达给客户和主要的政策受众（如果客户与主要受众不一致，而且合同允许研究成果向客户以外的人公开）。

a. 这一步骤不应该放在第 4 个环节进行。实际上，在前 3 个步骤进行的同时就应该制定沟通策略。

　　1. **明确目标**。项目实施周期从明确政策目标和验证相应假说（如果有的话）开始——这一点可能在研究项目或者技术援助项目合同中有明确的规定，也可能没有。其着眼点在于仔细思考项目想要取得怎样的成果，比如说，项目合同是为了评估一个有条件的现金援助计划的有效性。除了明确项目的首要和次要政策目标，思考一下是不是还有一些特定的问题需要解决。比如说如果现金援助计划进展得不是很顺利，那么首先要思考的问题就是如何改进现状。即使研究项目只需要对该问题做出一点初步的回答，也需要其从委托公司总部和分部那里收集援助计划运营的基本信息作为调研工作的一部分。

116　　　　**2. 制定日程安排。**为项目制定日程安排就是要及时地对投入的资源进行组织管理。规划人力资源配置非常关键，团队领导要尽量避免因为人员闲置造成的资源浪费，也要避免在关键时间节点上因为可用员工太少而造成工作延误。另外，像调研、研讨会以及报告提交日期等重要事宜也必须做好日程安排。

如今，一些精心设计的项目管理制度已经实现了计算机化并得到广泛应用。举例来说，在建筑行业，项目管理制度通常被用来为分包商、工人以及建筑材料何时到达施工场地制定日程计划。这些系统往往要复杂得多，其功能也远远超出了研究性、评估性和技术援助性项目的需要。但是，在指导项目实施过程中，团队领导可以利用一些简单的图表和相应的时间计划表来协助其进行项目管理。

图 5.1 和 5.2 是城市研究所为准备波兰的一个培训项目而制定的日程安排表。在该项目中，城市研究所需要承担任务包括：(1)为案例研究做好前期准备；(2)组织安排培训的各个环节，包括招聘合格的地方培训师，并简要介绍培训师信息；(3)在两个主要培训阶段，充分地开展培训活动，每个阶段都包括主要培训以及主要培训结束后的后续培训。培训持续时间长达七个月，因此需要大量培训师才能按期完成培训任务。

图 5.1 前半部分为项目要进行的 12 项工作所持续的时间，后半部分显示的则是
119　各种报告完成与上交的时间安排。图 5.2 列出了相应的人员分配情况。在这个项目中，培训师和管理者都是以全职的形式参与工作的，相对于那些雇用兼职人员且为期较长的项目来说，为这次培训制定日程安排要简单一些。在制定日程安排时，如果团队领导计划让项目人员在几周内以兼职形式开展工作，那么他就应该根据实际需要为每人单独制定更为详细的时间计划。

虽然这类图表的设计和更新都十分简单，但它们却是团队领导组织团队工作的重要工具，尤其是当团队同时开展多个项目时。作者甚至发现，虽然这种图表的复杂程度和详细程度相当低，但它足以用于指导那些规模相当大(资金超过 3 000 万美元)的多年期技术援助项目。

图 5.1 活动日程表

117

活动（工作）	项目启动后的第 * 个月						
	1	2	3	4	5	6	7
A. 现场调查和项目研究							
任务 1. 项目启动							
任务 2. 培训需求评估/最终工作方案							
任务 3. 确定参训人员							
任务 4. 选择培训场地							
任务 5. 准备培训材料							
任务 6. 团队训练							
任务 7. 案例研究前期准备							
任务 8. 第一阶段培训							
任务 9. 第二阶段培训							
任务 10. 后续培训							
任务 11. 参观考察							
任务 12. 培训评估							
B. 完成并提交报告							
1. 培训需求评估/最终工作方案（任务 2）		X					
2. 讲习班评估表（任务 8 和 9）		X					
3. 阶段 1 培训材料和阶段 2 培训材料草案（任务 8 和 9）		X					
4. 阶段 2 培训材料（最终版）（任务 9）				X			
5. 案例研究（任务 7）	X	X	X	X			
6. 参观考察学习人员名单（任务 11）					X		
7. 评估报告（任务 12）							X

■ 全时活动
▨ 非全时活动

118

图 5.2　专业人员时间规划表

姓名	岗位/专业	最终报告/活动	月份							总天数
			1	2	3	4	5	6	7	
K. Alison	培训师	培训								37
M. Borkowska	培训师；环境/经济	培训								
T. Driscoll	培训师；水利	培训								
D. Edwards	培训师	培训								
A. Eymontt	培训师；环境	培训								
B. Ferrone	培训师；道路/学校	培训								
G. Frelick	培训师	培训								
A. Grzybek	培训师；经济/能源	培训								
A. Law	培训师；采购	培训								
M. Lebkowski	培训师；财政	培训								
R. Marcola	培训师；财政	培训								
B. Markiel	培训师；环境	培训								
R. Milaszewski	培训师；水利/经济	培训								
G. Mikeska	培训师；项目管理	培训，管理								
A. Muzalewski	培训师；经济/废弃物处理	培训								
A. Pecikiewicz	培训师；项目管理	培训，管理								
J. Pigey	培训师	培训								
F. Rosensweig	培训师	培训，管理								
B. Ruszkowska	培训师；环境	培训								
D. Wallgren	培训师；固体废物	培训								
T. Wojcicki	培训师；财政/道路	培训								

■ 国际培训师
▨ 当地培训师
全职人员：Pecikiewicz 和 Ruszkowska（其他均为兼职人员）
项目持续时间：七个月

3. 制定 PEC 策略。在拥有了前三个步骤所取得的信息之后,我们可以开始讨论政策参与问题。就像第 1 章所说,本书并不会详细完整地论述 PEC 项目的规划和执行问题。[①] 但制定 PEC 策略的四个基本点却和团队领导的所有工作密切相关,如果团队领导想要制定一项成功的 PEC 策略,他必须对这四个基本点有所了解:(1) 提前制定 PEC 计划;(2) 制定 PEC 策略是一项集体活动;(3) 环境在很大程度上决定着 PEC 策略的制定;(4) 面向沟通目标制定 PEC 计划。

- 在项目前期就制定 PEC 计划。这样做可以带来很多好处。其中一个好处就是,如果分析人员提前知道其研究将如何在政策沟通过程中发挥作用,他就可以更好地准备其研究成果。比如,如果政策沟通需要政策简报,那么研究人员就可以有意识地提前撰写一份主要报告总结。另一个好处就是可以与那些对于政策改革很重要的政策共同体成员建立密切深入的关系。团队领导可以与倡导型非政府组织共同为推动政策改革而努力。在项目结项时,团队领导需要明确前期制定策略的依据是否发生了变化。[②]

- 制定 PEC 策略是一项集体活动。制定 PEC 计划需要团队的努力:包括团队领导、传播部门、执行董事以及其他对该政策领域很熟悉的人。来自各领域的观点和知识对于确定研究的关键影响因素以及如何处理这些因素有着重要作用。传播部门应该确定沟通对象及相应的沟通渠道,但团队领导也应该在这方面与传播部门密切合作。

- 环境在很大程度上决定着 PEC 策略的制定。巴达克(1984);斯通,马克斯韦尔和基廷(2001);格林伯格,林克斯和曼德尔(2003,48～58);考特和扬(2006)以及其他许多学者都在其著作中说到,研究所处的背景环境从根本上

120

---

① 有关政策沟通项目的详情可见 D. N. 斯科特(2011),N. 斯科特(2012)及乔治噶拉基斯(2012)。斯特鲁伊克的专著(2006)第 5 章讲述了制定项目或课题层面的政策沟通计划的七步法。

② 安德烈亚·奥多涅斯(2014)的一篇博客鼓励提前制定 PEC 计划,并强调了其对于拟定政策研究内容的重要影响。博客指出,PEC 计划也应该包括一份待办事项清单。

影响着研究成果对于决策者的有用性——如果研究的是一个热点问题，即使研究结果包装得并不那么完美也会产生很大影响。相反的，如果一个研究项目有以下特征：(1) 研究问题没有得到政府和立法机构充分关注；(2) 智库的员工和决策者水平较低却又不安心做一些冷门研究以期能取得一些突破；那么即使其研究成果很出色，也不会受到什么关注。

政治学家把政策变化称为"机遇期"（霍尔，1990；金顿，1984）。新政府上台初期便是这样一段时期。对于政策研究而言，当一个问题得到了国家的充分关注并被不断讨论，那么这也是一个"机遇期"（加勒特和艾勒姆，1998）。表 5.6 列出了国家层面的政策问题，如表所示，这些问题其实都是各种各样的机遇。不管该问题是否需要政府或立法机构或其他低级别的政府机构适时或立刻采取一些行动（也就是说，该问题目前是否正在被频繁提及），根据政策问题受关注的程度不同，其带来的机遇也应该有所区别。

表 5.6 针对政策沟通的政策问题类型

机遇	目标受众
当前值得讨论的显著的政策问题	政府重要议员，立法机构及其员工；受影响的中间人[a]
可能会显著起来的政策问题，在执政中期会被拿出来讨论	政府和立法分支机构的员工，以及中间人
当前讨论的次要政策事务（比如，改善政府项目管理）	主要的项目管理者，利益集团及中间人
在执政中期可能受到关注的次要政策事务	主要的项目管理者，利益集团及中间人
新的潜在的显著政策问题	该领域的高级政府和立法机构官员，相关倡导型非政府组织，中间人及公众

a. 中间人包括相关倡导型非政府组织、智库、在该领域工作的咨询公司、慈善组织和专家个人、政治游说者。

最显著的公共政策问题往往在政府和立法机构高级官员的职权范围之内。在立法机构中，其领导者扮演着重要角色。政府议员和立法主导者有其员工的支持，也有诸如倡导型非政府组织、智库、专家个人和明智的政治游说者等中间人的支持。[①] 如果事关国家利益的问题被频繁拿到这个级别讨论，那么在这个时候提交建议研究计划的作用就十分重大。

表单 5.3 描述了莫斯科城市经济研究所处理高优先级政策问题的情况。与往常不同，委托方要求迅速解决这一问题，而城市经济研究所也乐于这样做。该政策问题是：改变退休的俄罗斯军官领取退休保障房的方式，由原来的从军队住房建设部门（这种建设方式滋生了很多腐败现象，而且住房建设部门已经多年无法完成建筑任务）那里领取变为领取购房凭证，凭借该凭证可以在市场上购买其想要的住房。

由于研究结果与最终所出台的政策之间是"直通车"，这种政策研究不过是"自己人"之间所玩的"游戏"。尽管如此，城市经济研究所还是向政府提供了重要情报，告诉政府官员和非政府组织"购房凭证"是一种重要的政策工具。

尼古拉斯·本尼奎斯塔(2014)根据非洲英语国家最近举办的一项培训项目（该项目致力于培养员工的沟通能力）的导师研讨结果总结了一种平常但又往往是最有效地处理政府富有争议问题的方法。那就是在项目构思阶段，应尽早告知和咨询重要政府职员，并将这种"告知和咨询"贯穿项目始终。正如梅林奎斯特所说："该方法一般都可以在政府中争取一到两个'同情者'，这会使得研究活动更加独立、科学和完善。"

次要问题的解决又是另一种情况，一般是由较低级别的政府官员来处理，尽管最终的处理方案可能还需要内阁会议通过。很多项目评估结果的执行和规章制度的调整都是这种类型的问题。

民主发展中心(Center for Democratic Development，CDD)对教师缺勤问题的研究就是一个就次要问题进行研究和沟通的案例。在该案例中，CDD 认为处理问题的

---

① 赛韦尔和科顿(1999)，洛马斯(1993)阐述了这些中间人在推动政策发展过程中的重要作用。斯通(2000)尤其强调了智库在这一过程中的作用。

最佳方式是动员公共舆论并同政府官员和其他关键的利益相关者进行直接对话。

CDD 的研究有力地证明了教师缺勤问题是由多个因素造成的，这些因素包括在缺勤发生之后采取的一些相对简单的补救措施。CDD 在 2008 年 7 月发布了其研究报告，并采取了一些措施来吸引公众和媒体的关注。CDD 举办了一系列媒体见面会，邀请了国会、教育部、迦纳教育服务部（负责教师雇佣和监管事务）、财政和经济计划部、联合国儿童基金会、迦纳教师协会、迦纳研究生导师协会及国内教育领域的其他社会组织的成员参与。CDD 的研究人员也同迦纳基础教育负责人及迦纳国家教育竞争联盟官员一同参与无线电讨论节目直播（因为贫困地区电视不普及，无线电成了最重要的传播媒介）。

122　　　这些措施效果显著，媒体的反响很热烈，6 家报纸都报道了该新闻。CDD 专门为记者准备了媒体指南，帮助他们了解政客和政策制定者是如何为 2008 年 12 月将要举行的总统和议会选举进行预热的（科扎克，托尔米和格里芬，2010，第 88 页）。

在推广应用次要问题的政策研究结果时，普拉特（1987）指出了关系网络（或者倡导组织的研究员团体），比如专业协会，对于说服行政官员并达成对改革共识起到的重要作用。值得强调的是这样的政策团队可以很容易被识别，他们往往是对项目有着直接管理责任的小部分人。[1] 简言之，就是要为政策沟通寻找和建立多元化的伙伴关系，并为与决策者直接沟通创造尽可能多的机会。[2]

研究人员在进行次要问题研究时应该保持长远的眼光。在项目结项后一两年，可能出现的一些行政管理问题会给研究结果应用创造机会，使得这些"过时"的研究结果在推动改革中发挥关键作用。在这种情况下，迅速发布带有研究报告链接的博客往往会有效唤起研究人员对于以前工作的记忆，进而激励他们采取进一步的行动。

---

[1]　同样的，休伯曼（1994）强调了研究人员与那些对项目成果有着直接影响的一线管理者建立起关系的重要性。

[2]　有专家对此做出重要总结："如果机构想要扩大其影响力，就应该去寻找合作伙伴，建立关系网络，这才是进步的动力，而不是局限于机构内部的几个部门里寻求帮助和合作。"克拉奇菲尔德和麦克劳德（2008，第 126 页）。

最后，除了显著问题、次要问题之外，新出现的问题是第三个层次的政策议题。表单 5.4 描述了印度的一个财政支出监控项目，该项目涉及如何把国家医疗和教育资源转移到卡纳塔克邦的问题。在这个案例中，政策沟通的任务就是号召民众及政策制定者对解决该问题施加压力，实际上卡纳塔克邦最终也这样做了。

除了问题的显著程度，确定沟通对象的另一个重要因素就是问题在政策议程中所处的位置。它是正在被研究讨论？还是虽然在议程上但明年之前不太可能被拿出来讨论？或者是根本就不在议程之中？换句话说，机遇是不是就在眼前？如果这是一个热点问题，智库就应该先拿出一个相对简要的研究成果，并尽可能把成果信息传达给最重要的高级决策者及其幕僚。如果政治环境非常封闭，比如在阿塞拜疆和乌兹别克斯坦，因为政府与外界的交流很少，智库很难同这些官员直接合作，那么：(1) 在公开出版物上进行讨论；(2) 智库执行董事公开就该问题发表评论；(3) 政策建议书；可能是更好的选择。

如果政策问题并不在当前的议程上，将研究成果传达给相关受众也同样重要，这样做的原因至少有两点。首先，对某个问题前期的深入分析可以为以后的研究奠定基础。各个领域的专家，不管是政府人员还是非政府人员，在看到对一个问题的前期分析之后，都有可能顺着分析思路思考该问题。安德鲁·里奇（2001）对于美国智库影响力的分析值得我们参考。里奇认为，即使一个奉行保守主义的智库在国家政策过程辩论中比奉行自由主义的智库显得更加活跃，但它实际上也不会比自由主义智库的影响力大。原因是后者比前者做了更多的基础分析和数字运算，而保守智库热衷于政策辩论而无法提供证据。最终，自由主义智库因为塑造了人们对于有关政策议题的思考路径，产生了更大的影响——这在政策辩论中将是极大的优势。

其次，将分析结果传达给主要中间人非常重要，包括倡导型非政府组织，政府和立法机构员工，慈善组织，智库或那些当问题凸显时可以咨询的专家。巴达克（1984）

称这些机构和个人为"信息库"或"保管箱"。[1] 当问题凸显时，关键决策者会向这些机构和个人提出咨询。为向决策者提供决策建议，中间人往往会通过非正式的渠道收集和整理与某个主题相关的信息数据和记录，并提前做好准备。[2]

许多智库都无法彻底区分表 5.6 列出的政策问题的差别。换句话说，这些智库针对不同问题的沟通策略并没有什么不同。比如，在参加 GDN 监控项目的 15 家智库中，有一半都表示它们不会为每个项目都制定单独的 PEC 策略，不管研究问题是否显著或者时机如何，它们往往只会用一种方式去传播其研究成果。目前所有的研究文献都认为，为项目制定策略的第一步就是了解其要解决的政策问题的显著性及时间的紧迫性。

面向沟通目标制定 PEC 计划，这是团队领导制定 PEC 策略的四个基本点中的最后一点。团队领导应该慎重仔细地确定政策沟通的主要目标并根据沟通目标确定沟通方法，这是四个基本点中最重要的一点。换句话说，团队领导要进行一次严格的利益相关者分析。[3] 正如有人所说，在一些国家研究问题时，最有效的政策参与和沟通策略可能是私下里与重要政府官员接触并为其提供幕后支持，借助他们的力量推动对智库有利的政策发展。智库也可以适时把研究报告发布到公共网站上，但一定要保证这样做不会对"内部渠道"产生消极影响，因为"内部渠道"被认为是政策推广取得成功的最好方法。

除此之外，还有一个完全不同的方法可以有效达到与高级政府官员沟通的目的，比如：格鲁吉亚萨科什维利政府在其执政的最后两年（2010—2012 年）与民间非政府组织和智库领导者的关系变得相对密切起来。其中一家智库——欧洲第比利斯自由倡议学院开发了一种通信软件，通过该软件可以知道政府可能会关注哪些信息。

---

① 格林伯格及其同事（2003，第 47 页）将这种信息收集命名为"信息创造"。

② 这种形式和所谓的"情报利用研究所"一致，情报利用研究所把情报视为一种积累。在一段时间内积累下来的研究成果足以改变决策者对问题出现的原因和可采取的政策干预的作用的看法。详见如森德奎斯特（1978）。

③ 分析的简要说明和案例详见莫尔斯和斯特鲁伊克（2006）第三章。

EI-LAT 的执行董事意识到,高级政府官员不仅会关注社交媒体账号,而且对这些社交媒体账号发布的信息也很感兴趣,就像对待传统媒体那样。而传统媒体已经基本脱离了政府的控制,尽管它们会在发布信息时做一些自我审查。

EI-LAT 的沟通策略就是通过与相关的民间非政府组织合作,共同高调地举办一些活动,吸引社交媒体和其他媒体关注。通过媒体的"造势"吸引决策者的关注,进而争取与决策者沟通的机会。[①]

4. **质量控制**。随着项目的增多,项目成果的覆盖范围也越来越大。这使得以同行评审为核心的质量控制体系变得效率低下且花费巨大。实际上,有一种效率更高且花费较少的方法也可以达到基本相同的效果,这种方法要求同行评审:(1) 关注研究成果对于智库形象的重要性;(2) 提前被告知书面评审内容。团队领导在质量控制中扮演着重要角色,他需要合理确定每项研究成果的评审级别并对自己的决定负责(对该问题及相关问题的讨论详见第 6 章)。

这里要讨论的是团队领导在评审制度中的重要作用。团队领导要更好地发挥作用,需要提前知道每项成果何时可以进行评审,以便根据不同的评审要求进行决策,及时配置评审所需资源。

一个好的做法就是团队领导指派一名研究助理、秘书或者其他低级别的管理人员同评审小组共同工作,根据新合同和授权的研究成果提交要求,确定项目截止日期,并据此确定必须做好评审准备的最终期限。这些日期节点是组织书面或答辩评审的基础。这些指派的人同时也需要定期与项目主管核查是否需要对最终期限做出更改。

重要的是,质量控制也为项目监管创造了很多机会。比如,如果在评审时发现重大问题,团队领导就可以主动仔细检查该问题并就这些问题与作者进行交流。通常,

125

---

① 笔者 2012 年 2 月对第比利斯的访问是对 EI-LAT 一个项目进行评估的一部分,该项目由开放社会基金会"智库基金"项目资助。新闻自由的相关信息出自美国自由之家评级和琼斯(2013)。

团队领导可以依靠丰富的经验对这些问题做出解释，并就如何处理这些问题提出一些建议。而报告的作者似乎也乐于通过这种方式获取有价值的帮助。

5. **顾问和分包商管理。**所有的智库都会利用顾问和分包商来弥补自己员工力量的不足。很多情况下，智库并不拥有开展项目所需的所有专家，这时它就需要聘请一名顾问来弥补智库自身专家在专业知识上的缺陷。有时智库也会为了增加研究人员数量而聘请顾问，即使智库并不缺少某个必需学科领域的专家。如果项目需要进行调研而智库自身又没有足够的能力，专业的调研公司可以作为分包商帮助智库进行调研，并帮助确定有效统计样本。

聘用顾问还是分包商取决于工作需要哪些智库专家，所缺少的专业知识，需要什么样的专业知识，以及聘用成本。如果需要进行某个领域的基础分析和报告撰写，聘请顾问是更好的选择，因为任务单一简单，只需要一两个具有专业知识的人就可以解决，这样做的成本也比较低，主要是因为间接费用比较低。但是如果要把项目中的某一部分外包出去，雇用分包商可能是更好的选择。因为雇用分包商可以同时把管理工作外包出去，分包商的工作质量在某种程度上也能有所保证，即使分包商中个别员工的工作因为某些原因没有做好。

不管是聘用了顾问还是分包商，智库都必须采取以下三大措施保证其工作质量：

（1）明确职责范围。其关键在于保证职责范围表述准确，清楚明白。完善明确的职责范围应该包括：

- 全面的项目信息，保证顾问/分包商了解其工作职责与项目其他工作之间的关系。

- 工作员工的名单及其联系方式。如果有需要的话，鼓励或要求顾问/分包商与这些员工保持联系。

- 顾问/分包商将要面临的工作任务。包括工作的具体目标，需要采取的分析方式，确定所需的数据集等。如果有可能的话，鼓励或要求顾问/分包商寻找其他有用信息，包括访谈情况或其他原始数据集。

- 工作报告要求：报告预定篇幅、论证方式、应遵循的格式要求（没有任何理由去花费智库员工的时间重新调整顾问报告的格式；提供样式表）。

- 完成各项工作的时间安排，包括阶段性成果或报告、报告草案和最终报告的截止日期。

- 明确报告必须通过评审，顾问必须对评审人的评审意见做出充分回应，否则报告将不能通过。

- 对顾问/分包商的其他要求，比如参加项目成员会议或参加项目结项会议。

- 报酬支付的时间及数量，以及工作不佳将产生的罚金，包括延迟提交工作成果或者工作质量欠佳。

（2）慎重选择顾问和分包商。智库管理层筛选顾问或分包商的技术标准同雇用高级分析师的技术标准相同（详见第 3 章）。除此之外，顾问按时完成工作的声誉也是需要考虑的因素，同时也是最重要的因素。大部分备选的个人和公司都会提供证明文件，智库需要仔细核查这些资料的真实性。在筛选顾问/分包商时需要特别关注的是：工作质量和及时性，良好的团队合作能力，能否接受批评和指正，是否乐于根据需要对报告草案进行修改。

（3）质量控制。优秀的顾问以工作的专业性为傲，他们的工作成果往往不需要进一步的完善就可以被其客户正式通过。不幸的是，有一些顾问为了最大化自己的小时工资率，就尽可能地节省项目时间。他们最常用的手段就是把其他已经完成的项目数据和材料拿到新项目中使用，即使有的项目材料并不适用于新项目。智库如果想要获取优秀的咨询成果，在最终审查时必须保持警惕，甚至苛刻（如果有需要）。

提交欠佳的工作成果已经成为普遍趋势，所以智库进行严格的质量控制非常重要。第 6 章讲述了格鲁吉亚一家对质量控制尤其严格的智库是如何影响其分包商使得他们必须提交一流的工作成果。第 6 章同时也提供了一份记分表，智库可以依照记分表所列项目对成果质量进行评估。

（四）实现团队工作效率最大化

新上任的团队领导将会面临许多困难。晋升为团队领导当然是一件好事，但是由此也会带来很多挑战，尤其是内部提拔的团队领导将会面临更多的挑战。通常新任团队领导最头疼的是如何管理好原来的同事或朋友。这些人是否尊重新领导还是个问题，而这往往又取决于团队领导的行事方式。[①] 新任团队领导面临的最大挑战就是，如何在维护自身权威的同时又能增强每个团队成员的自尊。

团队合作的两个主要内容是工作任务和人际关系。工作任务指的是团队需要完成的工作，包括收集和分析数据、准备研究报告、准备以及举办研讨会，以及那些与地方官员、非政府组织合作进行开创性项目的技术援助工作。人际关系指的是员工之间的关系以及他们的归属感（里斯，2001）。团队领导必须对这两个方面给予同等的重视。如果忽视了人际关系因素，很可能就会影响甚至严重拉低团队整体的工作效率。

这一部分首先讨论了团队领导所面临的新环境——不断发展变化的上下级关系。这种变化已经在全球范围内出现。然后该部分讨论了团队领导应该如何处理4个具体问题，这些问题是影响团队领导整体表现的关键。

1. 改变工作方式和领导风格。 随着智库的发展与成长，团队领导的领导风格也经历了一些变化。以前，团队领导发出指令，告诉员工该做什么，现在员工积极参与探究和讨论，研究用最好的方法完成重要任务。这种变化在知识产业尤其明显，因为受过良好教育的工作者要求用新的领导风格取代独裁式的领导风格。在西方，这种独裁式领导风格在20或25年前一直非常常见。然而，在东欧地区、独立国家联合体以及部分非洲和亚洲国家，相对独裁的领导风格至今仍然普遍存在。

目前，很多先进的智库都采用了一种全新的推进型领导风格，表5.7指出了其与传统型（控制型）领导风格之间的差别。两者之间的差别很明显，在控制型领导风格

---

① 利和梅纳德（1995，第156页）称之为领导风格，指领导者如何与员工相处并对员工产生影响。

127

中,主要由领导者给出最高指示并负责解决问题;相比之下,在新的领导风格中,员工将会体验一种更开明、更乐于接受意见、更深思熟虑的决策过程,而且员工会得到更广泛的授权。

表 5.7 可选领导风格的特点[1]

控制型	推进型
• 命令 • 说服 • 指示 • 决策 • 解决问题 • 设定目标 • 利用领导权威完成工作	• 倾听 • 提出问题 • 指导团队工作 • 指导 • 教导 • 达成共识 • 共同设定目标 • 共同决策 • 授权他人完成工作

智库要求管理者改变领导风格的原因很简单,因为更具包容性、开放性的可协商的领导风格有助于提高员工工作效率和员工黏度,带来更优秀的研究和政策成果。在这种环境下,员工可以通过提供建议为智库做出更多贡献,提高员工工作幸福感,而且也会使员工更愿意承担额外工作,更持久更努力地工作(利和梅纳德,1995;里斯,1999;康格和本杰明,1999)。

但是,团队领导的基本职责(依旧是表单 5.1 列出的 6 点)没有改变。推进型团队领导也不应该放弃最终决定权。换句话说,与传统型领导者相比,推进型团队领导更多地征求团队成员的意见,听取他们所提供信息和说明。但团队领导必须掌握最终决定权。

从这个层面上讲,创建一个基本上可以实现"自我管理"的团队并不是一件简单的事情。对一些国家或机构来说,推进型领导风格还是个新奇的事物。因此在实践

---

① 资料来源:里斯(1999,第 55 页)。

中,管理者可能难以获得相应的资源投入与配合,而让新领导风格发挥作用却又很重要。最好的建议就是"一步一个脚印",即按部就班地逐渐完成领导风格的转变。团队领导可以通过以下方法鼓励团队成员参与团队管理活动:征求团队成员意见和建议,做一个好的倾听者,或者向下属多分配一些职责。久而久之,这种新的领导风格形成惯例,员工也会通过更充分地参与团队管理工作来承担更多的责任。

经验表明,团队领导可以通过一些迹象来判断前文所述的(后文也会更进一步地论述)推进型领导风格是否产生了作用,是否带来了积极向上的团队精神(利和梅纳德,1995,105 页及以后)。不管是智库中的研究分析团队还是开展技术援助项目的团队,我们都可以从以下三个方面验证新的领导风格是否产生了作用:

- 员工之间相互帮助。即员工之间以各种不同的方式互帮互助,包括分享信息及其他资源,或直接协助对方完成任务,比如自愿帮助他人解读报告草案。

- 个人乐于付出。团队成员以主人翁的心态对待工作,把团队的任务当作自己的事情来做。他们自觉地承担起对工作质量应负的责任,为了实现团队目标愿意付出额外的劳动。

- 宽容和鼓励。对于同事提出的如何开展工作的新想法或开拓新的工作领域的建议,团队成员通常会积极地回应。团队文化应乐于肯定而不是否定他人;也不应该对有想法的员工怀有嫉妒心理。

拥有这些特点的团队将能够更有效地开展工作,并能为员工提供一个惬意的工作环境。

2. 提高工作乐趣。 团队领导设计工作的不同方式可以让下属尤其是高级员工的工作变得更加有趣,也可以让他们的工作乐趣变得更少。

可以从以下三个维度衡量员工的工作是否有趣,如果在以下三个维度上拥有相对广泛的跨度,那么这份工作就是"有趣"的。"工作乐趣"意味着员工责任跨度、影响

跨度和支持跨度都相对较大：[1]

- 责任跨度。即在评估员工绩效时需要权衡的内容。正如第2章提到的那样，对高级研究员来说，其筹集资金的能力、研究成果的质量和数量、在政治领域的影响力和项目管理能力（即能在预算内按时完成任务）都是极其重要的。从这几个方面对员工进行评估，评估的灵活性越大，员工就越有能力在今年或来年深入研究一个领域，因此也就最大限度地提高了员工的工作满意度和存在价值。

- 影响跨度。即员工在团队中甚至在整个智库中发挥的作用。显然，员工参与问题分析、政策议题和团队及智库管理的机会越多，他对这份工作的满意度就会越高。因此，在准备绩效评估时，团队领导应该多鼓励员工参与；另外一个常见的做法是安排员工参与同行评审。

- 支持跨度。即员工能从智库其他员工身上获得多少帮助。我们都知道高级分析师需要研究助理，但他很可能也需要秘书和编辑人员、经济学家以及传播部门的建议等。团队领导在与高级分析师协商过研究计划之后，为高级分析师配备这些随时可用的资源可以让其免受一些"苦差事"影响，有助于减少项目的不确定性。其他需要考虑给予支持的问题有：当准备一项研究计划时，财务部门有没有按时配合提供预算？高层领导有没有及时地审查研究计划，而不至于拖慢整体进度？会计部门有没有开出专业的发票以免给客户留下不好的印象？很显然，这些事情的完成情况对工作满意度和工作效率有着巨大的影响。

3. **设立目标。**团队管理专家强调团队要有一个清晰的目标，这比完成某些具体的项目任务更重要（里斯，1999；利和梅纳德，1995）。目标通常能为项目涉及的所有工作设定一个统一主题，帮助团队对日常工作进行定位，并有助于培养团队凝聚力。

---

[1]　虽然这三方面已经被西蒙斯（2005）列举过，但这里的内容和例子却是原始的。

巧妙地制定目标对项目的成功执行有着更深刻的意义,因为在员工眼中,项目的每一个实施过程都是实现团队宏伟目标的一个步骤,每完成一个项目就距此目标更近了一步。总之,目标能够使团队的总体愿景变得更加具体,而且可以激发团队成员更努力地工作。愿景是团队所期待的宏伟蓝图,而目标则是实现这些蓝图的具体步骤。

团队层面的目标来自智库和研究团队的整体策略计划。第 8 章描述了这样一个策略制定过程,在该过程中,整体策略的制定需要每一个团队提供一块"积木"。每一个团队的目标都会呈现在研究日程上,每一个团队目标的完成也都标志着规划期内整体研究进程的重大推进。

　　4. 引导团队会议。团队会议可以提高团队生产力,实现信息共享,增长员工知识,增强团队"化学反应"和合作。总之,对于团队领导来说,团队会议是重要的管理手段之一。但实际上,大多数团队领导召开会议的次数过少,即使召开了会议也常常没有什么成效。这一现象很可能正是由于工作效率低下才造成的。

里斯(1999,第 126～127 页)为我们描述了四种典型的会议形式:

- "告知员工并让其接受"的会议。在会议中,团队领导会宣读已经做好的决策。当然,会议肯定也会有解释和讨论的环节,但是开会的目的是为了告知员工并争取员工支持。

- 信息沟通型会议。团队领导通过会议向员工介绍本部门及智库的近况。会议可能会以报告的形式开展,团队领导的报告内容可能是提前准备好的,也可能是现场发挥的。这种会议上通常会提出各种各样的议题,但是很少会对这些问题进行深入讨论,而且几乎也拿不出问题解决办法。

- 自由参与式会议。在这种宽松的会议氛围中,员工有足够多的时间对问题展开讨论。但是,这种类型的会议对解决问题或做出决策却没有多大帮助,通常是因为团队领导缺乏引导与会者得出结论的技巧,或者他压根没打算这样做。这种会议普遍存在一个缺点,即会议结束时常常没有一个清楚明确的结论,主要原因是会议缺少一个清晰的议程表。这一类型的会议虽然有积极的互动，却没有具体的结论。

- 突出重点的参与式会议。这种类型的会议聚焦重点问题，因为它在一开始就有明确的目标。会议中有专人负责介绍主要信息，这些人也提前知道他们在会议上的任务。除此之外，也可以在会议上采取公报的方式传递相关信息。团队领导要控制与会者始终在讨论如何处理会议议程上的问题，即使没有最终结论也要保证讨论的有效性。有时会议也会跑偏到另一个话题上，但是团队领导必须能够将讨论方向拉回来，使大家能专注于既定的讨论事项。同时，团队领导还要引导与会者说出自己的想法，并听取他们的意见，这有助于会议得出最终的结论。此外，会议必须要为深入彻底的讨论留有充足的时间，但决不能超出会议预先分配的时间。

显然，团队领导应该尽量采用最后一种会议形式。或许，提前制定一个经过深思熟虑的会议议程是会议成功召开最重要的因素。制定会议议程可以让团队领导再次确认是否真的有必要召开会议，并考虑谁应该参会（通常应该从团队整体利益出发）。会议议程最终应该以书面的形式呈现出来，即便它只是一个大体框架。该议程应该尽可能地由一系列具体行为构成，多使用动词——计划、开发、决定、确定、识别、推荐、列举、排序、解决、形成——让与会者对目标有一个直观的了解。

131

团队领导可以在会议召开或者会议议程发布之前向员工征求讨论议题。如果会议有必要召开，员工必须为参会做好准备。

会议的实际执行很重要。首先要做的就是确保与会者已经做好了开会准备。这意味着与会者没有携带智能手机，或者已经关机。团队领导也应该根据实际情况决定是否允许与会者使用笔记本电脑做会议记录。在大型会议中这个问题会更加突出，因为员工可以很容易地从做记录的窗口切换出来，去处理邮件甚至上网冲浪。因此直接要求携带笔记本电脑的人关机会更加有效。

在会议开始时，宣读完会议议程后，团队领导应该询问是否还有其他可能需要讨论的问题，如果合适的话可以考虑增加或延迟议程。如果议题在当前会议不能得到满意的解决，可能还需要更多的时间进行讨论，那么团队领导可以提议日后再单独召开一次会议继续讨论。

正如前面部分强调的那样，团队领导应该充分发掘员工的价值。因为员工不仅能提出很有价值的观点，而且向员工咨询意见也能够更好地激励他们实现工作目标。团队领导需要做一个优秀的倾听者，提出进一步的问题，推动团队成员之间的讨论，重申有争论的地方或对争议进行总结，并要在适当的时机引导会议得出一定的结论。

员工之间有争论是一个好的现象。但这种争论必须合乎礼仪规范，而且是具有建设性的。激烈的争论意味着：(1) 争论紧扣会议主题；(2) 充分信任自己的同事，明白争论并不意味着不信任（也就是说，争论并不会引发某种形式上的报复）。①

对多数会议来说，报告和信息分享是很重要的两个环节。将团队成员的贡献集中起来，最大限度地从整体上发挥其有用性对于团队领导而言是一件极具挑战性的事情。团队领导应该让员工明白项目活动报告不仅仅是用来传递活动信息（比如，"我们做了什么样的分析，分析的结果是什么"）。汇报者应该将报告重点放在对经验教训的总结上，这对其他员工可能会很有帮助。

在这里我们比较一下两种不同的调研工作成果汇报方式所带来的影响。以一个为地方政府提供技术援助的团队为例进行说明。假设该团队的两个研究员在与市政当局合作的过程中了解到同他们合作的政府部门要对某社会服务项目实施招标，而不是让政府机构做唯一的（垄断的）服务提供方。显然，这对团队来说将是一个重大的发展机会，是团队可以考虑同其他城市协同开展的重大创新。这种说法显然对团队具有很大的吸引力。但如果把该项目仅仅说成是与一些官员就社会服务召开一系列会议讨论的内容，不管这其中隐含了多少创新机会，都不会对团队产生很大的吸引力，或者说不能让团队很好地接受这一项目。

---

① 伦乔尼(2002)对团队管理的研究很有参考价值。它对团队管理的叙述与其他"管理书籍"不同，它通过讲述一个新任团队领导者对一个功能失调的团队进行管理的故事阐述其团队管理理念，包括会议谈话。该书最后一节以总结的形式提出了针对团队管理的建议。

在会议结束时,团队领导应该对整个会议过程进行回顾,这是很重要的环节。同样重要的是,在口头发言之后,团队还要撰写简短的书面会议总结,通常一两页纸就足够了(可以指派一名初级员工负责会议记录,并要求他为团队领导的书面总结撰写草稿或者直接发布整理好的会议记录)。这样一份书面总结不仅能够固化会议中涉及的信息,清晰地记录下决策过程,还能将会议重点传达给未出席的人员。这份总结只需要记录一系列要点,几分钟就可以搞定。遗憾的是,团队领导或者高级管理层中几乎没有人会这样做,这样一来,常常会使员工最后无法明确会议到底做了什么样的决定。

5. **人事问题**。如果团队的使命和目标能够极大地激励员工,大家能齐心协力地开展工作,那么团队很容易就达到最佳状态。达到并保持这种良好的状态绝不是偶然的,需要团队领导充分肯定每个成员对团队所做贡献的价值。表单5.5列举了团队领导表达出对员工的肯定的方法。当然,在实践中运用表中的原则来化解团队内的人事问题,还有很长的一段路要走。

但这并不意味着团队领导就不需要关注团队成员的士气和斗志。常见的会破坏团队凝聚力和工作效率的人事问题(真实的或感觉上的)包括:

- 团队成员之间互相抱怨
- 员工感到力不从心
- 信息共享不足
- 对工作分工不满
- 恶意竞争行为
- 对团队决策不满
- 未能得到别人的支持
- 对过去的挫败耿耿于怀
- 因为没有获得足够的赞赏或认可而感到不满

133　　　　通常团队领导都会面临很多这样的问题。一旦发现问题，团队领导应该与相关的人进行谈话并找出一个解决方法。如果合适的话，可以运用前文所述的一对一的指导方法解决问题。在与员工谈话之前，咨询一下人力资源主管是一个不错的选择。人力资源主管可能已经多次发现这样的问题，可以就如何开展谈话提出很好的建议。

　　　　在某些情况下，团队工作效率下降的原因是很难判断的。老员工也许仅仅是感到无聊而倦怠了。保持工作乐趣对团队领导来说是个长期的挑战性任务，其中一个方法是给员工分配新的任务，也可以在团队内实行岗位轮换培训。出于对未知事物本能的恐惧，员工一开始可能会对新任务有抵触情绪，但是这样做的效果通常都还不错，不仅能够使员工重燃工作兴趣，也使团队领导在人员配置上有了更大的灵活性。同理，团队领导也可以给员工分配一些可能超出他们能力范围的新任务，但在适当的指导下，他们可以游刃有余地去完成。这样一来，员工的自信心和工作满意度也会得到提升。团队领导应该意识到这些可能的方法，一旦有机会就可以将其付诸实践。

　　　　很多智库都会犯这样一个错误，即低估了初级员工承担责任的能力。高级研究员通常都认为初级员工只能做数据分析和文献综述，而实际上他们也可以在指导下去做其他工作，比如开展现场调研。类似的任务还包括开展精英访谈、领导焦点小组，以及对访谈和焦点小组所取得的大量信息进行组织与分析。

　　　　如果管理者付出了这么多的努力，还是有员工对自己的工作不满意，那么多数情况下，这与工作本身已没有多大关系。出现这种情况通常是由于身体疾病（或治疗疾病所服药物的副作用）、缺乏自信、压力或情绪问题，也可能是家庭有困难。如果发现类似的情况，而且团队领导发现问题远远超过了他能处理的能力范围，就应该尽快通知高级管理层和人事部门采取措施。如果员工因病需要休假一段时间，智库应该在员工休假结束后帮助该员工尽快回归自己原来的工作状态。员工需要多长时间以及多少帮助才能恢复离开前的工作状态取决于智库的环境和条件（比如说，组织中是否有其他人可以先替他履行职责），或许还取决于该员工享有的医疗保险服务的质量。团队领导处理这种问题的方式——其表现出来的人道主义与同情心——将会对团队士气产生普遍强烈的影响。

三、总结

（一）实践经验

许多智库都反映难以吸引优秀的高级分析师,但吸引优秀的团队管理者可能比吸引高级分析师更难。比较好的做法就是尽所有的可能完善团队领导管理。一个管理良好的智库有如下特征：

134

- 制订了详细的团队领导岗位说明书,以及新任团队领导应有的特征列表,包括这些特征的权重或根据重要性对这些特征进行排序。这些都可以用于评估候选人。

- 新任团队领导的主管要帮助团队领导明确其必须要承担的特定职责(不包括质量研究),并在团队领导任职早期认真监督其表现,这种监督应尽量不让团队领导知晓。智库研究主管要定期与新任团队领导会面,回答他们的问题并给予指导。

- 团队领导必须留出必要的时间跟踪项目开展过程中的资源利用情况,如果有需要可以适当做出调整,防止超出项目预算。同样的,团队领导也要分析预测未来 12 个月的团队成员规模,并据此调整市场活动。

（二）资助者须知

1. 资助者应注意：

- 智库如何组织研究活动。向智库研究主管或执行董事询问团队规模,团队领导是如何筛选的？以及筛选过程有多严格？了解智库最看重团队领导什么特征。

- 智库如何帮助团队领导处理困难。新任团队领导可能会遇到哪些困难？管理层在一开始准备如何培训和帮助他们处理这些难题？智库是否有系统的援助计划？如果想要了解得更加深入,可以向一些团队领导询问相同的问题。

- 明确投入产出关系。除非投资方的项目主管可以很好地把握不同的研究、调研、政策参与及相关任务所需要的时间，否则他们都不能准确地判断其负责的这些工作到底需要多少投入。一个解决办法就是同智库首席调研员或团队领导讨论当前项目的预算，并询问当前这些任务的资金紧张程度。投资方也要同他们探讨为什么一些任务需要大量劳动力投入，同时询问哪些任务需要较多的管理投入和监管。针对不同的项目与不同的项目承担方开展这些讨论，可以为投资方和项目承担方在项目成本和投入水平上保持一致奠定坚实的基础。

2. 资助者可能需要做：

除非投资者已经和某个智库合作了多年，并与智库高级管理层有着公开的、密切稳定的关系——同时对智库运营有着较为全面深入的了解，否则作者并不确定投资方可以在这方面做些什么。

表单5.1 DPI中心主任/团队领导职责 135

1. **智库领导**：中心主任属于DPI高级管理人员，中心主任要推动智库当前的和未来的共同愿景和策略发展，并参与智库规划和管理。
2. **睿智且具有实质性的领导**：中心主任要为维持和推进DPI研究工作的质量和项目相关度负责。中心主任应该是其所在领域的思想领袖。
3. **参与涉外事务**：中心主任应保证智库可以有效参与活动对象事务，参与智库提高自身知名度和影响力的新规划。
4. **筹集资金**：中心主任有责任参与智库筹资活动的规划和协调，保证智库资金来源的合理、完善和多元化。
5. **员工监管和招聘**：中心主任有责任建立一个高质量的、高效的研究人员（及其他专业人员）团队，整合智库研究、政策参与、传播和其他辅助力量。
6. **团队内部管理**：中心主任负责项目预算及规划的宏观和日常管理，负责团队内部管理和内部报告，合理利用智库内部资源。

详细论述见附录5.1。

表单5.2 团队领导可能遇到的问题[①] 136

团队成果方面的问题
- 项目没有按期完成但没有超出预算，或项目不仅没有按期完成且超出了预算。
- 成果质量控制问题。
- 糟糕的前期规划造成人浮于事或团队成员超负荷作业。
- 市场开拓成效微弱。

团队领导无益行为
- 滥用职权，对待员工不公正。
- 高估自己的能力，难以接受别人的观点，总是给人傲慢的印象。
- 不信任别人，管得太细，未能充分授权给下级。
- 单独打理团队事务，与员工的沟通策略不佳。
- 不能长期保持工作热情，今天还充满激情，没过几天就变得漠不关心。
- 迫切想要取悦权威人士，不愿意为支持员工去挑战权威。
- 不愿意尝试新事物，跟不上变化趋势。
- 因为执着于细节而感到困惑，拘泥于各种规则和程序，处事不灵活。
- 表面上支持决策，实际只做自己想做的事。对别人的要求不予理会，也不给出任何解释。

---

① 资料来源：表单第二部分的部分例子取自多特利奇和卡伊罗（1999，96）。

137 **表单 5.3　国家重点议题以及智库介入的时效性①**

> 1997 年 10 月初,俄罗斯政府高层决定解决退休军官的住房短缺问题。当时俄罗斯已经有大约 150 000 名退休军官与亲友合住或者住在临时安置房里。另外,有 50 000 名军官作为国家军事力量建设的一部分,也面临退休。对这一问题的忽视催生了一个新的保守派军事政党,而这一政党正逐渐受到国家的重视。对这一问题的抱怨和不满将点燃该政党的诉求,这将在下一届的选举中对国家的自由改革构成威胁。
>
> 　　第一副总理鲍里斯·涅姆佐夫召集城市经济研究所(IUE)——一个当地的智库,要求其在 15 天之内起草一个解决大纲。早先,在涅姆佐夫任下诺夫哥罗德州长官时,曾经和 IUE 一起试过一个针对退伍军官的购房补贴方案。他和 IUE 的研究员都认为可以将这一补贴方案作为将要起草的大纲的基础。IUE 按时提交了研究草案。根据这个草案,军官在居住地购房将获得 80％的房价补贴,银行作为政府的代理人直接把补贴款支付给售房者。十天后,IUE 又提交了一份资金筹措计划,该计划以最小化的公共融资方式进行资金筹措。1997 年 10 月末的时候,也就是 IUE 被要求处理这个问题一个月后,总统鲍里斯·叶利钦对这一方案表示了认同。随后,方案很快正式通过了政府决议并执行。

138 **表单 5.4　新政策问题实例:卡纳塔克邦医疗与教育支出②**

> 　　政府许诺的预算数据与实际资金投入之间的巨大差距,这种情况并不少见。预算与政策研究中心(The Centre for Budget and Policy Studies, CBPS)发现在印度卡纳塔克邦也存在这一问题。卡纳塔克邦政府曾许诺,将在医疗和教育上投入更多的资金,但实际上卡纳塔克邦政府并没有履行其诺言。
>
> 　　在卡纳塔克邦,县级政府从邦级政府预算中获取资金投资于医疗与教育事业。CBPS 试图研究邦政府是否会根据各县的实际需要为其提供不同数额的资金。CBPS 首先对比了该邦两个县,吉德勒杜尔加和乌杜皮的医疗与教育支出,这两个县的人口都超过了一百万。实际上,县级政府在医疗与教育支出上几乎没有发言权,其教师与医疗人员都由邦级政府指定。吉德勒杜尔加在社会经济的各个方面都大大落后于乌杜皮,所以 CBPS 认为吉德勒杜尔应该会比乌杜皮获得很多的资金支持。但通过分析 2001～2007 年度的预算数据,CBPS 却发现实际情况并不像它想的那样。
>
> 　　弄清楚这些财政资金是怎么花的要面临一系列的困难,因为预算数据过于详细,同时也很乏味。在会计的帮助下,CBPS 才分清了哪些资金用于初等和中等学校,哪些是一次性费用或经常性费用,哪些用于支付工资或支付其他项目。
>
> 　　最终,利用这些整理过的数据,CBPS 验证并推翻了其假设。研究人员也发现,薪水支出占用了本应用于其他目的的资金,这使得政府难于提供高质量的医疗与教育服务。
>
> 　　完全出乎研究人员意料的是:从 2001 年以来,实际的医疗与教育支出一直在减少。

---

① 　资料来源:斯特鲁伊克(1999,1)。

② 　资料来源:科扎克,托尔米,格里芬(2010)第二章 21 页;研究成果宣传详见第 89～91 页。

（续表）

这些年来,卡纳塔克邦的经济持续发展,邦政府也公开表示要推动本邦医疗与教育事业发展。CBPS查阅了卡纳塔克邦所有县的医疗与教育支出,发现吉德勒杜尔和乌杜皮并不是特例。CBPS同时也发现,在项目观察期间,邦政府收入的增长速度是那些可能并不存在的教育支出增长速度的三倍,是医疗支出增长速度的五倍。也就是说,政府财政资金被用于了其他领域,比如,给快速发展的电力公司发放津贴。

　　CBPS在县一级和邦一级开展了研究成果的宣传活动,曝光了事实真相,推动了预算法案的修订。

表单5.5　团队领导如何表现出对每位员工的重视①

通过以下方式为员工提供一个有价值的角色
- 给员工分配有意义的任务
- 肯定员工从事工作的重要性
- 充分授权

通过以下方式肯定员工的努力
- 在员工努力奋斗时表示欣赏
- 经常对员工们的贡献表示感谢
- 认可员工取得的成绩

通过以下方式认真倾听员工的诉求
- 在聆听时集中注意力
- 在倾听中给予回应表示在乎
- 鼓励员工说出他们的想法

通过以下方式对员工表示尊敬
- 把每一个人都看得很重要
- 尊重每个人的观点
- 不质疑员工的动机

通过以下方式去了解员工的感受
- 关注员工私下的反应
- 关注员工的本能反应
- 注意员工情绪上的波动

通过以下方式表达对员工福利的关心
- 当员工遇到困难时表示关心
- 在员工困难时候提供帮助
- 询问员工的近况如何

通过以下方式确保别人重视员工的工作
- 告知别人该员工完成了什么工作
- 公开地进行表扬和赞赏

---

① 资料来源:以利和梅纳德为基础(1995,121)。

核心工作

第六章　质量控制：灵活的方法必不可少

高质量的工作，对维护智库研究报告、政策建议公信力是至关重要的，甚至可以将它看作是智库的生存之本。由于很多资助者并不能够独立地判断某一具体成果的研究质量，所以良好的智库声誉是吸引资金的重要因素。此外，公信力是智库在政策竞技场获得成功的关键性因素。卡特和扬（2008）研究分析了50家智库的案例，这些智库成功地说服政策制定者采纳了自己的政策建议。他们发现，智库的公信力是影响政策建议是否被采纳的关键因素，而公信力又是建立在智库良好声誉和优秀政策研究项目基础之上的。此外，他们还发现根据试点项目研究成果提出的政策建议更具说服力。

印度尼西亚SMERU研究所主任帕克·阿瑟普在2013年的采访中曾说（理查兹，2013）：

> 智库最重要的资本是它的公信力，其次才是政府、资助者、其他利益相关者和公众。通过保持智库始终如一的高质量研究水平，可以建立并巩固智库公信力，这对智库而言是至关重要的。

人们普遍认可上述观点。然而，关于智库质量控制的具体方法和有效性这两个问题，人们却有不同的看法。

- 默里·韦登鲍姆在罗纳德·里根总统执政期间，曾担任美国白宫经济顾问委员会主席，在这期间与美国5个顶级智库有密切联系，这5个智库包括布鲁斯金学会、美国企业研究所等。在2009年出版的智库著作中，他质疑了当前提交给政策制定者的智库研究成果质量："(美国)智库当下对质量控制的重视远远不够，需要更加关注质量控制(第 109 页)。"

- 在 2012 年南非召开的 50 家智库联盟领导人交流会议上，来自尼日利亚的非洲应用经济研究所的埃里克·埃博赫，依据多年的工作经验，概述了他所在研究所为确保研究质量和价值而采取的措施：项目初期智库会提出一个笼统的研究计划以供讨论，然后召开研讨会来探讨研究计划。当报告初稿完成后，智库又需要召开研讨会邀请外部专家(例如政府相关部门的官员)开展评审工作。最后，智库整合研讨会意见和建议，形成最终的研究报告，并且匿名评审该研究报告。埃博赫博士认为上述程序虽然既费时又费资源，但却使得研究成果更加可靠。

- 恩里克·门迪扎芭从另一角度探讨了质量控制，他认为："智库工作并不全都需要超高质量，因为有时为了保障质量，效率往往会有所降低。智库面临的很多问题并不容易被理解或解释。智库仍需要积极解决问题，并加强与公众的沟通。将事情做完再告知公众是没有意义的。"(门迪扎芭，2012)

这些观点都反映出由来已久、相互冲突的压力——确保智库发表高质量研究成果的需求与快速评审过程需求之间的矛盾。或许是因为报告必须在合同规定的时间内完成，又或是因为报告研究的问题时效性强，抑或是其他原因，使得一些研究报告的价值极易消失。

事实上，近些年智库数量和产品类型发生了根本性的变化，质量控制面临的困难不断增长。如今，一份主要的研究报告可以转化成一系列的产品：一份政策简报、一两页简洁的摘要、智库网站上发布的两至三分钟的作者采访视频、一篇博文和社交媒体发布的简短消息等。一个重要的基础研究项目也会独立地产生一系列数字产品，但评审这些数字产品的要求，与评审由研究报告转化而来的产品的要求截然不同。

本章节的主题是，鉴于产品数量的急剧增长以及部分产品对快速评审需求的扩大，必须调整标准的同行评审程序，使其形式多样化，以便适应不同产品的评审要求。

这一观点已经在第 5 章简要提及。同行评审是必不可少的，但对于一些产品而言，快速的评审程序也同等重要。有时，较宽松的评审过程，甚至比传统的标准学术评审更加适宜。评审类型的选择取决于产品的知名度、产品对智库声誉的重要程度、作者或汇报人的经验，以及该研究是否经历其他形式的评审。

遗憾的是，质量控制往往成了纠错的代名词。实际上，同行评审可以显著提高智库分析和演示汇报的能力。同行评审是促进研究、提升演示汇报能力的关键性因素。经验丰富的研究员在完成研究成果报告后，都会主动邀请智库同行对该研究报告进行评审。很多研究员在著作扉页或期刊文章的第一条脚注中感谢评审者的帮助，这是发自真心的感谢。智库领导应当有意识地将评审引入质量控制制度中，并且监督评审过程。这样做是为了合理分配评审资源，降低不合格产品产生的成本。

具体评审方式应当随智库具体环境的变化而变化。例如，高校智库可以利用由高级研究员组成的教师研讨会来完善自身的质量控制程序（详见表单 6.1）。

145

一、同行评审过程的要素

同行评审作为质量控制的重要因素，受到广泛关注[①]。综合、全面的质量控制过程必须能够考察产品的各种属性；也就是说，不管从显性，还是隐性方面而言，评审时都必须强调产品各方面应达到高水平层次。高质量的产品应具有如下特性：

- 研究谨慎。产品分析依据古今文献资料，达到真实正确、逻辑连贯、研究方法成熟的水平。

- 政策相关。研究应当充分考虑背景信息，例如，思考举国关注的问题时，应当分析现有的体制安排、当前规划、政策和社会现实。评审时，评审专家除了能够判断研究成果的专业水准外，还需要充分警觉政策研究成果可能引起的政

---

① 例如，2014 年"智库在线"的博客中出现了一组有关同行评审的博文。详见奥多涅斯（2014b，2014c，2014d，2014e，2014f），埃姆斯（2014），维拉（2014）和罗梅罗（2014）。

治影响。当政治影响不可避免时，评审专家应当及时告知项目执行主任即将出现的争议问题，以便智库提前做好应对负面影响的准备。

- 按照产品受众特点撰写报告。例如，若产品的主要受众是世界银行的分析师，那么研究报告就必须详细介绍所使用的分析方法，以及具体的政策（包括项目管理）内容。另一方面，若产品的主要受众是卫生部长，那么只需要简明扼要地展示主要文件、研究方法的总结文本和产品分析文本即可，当然有时也需要附上一份独立的技术报告。

- 透明且可复制。研究中使用的方法和数据应当在出版物中加以解释，内容的详细程度应随出版物受众和目的的不同而变动。为了满足合理要求，出版物应当提供更多的内容细节，扩大数据公开范围。为了杜绝潜在的利益冲突，出版物中应当写明该项工作的资助者①（全体资助者应出现在该机构网站上，并附上最近一年内各自的资助数额）。

146　　上述前三个因素都可以随具体任务的不同而变动，正如上文第三个因素中所给出的案例。根据可用的资源和受众，智库可以使用不太严谨的分析方法。当使用不太严谨、可信度较低的分析方法时（例如，为地方政府做一项快速的可用资源较少的研究分析时），分析师和智库需要清楚地认识到在资源（如资金，所需要的数据等）充足的条件下，他们本可以通过一个更为复杂、数据量更大的分析方法获取不同的结果。智库需要明确的是自己做了什么，以及这样做的原因，并且通过一种合适的方式传递给公众，包括同行评审、期刊的编辑、政治家等人群。

下文描述了一个传统的同行评审模型，这个模型的大部分要素都应用于第三阶段智库，以及大部分第二阶段智库。严格来说，同行评审过程必须是正式的。对某些特定的产品而言，同行评审是强制性的。相关的书面制度和规则说明包括：

---

① 资金和数据源的开放逐渐形成国际标准。智库 2014 年春季的状态报告和最近趋势报道了它们资金的来源，详见透明度（2014），以及门迪扎芭（2014c）。西尔弗斯坦（2014）提供了在假定利益冲突下的华盛顿智库案例。

- 参与评审的产品范围。

- 评审的强度和性质（研讨会、草案的内部/外部同行评审，或者内部评审和外部评审相结合），不同的作者/产品组合，其评审尺度和性质有所不同。

- 指定评审专家以及确定不同产品的评审尺度。

- 评审关键指标——较高的质量，恰当的分析方法，基于分析得出的结论，清晰明确的演示汇报，政策相关度和产生的政治影响，产品符合合同规定或赠款协议的内容。

- 评审意见的形式（例如，书面形式，口头评审或其他特定形式）依据产品类型的不同而变动。

- 处理评审员和作者之间可能存在的争议。

- 填写多个表单，记录以下内容：被评审产品的名称、类型及其作者；所采取的评审类型；评审员姓名；监督员姓名（如果有监督员的话）；以及评审员的签名以确认评审的真实性。

需要注意的是第 4 条"基于分析得出的结论"，这暗示了这些结论是作者得出的（也就是说，这些结论并不代表智库在这一问题上的官方立场）。真正意义上的智库研究人员是独立的。但是在政党智库或存在政治意识形态的智库中，智库研究人员可能就没有这种独立性。如果研究结论代表智库官方立场，需要及时清楚地说明这一点（"这是官方立场……"），这对研究结论的支持者和反对者来说，都是非常有益的。

实际上，很多智库的同行评审方法与上文所述有所不同。其中一些智库采取简单且非正式的评审方法：团队领导负责产品评审，并且没有保存详细记录。此外，智库在实际运营中可能会利用员工资质使产品免于评审，这是一个非常危险的策略。一些智库使用内部评审研讨会作为质量控制的方式代替产品评审。虽然这种类型的研讨会对指导项目发展非常重要，但是它并不能保证最终文字产品的质量。

二、新时期的评审程序^①

若干个第二、三阶段的智库在深入分析质量控制程序后,指出即使智库官方政策文件中已经明确规定了严格的评审程序,但是由于时间的紧迫或对某一具体产品投入的资源有限,评审程序在执行过程中往往会打折扣。^② 有关负责人(项目主管、部门领导、执行总裁等)通常会依据产品对智库声誉的重要程度来决定其评审类型。因此,评审强度随智库面临的潜在风险和研究人员经验不同而变动。

智库可能会因宣传工作不到位、研究产品质量低劣或未达到既定目标而导致声誉受损。很多智库想要通过产出高质量研究成果来提高机构声誉,他们将员工能否在学术型、同行评审期刊上发表文章,以及研究成果被正式采纳为政府政策的数量,作为衡量工作质量的关键指标。为此,智库需要额外增加对高级研究人员文章的评审资源,以增加其文章入选一流期刊的可能性,从而最大限度地提升智库声誉。

(一)研究及其产品

表 6.1 以摘要的形式展示了产品评审规则。参与评审的产品类型众多,包括文字产品、汇报、智库在线博客等,表 6.1 分别展示了这些产品的评审内容和方法。传播质量差的产品会损坏智库声誉。因此,智库需要合理分配评审资源。对于文字产品和汇报而言,表 6.1 区分了潜在风险的三个层次,或者说区分了其"对智库重要程度"的三个层次。当某一项的潜在风险最高时,智库应该更加关注这一项,开展更为专业的评审。例如,向负责某一领域(通常智库在此领域有重要项目)的部长所做的汇报,就应该接受更为专业的评审。表 6.1 详细地解释了该规则,并依据每个产品的特性(预期曝光度、产品核心用户群、作者经验和产品的预先评审程度)分配评审资源。

---

① 译者注:新时期指的是互联网,特别是移动互联网时代。

② 基于 TTI 的支持,坦桑尼亚的经济和社会研究基金会执行了极其严格的跨越两个阶段的质量控制制度,以完成其"研究成果"——"研究报告、文章、工作论文、政策简报等"。待解答的问题是这样一套复杂的体系是否能够:(1)在失去外部支持时延续下去;(2)及时地将有利的意见提供给政策辩论。

表 6.1　产品评审规则

A. 面向高级官员的报告、政策简报和备忘录

对智库重要性程度	评审方法[a]
事关智库声望，极其重要。 处理不当会危及智库的声誉。	智库必须从机构外部或内部中未曾参与该项目的专家中，邀请高水平评审专家开展评审，并将评审意见提交给高级管理者和研究主任。如有必要，根据专家意见修改后的报告也需要再次提交给同一批高级管理者和研究主任审核。为进一步保证报告质量，可以再次将报告提交给外部专家审核。
非常重要。 产品知名度较高，特别是当产品包含了复杂、有风险的分析内容，或者研究结论涉及敏感的政治问题时。	团队领导和研究主任评审相关报告，或者聘任（内部或外部）评审专家进行评审，但该专家必须未曾参与该项目。评审结果汇报给智库高层管理者。
更多例行报告。	团队领导负责评审，评审人一般由不参与该项目的员工兼任。

　　a. 如果被评审的产品是基于已经完成评审的其他产品撰写的，那么对这类产品的评审可以适当降低评审的严格程度。

B. 演示汇报

对智库重要程度	评审方法[b]	
	经验丰富的研究员和汇报人	缺乏经验的员工
事关智库声望，极其重要。 处理不当会危及智库的声誉。	汇报人和高级管理者面对面地评审报告和政策建议。汇报人可以提前演练汇报过程。	汇报人面对面向一位资深研究员、高级管理者汇报成果，重点汇报研究结论和政策建议，汇报人使用 PPT 预先排练汇报过程。预先排练汇报过程是必要程序。
非常重要。 产品知名度较高，特别是当产品包含了复杂、有风险的分析内容，或者研究结论涉及敏感的政治问题时。	汇报人和资深员工面对面评审报告和政策建议。	汇报人面对面向资深分析师汇报成果，重点汇报研究总结和政策建议，汇报人使用 PPT 预先排练汇报过程。资深分析师可以要求汇报人进行预先排练。
更多例行报告。	无	汇报人与资深员工面对面评审报告和政策建议。

　　b. 假定智库已经评审了基础研究成果。

C. 研究人员发布在智库网站的文章

文章类型	经验丰富的研究员	缺乏经验的员工
博客文章。	传播部门领导或研究主任评审其文章内容。	高级分析师或经验丰富的研究员评审其文章内容。
项目信息/项目简介。	传播部门评审其撰写的项目信息。	传播部门评审其撰写的项目信息。

D. 传播部门的工作内容

内容类型	评审员
项目描述，项目成果和相关的政策发展；媒体新闻。	首席研究员，编辑。
其他内容，例如，活动邀请函，智库网站上发布的机构介绍（"关于我们"栏目）等。	传播部门优秀资深专家，在某些例外情况中也可由高级管理者进行评审。

1. **文字产品**。评审方式多种多样：报告草稿的书面或口头评审，对项目汇报（口头或文字）的评审，或者把书面和口头评审相结合。本章前文提到的非洲应用经济研究所就采用书面和口头评审相结合的方式。一些智库，例如 AIAE，在研究开始之初和产品雏形设计出来后分别开展评审。绝大多数智库都会关注文件草稿评审，其中大部分又会把研讨会方式作为评审方法的补充或者作为一种初级评审方法，本章的后半部分会对此解释说明。

关系智库声誉的重要产品要像学术出版那样进行十分严格的评审。对于一些常规报告而言，一些有能力又没有从事该项目的智库内部员工可以承担评审工作；若内部没有能够胜任评审工作的员工，一些小型智库可能会选择聘任外部评审员。附录6.1是两个评审员的评审清单：一个用于评价分析报告，另一个用于评价政策简报或者旨在提高智库政治地位的文件。基于该清单制定的计分表也被用于评审智库的合作项目以提高政策分析质量[①]。

---

① 详见斯特鲁伊克和海德威（2012）。附录6.1的表格向评审员提供了可供参考的影响因素清单；因素清单上的每一因素的强/弱案例说明（例如，明确规定了假定条件）都是非常有用的。

　　若时间允许,智库应当进一步完善主要报告的评审程序。位于华盛顿的全球发展中心采取了"评审草案"方式,特别是研究成果可能会引起主要政策或传播体系发生重大变化时。正如全球发展中心报告中所写：

　　"我们推进草案的广泛传播,并且认真思考可能会引起的反应。传播结 150果的反馈将会告诉我们,我们的观点是否可行,或者是否需要用更通俗的方式去传播这些观点。"(麦克唐纳和莱文,2008,第 5 页)。

　　资深研究员也可以事先邀请智库同行或同事对其研究报告草案进行初步的评审,并提出评审意见。这样一来,评审员在正式评审资深研究员的报告时,就可以参考这些评审意见,提高评审效率。

　　如果智库将研讨会作为评审的基本方式,那么智库就应该邀请精通政策问题的专家,以及技术扎实的分析师参与会议。不管会议中思想碰撞如何激烈,会后智库仍需将关键的评审意见整理成文字形式,并据此修改报告草案(报告撰写者会忙于回答问题,而没有时间做笔记；即使有人在讨论过程中记下评审要点,也不能保证涵盖了全部的信息)。这些分析师和专家需要评审修改后的报告,并向报告撰写者提出建议。

　　评审时,评审员应当重点关注技术的严谨性。然而,不同的产品技术严谨要求不同,评审员也依据不同标准对其进行评审。例如,技术精湛的分析师将会按照发表于国际同行评审期刊的标准对研究成果进行非常复杂的评审。若研究员就职于一流的全国性或国际性大学、组织中,并在国际同行评审期刊中发表了若干篇文章,这就意味着职业生涯取得成功。这样的人在智库中也是备受瞩目的。

　　智库管理层通常都会为研究员创造良好的工作环境,鼓励他们提升专业技能。但是,如果研究员过于关注提升专业技能,往往会忽视对项目相关政策的关注。例如,研究员重视项目中的技术分析,而很少关注项目管理的具体问题(项目预算,项目政策等），因此他们在项目报告中提出的政策建议内容较为笼统。此外，研究员有时非常讨厌参与项目的政策分析过程，因为他们认为这会占用他们的研究时间。但是，如果因研究员未参与项目政策分析过程，而导致开发的产品不能满足客户要求，那么智库管理层与研究员之间会爆发激烈的冲突。因此，研究员在提升专业技能的同时，也要适当地关注与项目相关的政策，以及客户需求。

有时智库过度强调分析的严谨性往往会忽视与政策制定者的联系。德国 DIW 智库（该智库主要由政府出资资助，具体内容详见第 10 章）代表在 2011 年召开的国际会议上讲述了该智库经历的真实事件，引人深思。① 若干年前，该智库为寻求政府资助，每 7 年进行一次外部评审。评审结果认为该智库的研究不够严谨。DIW 智库非常重视这一结果，调整了管理和研究计划。由于员工署名并发表在权威国际期刊上的文章数量是评价智库成功与否的基础指标，因此在此后的三到四年中，该智库发表了数量可观的文章。截至目前，该智库文章数量依旧是德国经济研究院中的佼佼者。然而就在这个时候，智库管理层及其客户才逐渐意识到他们的工作与政策之间的相关性已经明显变弱了，DIW 智库意识到这一问题后，才着手寻求解决方法。

因此，智库董事会的执行董事们面临一个现实性挑战：如何平衡技术分析的严谨性和保持智库工作与政策相关之间的关系。技术分析的严谨性是产品可靠的保障。

2. 精炼文章。评审中所面临的一个重要问题是如何分配评审资源，比如由一个核心报告转化而来的政策简报或单页报告需要多少评审资源。评审员应该要熟悉、了解转化后的文章所包含的主要成果和方法。因为研究员一般擅长写原始报告，经常长篇大论描述某个要点，而不擅长精简报告内容、提炼政策建议要点。因此，评审员应该了解工作内容，并确保：（1）精简的文章应精确描述所涉及的问题，并简要介绍使用的分析方法；（2）文章应简明扼要地阐述得出的结论，特别是涉及政策影响方

---

① 该智库是德国经济研究所，会议为"知识社会中智库转型角色的 KDI 峰会"，会议于 2011 年 4 月 28 在韩国首尔举行。

面的结论。此外，对精简的文章进行专业性编辑也是可行方式。

评审员依据研究员各自的能力，对不同研究人员的汇报、博客文章采取不同的评审力度。例如，评审时，评审员可能会更加严格地评审年轻研究员的研究成果，因为他们认为年轻研究员能力有限，可能会犯错误。然而即使是最资深的研究员也可能会犯错误，评审员也应严格评审资深研究员的研究成果。

3. **演示汇报**。评审员评审汇报时，需要查看汇报中是否涉及备受瞩目的事件，以及该事件对智库声誉的潜在影响。若汇报中有所涉及，那么评审员应当加大对这种汇报的评审力度。评审时应当特别关注基础研究能否严密地论证这些结论，以及这些结论是来自于该项目还是来自于已有文献。评审员对这种涉及重大社会事件的演示汇报，应要求被评审人避免提出明确的政策建议以保证智库自身无党派的立场。汇报人通常需要预先演练具体汇报过程。

经验不足的员工应当提前演练汇报过程。汇报人至少应邀请一个资深员工作为评审员，利用 PPT 进行预先排练。该评审员应当做到：(1) 当汇报传递的信息过多或过少时，针对汇报流程提出评审意见；(2) 重点关注结论和政策建议。

如有可能，汇报人可以面向内部员工（尤其是初级员工和传播部门中负责推广该报告的员工）进行汇报演练。这样做对汇报人是非常有用的，同时对初级员工和传播人员而言，这种演练性质的汇报会包含大量信息，可以扩大他们的知识面。评审员可以在汇报结束后，与汇报人私下交流，并提出演示过程中出现的问题，例如：汇报缺乏逻辑性；语速过快；大量的"比如""嗯""呀"等语气词或无意义的词语；讲解 PPT 时面向屏幕，而不关注观众；其他会分散观众注意力的坏习惯等。

4. **网站和数字产品**。研究员写的博客和发布在网站上的文章也在被评审范围内。因为与其他产品一样，博客和网站文章也会影响智库声誉（表 6.1，C 部分）。我们都读过博客文章，都不喜欢看到内容肤浅、空洞的文章。我注意到，有些人或有些智库总是发布一些肤浅的文章，所以我决定不再阅读这样的文章。低质量的文章会使读者失去兴趣，损害智库声誉。为了防止出现这样的文章，需要对其进行评审。正如表 6.1 所示，编辑人员在修改资深员工撰写的草稿文件时，应当找出超出智库允许范围的政治性言论。如果有些言论确实超出了智库允许的范围，那么编辑人员需要将其提交给研究主任或行政总监审查。缺乏经验的员工，应在文件草稿提交给编辑人员之前，先提交给经验丰富的研究员审阅。整个流程应该一天之内完成。管理层应当确保编辑人员和研究员能够适当优先处理某些博客文章。

研究人员发布在网站上的项目文章也应当接受评审。附录 6.2 * 介绍了 R4D（R4D 是美国的一家处于第三阶段的智库，也是本书资助者之一）的传播及宣传政策。附录 6.2 * 概述了 R4D 的常规传播及宣传体系，极具趣味性，其中第 5 部分有关网站文章的内容与此处联系密切。R4D 的每一个研究团队都会有专人负责维护网站日常内容。网站上绝大多数文章（除非一些例行性文章）都需要经过传播部门的审批。

（二）非智库自身发布的产品

截至目前，本章关注的重点是由智库员工或智库顾问产生，并由智库自身发布的产品。本节将介绍两种类型的文献：（1）员工出版的成果，如著作、期刊文章、收录到书中的文章等；（2）智库职员发布在其他智库网站上的博客文章。通常这些出版物都会附上作者的所属机构，当然这会对智库声誉造成潜在风险。

因为第一种类型的文章都会经过期刊或出版商严格的评审，在提交给相关编辑之前，这些文章并不需要内部评审。或许缺乏经验的研究员撰写的文章会经过内部评审，这是因为智库迫切希望提高这些研究员的能力，但在这种情况下，额外的内部评审可能会影响出版结果。

从质量控制角度而言，对于职员发表在其他智库网站上的文章，更容易损坏智库声誉。因为通常文章都会附上作者所属的智库，即使没有附上，也可以通过网络查到。因此中等规模的智库一般每个星期都会对网站文章进行评审。通常网站文章的评审频率依据具体各国对网络文章控制程度而定，评审员会根据国家法律相关规定定期评审网站文章。

一些私营咨询企业禁止员工在本机构以外的网站上发布文章，以降低机构声誉受损的风险。但对智库而言，这种做法有些极端。有些智库员工希望能参与网络上兼具趣味性和重要性的政策、问题分析、讨论。员工参与也是合理的：（1）可以提供有价值的意见；（2）可以使员工了解某个领域的政策。在我看来，最佳做法是智库在每一篇文章后附上一份声明，强调文章观点是作者的个人看法，而非智库官方观点[①]。智库管理层应鼓励员工在发布文章之前，预先请其他同事审阅文章草稿。

（三）传播部门的质量控制

大部分智库重点关注政策研究成果的质量。然而管理层应当牢记这一点：网站文章和其他产品同样也是智库形象的重要组成部分。因此，传播部门发布的一些言论也应当接受评审。

表 6.1 为评审传播部门的工作，提供了简单的评审方法。表 6.1 的 D 部分区分了传播部门两种工作类型的评审方法。评审网站内容、新闻发布以及涉及政策研究信息的产品时，首先应由研究主任审阅内容的准确性，其次由编辑人员再对其进行评审。评审其他文字产品时，智库传播部门资深专家就可以担任评审员。有些条目，比如对智库使命和历史的介绍，还需要接受高级管理者的评审，因为他们是为数不多的全面了解智库的人。第一阶段智库的传播部门可能只有一位员工，评审责任极有可能落到执行总裁或执行总裁认为有能力担任评审的其他员工身上。

（四）员工研究成果的质量控制

154

智库一旦推行评审政策，那么下一个关键任务就是确定评审级别和评审员的责任，以及确保在文献发表或开展汇报前充分开展评审工作。若产品对智库非常重要且执行董事并未主动评审该产品，那么产品负责人就须要就评审意见咨询执行董事。

在规模较小的智库（比如，只有三四位研究员，可能会聘请临时顾问）中，首席执行

---

① http://socialmediagovernance.com/policies.php 网站上有很多各种类型的机构（包括非营利性组织）的员工就社交媒体运用问题发表的政策言论。

官负责确定每一种产品的评审类型，除非产品的某位分析师是智库领导。只要智库规模足够大，拥有研究团队，那么确定评审类型和评审员的责任就应该分配给团队领导。

分析师和传播人员都应熟知评审程序要求，以及评审及时、顺利完成的重要性。正如第 3 章写道，这应在入职培训会上提及。若有可能，传播总监和团队领导须要引导新入职者参与评审过程，可以让他们作为第二评审员，这样做有助于帮助新入职的员工提前做好充分准备。

智库可以使用不同的方式整理、总结评审工作。一种方式是撰写一份专门针对质量控制工作的说明，另一种方式是将质量控制程序的说明编写进内容更广泛的说明中。附录 6.3＊介绍了乌干达经济政策研究中心的"研究和出版物政策、法规及准则"，这就是一份内容更为广泛的说明。

确保质量控制体系发挥预定功能是非常烦琐、又极其重要的工作。这需要持之以恒的坚持。笔者曾工作于转型期国家的第二阶段智库，又曾在美国第三阶段智库中任职，亲身经历了智库质量控制体系逐渐衰败的过程，因为不少智库的高级管理层将质量控制责任分配给了各团队领导，并且对监控员工绩效的事情不再上心。

监控员工绩效的一种方法就是确保所有产品在发布之前必须通过评审质量环节。智库在评审文字产品时，应当充分发挥对外办公室[1]和智库网站的作用。

绝大多数智库要求文字产品应由对外办公室正式发布，这样就可以保证文字产品发布有迹可循，便于文字产品档案材料的归档保存。在规模较小的智库中，总裁办公室负责文字产品的发布，并且派专人负责核对文字产品合同的完成情况。在规模较大的智库中，通常由合同办公室负责审查和发布文字产品。

智库应在门户网站上公布其所有产品。尽管社交媒体信息无处不在，但是机构网站仍是智库宣传的主阵地[2]。此外，网站设计师为满足智库要求，依据产品与各个

---

　　① 译者注：对外办公室是指机构中专门处理公共事务与公共关系的部门。
　　② 关于这点，详见乔治嘉拉基斯(2012)和斯科特(2011，第 111 页)。

项目或计划的相关性，将全部信息和产品进行分组，引导用户简单快速地找到同一主题的信息(也就是说不需要为了内容不同但互有联系的产品检索不同的页面)。网站可以只显示项目成果的关键结论(包括核心的政策成果)，用以介绍有关文字产品和执行该项目的员工姓名。文字产品包括报告、政策简报、单页或双页报告、汇报中使用的演示文稿、相关视频的链接以及智库博客评论的链接等。[①]

智库应确保传递给客户或即将发布的文字产品通过了评审程序。此处应注意的是，如果政府官员要向上级领导递交智库的文字产品，那么该官员就应该保证文字产品的质量。

位于华盛顿哥伦比亚特区的城市研究所(UI)制定了文字产品递交程序，以确保递交的文字产品得到评审。UI 在 2013 年有 9 个研究中心，各中心一般由中心主任承担研发重任，包括负责中心质量控制工作。如果依据合同条款，文字产品可以向公众公开，则文字产品传递可首先依据合同要求，经过若干个审核环节，然后递交给传播部门。UI 文字产品递交程序(如图 6.1 所示)提供了可供借鉴的做法，他们的做法值得人们仔细思考。UI 的这种递交程序适用于报告和相关文字产品(此处的文字产品并不包括博客和视频，这两种产品采用单独、简化的评审程序)，而且采取了在线形式，可根据需求随时扩展互动空间。

图 6.1　标准文字产品登记表

156

城市研究所	研究 评审和发布表		填表人 分机号	
名称				
作者				
政策中心		文献日期		页数

---

① 于 2012 年重新设计的发展研究所的网站 www. ids. ac. uk 就是按照这种方式。有关设计决策的思考的介绍详见乔治嘎拉基斯(2012)。

仅供传播使用	
传播 ID	
人员	
日期	

资助：是否有合同或捐赠的资助					□是　□否	
资助者		项目编号		合同号		

机密资料：是否涉及机密资料	□是　□否		
来源		发行许可（签名）	

文件状态	□终稿，可发布　　□终稿，不可发布　　□草稿，可发布 不发布的草稿、情况报告或财务报表只需依据合同，不需填此表
是否发给资助者	□是　□否 如果是，则需将传送的文件附在此表后，递交给合同办公室

网站发布	发布网站：□Urban. org　□Other UI Site	□不在网站发布
如果在网站上发布，请勾选是否完成以下要求		
□	出版办公室完成相关的网站编辑工作。至少要提前 24 小时与传播部门的斯科特·福里联系。（如果文件是由传播部门制作的，或者之前已经在别处发表过，则不需要这样做。）	
□	报告最终版本的 PDF 和 100 字左右的摘要发送至 RandR@urban. org，邮件名称与该报告一致。	
□	摘要、封面和传送的文件（依据需要）的复印件附在此表后。	
□	若报告已在别处发表，附上授权 UI 发表的邮件的复印件。	
□	此表第 2 页选择该出版物的主题/标签。	

特别说明	

作者签名		日期	

发行审批		
中心主任	中心主任确认该文件的内容和格式已经经过审批，并且达到机构要求的质量和审批标准。	
	签名：　　　　　　　　　　　　　日期：	
合同办公室公认的	UI发行限制： □无　　　　　□内容如下：	
通讯部门	签名：　　　　　　　　　　　　　日期：	

上图中前三分之二是需要作者完成的：

- 模块 1 展示了文字产品的基本信息以及提交该文字产品的机构的基本信息。

- 模块 2 要求填写合同办公室所需的信息，以确认该产品所属的项目。

- 模块 3 确认项目中是否包含机密资料（通常是调研资料）；如果是，智库中负责资料确认、上报的员工，需要在文字产品进入评审的下一阶段之前，在此表上签字。

- 模块 4（文件状态）阐述了报告的公开度。（即，是否公开发行？如果公开发行，公开程度如何？）如果报告需要发给资助者，那么机构需要将传给资助者的信件附在此表后，一起交给合同办公室。

- 模块 5 用于解决将文字产品放在 UI 网站的问题。它是发布所需相关资料的列表，例如，100 字或更简短的摘要。第 2 页提供 6 个可勾选的选项，用以确定文件的主题和标签。这些是文字产品在网站上分类的依据，也是文字产品能被搜索引擎检索到的关键。

- 这些模块后的作者署名，是用来证实他所提供的信息是真实可靠的。

  表格的剩余部分是 3 个部门的审批信息：

- 中心主任的签字表明该文字产品内容和格式都已经通过审批。

- 此表完成后，要提交给合同办公室，合同办公室应查阅相关合同，确认合同中是否有关于文字产品发布的条款限制。如果有条款限制，办公室人员就将其标注在表格中，交给传播部门。

157

- 传播部门收到表格及其附件后要登记入册。传播部门需要针对项目的宣传
  与作者保持长期联系，合同条款限制可能导致宣传的调整，所以传播部门就
  必须为此做好准备。此外，传播部门还负责将所有文字产品归档。

所有的文字产品草稿交给客户评价前，都要求完成该表格。严格来讲，这些文字产品草稿并不公之于众，或者在网站上发布（请参照文件状态框中的斜体字说明），但是它们仍然会由合同办公室递交给客户。

该表格的主要优点是：明确了质量控制的责任和满足合同条款的要求，包括将文档传递给客户，以及产品归档。它还将报告递交给每一个责任方。如果使用该表格的过程很烦琐，那么还有很多方式可以完成这些任务。例如，在时间紧迫的情况下，该表格可以在报告定稿之前完成；表格中公开发行部分可以稍后填写。最关键的一点是避免出现质量问题，或者出现违反合同条款、丢失已完成可能会用到的报告记录的情况。

详细地讲解这一表格的目的并不在于敦促大家使用该表格。大多数智库都能从实践中认识到将管理工作纳入公文流转系统的重要性。笔者的重点是强调成功的质量控制系统需要完成哪些任务，以及如何完成这些必做任务。

三、智库实践

智库质量控制工作相关信息可以从 GDN-15 调查中获得，特别是 2010 年 3 月的监测调查①，也可以从部分 TTI-48 调查中获得②。笔者不清楚这两个调查所得到的结论是基于智库书面政策还是基于智库实践，抑或是两者都有。

----

① 邮件基础调查也询问了类似问题，并通过与人面谈进行重复检查。鉴于某些基础信息出现矛盾，监测数据被视为更可靠。

② 下文借鉴了 GDN-15 研究成果的报告（斯德鲁伊克，海德威和戴蒙，2010）。TTI 的调查之一涵盖了关于质量控制的一系列问题。对特定项目的评审频率这个问题，可能会有"经常"和"偶尔"这两个回复。我决定展示 GDN 调查数据是基于以下两个原因：(1) 调查中出现第三个回复："从不"（"偶尔"和"从不"两种回复之间的差别是非常有价值的）；(2) GDN 调查有大量的有关评审本身过程的数据。

在 GDN 调查中，笔者询问了被调查人很多关于评审制度在其智库中具体运行方式的问题。表 6.2 总结了这些问题及问题回复。调查中有一个智库反映说自身并没有质量控制机制，所以该智库被排除在外（也就是说表 6.2 中大多数问题的样本量为 14）。也有一个智库没有回应个别问题（在统计时相应地减少样本量）。令人吃惊的是，在 13 家做出回应的智库中，仅有 5 家智库（约 38%）称它们有书面的评审政策（剩余的 8 家未有书面评审政策的智库，其中 6 家都是属于第一阶段的智库）。TTI-48 调查数据中也发现了类似问题。这两次共调查了 59 家智库，其中仅一半的智库称它们有书面的质量控制政策。书面的质量控制政策所占比例如此之低，这可能表明质量控制体系的非正式性，智库并不能够积极、持续地将其贯彻执行。

表 6.2　2010 年 GDN-15 智库的质量控制程序ª

159

1. 书面评审程序的政策(N=13)	所占智库总量的百分比(%)
有	38
无	62
2. 接受评审的人员类型(存在交叉回应)	
项目的首席研究员	79
监控项目的团队或部门领导	64
中心管理层（他们监控项目，并且确保项目进入评审环节）	21
其他	21
3. 报告的评审类型(存在交叉回应)	
项目组之外的人评审报告草稿	86
首先由作者的上级评审报告草稿，再发送出去	29
项目初期举办分析师研讨会，获得相关的反馈意见，然后在报告草稿完成后，对其进行评审	43

（续表）

当分析师获得报告草案后,召开研讨会,获得反馈意见,做出修改	29
当分析师获得报告草案后,召开研讨会,获得反馈意见,做出修改,然后交由项目外部人员进行评审	43
其他	21
4. 是否付费给机构外部评审专家	
是	79
否	21
5. 是否要求评审员提供书面意见(抑或是书面的说明、评价)	
是	100
否	0
6. 若作者和评审员就报告的某一方面出现分歧,下列哪一项是解决争议的最佳答案?(N=12)	
由作者做决定	17
作者和评审员共同决定	25
邀请专家参与作者和评审员的讨论,在必要时,做出决定。	50
其他	8
7. 智库是否有记录报告是否被评审以及被何人评审的记录表?	
有,并且评审员在表中签字,表示自己已经完成评审。	21
有	0
无	79
8. 报告第一页中是否提及评审员姓名	
是	43

a. 除了特别标注外,样本量均为14;有1家智库称自身没有质量控制机制。对于样本量低于14的问题,其真实样本量已经在表中标注出来了。样本缺失是因为智库没有相关反馈。

关于报告评审方式，GDN－15 智库提供了多种可供选择的方式（上表的第 3 条）。常见的做法是邀请项目组之外的人进行评审（86％）。但是调查中 43％的智库认为，在研讨会上，作者汇报报告内容后，可以在报告移交同行评审之前得到部分修改意见，这展示了一个非常严格的双重评审过程。评审员通常都需要提供书面意见，除了 1 家作者和评审员之间存在矛盾的智库外，评审程序在其他智库中都发挥了积极作用。

然而，评审制度的管理并不乐观。大部分（79％）智库称自身并没有记录评审是否完结、由谁评审或评审员是否签名以承担相应责任的表格（仅有一半的智库在报告中提到评审员的姓名）。此处需要重点强调的是，正式的评审表在出现问题时可以保护智库声誉，特别是该报告的作者或评审员离职后。评审表中若附有评审员的评价，那么该表在员工考核时也是非常有参考价值的。约 29％的智库（第 9 条）称管理人员将评审意见作为正式的年度员工考核评价的一部分（约 65％的智库称他们有正式的年度考核程序）。

大部分智库的外部评审员（约 79％）会获得补偿。内部评审情况与此不同。重要的是，绝大多数智库并没有强迫员工制定时间表，因此只要在工作时间内完成评审，那么评审员就可以获得相应的报酬。有两个智库使用了时间表机制，其中一个智库制定了评审按小时收费的评审标准。

当资深研究员承担大量的评审工作却没有获得相应补偿时，很有可能会导致智库内士气下降，甚至高级研究员的离职。因为资深研究员的确付出了成本，并且一般来说，研究员都会把自己的项目放在第一位。因此智库应当将评审时间纳入评审员工作规划中，而不是把评审当作一个"附加"任务。

运用 GDN－15 的调研数据，分析师构建了"优秀评审办法的最低标准"这一指

160

标,该指标关注 3 个方面：(1) 是否有系统的评审流程①；(2) 是否形成书面评审意见；(3) 是否有评审表(该评审表用于记录评审过程并需要评审员签字)。优秀评审活动都需要恰当地解决以上 3 个问题,但是在调查中发现,参与 GDN－15 监控项目的智库中,只有13％的智库在评审过程中遵循系统的评审流程,形成书面的评审意见,使用并保存相关评审表。正如上文所述,最关键的问题是缺少评审员记录评审过程的评审表,当一份质量堪忧的报告大肆传播时,评审表可以用来澄清评审员部分责任。

161　　　　不同类型文字产品的评审频率是多少？表 6.3 回答了这一问题。需要经常评审的是以下 3 种产品：提交给客户的报告(有 79％的智库经常评审该类报告),即将出版的著作(92％)和为政府官员或议员准备的政策文件和备忘录(79％)。一个很有趣的现象是,尽管高达 92％的智库经常评审即将出版的著作,但是仅一半的智库会经常评审即将发表在期刊上的论文。这大概是因为资深研究员认为优秀期刊本身对论文的严格评审程序足以摒弃质量低劣的文章,从而保障其声誉。但这对研究员尤其是年轻的研究员而言并非最好的做法。如果智库想要将年轻博士培养成杰出的政策分析师,那么无论从个人利益,还是从智库利益而言,最佳做法是支持研究人员的研究工作,确保研究员论文在提交给期刊之前就能够得到资深研究员的评审。若干个智库承认从未评审过某些文字产品,例如会议报告的文章、新闻发布会材料、大众媒体的文章。但即便如此,他们仍然经常评审其他重要产品。

---

　　① 表 6.2 提供了所有的可供选择的方式。除去召开分析师研讨会、做出修改、没有进一步的评审以及"其他"之外,第 3 条所列方式是可取的。

表 6.3　按产品类型划分的 GDN - 15 智库的文字产品评审频率百分比表[a]

接受评审的产品 （2010）	经常接受评审	偶尔接受评审	从不接受评审
提交给客户的报告	79	14	7
会议报告的文章	36	43	21
提交给科学期刊的论文	56	22	22
即将出版的著作	92	8	0
大众媒体的文章	46	38	15
新闻发布会分发的文件	64	21	14
其他类型会议分发的文件	50	36	14
为政府官员或议员准备的 政策文件和备忘录	79	14	7

　　a. 一个全职研究员低于 10 人的智库没有评审政策，此表并没有收录此智库。智库也可以回应："我们并没有这样的产品"，但此表同样未收录这种智库。

　　调查中同样询问了如何评审演示汇报，受访者可以选择多个答案。约三分之二的智库称评审员非常重视汇报人在演示汇报中使用的 PPT 内容，而 85％的汇报人在演示汇报时"几乎全过程"或"绝大多数时间"都使用 PPT（表 6.2 的第 10、11 条）。40％的智库称员工会观看"某些"汇报演练。尽管 29％的智库认为只有一些重要的汇报才需要提前演练，但是大多数智库（64％）认为这应由汇报人以及汇报是否需要预先排练（第 12 条）所决定。有 2 家智库称它们并不评审汇报，有 3 家智库称它们除了检查 PPT 内容、听取汇报演练之外，还采取其他的评审办法。这些调查结果证实了 GDN - 15 智库努力完成大量的评审工作。

　　最后，有关智库质量控制机制有效性这一问题，14 家受访智库中有 36％认为"非常有效果"，但其余 64％的智库认为"有些效果"，这似乎与上文有些不一致。当受访者准确地列举出自身开展的评审活动并认识到其重要性时，他们很可能通过质量控制解决机构发布最终成果中遇到的某些重大问题。

　　总而言之，尽管这些数据表明智库的质量控制机制仍有较大的提升空间，但这些智库仍然注重加强对重要产品的评审力度和评审频率。如果一个国家的智库界层次划分尚未形成，那么该国家的所有智库仍有机会通过执行固定且严格的质量控制程序提升自身在智库界的声誉。

四、质量控制体系的案例研究

这里介绍两个有关质量控制的案例——一个是对项目文字产品的评审，包括博客；另一个是对汇报的评审。案例研究 6.1 介绍了阿根廷促进公平与增长的公众政策实践中心（Center for the Implementation of Public Policies Promoting Equity and Growth，CIPPEC）的文字产品评审过程。该案例小心谨慎地使用了同行评审机制。其中最为关键的一点是，根据需求，该机构可以在若干天内完成评审工作（作者依据反馈意见修改文件报告的时间并不计算入内）。

案例研究 6.2 介绍了印度尼西亚的万隆治理研究所（Bandung Institute for Governance Studies，BIGS）如何控制演示汇报的质量。BIGS 的汇报存在明显缺点，这促使 BIGS 开展了案例中所描述的强有力的评审。因为 BIGS 汇报中经常需要处理涉及敏感性的预算问题，所以该评审制度需要依据预期的受众结构来制定评审深度，特别要考虑是否有政府官员参与。

五、质量控制失败时如何应对？

（一）两次失误导致的危机

2013 年春天，我们见证了经济分析中出现的影响广泛的重大的方法论错误，这一切至今历历在目。卡门莱因哈特和肯尼思·罗格夫（CR&KR）在 2010 年发布了一份报告，报告称一旦政府债务水平超过国内生产总值的 90％，那么该国家 GDP 增长速度会大幅放缓。一些欧盟成员国根据该研究成果，开始实施严厉的经济紧缩计划，以降低成员国中债务水平超过 GDP90％ 的比重。"90％经验法则"很快成为新的

"欧元区共识"。几个欧洲南部的欧元区国家被迫实施这样的计划,以获得贷款,稳定他们的经济。但该计划导致大规模的失业以及经济萧条(比如 GDP 下降)。遗憾的是,直到两年之后,人们才在分析方法中发现了错误,但此时紧缩计划的理论基础已不复存在①,并引得媒体对此事争相报道。

虽然卡门莱因哈特和肯尼思·罗格夫这一研究失误是最出名的,但无独有偶。2013 年上半年,美国曾经对移民改革立法,其中就是否将"特赦"法令授予前几年非法偷渡到美国的外国人这一问题展开了激烈的辩论。有人认为这样做会增加成本,包括将这些非法移民纳入政府出资的援助计划,使他们有资格享受公共教育、按经济情况发放的福利等,因为如此一来这些人在获得正式公民身份之前,就可以获得参与援助计划的资格。2013 年 5 月 6 日,位于华盛顿的传统基金会坚决反对该项立法,并公布了由罗伯特·雷克托和杰森·瑞奇万(RR&JR)撰写的报告,该报告过高地预估了这些增量成本。他们预测之前非法移民一生共需耗费 6 兆 3 000 亿美元,这比当时所做出的任何一个预测都高出一个数量级。

专家们迅速做出反击,认为这种预测虚高,并且是出于某种政治动机。华盛顿奉行自由主义的卡托研究所一位分析师认为"他们在如此重要的政策问题上,使用了其他经济学家都不会使用的统计方法。显而易见他们会得到可怕的结果。"其他分析师也发表了类似的批判言论②。

笔者认为,智库应当重点关注这两次危机中的主人公如何回应外界质疑。

卡门莱因哈特和肯尼思·罗格夫经过分析,推翻了他们之前的研究成果,并很快公开承认他们在处理数据时犯了一个错误,他们忽略了一些可能会影响结果的观察报告。但是他们也极力为自己辩护,指出自己研究成果与其他经济学家团队的研究成果存在政策含义上的差异,但其研究并非像一些人认为的那样极端(尽管他们带有

①　基于"遭受抨击的债务和增长之间关系的开创性分析"一文,经济学人,印刷版,2013 年 4 月 20 日。参阅沃尔夫(2014,268~259)的在欧元区金融危机背景下,有关这种差异重要性的一个简洁总结。

②　与这些主题相比较,有关遗产研究的讨论详见英乔泰圭,林纳德和博思格(2013)。

明显的政治目的）。

164　　　　卡门莱因哈特和肯尼思·罗格夫展现了承担责任的形象，他们的回应，包括承担错误也是非常成功的，既支持了自身研究又完美肯定了批评者所做的工作。

　　　　形成鲜明对比的是，罗伯特·雷克托和杰森·瑞奇万最初反应是沉默。年轻作者杰森·瑞奇万在报告发布后几天内离开了传统基金会，而离开原因他只字未提，也没有声明所有错误都归咎于他（这或许是不公平的）①。一个月后，该报告仍然公布在传统基金会的网站上，并且没有任何标记表明该报告正在接受重新评审。基金会也不为其研究成果辩护，这让它成为移民改革反对者的把柄。最终在 6 月 10 日，传统基金会在其网站上发布了一个简短的问题声明。该问题声明不但未解决自己预测失误的问题，还攻击了极具权威的国会预算办公室（CBO，2013）即将发布的类似的较低成本预测。

　　　　通过对比，我们不难发现传统基金会的做法是负面典型，它告诉我们哪些事情是不该做的。有人认为倘若分析真的出现问题，保持沉默是应对即将到来的危机的最好做法。事实上，这只是一个泛泛而谈的公关策略②。保持沉默会使智库的其他产品声誉扫地。

（二）危机管理的正确做法

　　　　回应公众批评（如对政策研究、产品缺陷的批评）已经发展成一个术语——"危机管理"。表单 6.2 概述了危机管理的四个阶段。不管这四个阶段是否得到智库的正式认可③，它都是具有广泛适用性的危机管理实践指南。

　　　　显然，第一步是要充分了解批评言论的性质，并且指定专门的智库发言人接听外部质询电话，回应信息的公开请求。只要问题"仍未解决"，该发言人就必须参与所有

---

　　　① D.娜克奥拉，"研究的共同作者离开传统基金会"，华盛顿邮报，2013 年 5 月 11 日，星期六。

　　　② 博客圈中，由"被告"评论产生的新闻，引发更多关注，这种现象称为"史翠珊效应"，该效应得名于一位女演员起诉一位博主将其住所照片公布到网上，结果引发更多的关注，而这一结果是女演员始料未及的。（莫洛佐夫，2011，第 102～104 页）

　　　③ 本部分由里杰斯特和拉金（2008）一书内容，主要是第 124 至 126 的内容，松散地组合而成。

相关讨论中。尽管批评言论可能是由政治原因或专业原因引起的，但是智库必须假定（或装作）它们并不是由这两种原因引起的。智库应暂且接受这些批评，直至证实这些批评是无稽之谈。当然，智库应在第一时间告知董事会和资助者，并迅速发表声明感谢批评者的建议，同时表示报告作者或其他人会尽快核实这些建议的正确性。媒体代表可能会很傲慢、咄咄逼人，但智库发言人切不可如此，应当保持正常的专业交流。

有时候，由于错误理解报告分析或其他原因产生的批评言论应该很快地得以处理。有时，正如上文的卡门莱因哈特和肯尼思·罗格夫，外界会对报告的创新点提出质疑，在这种情况下，报告作者和智库就需要进行额外的研究，花费大量时间弄清楚事实真相。表单 6.3 大致描述了笔者曾编辑过的一本书，介绍了想要解决质量问题所需的全部、极为耗时的过程。同时也例证智库需要（并且应当）维护它们强大分析能力的形象。

一旦搞清事实，智库就必须决定处理危机的方式。如果对智库低质量工作的指控是假的，那么智库就必须认真、全面、谨慎地准备反驳依据。依据问题的重要性，首席执行官或许会聘请智库外部有名望的专家来支持其再分析得出的结果。在任何情况下，智库都必须要把质疑分析结果的人，看作是善良且出于友善的目的。

如果智库研究成果中的确存在错误，那么它首先要做的就是，承认自己的错误，而不是假装自己没有犯错误，忽视外界的批评。如果智库存在错误的研究成果被用于制定政府政策中，比如制定相关法律，那么智库就必须公开道歉。大型公司更应该这样做。例如，2007 年吉百利产品被查出含有沙门氏菌后，吉百利集团马上公开道歉；花旗银行在日本也出过事故，该银行迅速公开道歉（里杰斯特和拉金，2008，第140、145、146 页）。因此，当研究成果中存在错误时，智库应尽快发布修正后的研究成果，或者尽快发布一份声明表明智库不会进一步使用该研究成果。

此外，智库在发现研究报告的错误后应立即向董事会和资助者汇报。这样做可以使董事会和资助者了解报告存在的问题，并做好应对外界批评的准备。同时，智库应在自己网站上发布一份解释声明，或在项目所在网页上发布永久性说明，指出智库已经修改了报告中的错误，并附上正确报告的链接。

六、总结

（一）实践经验

在此章节中，管理有序的智库特征如下：

- 拥有书面的质量控制政策，并被智库内部及利益相关者所熟知。该政策的指导原则是所有产品都能得到适当的评审，依据：（1）产品的知名度和对智库声誉的重要程度；（2）作者或演示汇报人的经历和经验；（3）研究是否基于已经通过评审的其他成果得出。开展质量控制工作的方法有很多，本章介绍了其中一种，并给出两个案例。

- 质量控制方法是具有现实可行性的，也就是说，质量控制有足够的灵活性，不同的产品要采取不同的评审力度、时间安排以及可承受的评审深度。执行既定制度同制度设计同等重要。同样文中介绍了有关制度执行的若干种方法。

- 遵守评审规则是普遍性做法，并且可通过限制产品发布强制智库遵守该评审规则。这些被限制发布的产品一般没有明确的管理者进行担保，其质量一般由评审制度或类似机制来控制。经验表明，最好的制度完全能够自动开展审查。

- 智库应当对质量控制失误造成的负面报道有所准备。智库需要制定一个应对计划，并将计划传递给所有可能参与其中的员工，包括团队领导和高级分析师。（章节中列出了如何回复外界质疑的具体步骤，特别是与媒体打交道的人选。）

（二）资助者须知

1. 资助者应注意：

- 质量控制及其管理的政策声明。资助者询问质量控制计划细节，有助于提高管理能力。检查质量控制范围的全面性以及标准的可行性：例如，如果智库声称对每一份报告进行两次外部评审，这是不可信的。

- 评审产品的具体案例。如有机会，资助者可以多方验证评审制度的实用性，也可以向资深研究员或传播人员询问其参与的具体产品的评审过程。

- 透明度。资助者查看一些出版物是否提及智库资助者。如果报告分析中使用了一组数据，那么资助者需要仔细查看智库是否发表声明，表明智库已经将这组数据提供给相关责任方进行再分析。

2. **智库资助者可能需要做：**

- 由于不完善的质量控制制度内在的声誉风险，以及改进的低成本，要考虑优先与接受资助的智库合作（前提是他们对此感兴趣），以改善质量控制制度。如果你正在资助某项研究，其质量控制机制存在问题，那么你需要将你认为应当开展的评审类型写入合约中。

- 在资助开始时，资助者可以对产品质量设定较高的期望，同时也向执行董事表明，万一出版了低质量产品也是可以理解，但这种情况只能是个例，关键在于如何以公开透明的方式解决这一问题。如果低质量的产品是个例，那么你可以向执行董事保证只要事件得以处理，资金就不会中断。

- 资助者应鼓励智库将所有产品（文字产品和汇报）的评审成本纳入智库预算中，并且乐于为产品评审支付费用。

167　　　　表单6.1　大学院系评审工作与高校智库评审工作的关系

> 一般来说,大学院系的教师研究成果的质量控制和评审工作的经验,并不适用于高校智库。但是,当某个高校智库的高级分析师都是某个大学院系的教师时,该智库与该院系就会存在密切的联系,彼此的质量控制和评审工作就有可能存在共通之处。
>
> 由大学院系教师参与的研讨班,对该院系教师成果的质量控制和评审工作有着特殊作用,并且在一定程度上会影响高校智库的质量控制工作。在研讨班上,院系教师汇报、分享自己的研究方法和成果,听取别人意见和建议,进一步深入探索自身的研究领域。举办这种类型的研讨班,既可以提高教师的研究质量,也可以为教师展示工作成果提供平台。[a] 很多大学院系将这种类型的研讨班视为评审年轻教师工作成果的方式之一。通常情况下,一位尚未获得终身教授资格的教师会在一个学年内参与一次或两次这种类型的研讨班。资深教授也会参与以评价研究工作技术质量为主题的研讨班。若研讨班讨论内容与高校智库研究工作相关,那么高校智库就必须派遣研究员参与研讨班。
>
> 总之,高校智库应当鼓励研究员参与大学院系召开的、与本智库工作相关的研讨班。需要注意的是,这种类型的研讨班通常由大学院系(非智库)组织举办,因此研讨班的具体举办时间可能会与高校智库项目研究进度安排不一致。但是,如果某高校智库的研究员都是某院系的教师,那么该院系领导可以与该高校智库领导,共同协商决定研讨班的具体举办时间。
>
> 大学院系通常将教师研究成果的质量控制责任转嫁给期刊或专著的编辑,由他们依据自身专业能力判断是否发表或出版某位教师的文章、专著。然后,大学院系据此综合评估教师的研究工作。例如,教师是否在同行评审期刊中发表过文章,或者发表的文章数量,是大学院系评审教师工作成果的重要指标。但是,大学院系的这种评审工作大都耗时较长,并不适合高校智库评审工作,因为高校智库通常要求用最短的时间完成高质量的评审工作。因此,高校智库同其他类型的智库一样,也需要制定适合自身需求的质量控制和评审智库。

a. 人们普遍认为,芝加哥大学的研究人员成果高产且学风严谨。详见凡·欧乌特威尔德(2007)。

168　　　　表单6.2　危机管理的四个阶段

> 1. **危机感**。智库意识到工作存在潜在的质量问题。紧接着,媒体和其他媒介,比如网站、倡导型组织的时事通讯也会关注到这一问题并了解到问题的影响范围和深度。智库的首席执行官会召集由一小部分人组成所谓的"危机团队",以专门处理这一问题。
>
> 智库会在其网站及其他社交媒体上发布声明,表明智库正在研究外界对其批评的真实性。其实有一点很明确,需要让智库所有员工都明白,不管是谁提问问题,都要告知其去询问智库发言人,而不能自作主张做出回答。如果出问题的研究报告或政策简报仍然在网站上,智库应该声明自身已经发现了问题,并正在调查和研究该问题。理事会和项目资助人应该被告知这一问题,并且在采取补救行动前再次告知理事会和项目资助人。

（续表）

> 　　2. **调研**。确定问题的具体情况。这可能包括直接与提出批评的专家接触，了解其所做分析的细节；这一步骤包括收集和审查所有文字材料，并与提出批评的人直接会谈。智库首席执行官须要决定是否接触材料作者或其他人。其他可以采取的行动包括仔细审查研究工作是否存在失误。"危机团队"可能会想要通过召开会议来审查所有获得的信息，包括外部专家的看法，以了解第三方对该事件的看法。
>
> 　　3. **进行决策**。在前面所做工作的基础上，首席执行官会同危机团队，可能还有其他成员一起决定应采取的措施。他们要形成一份声明，要么说明智库支持研究报告，并指出批评和质疑并不真实，或者并不恰当；要么主动撤回研究报告，承认发现了问题，并指出研究会在将来或者已经开始重新开始。最终决策不能在递交给理事会之前通过任何公共渠道发布。
>
> 　　4. **实施**。智库在其网站和社交媒体发布声明，公布其最终结论。这可能意味着重新研究即将或已经展开。研究报告可能已经被从流通中撤下，包括智库网站。但报告的标题应该保留在网站上，并标注其具体状态，如已被撤销，研究正在继续等。
>
> 　　如果智库支持其研究成果，那么研究人员需要准备一份声明（可能会需要他人的帮助），说明为什么他/她认为批评和质疑是毫无根据的。在一种极端的情况下，智库可以邀请第三方专家一起准备该声明以增加声明的可信度。
>
> 　　如果该研究问题没有被快速解决的话，最终声明应该及时发布，以尽快结束这一研究中的"小插曲"。

表单 6.3　核查分析内容会耗费时间和资源，但这是值得的

169

> 　　在 20 世纪 90 年代早期，城市研究所一位研究员曾撰写大量的论文介绍非裔及拉丁裔美国人在美国遭受的歧视，论文中提到，他们可能在租赁、购买房屋、就职于初级职位、抵押贷款或购买保险时遭受歧视。这位研究员在调查中设计了以下实验：一个白人和一个黑人，用完全一样的简历各自申请一个初级工人岗位。面试结束后，这两人需要独立填写一份完全一致的表格，描述他们在申请中是如何被对待的。从这两人反馈的信息中，可以看出，美国对非裔及拉丁裔美国人的确存在歧视。
>
> 　　研究员将他的观点整理成书，但在这本书出版之前，城市研究所的高级管理层阅读了新书样本，并发现了书中有一个潜在的有些尴尬的矛盾。书中有一章作者对研究方法的评述方法和全书主要观点完全相悖——而这种潜在的矛盾并没有在书的导言中得到很好的解释（也许，外部评审员早就应该发现这个问题，并在书稿当中加注说明）。这本书直接被禁止发售，城市研究所立即邀请了一个外部统计学家研究这一问题并试图解决它，并且在该统计学家开始工作前，城市研究所同该书所有的作者进行了紧张的会谈。最终结果是：（1）章节作者撤销了其撰写的存在矛盾的章节，并提交修改后的新章节；（2）对全书前言进行了修订。
>
> 　　在这件事中，智库管理层很负责地对待这一问题，并花费了大量时间（该书发售时间被推迟了大约一年）和资源（包括销毁大量的已有印刷本）去修正这一问题。

170 ## 案例研究 6.1　文字产品的有效质量控制程序

促进公平与增长的公共政策实践中心（CIPPEC）成立于 2001 年。随着该中心的发展，其政策项目、区域研究及相关研究成果数量也在不断增长。该中心的不同部门有着不同的评审程序和质量标准。

因此，传播总监负责每份文字产品出版的编辑和质量控制工作，需要确定 CIPPEC 书面成果质量标准设定的要求，以使编辑和出版工作程序化。正式的质量控制程序可以设定具体质量要求，为产品成果提供模板，进而提高出版物质量。

自 2010 年起，CIPPEC 制定了出版政策，确定智库的文字产品出版物类型，建立内部质量控制程序（该程序在产品设计、撰写和评审阶段都要遵循），以及确定各文件类型（书籍、手册、指南、工作底稿和政策简报等）的模板。

为了保证政策的实施，CIPPEC 在传播部门设置了一个新的岗位，主要负责编辑并监督出版物质量。该职位全面负责整个出版流程，根据出版物类型的不同，该职位负责或多或少的细节性工作，并保证智库出版物的一致性。CIPPEC 有 9 个不同的项目部门，有超过 60 名研究人员在不同的政策领域工作，有时他们的研究领域还会出现交叉，每年智库的出版物多达 50 多项。在这种环境下，保证高质量的政策研究与建议延续性非常重要。

评审过程：以政策简报为例

智库出版政策的一个核心目标是保证即将出版的文字产品在最短时间内达到最高的质量。为了清楚地表达整个过程，我们把政策简报当作智库主要出版物并以此为例。另一个案例"博客的发布"在下文也有论述。

智库质量控制过程的重要特征之一即该过程主要是在机构内部完成的，而且智库的管理委员会成员——CIPPEC 最高管理机构——也发挥着重要作用。2010 年，CIPPEC 设立了"政策简报委员会"，该委员会由五名董事会成员组成。这些董事会成员在简报出版之前对其进行审阅和评论，在特殊情况下，成员们对简报的审阅和评论需要在 48 小时内完成。政策简报委员会应吸纳那些在众多领域（传播与沟通、政策领域、私营部门等）经验丰富的董事，他们可以开展严格的技术评审，并评估简报对不同受众造成的影响。

在年度规划会议上，传播部门都会估测 CIPPEC 预计出版的文字产品类型及其数量。政策简报就是其中之一。

1. 在撰写政策简报前，智库应召开内部会议确定撰写需求，制定具体的撰写计划。

2. 经过批准，研究者撰写政策简报，撰写完成后将该简报递交给传播部门的出版协调员，由他对简报进行编辑并反馈给研究者相关的修改意见。

3. 研究者整合反馈意见，再次修改政策简报，将修改后的政策简报递交给传播部门出版协调员。

4. 传播部门出版协调员对修改后的政策简报进行评审，并开始进行政策简报整体设计工作。

5. 在根据模板调整政策简报格式后，传播总监将政策简报提交给 CIPPEC 董事会。尽管每一位董事会成员都会收到政策简报，但智库只强制要求政策简报委员会成员必须对其进行评审。如果该简报发行时间迫在眉睫，那么政策简报委员会成员只有 48 小时时间来评审政策简报。如果政策简报发行并不紧急，委员会可以在 3 到 5 天内给出评审意见。

6. 不管研究员得到的反馈是否有价值，他们都需要对这种反馈做出回应。如果想让政策简报吸引媒体和政策团体的注意力，执行董事就应该仔细审阅简报并对其做出评价（执行董事会收到所有的政策简报，但他并不会每份都给予评价）。如果该政策简报对于智库声誉非常重要，那么董事会可以与撰写该简报的研究人员就政策简报内容进行面对面的会谈。

7. 政策简报的发行应由传播部门负责。

结果与挑战

这种模式加快了 CIPPEC 编辑和出版文字产品的流程。一开始，研究人员可能需要花费时间和精力去适应这一流程。但当每个研究团队都充分熟悉了政策简报的目的、他们的目标受众和撰写风格，一切都会变得更加简单。

171

该流程面临的另一个挑战就是时间规划。CIPPEC 意识到他们需要仔细地规划该流程，才能保证研究人员工作效率。一些难以预料的事情，比如突发的政治变化都会影响该流程（这会让所有已经准备好撰写政策简报的研究人员迅速停止撰写该简报，转而进行另一项工作）。因此，智库的出版政策要能预测工作中遇到的可能性，保证一定的机动性以解决突发问题。

博客发布的案例

近年来，CIPPEC 在若干政策领域建立了博客，比如与教育、社会保障相关的博客等。相关领域的政策研究专家和传播部门决定建立这样的虚拟空间以吸引更多的受众，开设博客的领域应符合以下标准：是否有能力每周都发布新内容或检查已发布内容；其目标受众对于智库而言是否重要；政策研究领域是否有充足的资源（主要关系到博客活跃作者的数量）。传播部门同时也会参与博客的设计和博文的组织工作。

尽管博客的质量控制和评审形式并不正式，但也正像政策简报质量控制过程中所描述的，一个简单的对博客内容进行编辑和发布的流程已经建立。该流程考虑了博文内容的时效性。当作者撰写完成一篇新的博客，他/她必须将其发送给传播部门，传播部门必须在 48 小时内完成对其的编辑和反馈工作。如果传播部门的编辑在审阅博客草稿的时候认为内容中可能包含技术性问题，该编辑就可以提醒博客作者注意查看博文中的技术内容。如果传播部门没有在 48 小时内给予回复，博客作者可以在网站上发布原始博客。

因为博客篇幅较短，并且往往与正在进行的调研密切相关，所以传播部门必须快速编辑以保证博客所需的即时性。一旦博客被发布，它就会被自动推送到所有对该博客做出过贡献的成员。除此之外，传播部门也会和作者合作，通过社交媒体，诸如 Facebook、Twitter 发布最新的博客内容。

莱安德罗·真迪和多洛雷丝·阿列塔

促进公平与增长的公共政策实践中心

布宜诺斯艾利斯，阿根廷

案例研究 6.2   演示汇报预先评审的好处——以印度尼西亚 BIGS 为例

172

背景

通过参加研讨会和会议，我意识到一些演讲者或者研究者的汇报内容过于宽泛，他们想在有限的时间内说明很多问题。这样就会使汇报变得没有重点，从某种意义上讲，这是一种失败的汇报。反思这一问题，我发现我所工作的智库也存在这一问题。

作为一个主要从事预算研究和公共开支研究的智库，我所属智库需要经常发布一些具有政治敏感性的研究结果和建议。因此，智库需要使用恰当的方法表述研究成果，获得持不同观点的受众认可。在成果的演示汇报中，智库就面临着一个挑战：如何隐晦地表达智库的愿景和目标。

演示汇报需要突出核心观点，并且了解受众的看法，这使得智库必须为研究成果的演示汇报制定周密的流程，尤其是在研讨班、媒体见面会及其他与媒体打交道的场合中进行成果演示汇报时。

需要解决的具体问题

我们发现成果的演示汇报需要考虑以下三个方面。首先，如何让汇报主题紧紧围绕主要目标；其次，如何恰当地传达有关智库的信息，以此提高受众对研究成果的认可；最后，如何向不同的利益相关方有效地传递敏感的、有争议的信息。

研究者想要在单一的场合就把所有的研究成果都公布出来，这是不现实的，其结果可能是演示汇报偏离主要目标。研究者似乎把演示汇报当作了唯一的宣布其研究成果的方式。然而，演示汇报不是唯一的可以展示智库成果的机会，也不是唯一的能与受众交流的机会。偏离主要目标的汇报往往会导致以下问题：不能有针对性地向特定受众推广其研究成果，对于以后将采取何种措施弥补这一问题或推广其成果也无从得知。

汇报人在演示汇报一些涉及敏感或有争议问题的研究成果时，需要一些特殊的方法。未能达到预期的汇报效果的原因可能是汇报人并未了解客户的真正需求，或汇报人并未真正了解研究成果的具体价值。针对不同的客户群，汇报人应当使用不同的演示汇报方式。例如，对政府官员汇报方式与对非政府组织汇报方式是不同的。

可选的解决方案

解决上述问题有多种方式可供选择：智库对研究人员的汇报提供指导，智库领导或机构外部专家预先对汇报进行评审（也就是下文所说的"外部评审"）。

演示汇报的评审规则，目的在于提高汇报质量，使其能够被广泛接受。该评审规则涉及以下内容：(1) 背景、目标及其他必要信息；(2) 鉴别涉及政治敏感性问题的方式；(3) 针对特定受众，构建特定汇报框架。

制定演示汇报的评审规则目的在于确保公之于众的研究成果是成熟的，并且在发布前通过了专家评审。演示汇报的评审规则具有普遍适用性，研究员可以按照演示汇报的评审规则预先演练自己的汇报过程。

内部评审一般由同事、资深研究员或董事会成员实施。对未涉及敏感问题的汇报，只需进行内部评审。内部评审一般是通过会议的形式，在相关研究成果尚未公布之时，智库召开会议专门对汇报进行评审。通常给技术人员的汇报才会进行内部评审，也就是说，针对公务人员和政策制定者的汇报一般不进行内部评审。

如果项目研究成果涉及敏感问题或核心问题，那么就需要实施另外一种类型的评审，即由外部专家（通常是相关领域、研究方法的专家）进行评审。外部评审通常以小组会议（研讨会）的形式进行，或者是由专家和汇报人单独见面会谈。这样的评审可以完善汇报的内容信息，更加明确地传递研究成果的核心观点。此外，专家可能会对研究成果和相关的政策建议提出不同的意见，这有助于丰富汇报的内容。

挑战

使用演示汇报的评审规则可以使汇报人的汇报更有效率和针对性。但是，使大家接受这种规则面临着很多的困难。尽管存在书面的演示汇报评审规则，但是很多研究人员有自己的汇报风格。这种情况是普遍存在的，因为研究人员往往关注研究成果而忽略评审规则中的汇报标准。

　　智库针对演示汇报开展内部评审是很容易的，并且这种做法对缺乏经验的汇报人非常有益，因为内部评审可以使汇报人明确汇报中存在的问题。然而，缺点就是内部评审可能会使汇报人和与会者过于关注细节问题，从而使评审无法产生积极效果。

　　尽管智库开展外部评审需要耗费更多的资源，一般而言，外部评审会取得更好的效果。但外部评审的挑战在于，当评审员发表负面评论时，这些汇报人会感到气馁。此外，汇报人或许过于重视外部评审，这会使汇报的目的发生变化。

有益之处

　　事实上，上文提及的评审规则会产生重要的影响：在汇报自己成果时，汇报人信心十足；与会者更多地关注研究成果；相关的媒体报道更贴切研究成果。

　　对汇报人而言，当汇报中涉及敏感性问题时，汇报过程就会遇到困难，比如预算问题。经过评审后，汇报人在面对产品受众和利益相关者时会更加自信。评审过程中，受众会产生各种各样的反馈。因此，评审过程也就成为汇报人练习如何回应受众的场合。

　　了解与会者的观点是关键。根据我们的经验，与会者间往往有不同的利益划分。有些与会人员对汇报中的问题产生兴趣，深入探讨；有些与会人员则对机构使命产生兴趣；此外，有些人也会对汇报提出的分析和建议产生兴趣。因此，为了未来宣传的需要，智库需要了解并记录各种各样的反馈信息，这是非常有用的。汇报过程中，智库可以确定研究成果的主要受众，并采取针对性措施获得他们的支持。

　　媒体介绍和报道研究成果的方式是很重要的。在宣传方面，媒体可以担任"信使"的角色，传达智库相关信息。但是，有时媒体可能不能抓住报道的重点。随着演示汇报评审规则的不断完善，媒体更容易准确报道研究成果。

西蒂·法蒂玛

万隆治理研究所

万隆，印度尼西亚

第七章　充分利用董事会

　　"董事会的职能是为机构保驾护航并指明机构的发展方向。"蒙特利尔经济研究所米歇尔·凯利·加尼翁如是说。（利普斯，2009）

　　"独立智库应由甄选出的领导机构进行治理，机构中的成员也应尽心致力于完成智库使命。此外，该机构还要有一套成熟完备的管理政策及准则。在理想状况下，该领导机构应保证拥有的人力和财务资源，同时积极地监控智库的财务和日常运营。"（帕亚斯，2011，第 14 页）

　　理事会（也叫作董事会）、总裁、管理委员会中的主管以及研究团队领导，应参与管理重大的智库活动。对于一个私立的公共政策研究机构而言，董事会或理事会是非常有价值的资产。但是，智库并不能充分发挥董事会或行政委员会的价值。其原因有以下几点：董事会错误的角色定位；才能与任务的不匹配；总裁不能与董事会一起进行创造性的工作，从而无法调动董事会成员参与机构事务管理的积极性。

　　此外，如果那些重要的管理决策的责任在董事会、总裁、管理委员会以及旨在向总裁提供建议的高级委员会之间进行错误的分配，那么董事会的"生产力"也会被损害。智库的关键任务包括制定机构议程、确定职员薪酬，以及如何系统地安排机构的研究活动。其中，只有第一项任务由董事会负责，其余任务则都不是由董事会负责。在很多国家，责任的正式分配主要以法律为前提条件，这些法律为非营利机构规定了特定的组织结构。但即使是法律规定的组织结构，对智库而言也不是最有效的。

　　这一章讨论董事会或理事会的组织结构和职能。本章内容主要供智库总裁或者执行总裁参考，并概括了总裁如何实现工作效率最大化，以及如何从机构董事会获得最大帮助的方法。此外，还为董事会的组织机制和管理机制提供彻底全面的治理方 法。在外部管理事务中，总裁的主要目标应该是让董事会花时间去为机构发展过程中的关键问题提供建议。

这份报告中大部分涉及的是相对成熟的机构内总裁和董事会之间的互动，这些相对成熟的机构指的是那些存在 10 年及以上的，同时已进入智库第二阶段很多年，并且总裁和董事会流动率较低的机构。这些机构的成熟和稳定非常关键，因为这在根本上决定着董事会能够放心地把多少权力授予总裁。机构越成熟越稳定，董事会就可以把越多精力放在战略性问题上，而把管理事务委托给总裁。

本章内容有四个来源：笔者作为一名董事会成员的经验；与第一阶段和第二阶段智库的董事会成员的访谈（这是捐助者的本职工作），与许多第二阶段和第三阶段智库高管的讨论；近期关于提高董事会工作效率的书籍；过去三年对 3 个智库运营情况的深度评估。[①]

一、董事会概况

智库的最高权威归属董事会——确切地说，这是由各国法律和实践决定的。有关管理非营利性组织的国家法律，明确规定了智库的职责。这些职责的核心内容可以被简化为两条：保持问责和维持公众的信任。问责制可以保证合理利用智库资源，使资源既没有被消耗在过度昂贵的办公场所、差旅以及工资上，也没有用于贪污受贿。智库也必须维护公众信任。在大多数国家，与营利性组织相比，致力于公众利益的非营利性组织享有一些特定的法定优惠条件，特别是税收优惠。作为回报，智库致力于公众利益。比如，智库应致力于改善公共决策，并就当下重要政策问题教育公

---

① 这段经历包括在莫斯科非营利性的城市经济研究所担任董事（1995 至今），在布达佩斯营利性的大都会研究所董事会（1992～1997），以及在莫斯科的 E—A 评级服务公司担任董事的经历（1997～2001）。董事会的责任和全国家庭事务委员会的活动作为评价董事会的整体运作与其他类似任务的一部分，该活动在约旦皇家的赞助下运作。参考书目包括鲁滨逊（2001 年）、舒尔茨（2001 年）、卡弗（1997年）、查兰（1998 年）和拉·皮亚纳（2008 年）。

众。董事会的工作是确保智库向着这些目标努力。

（一）董事会的类型

斯通（2005）罗列了 5 种从事政策研究的智库：

- 作为非营利性组织的独立民间智库；

- 附属于大学的政策研究所；

- 政府创建或国家资助的智库；

- 公司创建或与其业务相关联的智库；

- 政党智库。

很显然，上述 5 种董事会有不同的目标和治理结构。了解它们之间差异的最佳方法是研读各个国家有关智库结构的论文，并区分每种智库类型的具体情况（详见斯通、德纳姆和加尼特，1998；麦根和韦弗，2000；斯通和德纳姆，2004）。

本章的研究重点是第一种类型的智库。但即使同为独立的非营利性智库，彼此之间也存在很多重要的差异，这些差异产生于不同智库所在国有关创建和运营非政府组织的国家法律条文。例如，俄罗斯的最高决策机构是由高级智库官员组成的管理委员会，法律中并没有规定外部董事会的监督责任。在某些国家，智库创始人就相当于董事会。[①] 政府资助的智库通常有不同的治理结构，它们更像是政府部门的执行机关，而不是一个独立机构。甚至在执行总裁及其管理团队全权负责内部运营的智库中，行政委员会也可以通过从政府获得的资金来影响智库工作的开展。

许多智库拥有两种委员会：管理委员会或董事会/理事会。一方面，管理委员会负责日常运营事务（详见第 8 章的内部治理）；另一方面，理事会/董事会则承担着战

---

① 蒙卡达和门迪扎芭（2013）讨论了另一种类型——会员制董事会，在该模式之下，所有员工构成智库（合伙人集合）工会组织，通常包括它的研究人员和创始人。该（合伙人集合）工会组织是最高权力机构，并定期举行会议，选择执行总裁及执行委员会，这些人或来自内部成员或是来自外部。与其说执行委员会是董事会倒不如说它是一个管理委员会，因为它有日常职务。详见奥多涅斯（2012）。

略规划和最终的信托责任。这种模式是标准的模式。[1] 本章以下内容便是以上述职责划分方式作为标准模式为前提展开叙述的。[2]

（二）董事会的职责范围

董事会扮演着三个方面的角色：法律的、功能的和象征的。[3] 智库依法而立，法律授权董事会监督智库活动是否遵守相关规定。有些是常规性的规定（例如，董事会每年至少召开一次会议），但其中有两种规定最为根本：董事会对智库的财务完整性负责，确保智库忠于自己的使命（这是智库建立的最初目的）。

智库董事会之间的职能差别非常大。事实上，董事会最大的问题是未能清晰界定其主要任务。董事会常见的职能包括：确保智库明确机构使命、任命总裁、评估总裁绩效、了解智库的财务状况和政策绩效，评估和审核智库策略、协助筹资活动等。但是许多董事会发现他们过分关注智库运作层面的细节问题，比如决定购买哪种电话或计算机系统，或者如何去设定不同职位的薪资差异——这些任务最好留给管理人员。经常关注这样的细枝末节会导致董事会没有时间提供咨询，也无暇关注智库战略的发展方向。

董事会自身形象是非常重要的，董事会成员通过与智库产生联系而获得智库的声望，与此同时其自身也成为智库形象的一部分。智库的官方信笺、网站和印刷品上的董事会人员名单均可显示出该机构的价值观和实力。

与总裁和其他员工相比，董事会成员在展示智库形象方面具有更多优势。作为智库的形象代表，其身份本身就暗含机构的信息，并有利于扩大智库的影响范围。通

178

---

① 门迪扎芭(2013a)报告表明，部分智库创建了另一种内部委员会，该内部委员会关注各种各样的管理问题。他认为，如果每一项任务没有明确的界定，委员会的每项职责没有认真落实，那么就会造成智库的冗杂、混乱和资源的浪费。

② 此外，智库往往选择睿智并有声望的人组成咨询委员会，他们能提供更多的技术建议。委员会成员大多来自研究所和非政府组织，包括若干杰出的外国人。咨询委员会的实际活跃程度有很大的差异，有些几乎没有举行过或只举行过一、两次会议。咨询委员会没有信托责任，所以他们一般不会关心该机构的审计和相关问题。这样的咨询委员会并不在本章作进一步讨论。

③ 这部分引自鲁滨逊(2001，第11~12页，第29~40页)

常认为，董事会成员并不能通过传播一个智库的好名声而获得什么利益，因此，他们是最值得信任的人。董事会成员能够充当形象大使的角色，进行政策推广抑或是开展筹资活动。智库总裁的一项关键任务就是明确如何才能够激励董事会成员发挥这些积极的作用。

二、董事会的共同问题和任务

董事会的职责和任务在其规章制度中已阐明。发展绩效研究所的章程极具代表性，其章程框架见附录 7.1＊。附录 7.1＊ 中的章程内容，语义宽泛，留给董事会界定其实际职责很大的余地，所以，附录 7.1＊ 中的章程内容未能精确界定董事会的实际职责。

那些关于如何建立有效的董事会方面的书中列举了很多低效、浪费时间和错失良机的例子。这些著作的作者和智库总裁就智库董事会效率问题进行的谈话，也暴露了一些问题——即使董事会由那些具有创造性、精力充沛并且非常成功的人士组成，总裁也会因未能从董事会中获得有效信息而产生挫败感。

董事会某些常见的做法和会议的结构能够耗尽其效力。卡弗（1997，第 9～10 页）提出了一些非常好的例证：

- 目光短浅：董事会关注那些普通员工都能够处理的日常事务，而未关注那些可能给机构带来更重要成果的事务。

- 工作被动：董事会被动回应员工的行为和信息，而不是主动做出指示（例如，确定会议日程的主题）。

- 纠结于过去的工作：董事会在总结员工已有成果上花费太多时间，这应该属于一个管理问题，而不属于董事会的职能范围。

- 监管漏洞：董事会成员绕过总裁给员工直接指派任务，这就很难使总裁对结果负责。

- 权责模糊：总裁和董事会各自职责范围没有明确界定，这使其无法明确地行使相应的权力。

上述问题表明了，董事会经常不恰当地介入管理事务，下文列举了可能分散董事会对重要事务的注意力的若干事项，这些事项并不应该成为董事会关注的焦点：

- 人事：做出关于工作规划、招聘、解雇、晋升和奖惩的决定。
- 薪酬：涉及薪酬范围、等级、调整、激励、福利（总裁的薪酬是例外的，它应该由董事会决定；大部分高级员工的工资也应由董事会决定）。
- 供给：做出关于采购、招标授权、存储、财产清册和回收利用的决策。
- 会计：预测、预算、存储、控制、投资和紧缩开支。
- 设施：决定空间分配和需求、房屋租赁、维修和翻新。
- 风险管理：处理保险、承担金融风险、贸易保护和免责声明。
- 报告：拨款报告、税收报告、合同管理报告。
- 通讯：制定有关电话系统、会议、公告、邮件分发、数字媒体利用等政策。
- 管理方法：处理内部目标设定、员工配置模式、团队构成、意见反馈互动、规划方法、控制方法和参与程度等事务。

很显然，如果董事会过多地介入这些事项，那么他们将会花费大量的时间处理这些细节问题，那么，董事会就要承担无暇应对战略问题所带来的风险。

董事会所涉及的非管理性事务范围在很大程度上取决于智库的规模、成立时间及其总裁的管理经验。关键在于，随着智库规模的壮大（如果智库足够成熟，那么其壮大的空间就会变小），智库管理会更加专业化并招募到更多有管理专业背景的人员。相比之下，新成立智库的总裁往往缺乏相关经验，因此他们必须听取董事会对管理问题的看法。

新成立智库的董事会成员与总裁所面临的挑战是，明确何时让专业管理者接管智库的管理性事务，并逐步向董事会提出具有重要战略意义的问题，这通常是一个循序渐进的过程，这期间需要总裁和董事会主席密切合作。有时，在总裁和董事会主席上任之初，董事会仍会介入管理问题，这就使得董事会与管理问题划清界限的时间就会推迟。

当然，董事会适时地移交管理责任也是值得称颂的。但是，董事会目前存在的一个普遍问题就是过多地涉及内部管理事务，甚至连进入第三阶段的智库也存在这种情况，下文论述了这种情况产生的原因。

　　　　一个拥有良好声誉和管理得当的第三阶段智库有强大的专业管理团队，他们都要经历老总裁退休、董事会任命新晋总裁的过程。新晋总裁对早期的管理问题会感到好奇，他会向其他董事会成员寻求帮助并咨询意见，董事会成员们也会很乐于帮助新晋总裁。如此一来，就会出现两个问题：一是智库管理团队不满。由于没有遵循原来的方式解决问题，他们认为自己的能力遭到了质疑；二是总裁虽从董事会成员那里获得了一系列建议，但这消耗了总裁大量的时间，对智库也无益。

总裁有提高董事会运作效率的潜力，因为通常是由总裁起草董事会会议章程并经董事会主席讨论和批准，也是由总裁决定提供给董事会的背景材料的数量和材料分发时间。但是董事会如何朝着最佳的方向发展呢？

在不考虑智库成立时间和规模大小的情况下，下文内容对所有类型的智库董事会均适用。在本章"总结"之前，也特别说明了新成立的智库董事会需要注意的事项。

三、聚焦董事会

本节第一部分将讨论智库总裁与董事会之间的分工，第二部分主要内容是董事会要想实现对智库的状况和绩效的监管需要获取的信息类型。

（一）董事会与管理层各司其职

与董事会共事、并有助于提高其效率的咨询顾问，谴责上述提到的种种问题，他们认为这是在浪费董事会成员的专业知识和经验。咨询顾问正在寻求方法以促进董事会的精力和智力资源集中于智库的核心任务和长期规划上。换言之,董事会应该把精力集中于智库如何更好地完成其根本使命——优化政策研究,影响公共政策,了解政策辩论。长期规划的关注焦点是明确国家新兴政策议程的重点,以及明确机构现有的实际问题以增强自身优势,为智库从事该领域研究提供可用资源。董事会应该首先解决这类问题。当然,并不是所有的董事会都能够这样做,但是总裁必须巧妙地引导他们讨论此类问题,从而能够从董事会得到更多的建议。

总裁和董事会应一致认同董事会的责任就是提供管理性建议。如有必要,董事会可以要求获得相关信息并介入管理性事务。在关键事务的公开讨论中很可能产生这种对信息的请求,这一点后续会讲到,但是这应该是特例而不是一个规则。

总裁应督促董事会积极提供管理性建议,那么总裁首先要起草一份明确的有关智库使命的文本,表单 7.1 是该文本的样例。该文本极具普遍性,一经采用,董事会还需要增加一系列衡量智库绩效的指标(详见第 12 章)。

总裁为了督促董事会提供管理性建议,不管董事会将多少权力授予总裁或其管理团队,总裁都需要明确自己的职责。"高管限制条款"有双重目的:第一,这些限制条款能够阻止员工做出董事会认为不道德或过于冒险的行为;第二,在总裁和董事会之间还没有建立完全信任的智库中,这些限制可以给予总裁额外的指导,以使其明确如何履行具体的管理职责。董事会和总裁都应该了解他们各自的职责。董事会负责定期检查管理活动是否遵循"高管限制条款"中的规定。

表单 7.2 是关于调节董事会和总裁之间关系的两个文本示例。"总裁授权"概括了总裁的权力和职责,"对董事会的沟通和支持"则概括了总裁对董事会的义务。两个文本示例均应纳入董事会章程。

"总裁授权"使总裁的权力受到了董事会批准的有关机构使命的文本和"高管限制条款"的双重约束,"总裁授权"规定了"高管限制条款"应随董事会和总裁之间责任分配的变化而做出相应的调整。它能够保护总裁免受来自董事会个别成员对信息的无理需求,也能够保障总裁只需要听从全体董事会的决定,而不是其中个别成员,哪怕是下属委员会会的决定。上述声明明确阐述了总裁的管理权威。

"对董事会的沟通和支持"要求总裁为董事会提供特定的信息，例如，这些信息包括评估智库实现其预设目标的进展情况，以及那些可能影响机构声誉和财政安全的偶发事件。

虽然这两个文本确立了处理总裁和董事会关系的基本原则，但是它们仍然需要董事会明确界定总裁的权限范围。表单 7.3 是一个关于财务、资产和员工管理的文本示例。例如，总裁有权决定机构签订契约和补助金的最高金额可达五万美元。超过该限额，总裁必须得到董事会的许可。同样地，总裁在人事领域拥有广泛的权力，但是关于报酬和晋升的决定必须是客观合理的。

最关键的一点是，"高管限制条款"明确规定了总裁的操作权限和董事会保留的权力。董事会没有理由介入总裁的职责范围，特别是当这种介入需要以牺牲大局为代价时。董事会的任务就是在遵守已有规则的前提下定期履行自己的职责（例如，在财务和资产保护领域，年度审计可以提供大量有价值的信息）。自然而然地，总裁可以就其直接管辖的事务向董事会寻求建议，许多总裁通常也都是这么做的。只要这种思想和信息的交换不是频繁的，并且是非正式的，那么他们就能够建立支持和信任。

如果总裁与董事会之间频繁进行思想和信息的交换就会触及董事会的信托责任。之前介绍的文本规定非常重要，因为这些文本对总裁的权利和责任设置了限制，以避免其在关键领域将智库置于风险之中。董事会主席和有深厚金融背景的董事会成员应审阅财务季度报告，该报告的主要内容包括现金流、项目支出、利润和亏损、投资支出，这些本质上都是投资与回报。通过这些收支数据能使董事会轻而易举地把握智库运作的整体情况。年度外部审计可以监督智库基金支出和其他事项是否遵循适当的程序，通过上述文本、收支数据，以及年度外部审计，董事会足以履行信托责任的义务。

　　董事会负责的各项事务由一系列的流程把控,具体流程分为以下细则和主题　　183
文本:①

- 董事会的常规会议或特殊会议。

- 筹备和分发会议议程。

- 监督会议的出席情况。

- 检查法定人数以及运用的投票方法。

- 为联系董事会成员和紧急决策投票出谋划策。

- 起草和批准新政策。

- 开展董事会的选举活动并填补董事会的职位空缺。

- 处理董事会成员的辞职或免职。

- 指导新董事会成员。

- 组织董事会自我评估。

- 准备和批准会议记录。

- 计算董事会成员的补偿金额。

　　由玛丽莲·怀亚特等人编制的文件——《非政府组织治理手册》,包含上述活动的标准流程,是非常有价值的,值得参考借鉴。完整的引文在参考文献中(如上所述,附录 7.1 * 列举介绍了有关活动流程的例子)。

(二)董事会和智库战略

　　智库的战略或战略计划应该是一系列协调的行动,这些行动旨在创造和维持智库在政策研究、政策参与和传播以及其他潜在任务方面的竞争优势,②它是指导智库不断发展前进的行动指南。显然,行政委员会在战略上投入资金,支持战略发展、接收战略执行信息并且根据需要调整策略是非常重要的。制定战略的方法详见第 8

---

① 引自帕亚斯(2011),第 42 页。

② 修订版的定义出自拉·皮亚纳(2008),第 31 页。

章。这里只关注董事会在这一过程中的角色。

　　智库完善战略的关键是在需要之时，董事会能够给予此战略足够关注。这一关注主要体现在两个阶段：第一个是在制定战略阶段，第二个是采纳该战略之后，即对战略成果的监测阶段。

　　1. 制定战略期间。 如果智库领导采取相对简单的办法制定智库战略，那么在此之前，董事会应被告知正在更新（或首次制定）某一战略及该战略的内容和制定过程的概述。之后董事会的作用体现在以下三点：第一，当智库业务产生重大变动的时候，也可能是业务拓展（例如，智库开始在其他国家开展业务或者添加教学项目）时，如有必要，董事会应审查智库的使命声明。但在董事会初创期，这种情况较少发生。任务划分是整个规划过程必不可少的举措。如果没有重大变化发生，那么这一步就可以轻巧地处理（瑟烈，2013）。第二，当制定战略的过程没有充分按照预期定义和分析（使命声明中的内容）的方向展开时。董事会在早期阶段的想法是很有价值的，并且还能为探讨计划草案铺平道路。第三，当战略草案可行时，董事会也会采取一定的措施。

　　在第一次会议上，在总裁总结后，应征求董事会对未来规划的看法，包括他们对未来几年待解决的重要政策问题、资金来源的潜在变化、智库和"研究与倡导型"非政府组织对发展蓝图的潜在变动、智库的咨询服务等方面的看法，董事会的意见是非常宝贵的。然后讨论可能采取的措施，如在不同区域启动不同研究项目或开启国际咨询业务，这些措施也是需要受到关注的。

　　总裁认为，囊括了董事会意见的战略草案是极其有价值的，这样一份完善的战略草案在未来的董事会会议中才能被审核通过。该草案应该在董事会会议召开前的 7 到 10 天递交给董事会，以便他们有充足的时间阅读。如果董事会会议一年开两次，总裁又迫不及待地想开始实施新的战略，那么这项草案将会出现在特殊的评审"会议"中，这种类型的会议通常采取面对面或电话会议的形式，具体形式由董事会成员的工作地点及其喜好决定。一些董事会都乐于举行"特别会议"，但这种方式只适合部分智库,大多数总裁发现他们的董事会成员并不喜欢这种"特别会议"。

2. **持续地参与。**"关键性问题"很可能会长期存在,这就需要调整战略。在这种情况下,总裁与董事会应该就相关战略制定问题,举行常规会议,讨论该问题所面临的挑战和解决方案,以不断完善战略。总裁可以将此方法用于决策,并告知董事会。因为书面战略可根据实际变化进行修订,所以它是一个适用于所有管理人员的实用指南。

（三）告知董事会，跟踪进展情况

如前所述,总裁每年在董事会会议上对智库的地位和现有成就进行回顾展示及全面核算成为一种标准的做法。在汇报过程中,总裁会特别强调已经成立的项目,并解释他们已经做过哪些事情,或者就如何进一步推进该项目向董事会寻求指导意见。

向董事会提供一组有限的关键绩效指标是很重要的。谢加·汗(2012)指出,来自企业界的董事会成员习惯于评审一系列标准的财务指标,对于认识一组完全不同的用于评估智库绩效的指标则需要一些指导——这是新董事会成员培训中一个重要的主题。

那么,哪些指标最有效? 表7.1是莫斯科城市经济研究所(第二阶段智库)2013年年度会议中提供给董事会成员的信息。该智库的董事会对这类信息很满意。请注意,这些材料中包括一些不常使用的信息:2012年智库账户及管理信件的副本和行政人员薪资占比(根据"财务指标"),城市经济研究所深度参与政策发展的情况(根据"政策参与")的示例;重大项目中的工作人员时间分配情况(根据"员工信息")。所有这些信息都显示在一个表格中,便于依据往年的情况分析未来的趋势。

185

表 7.1　2013 年城市经济研究所受托人董事会会议信息

类别	交流
财务指标和信息	总预算和总收入
	资金来源：主要客户和项目
	三类客户，过去 5 年总营业额构成的动态数据，如，来自国外组织的合同
	俄罗斯客户资助的分布情况，例如，联邦预算资金、当地政府、非政府组织和私人企业。
	在过去五年中，行政支出占总支出的份额
	2012 年会计审计报告中的管理建议书副本
政策参与与沟通	城市经济研究所参与的政策制定实例
	出版物数量和印刷品的规格
	上传至网络的条目数量
	俄罗斯智库在网络访问量的排名
	Facebook 中的活动及其排名指标
	媒体中与城市经济研究所相关的信息量 —电台/电视中的相关信息量 —媒体引用量 —城市经济研究所的员工在媒体中发表文章量 —城市经济研究所牵头的新项目
员工信息	员工在咨询活动、教育活动（例如教学）、参与法规修订过程、研究分析、宣传产品、出版与公关活动的时间分配情况。[a]
	研究人员和管理人员的职责分工及其人数。

a. 综合考量研究人员的时间，例如花费在宣传、出版和公关活动等事项中的时间，占所有员工时间的 20%。

186　　　大多数智库会跟踪更多的指标（比提供给董事会的指标多），并把跟踪这些指标作为日常管理的一部分。第 12 章对出于不同目的建立的指标进行了详细探讨。

　　　　总裁和董事会成员发现相比单纯提供整体绩效指标，多做一步是非常重要的。对于几个重要的项目和业务领域，总裁选择与董事会共同商讨由他或团队领导为来年设置的目标,然后一年后向董事会报告成果。① 实际上,呈递给董事会的报告是战略内容的优先部分——相较于总的战略概述而言,呈递给董事会的报告内容更为集中,信息更加丰富。这就使董事会更充分地了解正在开展的工作,并能从更深层次上提供意见和想法。

董事会成员的行为应该与智库在政策领域中的成果报告相一致,毕竟,智库的主要任务是为强化治理决策而努力。董事会成员不应该仅满足于知晓各种传播活动的信息。无论是出于智库的需求还是出于董事会对信息更新的需求,董事会成员有必要询问研究过程中所遇到的实质性挑战。

(四) 董事会会议

显而易见,智库总裁必须认真筹备每一次董事会会议。在会议召开之前要完成两项重要的任务:一是制定会议议程;二是向董事会成员分发会议材料。

1. **制定会议议程**。会议议程应该控制董事会会议的进程。因此,议程中的内容应该经过深思熟虑。以下是制定会议议程的几点建议:

- 通常由总裁草拟会议议程,但是董事会主席应该在总裁分发至其他董事会成员之前进行审阅。

- 会议中讨论应该是重点事项。重点事项是关乎机构宗旨的重要任务和涉及机构财务稳健的主要事项——其中,成果汇报和发展规划都是重点。

- 只要可能,应该在会议召开之前将有关管理工作的信息材料提供给董事会,而不要将其列入会议议程。董事会个别成员可以就这些"信息款项"进行询问,但是这些信息是无关大局的。

- 董事会会议前一晚的晚宴或者会议当天的午餐会能够为董事会工作带来动力。董事会成员极其热衷于参与非正式的社交场合(舒尔茨,2001,第205

187

---

① 华盛顿的全球发展中心与其董事会通过采用这种技术关注转型期国家和发展中国家援助计划的有效性。麦克唐纳和莱文(2008)。

页）。公司的高管，尤其是即将在会议中发表讲话的人士都会被邀请到场。

座次和席位也应该提前安排好，以便员工和董事会成员按序入座。

表单7.4介绍了一个典型的智库董事会会议议程。会议的开场是董事会主席的报告，会议的主要内容分为三个部分，第一部分包括讨论年度审计报告，这个议题是全体董事会及董事会主席必须考虑的重要议题。

第二部分主要是总裁汇报机构在重点领域的绩效信息。报告中的信息至少应涵盖事先与董事会已经达成一致的绩效指标。总裁也应该利用这个机会向董事会汇报那些可能影响智库财政稳健运行或者影响政策制定的重要情报——也就是通常所说的"环境扫描"。

例如，新政府的换届选举（党派更替）通常对智库会产生都有重要影响。智库也许和上届政府的某个部门已经签订了重要的合同，所以新政府换届选举将会减少未来获得合同和项目的机率。而且，政府换届可能会增加或减少资深研究员接近关键决策者的途径。同样地，如果一位重要捐赠者或智库项目资金的重要来源（例如世界银行）宣布其项目发展方向有所改变，那么这种情况就应该列入会议议程。其他事项还包括：政府实施财政紧缩计划的公告——这一公告很可能意味着将减少研究活动和项目评估的预算，或者一个主要竞争对手做出的关于挑战该智库长期以来占据优势的领域的决定。

董事会成员应该以此信息为基础为智库未来发展蓝图建言献策，并讨论如何调整策略。

如有必要，总裁如果有敏感问题需要争取董事会的意见，那么应该将其放在议程中的第二部分。例如，如何保持政策投机主义、拓宽融资渠道与"坚守核心使命"之间的平衡关系？怎样的工作算是脱离核心工作计划和核心使命呢？当然，一些咨询工作的机会取代政策研究就属于这类情况。如果会议材料中包含智库财务状况的重要信息，那么对上述敏感问题的讨论将会更富有成效——尤其是迫在眉睫的资金短缺问题可能会影响这类敏感问题的解决方式（详见第9章）。

会议议程的第三部分允许两到三名高级研究员向董事会展示正在进行中的或重

要的项目。总裁将在这次会议上，汇报去年的一个或两个高优先级项目。讨论高优 188

先级项目报告之时就是总裁提名下一年度优先项目的绝好时机。

通常情况下，这些报告内容短小精炼且精心编排（汇报时间不超过 15 分钟），其

目的是告知董事会智库正在进行的工作。① 董事会的讨论时间和研究人员的报告时

间一样多。做报告的成员由备受瞩目，并且有机会表达自己观点的高层人员组成。

总裁应该选择一些能够吸引董事会兴趣的报告主题，并为他们提供一些与政策制定

者讨论时所需要的材料。

2. 会前材料的分发。管理人员分发给董事会的所有材料都是为了确保即将召

开的会议高效和多产。每次会议召开之前，董事会应该收到关于实质性的议程问题

以及具有法律和行政重要性的背景信息。（查兰，1998，第 116 页）。这些资料应该是

经过认真筛选且简洁明了的。分发过多的或准备不充分的材料均不能达到提前提供

有效信息的目的，因为忙碌的董事会成员是不会浏览这种材料的（舒尔茨，2001，第 9

章）。材料内容和排版应简约明朗，且具有吸引力。

表单 7.5 是在会议之前分发给与会人员的材料内容，材料内容主要基于第三阶

段智库工作的实践总结。虽然材料中的目录很长，但是审阅这些资料的时间只需要

不到半个小时。许多资料仅仅提供董事会需要知晓的信息以及那些除非某个董事会

成员提出质疑，否则将不会出现在董事会会议上的信息。例如，关于人员编制和传播

活动的报告，以及正在进行的项目清单和优秀提案（当项目数量超过 20 个时，只会列

出重要的项目，超出部分会列在会议议程文本的附件中）。财务报表和绩效指标是一

个非常关键的例外，因为它们能够为那些需要重点讨论的项目提供必要的信息（详见

下文）。

---

① 查兰（1998，第 117 页）建议使用以下三个问题作为准备报告的指南：报告可以向董事会传达哪
些信息？汇报者在哪些问题上从董事会的帮助中受益？汇报者认为董事应该充分了解的哪些观点？

　　尽管这些条目并没有出现在会议议程中，但是董事会需要这些背景信息。开会时董事会成员应该更多地考虑正在进行的项目。如果董事会已授权给总裁决定应该接受哪些项目，那么这个清单将会帮助董事会及时了解智库的工作状况。董事会成员在浏览此清单的时候，可能会因项目主题而看重某个曾被董事会认为是工作计划之外的项目，或者看中某个客户的项目，而该董事曾经对这个客户心存疑虑。更积极地来看，董事会可以发现董事会成员真正感兴趣的项目，长久以往，该董事会成员会将会成为一名有效推进政策成果的代理人。这份清单能让董事会成员有机会表达自己的兴趣。

　　3. 会议中。会议最重要的议程是评估智库在研究和政策推广方面的绩效成果，以及讨论机构未来的规划和战略，这项议程会占据大部分时间。对于一年召开两次会议的董事会而言，这一定是最主要的议题。对于那些开会较频繁的董事会，除非需要探讨两次会议之间取得的引人注目的成就，否则上述两项议题仍旧是整个会议的核心。董事会对机构业绩的评估应该每年至少进行一次，评估标准主要依据那些与总裁达成一致的指标。为董事会提供关于这些指标的清晰而明确的使用信息是总裁的任务。

　　总裁关于成果、问题和未来前景的报告旨在激发董事会成员深刻的评论，并促进观点的交流。虽然不是所有董事会成员都有同样的能力探讨"创意产业"，但是仍然选择他们的原因是所有人对于机构的监督都能做出有意义的贡献。总裁和董事会主席的任务就是发掘董事会的最大潜力。

　　总之，很多智库的会议议程的决策权似乎是被董事会和高级管理人员分为两部分。董事会在机构项目的大方向上发挥重要影响力（甚至可能拥有最终权威）。[1] 在研究项目的大方向确定的情况下，总裁（或有时候是某个管理委员会）有权决定个别

---

　　①　然而，即使在这个领域，对于个别董事会成员或者全体董事会来说，违背其意愿强迫高级管理人员进行创新是极其不正常的。董事会的权力更多地在于鼓励已有创新而非鼓励创造"创新"。

项目的研究方向。同时还有权决定项目资金是依靠外部资助或合同，还是利用机构的内部资源。

此外，董事会需要全力关注的是智库的财政管理，然而，这一点并没有受到董事会的过多关注。董事会对财政的审查通常是围绕审计员的年度报告展开的，[①]董事会主席和若干董事会成员构成的正式或非正式的"财务委员会"是一种普遍现象。在审查完审计报告和管理文件之后，审计员还将私下专门向董事会进行简要陈述。紧接着，"财务委员会"要详细地评审报告，讨论评审结果，并就董事会会议召开之前的关键问题达成一致意见。

在董事会会议上，"财务委员会"代表其他董事成员审查审计员的评审结果，并宣布"财务委员会"的审查结果，并提出总裁应采取的补救措施——这些补救措施都是在董事会会议上讨论并审核通过的。如果审计过程确实出现了问题，董事会应以书面形式通知总裁，要求其在规定的时间内找出解决问题的办法。如果总裁在解决问题过程中仍未达到董事会的要求，问题依然很严峻，董事会应给予严厉地回应。

4. 会议之间。在会议之间，与董事会成员的沟通是非常值得的（利普斯，2009，第7页）。那些被提醒成员资格有可能被取消的董事会成员更有动力为智库利益努力工作，当然，这些沟通不需要十分精心策划。事实上，许多智库通过给每个董事会成员发送最新刊物（政策简报）的复印本以保持联系。这种方式有两个目的：第一，它可以将智库的工作告知董事会成员；第二，如果最新刊物涉及的政策主题恰好迎合了某个董事会成员的兴趣，那么它就能为该董事会成员参与公共政策辩论做好更为充分的准备。

在某些情况下，智库总裁在董事会会议之间给董事会发送活动报告。这些报告通常是为每年召开一次或两次的董事会会议准备的季度性信函。信函有两种常见格

190

---

① 如果缺少审计员，董事会在认真审查财务报表时，应该任命一个委员会来审查审计报告以确保对其基本适度的控制和可用性。如果董事会缺乏这些任务所需的相关专业知识，则应该邀请顾问，但这样可能增添一名拥有知识渊博和技能娴熟的董事会成员。

式：一种是内容相当全面的可能长达五页以上的报告，其本质是一篇简讯。另一种是较为简短的、更私人化的信件，由总裁签字并专门写给每一位董事会成员，而且总裁还将其感兴趣的活动标记出来。

综上所述，无论采取上述何种形式，最重要的一点是，总裁都要将机构存在的主要问题或者可喜的进展告知董事会。无论总裁在何时以何种形式告知董事会智库最新进展状况都是很有必要的。有时，总裁会非常明智地向董事会主席寻求应对变化、危机的建议或者意料之外的捐赠的建议。

（五）操作事项：董事会结构、规模、开会频率、新成员

这一部分解释董事会的结构构成以及新任董事会成员的招募等若干实际问题。它还包括从智库的视角以及应聘人员的视角做出讨论，如何着手确定和招募有实力的董事会成员，以及如何向新任董事会成员介绍智库概况及其职责。

1. 董事会结构。过去几十年，公司制董事会和非营利性董事会呈现出规模渐小、委员会减少的趋势。董事会正在承担着越来越多的工作，因而规模较小的董事会鼓励更多开放式的讨论和交流。由于董事会成员数量变化很大，8～10 名董事会成员被认为是高效的。而一些董事会总共只有 5～6 名董事会成员。据报道，无论是在董事会会议期间还是会议之后，这种结构能够促进董事会成员之间的交流，也能够促进董事会和总裁之间的沟通（查兰，1998，第 40～41 页）。

表 7.2 中关于董事会规模的信息以 TTI 智库和 6 个美国第三阶段智库的数据为基础。6 个地区中有 4 个地区的董事会的平均人数在 7～9 名。在拉丁美洲，TTI 智库的董事会成员最多有 22 名，其中印度智库的董事会成员最多，有 24 名。东非偏爱规模稍大的董事会——董事会平均规模是 11 名，最多 29 名。美国董事会规模是最大的，平均人数为 17 名；布鲁金斯研究所是美国的 6 个智库中规模最大的，在此样例（不具有代表性）中，规模最大的有 44 名成员。

表 7.2 TTI－48 的智库委员会和美国 6 个主要智库的董事平均数[1]

地区	董事平均数
南亚	9
拉丁美洲	7
印度	7
西非	9
东非	11
美国[a]	17

a. 此处收纳的美国智库包括：遗产基金会、卡托研究所、布鲁金斯学会、美国企业研究所、国际研究中心与城市研究院战略。

表 7.3 是关于 TTI－48 的董事会的特征信息，对比第一阶段和第二阶段智库的数据，不难发现，有一个第二阶段智库没有董事会。固然两种组织的智库规模整体差别不大，三分之一的第一阶段智库都会有小型董事会（即 5 个或更少的成员）。规模较小的董事会比规模较大的董事会更容易符合每年至少召开两次会议的要求，他们往往每年召开 4～6 次会议。令人惊讶的是，规模越小、成立时间越短的智库，其执行总裁在管理职务上越是缺少专业性，所以，他们更依赖董事会的意见。

表 7.3 2011 年 TTI－48 智库董事会的特点

	TTI		
	全职研究员（≤10）	全职研究员（＞10）	所有
董事会百分比	100％	97％	98％
董事会成员人数[a]			
1～5	33％	17％	23％
6～10	44％	34％	38％

[1] 资料来源：TTI 数据，蒙卡达和门迪扎芭（2013a），美国韦登鲍姆（2011）和笔者的网站搜索。

（续表）

	TTI		
	全职研究员(≤10)	全职研究员(＞10)	所有
11～20	17％	41％	32％
＞20	6％	7％	6％
平均数	9.0	10.7	10.1
董事会中的非员工数[a]			
0	6％	14％	11％
1～5	33％	14％	21％
6～10	50％	38％	43％
＞10	11％	34％	26％
平均数	8.1	9.0	8.6
每年的董事会数量[a]			
0	6％	0％	2％
1～5	78％	69％	72％
6～10	6％	17％	13％
＞10	11％	14％	13％
平均数	3.8	5.8	5.0
董事会中经常参与会议的人数			
回应率超过 75％	61％	57％	59％
智库数量	18	30	48

　　a. 董事会百分比

　　根据对智库董事所任正式职位的调查可知,董事会在招聘董事会成员时倾向于采用以下两种模式之一(详见表 7.4)。这些模式在一定程度上存在夸张的描述并且有很多交叉,但是极端的案例有助于此处的例证说明。

表 7.4 两种董事会的成员招募模型

"杰出人物"模型	"咨询专家"模型
• 政法前部长,州长,高级立法会议员 • 政法院校中著名的人文社会科学学者 • 工业和金融的政法部长 • 媒体政法高级成员 • 杰出的非政府组织领导者,包括公共政法领导、利益集团与贸易协会领导	• 政法前部长,州政府管理,高级立法会议员 • 媒体政法高级成员 • 杰出的非政府组织领导,包括与智库利益一致的公共利益团体和行业协会

在"杰出人物"模式中,重点在于吸引著名人物的加入以提高机构的知名度。当然,上表列出的主要内容肯定适用于所有董事会。但是如果该董事会规模较大(例如,超过 8 名董事),那么董事会成员应具有广泛的兴趣和深厚的背景,例如实业家、金融家和商人。当然这些人与政策制定团体之间没有特殊联系,因此,这样的董事会可以为总裁提供有借鉴意义的理念和建议。但与此同时,董事会成员的多样化可能不利于维持董事会的凝聚力。在规模较大的董事会中,大部分董事会成员在会议期间几乎没有表现自己的机会。①

与"杰出人物"模型相比,在"咨询专家"模型中,董事会成员的利益与智库研究及政策利益的联系更为紧密。这些董事会通常规模较小,从而使讨论更为集中并且能够最大限度地发挥每位成员的能力。这样的董事会更能够为总裁提供关于智库战略和运营方面的专属建议。"咨询专家"模型普遍适用于第一阶段智库和早期的第二阶段智库。执行总裁往往向这种模型的董事会寻求咨询和指导。该模型的潜在缺点是:(1) 这种类型的董事会在发展方向的指导上可能过于武断;(2) 董事会成员的背景和经验可能会相对狭隘。

---

① 基于他对美国主要的第三阶段智库的研究,瑟烈非常支持大型董事会:"虽然历史上许多组织对大型董事会有偏见,但是,大型董事会拥有热情高涨的团队,他们投身智库使命并协助挖掘信息资源,他们是不可替代的——金融,政治、法律和实质性信息——超出一般员工的能力。"关键的问题是,这些拥有大型董事会的智库能否像瑟烈建议的那样成功激励董事会成员。详见瑟烈(2013,第71页)

或许比选择模式更重要的是目标设定。总裁和董事会主席必须确定董事会目标。他们还应该懂得,随着时间推移,如有必要,他们可以重构董事会以提高其效率。

过去,非营利性董事会一般下设 6 个委员会以实现各种不同的职能目标。而现在,非营利性董事会仅拥有 1 个下属委员会的现象是非常常见的,要么是关注财务管理问题的审计委员会,要么是应对财务管理事项及更广泛问题的执行委员会。[1] 一个高效的执行委员会可以确保董事会会议为重要事项做出充分准备。例如,执行委员会将负责仔细审阅审计报告,并会见审计人员;执行委员会可以向董事会成员汇总其结果,并对将要给予总裁的指示提出必要的建议。

当然,董事会有时需要给委员会指定特别的职能。其中临时委员会最常见的职能之一就是被指定去为智库寻找一位新的总裁。

最后一件事是任命董事会成员为"监察员",工作人员可以私下联系"监察员",告知其执行委员会的错误指导,以及员工觉得不适于和管理层商讨的敏感问题。员工入职时,智库就应向员工介绍"监察员"的作用和职能。员工可以通过人事手册上的通讯方式,与"监察员"(详见第 8 章)取得联系。如果"监察员"被提醒有不当行为,董事会将采取措施并记录下"监察员"的纠正过程。但是,事实上设置"监察员"一职并不常见,但却值得一试。将一位长期任职的董事会成员任命为"监察员"是很明智的,他应该拥有全面的知识结构、丰富的智库工作经验并且熟悉智库员工。

2. 召开会议的频率。第三阶段智库的大多数董事会每年召开两次会议。开会频率如此低的原因有两个:第一,董事会成员参与会议是自愿且没有报酬的,智库努力吸引著名人物加入,使其成为董事会成员,但他们无法保证与会时间;第二,多年以来,许多智库已经为确保财务控制和研究质量建立了完善成熟的体系制度,因此,在

---

[1]　或者,一些董事会任命一位财务主管,主要负责金融监管。一个优秀的财务主管能够有效地调查财务报告异常的原因。另一方面,随着此项责任交给财务主管,其他董事通常认为他们在这一领域如释重负。此外,并不是所有的财务主管在履行职责的过程中都足够勤奋,但是董事会无法知晓情况是否如此。为此,通过一个委员会或者全体董事来对董事会负责是非常值得的。(鲁滨逊 2001,第 78~80 页)。

运营层面他们需要相对较少的董事会监督。对第三阶段智库来说，一年两次的开会频率似乎是一个非常好的标准。

许多一年召开两次会议的董事会都设有执行委员会，以解决下一次董事会会议前要关注的季度性事务。总裁和董事会主席可以根据董事会成员在休会期间的联系频率，以决定是否需要设立执行委员会以提高会议效率。

董事会必须每年召开一次关注智库成果，以及整个项目未来发展方向的会议，并在会议中审核财务事项。如果智库内部有一个管理委员会并设一个独立的咨询委员会就足以完成上述事务。

对于成立不久、规模较小的智库，一年召开四次董事会会议可能更为合理。总裁和董事会主席可以通过每次会议来集中解决智库工作和运营上不同方面的事务。例如，一年中的两次全体会议来集中解决最重要的事项，例如机构业务的进展状况和未来发展方向。接下来，审计报告完成之后的会议（第三次会议）可以集中在财务管理上面。第四次会议可以集中于总裁希望董事会了解的其他管理性事项上。其中一次会议的常规议程应该是讨论董事会和总裁的职责分工，比如"高管限制条款"需要调整吗？何时可以放松严格的董事会监管？把董事会会议的召开由一年四次转变为一年两次合适吗？

3. **招募新成员，更换那些任期将至的董事会成员**。即使是在公司制领域，董事会始终缺乏招募新成员的有效程序（纳德勒，2004，第107页）。非营利性机构的董事会也存在类似的问题。

董事会通常通过与总裁协商的方式招募董事会成员以实现董事会的自我延续。智库总章程或董事会章程规定了董事会成员的任职期限、是否允许多期连任，以及董事会成员换届的程序。董事会成员的标准任期为三到五年，也有可能被第二次、第三次任命。许多机构通过设置一个单独的董事职位分类，使成员实现更长时间的任职成为可能。例如，"终身董事"或者"荣誉董事"均可无限期任职。但是，通常这些董事会成员是与常规的董事会成员任命无关，而且他们不如普通董事会成员表现积极。

通常情况下，普通董事会成员的换届是交错进行的，从而保证该机构在任何时候都有核心的资深董事。

一个合理的论点主张，如果一个董事会目前处于高效运作期，那么它的构成就不应该受到干扰。但当董事会安于目前的管理现状并且与智库管理人员配合融洽的时候，未能定期引进新董事会成员可能是一个错误。新任董事会成员是最有可能对工作绩效提出质疑的人，也是最能认识到智库议程需要改变，甚至是总裁也需要有所改变的人。"终身董事"的存在允许董事会在保持现有成员的同时引进新鲜血液。

以下集中讨论董事会应该招募什么样的人担任董事会成员。附录 7.2 详细探讨了这一问题。例如，董事会成员如何从辅助董事会的工作中有所收获，招募新董事会成员的技巧，以及确定新任董事会成员在智库中担任的职务。

196   董事会努力吸引来自不同领域并拥有极高声誉的人士。那么，这些人需要怎样的素质呢？

这里有招募时的"四个没有"的简单规则：

- 没有利益冲突。智库之间经常犯的一个错误就是让另一个智库的主管或总裁担任本智库的董事会成员。这看上去很合理，但却往往事与愿违，因为智库之间经常在资金和同一政策讨论过程中就"谁主导讨论"的问题上存在矛盾。董事会成员完全了解智库未来发展战略，将相关信息交给一个潜在的对手是非常糟糕的事情，而且这也让这位董事会成员处于进退两难的境地。

- 没有亲信。一些董事会的构成人员大部分是总裁或其他董事会成员的朋友。这有利于董事会会议地顺利进行，但同时也导致管理欠佳。亲信的存在还增加了董事会内部派系形成的可能性，这就使得董事会监管任务复杂化，并降低沟通效率。

- 没有站在民选官员或公职人员立场的董事会成员。这样做也是因为避免表面或者实际的利益冲突。人们会认为，即使智库和政府机构没有相关合同，只要智库和该政府机关成员"混到一起"，那么这些官员也会代表智库的利益说话,对决策施加压力。而且,还会出现这样的问题,如有需要,该智库就会利用这层政府关系的特殊渠道对该部门的政策问题进行游说。因为害怕公众认为智库与官员之间存在权力勾兑,实际上许多智库就限制智库参与相关政府部门的政策活动,而实际上这样的政策领域恰恰是该智库应该拓展的地方。

- 没有来自赞助方的董事会成员。召开董事会会议的目的是公开机构目前,以及未来可公开讨论的业务,如果有来自某一领域的赞助商董事,将从根本上改变讨论的内容和方式。可以想象的是,敏感的业务往往不会在董事会中讨论,而是在执行委员会会议或非正式的董事会成员聚会上协商。但赞助商可能不会明白这一点,依然坚持要求派人参与董事会。因此不要让步。

我非常赞同上述"四个没有",并坚信违反上述"四个没有"中任何一项都会带来极大的负面影响。换言之,我认为传统的董事会成员关系在不同国家间已逐渐形成。在这种情况下,一旦董事会成员发生变更,将态度消极的董事会成员人数最少化,便会有利于减少董事会成员犯错误的机率。

每一位争取董事资格的候选人都应该是一位经验丰富的专业人士,并且在诚信、创造性和谨慎性方面享有盛誉。除此之外,至少有一些董事应该在公共政策发展、社会科学研究和评估以及公司财务方面具有极大的兴趣。同时,董事会成员不应是奥尼尔莫林(2012)(奥尼尔莫林是国际发展研究中心的前任总裁,同时也在很多智库中担任董事会成员一职)中说到的"无足轻重的员工"。也就是说,组建董事会给智库带来的理念变化根据不同智库员工的构成而有所不同。董事会成员的构成会对智库发展方向产生重大影响。

此外,将具有媒体或其他传播形式工作背景的人员,以及具有会计金融背景的人员都纳入董事会是很重要的。如果董事会成员缺乏这样的经验,那么当讨论创新活动时,从这个视角提出的观点是茫然而不成熟的。如果董事会具备会计金融背景,将有利于审计结果和相关事项的审核。如果在董事们缺少这些技能中的任意一项,董

197

事会要想实现其全部职责将会充满困难。

董事会成员之间还应该具备良好的团队协作精神和友好的同事关系，董事会不是那些毫无责任心之人的聚集地。全体董事会成员都要对提名新成员一事负责，前提是现任董事会成员能够保证和候选人合作共事。

最后，智库领导应要求候选人保证除其自己的本职工作以外，本董事会的工作至少排在前三位。同时，在他所担任的诸多董事会成员职位中，本智库的董事会成员职位也应排在前三位。最适合在董事会任职的人大多已经在其他智库任职了，这就使在多个董事会任职的人，不可避免地减少其对每一个董事会的关注。这样的人再多加入一个董事会，肯定会出现不出席董事会会议或者多个会议缠身导致无暇关注某个智库的情况。基于上述原因，智库要求新任董事会成员把服务董事会放在优先位置，这是总裁及董事会主席对董事会成员履行职责的一种强烈期待。如果候选人拒绝加入董事会，这远比让他成为董事会成员而无所建树要好得多。

选择董事会成员的另一个影响因素是多样性。除了董事会成员的职业背景之外，许多董事会仍力求保持董事会成员的多样化。这样可以给董事会和总裁提供更开阔的思路解决问题。以下各总裁经典语录阐释了这一点（舒尔茨，2001，第 128页）：

> 任何总裁，如果围坐在董事会成员桌旁有十位或十一位像他一样的人，那么他最终只是在自言自语。
>
> 你在水里添加水，你将会得到水。这水可能是可以喝的，但它并不是可口的果汁。
>
> 拥有相同背景、相同经历的一群人将会提出一组可预料的问题解决方案——在我们所生活的世界中它并不是一个好的建议。不同观点可以为制定决策提供更广泛的思路。

董事会的构成还会向潜在的资助方和客户传达信息,通过这些可以了解董事会的理念和价值观。有些基金会可能对董事会的架构比较敏感。

智库也要保持董事会成员结构的平衡,这其中最首要的是成员党派关系的平衡。许多智库都希望提出客观中立的政策建议,很少有智库想要和政党挂钩。表明非党派主义的方法之一就是董事会中包括各种政治背景的董事会成员。保持平衡的第二个因素就是性别构成。鉴于女性在公共生活中的地位日益重要,董事会中必须包含女性成员。第三个因素是董事会成员的民族或地区性,但是,民族和地区平衡主要依赖于当地的条件。例如,那些仅仅由来自国家首都的员工组成的董事会使智库形成一个封闭的形象。在一个包含多个主要民族的城市,董事会成员分别代表不同民族通常是不错的选择。

综上所述,董事会要花费大量时间招聘董事会成员。首先确定董事会成员的任职资格,然后各种各样的候选人就要接受董事会的内部考察,最后选定候选人并与之接洽。

(六) 董事会评估

毫无疑问,董事会的事务每隔几年需要评估一次。一个对董事会活动具有洞察力的、实事求是的评估可以加速其加强管理工作的步伐。但是,除非董事会了解评估流程及其所涉及的工作,并且确实有意愿完成评估工作,否则开始这样一个过程就是一个错误。鲁滨逊(2001,第 148～149 页)概括了自我评估过程中的如下因素:

- 全体董事会成员参与董事会会议的承诺。

- 具有监督检查和管理绩效职责的委员会或小组。

- 一个明确的时间进度表,详细说明董事会审阅、分发以及收回自评问卷调查表的时间。

- 为常规董事会会议期间或为绩效审查的特别会议而留出的时间。

- 一个克服董事会在职责认知和结构认知方面弱点的行动计划。

- 监督该行动计划能否顺利完成的方法。

198

在总裁和董事会成员的协助下，董事会主席准备一份调查问卷，罗列董事会成员所担忧的绩效问题。对于董事会主席而言，这是一个标准的评估过程（表单 7.7 罗列了一些典型问题）。董事会成员作答后，把这些回答的分析过程和结论作为董事会讨论的基础。董事会成员们也可以追加问题。这一讨论可能导致董事会运作方式的变革。

目前有许多有助于董事会执行自我评估的指南。[①] 最后，不管董事会自己设计评估流程，还是在他人的指导下评估，表单 7.7 中列出的问题都需要解决。

如果智库缺少一次完整的自我评估，那么解决这些问题就是董事会主席和智库总裁评估董事会职责履行状况的起点。董事会和总裁可以通过制定计划来解决所有显而易见的问题。不管全体董事会成员是否参与，也不管董事会主席和总裁之间的磋商是否会带来改变，评估的目标就是使那些担任董事会职务且才华横溢的人创造最大的贡献。

四、成立董事会

通常，新成立智库的董事会在很多重要方面不同于那些成熟智库的董事会。不同的程度主要取决于它们在成立之时可以使用的资源总量——赞助的金融资本和软性资本。一些新成立的智库获得基金会、援助机构，甚至个体慈善家多年的大量赞助，这些赞助使得新成立的智库能够像那些成熟智库一样运作。因为赞助方的原因，这些新成立的智库可能会有一定的声望，而且这些赞助方会促进董事会的选举并影响董事会作用的发挥。[②]

本节提出的观点主要针对那些由 2～6 个研究人员利用很少的资源成立的董事会，这些研究人员意识到成立董事会，提出这些被忽视的公共政策问题十分有必要。

---

① 例如施莱辛格（1995）和霍兰和布莱克蒙（2000）。

② 成立智库董事会方面，门迪萨巴尔（2014b）和古特布罗德（2013）提供了更广泛的建议。

我提出这些初创组织的董事会不同于其他董事会的三个特点：

1. **初始董事会成员**。因为新智库唯一的财富就是它的创始人，创始人要致力于招募他们并不熟悉的员工，以及那些对智库计划主要从事的问题并不热衷的员工，这对他们来说，也是一种挑战。同时，招募董事会成员也很困难，因为在智库初创的 2～3 年，智库的组织结构和董事会的工作与职责并不明确，他们的工作量很大。

大多数新成立的董事会规模都较小，只有 3～5 位董事会成员决心致力于实现创始人和智库的愿景。小规模董事会在智库成立之初也是很有价值的，因为需要解决很多问题。在招募成员时，总裁和董事会主席应该明确地知道智库董事会的关键使命是什么。

在招募工作中，最重要的是招募具备丰富的商业经验，能够帮助解决财务和管理问题的成员。即使招募成员是极具挑战性的工作，创始人仍然要严格遵守上面提到的招募董事会成员的条件。在各种限制条件之下，最终目标是招募到受人尊敬的，有名望的成员，无论该成员是否是政策界人士。

2. **首要任务**。一些基本原则要在开始时制定。在项目方面，智库使命要明确并将其编纂成文，总裁和董事会成员要在智库使命问题上达成一致。与此密切相关的是，总裁和董事会成员在政策研究项目的初始目标和未来 2～3 年的扩展计划方面达成一致。当寻求董事会的批准时，总裁提出一个清晰的战略愿景并做充分的论证是必要的。总裁和董事会成员大概在以下方面也应该达成一致：在智库成立早年应该保持议程的灵活性，并通过开展次要的项目以维持运营。

在程序方面，董事会章程、"授权总裁"文本和前文所介绍的类似文件都至关重要。这些文件将需要大量的会议时间才能确定，但在接下来的几年里，将节省大量的时间，因为这些文件提供了解决问题的基础。

3. **开会频率**。大多数无赞助的新成立智库的规模都很小，只有极少量的全职研究人员、兼职顾问和一个规模很小的（1～2 个人）负责日常事务的全职管理团队。在这种情况下，董事会经常会解决一些在大型智库中一般由高级行政管理人员解决的

200

问题。除了这些数不清的日常事务，董事会还要监督智库的政策研究效率和财务管理状况。如此繁重的工作量使得召开双月会或季度会十分必要。

即使是相当频繁的会议安排，总裁和董事会主席在每次会议前都要认真准备，仔细考虑会议议程，提前分发会议文件，这样董事会成员参加会议时才能做好解决相关问题的准备。保留这样的程序是十分必要的，因为它可以证明会议的重要性，并提高会议的效率。

随着智库不断的发展和行政管理的愈加专业化，管理层可以解决更多问题，董事会的任务也相应减少。只有总裁和董事会主席有意识地采取行动来减少董事会对行政管理问题的干预，这种情况才会发生。正如前文所提到的，这种情况并不经常发生；总裁和董事会主席之间必须有严格的规章和团队合作精神。随着董事会工作量和工作结构的转移，每年会议的数量很可能会减少。同样，随着智库的发展和声望的提高，董事会构成和规模的变化也是理所当然的。

五、总结

201

（一）实践经验

管理良好的智库均具有如下特征：

- 董事会构成。董事会成员能力强，对公共政策有浓厚兴趣，并且能够提出一系列观点。董事会最多有两位学者，有一个或两个有会计或金融背景的成员，有一位在传播沟通领域比较活跃的成员。董事会的构成应该反映智库的民族多样性。

- 发展战略。一个基本的发展战略应该与董事会的投入相匹配。发展战略可以以大纲形式呈现，但是要足以表明董事会和智库未来几年的目标和未来几年的总体规划。

- 绩效指标。智库应该有一系列绩效指标，并且总裁应定期向董事会提交绩效指标，合理的指标应该可以监督战略实施的主要问题，以及智库的常规发展。

- 董事会会议的关注焦点。董事会会议关注焦点是监管问题和战略问题，董事会不应陷入管理事务的细枝末节中。董事会花在管理问题上的时间会随着智库规模和成熟度的变化而有所不同。无论如何，董事会的目标是尽量少干预行政管理问题，只是在总裁需要支持时协助其处理问题。

- 总裁和董事会之间的职责分配。除了有关治理董事会运作的规章制度外，通常还有一些文件规定了总裁委托给总裁的权利，以及总裁对董事会的职责（"对董事会沟通和支持"）。

（二）资助者须知

1. 资助者应注意：

- 董事会的规模和构成。它的规模和构成应该足以确保智库可以涉足不同领域，包括会计和传播沟通领域。

- 会议的焦点。会议的焦点是监督和战略问题。查阅过去的会议议程，可以看出，他们可能没有足够关注管理问题。虽然，关注的焦点应该在重大事项上，但也应该定期向董事会提供足够的关于智库运作与成果的信息（这些信息通常不在会议议程上）。

- 机构战略。智库应有书面形式的最新战略，至少是以大纲形式。

2. 资助者可能需要做：

总裁和董事会主席通常会为现行实践辩解。因此，董事会改革将极具挑战性。要想说服总裁和董事会主席实行不一样的智库模式，就要让他们看到同一领域里更好的智库模式的实践。如果他们没被说服，就暂时推迟变革。

董事会从弱到强的转变过程需要大量的投资。一项倡议可以转变成基本的战略计划，在这一过程中，董事会需要使用适合的管理指标体系，并利用指标体系跟踪智库绩效。这项投资的一部分可能来自智库发展基金。

203

表单7.1　智库董事会主席的职责任务(样例)

> **政策研究所的重点活动:**
> - 以本工作的结果能够为公共政策发展做出贡献为目标,进行高专业水准的政策研究、项目评估、和试点工程。
> - 通过旨在积极影响政策发展的方式,就研究成果与政策制定者及其他利益团体进行有效的沟通,其他利益团体包括非政府组织、政治党派和公众团体。
> - 组织研讨会、讲习班和课程来促进公务员、教师、研究者及分析师在公共政策的设计、执行和训练领域的专业发展。

204

表单7.2　关于"总裁授权"和"对董事会的沟通和支持"的案例

——某个董事会发布的声明

> **总裁授权**
>
> 董事会授予员工的全部权力都要通过总裁进行分配。因此,员工的所有权力和责任——就董事会而言——都被看作是总裁的权力和责任。
>
> 只要总裁可以合理地解释经董事会认可的智库使命声明和"高管限制条款",他就被授予了制定进一步的政策、做任何决定、采取任何行动、确立各种"惯例"以及开展任何活动的权力。
> - 董事会可以改变它的使命声明和行政限制政策,但这也会改变总裁和董事会职责领域的界限,即董事会改变了总裁被赋予的权限范围。但只要授权仍然存在,那么董事会就要尊重并支持总裁的决定。
> - 只有以董事会的名义做出的决定才对总裁具有约束力。
> - 董事会个别成员、官员或者委员会的决定和指令对总裁不具有约束力,除非在董事会特别赋予其权力的罕见情况下。
> - 董事会成员或下属委员会在没有董事会授权的情况下请求总裁提供信息或给予协助,总裁不仅可以拒绝那些具有负面影响的请求,还可以拒绝那些在其看来需要投入过量工作时间及资金的请求。
>
> **对董事会的沟通和支持**
>
> 为了满足董事会的知情权,需要及时为董事会提供信息并答复咨询。因此,总裁不应有以下行为:
> - 因疏忽而没有以及时、准确、可理解的方式提交董事会所需的监控信息。
> - 未能及时告知董事会相关趋势、预期发生的负面媒体报道、内外部的实质性变化,尤其是可能颠覆董事会前期政策的变化。
> - 总裁发现董事会没有按照现有政策行使权力,却没有给予及时提醒。
> - 未能为董事会收集和提供有助于其做出正确决策所需的大量的来自内部和外部的观点、相关事件详情和其他选择等信息。

（续表）

- 除了满足董事会个别成员及下属委员会的信息需求之外，没有将董事会成员看作一个整体提供同等的信息服务。
- 未能及时报告已发生或即将发生的违背委员会政策的事情。

表单 7.3 由某个董事会发布的对总裁制定的"高管限制条款"(样例)①

财务管理

为了让财务以一种健康而严谨的方式运行，总裁不能破坏研究所的财务优势。因此，总裁不应有以下行为：

- 除日常开支的短期借款以外，使研究所承担不必要的债务。
- 从现金储备中支出非日常运营所需要的预付款。
- 没有按照捐赠人指定的用途使用捐赠款。
- 没有及时地编制工资单和债务清单。
- 没有按照董事会规定的优先权支出费用。
- 现金储备基金低于运营支出的 6%。
- 没有得到董事会的支持而签订价值超过 50 000 美金的契约或授权协议。

资产保护

总裁不能使资产处于未受保护的、不适当保管的状态或者面临不必要的风险。因此，总裁不应有以下行为：

- 没有为盗窃或意外事故造成的损失购买保险，或者保险金额没有达到其重置价值的 80%；没有为董事会成员、机构员工或机构自身的责任损失购买保险，或保险金额没有超出类似机构的平均水平。
- 让不可靠的人员处理资金问题。
- 使设备和器材遭受不适当的磨损，没有按规定进行保养。
- 使机构承担不必要的赔偿责任。
- 超过 50 000 美元的购买行为或智库的其他任何购买行为：(1) 没有对具有利害冲突的购买行为进行审查；(2) 没有比较超过 2 000 美元的购买行为的价格和质量。
- 没有对知识产权、信息和文件采取保护措施而使其遭受损失、重大损坏或未经授权的复制行为。
- 没有遵守董事会提出的审计标准而接收、处理和支出资金。
- 向不安全的投资项目投资或持有其运营资金。
- 未能满足全体董事会的要求，除非(1) 满足个人的信息需求；(2) 向业务员和委员会反馈董事会的日常职责。
- 未能及时报告与董事会政策不相符的事实。

---

① 资料来源：笔者对材料的校订，卡弗(1997)，第 5 章

（续表）

207
> **员工待遇**
>
> 　　对待员工，总裁不能造成或默认不人性化的、不公平的以及没有尊严的情况发生。因此，总裁不应有以下行为：
>
> - 差别对待员工的报酬、任务分配或晋升，除非与工作相关的个人表现和资历存在差异。
> - 没有采取合理措施使员工免于不安全或不健康的工作环境。
> - 压制员工通过正当程序提交的正当申诉。
> - 未能告知员工其在员工待遇政策中的权利。

208
表单 7.4　某智库董事会主席的一份典型会议议程

> 1. 请遵守会场规则
> 2. 审批之前的会议纪要
> 3. 执行委员会报告：
> - 财务审计结果
> - 商讨董事候选人
> - 关于行政事务的报告，例如，对总裁绩效的半年度评估
> 4. 总裁的报告：
> - 机构的现状及机构绩效的状况（与绩效指标相关）
> - 管理事项报告
> - 需要提出意见的事务
> 5. 讨论
> - 高优先级项目的进度报告
> - 重要政策研究成果的简报

209
表单 7.5　开会之前分发给董事会成员的资料

> 1. 董事会会议议程表
> 2. 上届董事会会议记录
> 3. 财务声明
> 4. 被选用的绩效指标
> 5. 董事会成员资格报告
> 6. 资金汇报
> 7. 支出报告
> 8. 通讯报道（城市研究所在媒体、出版物等上面的报道）
> 9. 人事报告
> 10. 进行中的项目以及已提交的研究计划（带注释的列表形式）
> 11. 董事会成员的信息
> 12. 下一年度的会议时间表
> 13. 参与人员的个人简介

表单 7.6　主持会议

　　对处于工作状态的董事会进行观察时,总裁应谨记两点:第一,董事会致力于当前的工作——事项无所谓太大或太小;第二,董事会没有自动刹车机制,因此,除非被推出轨道,否则将会一直像过去一样工作(鲁滨逊,2001,第 46 页)。这样的观察可以精简为以下两点:(1)总裁的核心职责就是在董事会议开始之前,明确即将发生的事情;(2)总裁和董事会主席的共同职责是指导董事会讨论揭晓重要领域的成果。[①]

　　通常由董事会主席负责会议运行。所以在会议之前与董事会主席会面以就会议目标达成共识。

　　以下是举办高效会议的两项指标:

　　1. 确保与会人员都有机会参与重要议题的讨论。如果一些人犹豫不决,董事会主席应该主动询问其原因。

　　2. 把所有的东西都放在桌面上。换言之,所有信息和观点都应该在所有董事会成员均出席的会议上提出。个别成员不应该在董事会会议之外游说总裁;重要事件不应该留给董事会下属委员会,因为他们更倾向于站在总裁或董事会主席的立场。从长远来看,公开无疑是最好的政策。

　　给总裁的最后一条忠告。会议中提供给董事会的信息应该符合一条重要标准:"没有意外。"对已经公开披露过的问题或者本该知晓的成就,董事会成员都不愿陷入一无所知的尴尬境地。如果某一重大问题威胁到了智库,或者智库产品正遭受负面新闻,又或者正在申请一项重大奖项,对于这些情况,董事会应该事先知晓。如果事先知道,便可以在会上提出供改善之处,否则便可能出现以下的情况。若只有一封简短的电子邮件,没有通知,董事会成员很可能会因为总裁隐瞒该信息而感到愤怒,这种愤怒可能引发更大的问题。因此,通过董事会会议或其他途径保证董事会知晓重大事件是非常必要的。

表单 7.7　董事会自我评估的典型问题及其解决方式

- 任务:任务声明是否曾经是决策参考? 现在是吗?
- 董事会构成和结构:在董事会中是否需要表现智库的天赋? 委员会的架构有效么?
- 董事会会议:会议关注的事务是否合适? 董事会是否掌握了决策所需的信息? 是否有充足的时间讨论和争辩?
- 董事会成员/员工关系:董事会是否尊重执行总裁会成员的权利? 执行总裁的评价对董事会和主任奏效么?
- 核心活动:董事会是否可以有效地评估智库在政策产出、政策参与及政策交流的效率。
- 财务:董事会是否审阅和了解财务报告?
- 筹资:董事会是否理解物资完善计划? 董事会是否理解其协助筹资的义务?

---

　　① 　对会议议程的指导参见罗恩(2004)。

第八章　内部决策与沟通

　　智库的内部管理要求高级管理层践行两项管理活动：有效的决策程序和良好的内部沟通，这是战略制定和项目实施的工作中心。其中，实施项目能够为研究和参与政策制定创建一个有利的环境，这些内容将在后面的章节再作探讨。

　　如果决策程序有问题，那么这个智库的经营效率就会降低。当总裁同其核心的咨询顾问并没有与智库其他管理者及员工进行充分沟通时，他们就无法掌握准确的实际情况，进而导致其制定的政策缺乏员工的支持。对此，可以思考一下这种情况：总裁和他的团队制定了非常复杂的质量控制程序，但由于他们并没有监控实际的执行过程，所以并不知道该程序的耗时已经远远超出了他们的预期。那么不可避免的是，这些程序很快就不能按照计划执行。然而，"漏洞百出"的结果就容易导致审查过程疲软、智库名誉受损。

　　如果智库将绩效考核信息和主要的决策实现广泛共享，并将各阶层员工的意见都考虑到决策中去，特别是将有关福利和工作环境方面的意见纳入其中，那么智库会更有效地运营。并且，广泛且及时的信息公开也能够激励员工，使他们按照新目标或智库的实际情况去安排自己的工作。例如，当智库正处于财政紧张时期，如果将各种信息充分告知员工，尊重他们的知情权，并使员工相信智库采取的这些措施是明智的，那么他们通常都会自愿做出一些调整。

　　管理专家彼得·德鲁克强调的观点是：在非营利性组织需要注意的事项中，最重要的是将机构建立成一个信息与沟通组织，而并不是凸显等级制度的组织。每个人都应该为信息的传递承担相应的责任，并要经常学会提出这样两个问题：在工作中，我需要哪些信息，这些信息可以从谁那获取，什么时间，以及通过什么方式？为了别人可以完成他们的工作,我又需要提供哪些信息,什么时间及以什么形式(1990,第115页)?

在许多第一阶段和第二阶段的智库中,由于总人数相对较少,员工非常了解智库的核心业务,因此管理者并不需要采取额外的具体措施来传达这类信息。这就是利用"潜移默化的方式"管理信息。但现实并非如此。信息就是力量,然而不是每个人都会将自己所了解的信息传递出去。此外,由于智库内部未明确鼓励员工彼此之间分享信息,所以很多员工并不确定他们可以讨论哪些信息,而哪些信息又是需要保密的。因此,对于一些人来说,信息的传递到他这里就戛然而止了。而在规模更大的组织机构中,高级管理层通常不会采用以上这种方式管理信息,但他们往往也不会采取任何其他措施,以确保员工的消息灵通。

无论是在各管理层之间,还是从管理层到员工或从员工到管理层之间,信息都需要真正实现持续便捷地流通。其中,员工向管理层传递信息这一过程中存在的问题最容易被忽视,从而可能造成极大的误解。下面就是笔者亲身经历的一个没有与员工事先沟通的故事:

25年前的一段时期,城市研究所拥有250名员工,但管理层发现其员工的组织性和积极性普遍不高,因此,该智库的总裁决定将智库搬迁到一个新的地点以获得更大的办公空间。该智库目前处于市中心,新的地点位于城乡接合处,而新地点的租金更便宜,并具有一个得天独厚的优势,即周围拥有各种健身设施。该智库的副总裁和管理者为了寻找这样的地方,花费了大量的时间,并向董事会简要汇报了自己的计划,最终也获得了董事会的赞同。

直到那时,这个提议才向员工公开。智库通过召开全体员工大会通告此事,大部分的员工都挤进了最大的一间会议室参加此次会议。然而,当这个总裁自豪地宣布了自己的决定时,会场却变得一团糟。员工们非常生气,因为这个决定将会导致他们的工作通勤发生重大变化,但这些问题并没有事先询问他们。此外,大家都认为这个新地点距离国家政府客户办公室太远(拜访这些办公室的时间需要增加,因此拜访的

214

积极性也会受到影响）；并且，这样的搬迁给城市研究所制造了逃离华盛顿中心的这样一个错误形象。这个结果令总裁非常震惊，于是，该总裁在随后的一周便放弃了这个决定，并最终取消了搬迁计划。

本章使用内部沟通来统一表述智库内部对决策、业务政策及程序的商讨等这类活动的组织方式。内部沟通可以采取多种形式：员工会议、管理层向员工发布的消息或公告，以及可供员工利用的智库政策和实践的文件库。

从根本上说，内部沟通系统包括以下三个层面：

215
- 总裁、团队领导与各行政部门主管之间的交流
- 团队领导与行政主管以及他们的员工之间的交流
- 行政人员之间的非正式交流

开展专题研讨会是为了确保研究和传播人员在智库的政策参与、沟通战略以及相应的程序上达成共识。此外，高级管理层应该组织智库的社交活动，增加员工的工作往来，以此促进智库成员之间的非正式互动和交流。

一、核心管理层之间的决策与沟通

智库在管理上的最大差异体现在其正式程度上。许多智库具有正式的执行委员会，这个委员会由高级核心员工组成，并与总裁有过密切的合作。通常，某些责任是分配给这个委员会而不是总裁。正如案例研究 8.1 中所描述的，阿根廷促进公平与增长的公众政策实践中心（CIPPEC）执行委员会的工作就是一个强有力的例证。委员会由总裁和少数的其他成员组成，每周召开两个小时的会议，会议主要对一些问题做出重大决策，这些问题的范围涉及智库建设到其外部地位等各个方面。决策通常以投票方式进行，但最终基本都是达成共识的。随后，会议总结也将发送给各基层管理者，并由这些管理者再分享给自己的员工。

在不同国家的智库中，"共享领导力"是普遍存在的工作模式。但通常，由于总裁所成立的咨询小组的类型是为了满足其自身需求，因此总裁与高级管理者之间的关

系并不正式。标准的定期咨询模式通常是总裁与团队领导、传播总监及行政部门主管每月召开一次会议，会议主要讨论智库的管理问题（制定研究议程与营销计划是分开操作的），并且会场通常会提供午餐。在这个讨论会中，总裁会设置议程，并与高级员工讨论智库重要问题，而其他人也可以对议程主题提出建议。[①] 例如：

- 团队领导之间资金的分配原则。智库每年都会分配给团队领导一部分资金，他们可以将这些资金用于资助团队成员参加会议，而这些资金或相关费用的分配原则是建立在研究成果与团队开销的基础上。

- 质量控制。当前的系统资源太过密集吗？它足够有效率吗？

- 书籍出版物。智库通常与拥有自身版本说明的更大的智库合作（即以自己的名义出版书籍的智库）。需要讨论的问题是这种工作的进展情况如何，传播总监对此也需要提供必要的背景信息。

- 工资增长。每年秋季，智库的平均工资增长便成为热议的话题，与此同时，员工也会讨论通货膨胀的问题以及其他智库在去年都做了什么。

　　总裁与管理者之间的会议常以讨论为主，而不是为了决策。总裁在做出实际决策之前，通常要与几个职责相关的核心管理者商讨意见。在智库的月度会议上，团队领导和行政部门主管也要表达他们的观点，这些观点应该建立在他们所了解的员工意见和实际情况的基础上（例如，提高员工自付保险费用将增加员工的负担）。员工的意见对于会议讨论来说是非常重要的，总裁也会在会议之前提醒各位主管。

　　有时，智库还会为了某一特定的目标而成立一个专门委员会，但随后就会解散，或者暂停其活动直到下次有需要时再出现。后者的例子包括"工资审查委员会"（每年只有在决定员工个人的薪水增量时才会活跃几周），以及"福利审查委员会"。智库每隔几年需要考虑调整全体员工福利，尤其是当研究或总成本上涨，或者智库必须与

216

---

① 遵循这一模式的第三阶段的智库主要包括：华盛顿的城市研究所、R4D 和全球发展中心，以及莫斯科的城市经济研究所。

福利更好的智库竞争，这时便需要"福利审查委员会"完成相关工作。通常，由于每个委员会都需要花费大量时间履行自身的职责，因此智库应该精简委员会的数量。尤其对团队领导及行政部门主管而言，这需要投入很高的成本。然而，几乎所有事情都可以在每月的总裁会议上得到处理。

最后，总裁可能会成立一些非正式团体，以在特定的主题上给他建议。这些团体可能局限于一些高级员工，或许也包括某些必须参与到工作中的基层员工。

但不管这个高层管理委员会的具体形式和工作模式如何，它都是负责监管内部政策和程序发展的团体。智库必须制定并保存这个团体的文件。当然，这类文件的数量是非常庞大的，多数观察者在看到这些文件列表后发现，文件的数量确实惊人，并且包括人员、金融、通讯等多方面内容。同时，针对现有的政策和实践，委员会也常花费大量时间来讨论其中必要的改变（后文将具体阐述这一内容）。

由于很多智库领袖来自学术界，所以将智库领导的责任范围与大学的部门领导或部门主任相对比是非常有意义的。最大的区别在于，智库执行董事必须关注智库所有的间接成本——包括办公空间的使用与维护、计算机系统、公共关系、纳税及保留法律顾问来处理各种问题等。然而，学术部门领导并不关注这些问题。同时，大多数的智库并无任何常规的核心资助来支持其运作，因此它们必须经常主动争取资金。相比之下，学术部门对教师和基础管理都会提供资助，并且，一些有抱负的部门主管或领导也会筹资来补充资金，以此扩展自己的部门，吸引更有能力的教师。在研究型大学，获取资金都是需要付出努力的，教师个人也会寻求资助以支持他们的研究。

社会科学部门的领导通常主要关心人事问题——即雇用和留住能力强的教师，努力确保本系获得公平的大学服务和资源。在某些情况下，他们也会筹集资金以提高本系的教学和研究能力。然而，智库的执行董事不单单要投身于某个方面的工作（所有间接成本的运作），也要负责推动自己的智库对地区或国家的公共政策产生积极的影响。通过对比学术部门和智库在管理方面存在的差异，学者成为智库领袖可以充分地印证这样一种观点，即学术管理的模式可能使他们具有管理人事问题的能力,但当面对更广泛的智库职责时就显得缺乏经验。

二、管理者和他们团队之间的沟通

　　无论是研究小组或行政单位层级的会议,还是全体员工一起参与的会议,这些会议都是每月召开一次,并且成为许多智库长久以来的传统。尽管这些传统的员工会议通常会受到重点关注,但高级管理层也希望开展一些其他类型的会议。在第一阶段的智库中,所有的员工会议几乎都有标准的程序,这在中型智库(员工数量为 50 人左右)中也是十分普遍的。但也有一些智库召开会议的次数更加频繁,例如,尼日利亚的非洲经济研究中心就发现每周召开例会更为有效。

　　同时,许多第二阶段和第三阶段智库正准备每周或每两周给所有员工分发内部电子简报,这种简单的方式可以让员工充分了解智库所取得的成就、日常管理的变化、员工荣誉以及员工的考勤等信息。对于一些拥有 30 名以上高级员工的大型智库而言,他们每月或每两周都会举行一次高级员工会议,以此分享信息和培养团队精神。[①]

　　这些会议实际上是双轨制的。如上所述,团队领导在高级管理层会议上传达的 218
信息通常以"智库现状"(即智库是如何在政策领域赢得新业务和主要成就)为开始;研究小组的会议自然也是遵循同样的方式,从对"团队现状"的回顾开始——团队自上次会议以来提交的提案、提案的成功或失败、正在进行的提案及其负责人是谁。人事变动是另一个重要主题,包括寻求一些职位的候选人等。许多团队发现,保持在线电子表格中提案信息的畅通是很有帮助的,这些信息将提供给所有团队成员利用,其他团队成员也可以对工作成果和预期发展的问题展开讨论。

---

　　①　全球发展中心每两周设有高级员工午餐会,但他们的这个午餐会更像是文中所描述的第一层级会议。他们"提供一个会场以更新信息,这些信息包括新项目或正在进行的项目、激发创新活动的成功与失败经验等,以及围绕中心主题应该做什么和我们应该如何进行非正式的讨论(这也是最重要的一点)。内部事务公告、预算讨论和其他琐碎的行政事务则是通过电子邮件或小型会议处理的。"(麦克唐纳和莫斯,2014,第 6 页)

团队领导在此也要提醒团队，使他们注意那些总裁和其他高级管理层正在考虑的问题，这是管理者获得问题反馈的黄金时机。同时，团队领导应该提醒总裁注意的是，员工的观点实际上与总裁召开的高层会议中产生的意见有所不同，他们往往会强烈地表达出自己的观点。当然，这也能够使团队领导关注团队运营的内部事务问题，并审查创新活动。在协调这些会议时，团队领导应该留心第 5 章中所给出的建议。

尽管刚刚所概述的会议体系并没有什么新颖性，但无论是向智库的各级员工分享重要信息，还是提升员工在智库中的参与感，这都是非常有效的。更重要的是，这种会议体系可以实现高级管理层和员工之间的真正交流，使他们可以共同对智库各方面的问题进行探讨。

三、协调沟通活动的特例

这部分主要关注如何改善智库在智库优先受众和政策参与方式上的内部沟通状况。智库需要有优先考虑的是受众和传播渠道，并将这些优先级纳入到政策参与的计划中，这需要智库具备渊博的知识背景，这样的知识背景将显著地改善外部传播项目。

在评估一个智库的内部运作时，常常会收到不一致的回答，这令人感到十分惊讶。这些回答分别来自传播总监、传播团队中的其他成员（如果确实存在这些人员）、执行董事及若干研究人员。当询问到以下两个问题：该智库工作的优先级受众，以及在一个项目的生命周期中，智库何时发布政策参与的计划和传播项目的成果（如项目何时启动，参与者包括哪些人等）时，这些人对这些问题的回答往往截然不同，甚至有时执行董事和传播总监也持有不同的观点。

219 为了体现这种观点不一致的程度，表单 8.1 展示了在一个智库的传播规划中，对三个关键元素一致性审查的结果，其中两个涉及的是一个项目战略的准备过程，另一个是关于智库政策工作的优先级受众。这些信息来源于一个东非智库，并于 2013 年秋季收集整理的,执行董事、三个研究员及传播总监分别接受了采访。其中,并不是所有的问题都是对答类型的。此外,我也收集了该地区其他十几个智库的类似信息,表中的结果具有广泛的代表性。

第一个问题是询问何时开始准备传播规划。三位研究员回答都是在提案撰写阶段。而另一方面,传播总监认为只有当研究结果可以利用时才开始准备(研究员 1 实际上给出了这两种回答,但是我们要求他选择其中一个)。这些回答表明,传播总监并不参与传播规划的准备工作,他甚至直到介入后才知道一些早期的规划。

第二个问题是如何制定传播规划。对此,有一位研究人员和传播总监表示,几乎所有的项目都有一个标准的规划。另外两个研究人员则给出了两种不同的回答,其中一个表示并没什么规划,项目团队仅仅遵循资助者的想法。

最后一个问题是关于受众的优先级,受访者需要依据目标受众的重要性列出名单。在执行董事列出的名单中,排名第一的是"智库支持者,其中有许多都活跃在政策领域。"研究员 3 和传播总监也把这类人包括在内,但这类人在它们的优先级列表中是置于最后的,另外两个研究员则完全忽略了这群人。同时,这三个研究员和传播总监都把行政和立法分支机构排在了首位,执行董事则把他们排在第二位。除此之外,其他组织(如公民社会组织、非政府组织、媒体)基本都出现在所有的列表中,只有一位受访者把捐助者也包括在内。

将这三个问题的结果结合来看,可以发现核心员工在对传播对象的优先级和如何制定传播规划的认识上存在明显的差异。类似的情况也表明,许多智库未能有效地在内部公布他们的传播战略。在某些情况下,可能是因为执行董事从来都没有在"总裁与团队领导和行政部门主管"为中心的主题会议上审查过传播战略。或者,尽管智库在制定机构层级的传播战略时曾开会审查过这类传播战略,但之后就杳无音信了。在某些情况下,总裁或高级管理者的会议可能传达了传播战略,但团队领导却未能将核心信息传达给他们的团队。

无论如何,每个智库都需要员工共同致力于政策参与和传播,并由执行董事为其提供支持,使其充分发挥作用。此外,传播总监也应该承担部分责任。每当开始一个新项目,传播总监需要主动向每个团队简要地汇报智库整体的政策参与和沟通战略,以及其执行情况。同时,传播总监也可以在与团队领导和首席分析师(如果执行董事愿意参与,也包括在内)共同召开的会议上,补充更为详细的战略(具体项目的战略)。如果一个项目提案中包括传播规划,那么传播总监应积极地参与该项提案内容的撰写,以确保它将智库的政策和受众优先级都考虑进去(传播总监也可以为规划注入新的想法)。传播总监通过亲自示范并帮助团队制定项目战略,使团队能够充分理解所需遵循的原则。然而,传播总监也要继续在每个新项目的战略上与团队合作,从而充分理解规划的目标,明确实施规划的方案。

四、政策与程序的文件库：一个必要的管理工具

公开的政策与程序信息可以为员工经常遇到的大部分问题提供及时的回答,从而确保操作的一致性,也可以节省管理者用于回答询问的大量时间。无论是用于指导新员工的简报,还是将政策或程序的变化通知给全体员工,这样一个政策与程序文件库都是非常重要的补充。

制定一套全面的政策与程序文件库是一项庞大且消耗精力的任务,大多数智库只有在这样一个文件库投入使用多年后才能成功地完成这项任务。实际上,它永远是一项无休止的工作。通常,只有当这些政策与程序确实不可或缺,且对这一过程也没有总体指导时,它们才能被正式地固定下来。

制定政策与程序的文件库很重要,但确保这些文件得到广泛传播也同样重要。推荐的解决方案是将它们放在网络上,并提供给智库员工利用(仅限在专门的数字文件夹中)。目前,员工可以通过访问云存储设备随时利用这些文件,表 8.1 就列出了一些不错的工具。如果智库不愿意或没有机会使用云或内部网,也可以使用活页夹,将一些文件的复印件放在智库各处,以便于员工查阅或用于处理一些私人问题,这样员工也就无须再访问行政管理者的办公室。

表 8.1　异地文件的共享工具

工具	优点	缺点
Dropbox	• 简单，快速，使用直观——可以作为桌面或移动设备上的文件夹进行加载并允许拖放（允许离线编辑） • 轻松同步文件 • "历史"功能可供用户访问旧版文件 • 不需要在机构中心也可以进行操作 • 使用加密安全技术，并可以指定哪些文件是私人或公共的	• 基于免费计划的存储空间只有 2 GB • 获取更大存储空间的费用昂贵 • "实时协作"并不容易——你不能实时地观看到一些正在发生的改变；只能注意到那些受到追踪内容的变化
Google Drive	• 比 Dropbox 更便宜 • 基于免费计划的存储空间有 5 GB • 链接到所有 Google 账户（Goole Docs，Picasa 等） • 可以作为桌面或移动设备上的文件夹进行加载，并允许拖放 • 可以看到实时的变化；而且，当用户更改文件时，可以同另一个人交流	• 使用不直观 • 移动设备的体验不好 • 不支持离线编辑 • 经常出现类似. gdoc 形式的扩展文件，在网络浏览器中打开时容易受到影响
Microsoft OneDrive	• 基于免费计划的存储空间有 7 GB • 便于静态使用并提供利用 Hotmail/Outlook 的邮箱账号	• 使用不直观 • 文件共享比 dropbox 和 Google drive 更困难
Box	• 基于免费计划的存储空间有 10 GB	• 下载的文件大小有限制 • 不能在桌面上加载，因此只能基于网络利用
Amazon Cloud Drive	• 基于免费计划的存储空间有 5 GB	• 不能在移动设备上使用 • 不支持共享、外部链接或同步，只能作为一个外部的硬盘驱动器 • 下载文件的大小有限制

案例研究 8.2 描述了 CIPPEC"白皮书"的制定过程及其内容，这个"白皮书"是

一套全面的政策与程序文档，它除了涵盖一系列管理问题之外，也包括 CIPPEC 战略远景的政策与程序、资金来源及对项目影响的监测与评估。白皮书的目录内容（附录8.1）也具有价值。

五、总结

（一）实践经验

一个经营良好的智库有如下特征：

- 总裁和高级管理层有责任公开智库决策，并听取不同的观点。

- 重要的政策与程序（P&R）报告需要放置于合适的位置，以便于员工利用。它们包括关键人员的文件（在第 2 章、第 3 章和相关附件中有举例）、财务管理文件（包括各种相关实践，以及用于防止伪造差旅费用的指导说明）、质量控制政策和程序以及其他一些类似的文件。

- 分配智库现阶段所需的和具有优先级的政策与程序报告列表，使行政办公室的领导在有机会改进这些政策和程序时，能够有效地识别优先发展的对象。

- 智库内部的沟通非常紧密，总裁会定期同高级管理者召开会议商讨。同样，管理者也常与员工保持联系，向上级的反馈将定期转述至高级管理者会议。

（二）资助者须知

1. 资助者应注意：

- 管理共享吗？共享决策可以增加员工对决策的支持，并提高参与者对智库的归属感。如果共享作为公认的管理原则，那么这一过程是正式还是非正式的？相关参与者会定期召开会议吗？

- 政策与程序报告。资助者要检查现有的报告，并抽查那些涵盖保护资助者利益的文件。其中，管理资金的操作及对各种产品的质量控制尤为重要。

- 你可能会认为某些领域的政策与程序报告有助于智库的发展，那么审查你感兴趣领域的政策与程序报告。例如那些关于员工考勤的信息（用于考勤系统的投资参考)，以及关于年度员工评估系统和绩效奖励的人力资源政策与程序报告(在员工发展方面的投资参考)。

2. **资助者可能需要做：**

- 为了降低准备书面政策与程序报告成本，资助者可以考虑鼓励智库总裁和行政管理办公室的领导，让他们把制定的政策与程序报告分享给其他智库的同事，尤其是当他们一同参与会议，或在非正式的会议中讨论一些管理问题时。

- 具有高度积极性的捐助者或捐助团体可以委托别人去制定一套政策与程序的文件库，这些文件需要涵盖管理工作的各个方面，经由组合、审查、挑选以及传递智库报告而形成。该文件库将会在线对所有人开放，同时，为了方便他们的使用，所有下载文件均为 Word 格式，并可根据个人的需要调整和使用。

223

表单 8.1　智库在内部政策参与和传播的优先级方面缺乏一致性的典型案例①

你是何时开始准备一个项目的传播规划的?（仅给出一个回答。）

回答	研究员 1	研究员 2	研究员 3	传播总监
在提案的撰写阶段	X	X	X	
在研究项目的开始				
当我们做出研究结果的时候	X			X
在项目过程的每个阶段制定不同的规划				
并没有制定太多规划,我们只是遵循客户的需求				

你是如何制定传播规划的?（仅给出一个回答。）

回答	研究员 1	研究员 2	研究员 3	传播总监
我们所有的项目几乎都执行同一个标准的传播规划	X			X
我们有一系列正在使用的传播规划,并从中选择一个最合适的		X		
我们为每个项目都制定一个新的传播规划	X			X
并没有制定太多规划,我们只是遵循客户的需求			X	

你的智库主要目标受众是谁(依据组织类型和角色并按照优先顺序列出)?（请尽可能将必要的群体都添加进去）

---

① 表中展示的是对智库内部对传播事项的问答记录,分别询问了执行董事、传播总监和若干研究员。

目标受众	执行董事	研究员 1	研究员 2	研究员 3	传播总监
1.	智库支持者，其中有许多都是活跃在政策领域	行政和立法的分支机构	行政和立法的分支机构	行政分支机构	行政和立法的分支机构
2.	行政和立法的分支机构	民间团体、非政府组织	公众和媒体	国会	其他智库
3.	媒体、公众	媒体	非政府组织、公民社会组织	媒体	公民社会组织、非政府组织
4.	其他智库、公民社会组织	捐赠者	私营部门	公众	媒体
5.				智库支持者	智库支持者

224　**案例研究 8.1　内部治理机构的实例：CIPPEC 执行委员会**

促进公平与增长公共政策实施中心(CIPPEC)成立于 2001 年,随着时间的推移,组织规模逐渐发展壮大,组织结构和决策过程也变得更加复杂,其领导人发现有必要制定政策以提高决策的合理性,于是成立了不同的治理机构。CIPPEC 的白皮书中对这些机构职责的大部分内容都有描述,其中有一卷记录并规范了不同的内部管理流程(详见案例研究 8.2)。

在这些内部机构中,执行委员会(EC)最引人注目,因为它负责讨论和决定智库关键的制度问题,并在此方面影响智库决策。一方面,执行委员会追求成功的企业战略来提高公共政策研究的影响力,帮助 CIPPEC 开展外部工作,这也是智库的使命所在。另一方面,它必须处理关键的内部问题,这些问题包括：

- 智库建设。执行委员会为智库活动的实施制定全年战略和操作指南,并制定、实施及评估年度工作计划和预算。此外,它负责监督 CIPPEC 在不同领域的工作,以确保他们完成各自的目标。

- 提案和项目。一方面,执行委员会负责将准备的提案分配给不同的政策研究领域,确保提案的主题符合各政策领域的工作情况、潜在的机会以及经济机遇。另一方面,执行委员会要负责确保提案在制度、政治和经济/财务方面的适用性：项目要符合智库的战略议程,具有可行性,关注实现与第三方承诺过程中可能会遇到的潜在挑战、经济可行性、机构地位的影响等。最后,执行委员会须要评论并充实提案的内容,尽可能寻求最高技术标准。

- 机构政策。执行委员会要商讨并决定员工的职业发展、加薪计划、奖学金的分配与支持、智库内对新研究领域的开发以及其他主题。此外,执行委员会也是分析和处理管理委员会需求并进行决策的主要渠道。①

- 智库定位。当 CIPPEC 面临高度公开的项目或情况时(例如,当它收到其他

――――――――――――――――

① 管理委员会是智库的最高治理机构,它是由总裁领导组织的。

同行智库的邀请,参与支持或反对政府的某个决定),执行委员会将决定和维护智库的声誉。

结构与活动

EC 由三个常任董事构成,包括执行董事、传播总监和机构发展(融资)总裁,并且他们都来自政策研究领域(其中有两个是每年一次换届,另一个每半年就会进行人员的更替)。无论何时,如果执行委员会讨论关于法律、预算、行政管理和人力资源的问题,都会要求行政总裁和项目管理者共同参与。

这个多领域的构成为执行委员会提供了两方面的优势:(1) 它改善了不同项目的内部公共政策分析的方法(特别是三个政策研究领域的董事分别属于社会、经济和制度方面);(2) 它确保将 CIPPEC 战略中和日常工作挑战中的专业技能与知识都激发出来。通过这种方式,执行委员会既可以利用不同的视角完善智库的工作,也保证了智库内部共存的不同利益。

执行董事提出每周例会的议程,其他成员也可以对讨论的主题提出建议。执行委员会内部的决定遵循少数服从多数原则,然而,事实上这些决定在大多数情况下都是已经达成共识的。在会议期间,助理通常会用几分钟的时间把随后需要讨论的主题概要发送给 CIPPEC 所有总裁。① 执行董事每周要将执行委员会的决策通过邮件通知董事会和主管人员。因此,执行委员会其实是为决策与合法性建设提供了平台。　225

挑战

目前,尽管执行委员会作为智库内部一种有效的管理工具,但仍然面临一些挑战,直到它能够实现协议职能和有效的决策。例如,执行委员会一开始更像是一个合法性构建的平台,其成员仅是对执行董事之前已经做出的决策表示支持。但随着时

---

① CIPPEC 的结构是由不同的领域和项目组成的。这些领域都致力于解决机构的某些问题:执政方向、行政和项目管理、机构建设(融资)及传播。此外,其中的项目则是致力于不同政策问题的研究:教育、卫生、社会保障、经济发展、司法、公共管理、制度、当地发展和影响、监管与评估。每个领域和项目都由一个董事负责领导,这些董事每周会开会讨论机构或政治的议程问题。

间的推移，机构开始将执行委员会视为内部的协商部门，对其成员所需承担的角色也有了更好的理解。然而另一个问题又出现了，执行委员会需要处理的事务越来越多，一切问题都需要得到讨论，甚至是一些细枝末节的问题。为使委员会能够正常运作，需要在过度协商和达成共识之间实现最佳平衡，但这同样需要花费大量时间。

此外，每当执行委员会需要做出紧急决定时，如决定是否准备在短期内提交一份提案，每周召开例会就会带来诸多不便。因此一个更有效的机制就产生了，据此，EC几乎总是需要赞成或拒绝一个项目的通过。通过这种新的机制，EC将某一固定的协商程序与灵活的机制相结合，在有类似的需求出现之前加快决策的制定进程。

展望

尽管执行委员会是 CIPPEC 管理的核心机构，并取得了一定的成功，但该智库的领导也希望执行委员会可以不断进步和发展。现存的一个挑战与执行委员会的内在特征有关：鉴于执行委员会的构成和 CIPPEC 的组织结构，执行委员会通常代表和维护自己所属地区的利益，这引发了一些全球化的讨论。投票机制旨在确保决定尽可能客观，然而，执行委员会的主旨是促进协商和达成共识，对这一主旨的正确理解要求其成员充分了解自己持有的特权在组织机构中的地位。

莱安德罗・真迪和费尔南多・斯特拉法切

促进公平与增长公共政策实施中心

布鲁诺斯艾利斯，阿根廷

案例研究 8.2   白皮书：智库政策与实践的整理记录

促进公平与增长公共政策实施中心(CIPPEC)成立于 2001 年,随着时间的推移,它的结构和内部程序变得更加复杂。在这一过程中,几乎每周都会出现新的情况,尽管这些问题都得到了解决,但仍有一个潜在的问题:"中心应该针对哪些问题制定政策,并对其实施管理?"多年来,智库制定并积累了许多政策,因此,作为智库最高治理机构的管理委员会,根据需求整理、记录不同的机构程序和实践,并使之规范化,最终形成一个全面的文件集合,称之为白皮书。这个决定过程漫长且艰巨,来自智库各领域的成员参与其中并历经多年的内部讨论。大量的智库投资需要受到审查并得以应用,进而使之系统化,最终形成文件。

白皮书是由前执行董事发起的,他于 2009 年离开了 CIPPEC。初稿的起草花费了太长时间,以至于当它完成时,几乎所有的程序都已经发生了变化。现任执行董事继续将其完善和更新,并巩固新版本。其中,执行董事的第一项决定就是将责任分配到具体的某个人,这个人需要与执行委员会有紧密联系,并使其带领白皮书的准备工作。① 一旦白皮书的草稿准备就绪,一些关键的智库成员就要负责全面检查其中一章或两章内容,并提出修改建议。

白皮书

白皮书共有 10 章内容,每一章都围绕一个特定的主题。这些主题包括:CIPPEC 的战略远景、治理机构、道德规范、审批流程、项目监管与评估、资金来源与机构联系、管理与财务、人力资源以及传播与技术(目录见附录 8.1)。

制定白皮书的目的主要包括两方面:一方面,从概念的角度看,它通过界定一系列的政策来反映智库的概况,这套政策主要规定了智库工作的例行程序,从而使 CIPPEC 明确自己想要成为哪种类型的机构。例如,白皮书指出,由阿根廷政府资助的项目的资金不能超过该智库预算的 30%,这是为了保护智库的独立性。

---

① 案例研究 8.1 中曾描述过执行委员会。

另一方面，从政治角度上说，白皮书能够减少某些决策的政治成本。它通过界定某些政策，以免其受到个人解释的影响。例如，白皮书指出，CIPPEC 并不支持任何具有政治性和商业性的活动，所以每当有利益相关者请求 CIPPEC 支持他的公共目的时，并不是执行董事表示拒绝，而是智库政策不允许这种做法。此外，执行委员会每周需要召开会议，一同对智库关键的制度问题进行决策，而白皮书就作为他们会议讨论的背景材料。

白皮书仅供内部使用，每个员工都可以通过 CIPPEC 的局域网获取利用。此外，白皮书指出，每个成员都有责任了解、尊重并完善白皮书的内容，从而使智库发展壮大，同时也营造了一个愉悦的氛围。

动态发展的文件

有一点非常重要且需要在此强调的是，白皮书是一个"活"的工具，即它是在实践和智库日常面临的不同情况中形成的（并且继续完善）。当某一政策需要改变时，这个"普遍法则"就为智库提供了一定的灵活性。每当执行委员会明确需要一项新政策或认为有必要更新现有的政策时，都需要采取正式的流程，最后的决定也需要得到其他成员的认可。一旦做了决定，新政策就由执行董事传达给不同领域的董事，并通过内部的时事通讯传达给员工。除了这些特定情况之外，白皮书中所阐述的 CIPPEC 的政策表明，对这些政策需要展开全面的年度审查。

例如，一个极为重要的捐赠者要求在 CIPPEC 的出版物中提高自己的曝光度，特别是，他希望一本书的封面上能够出现自己的名字，而其他捐赠者的姓名只在书里提到就好。根据政策，CIPPEC 就可以给这个捐赠者做出回复：智库对于这个问题已经出台了新的政策要求。此外，还有其他类似的情况，例如智库需要一项与出版相关的政策，并依据该政策来明确规定哪些员工可以签署媒体文件或文章。

白皮书在不断更新的过程中，已经在政策稳定性和灵活性之间实现了一种平衡。灵活性可以使这本书多年后仍然成为有利用价值的工具，而当有人认为需要改变一项政策或制定一项新政策时，稳定性则有利于营造一个良好的讨论环境。

由于白皮书包含了不同类型的政策，这些政策对 CIPPEC 的任务和绩效具有不同程度的重要性。因此，对其内容的更改需要设置不同级别的权限。例如，那些关于智库设计的问题只有得到管理委员会的批准后才能修改，而其他问题则只需要执行董事决定并得到执行委员会的批准即可。

挑战

正如之前所提到的，白皮书的制定确实是一个长期而艰巨的过程，这一过程也会产生许多挑战，其中最主要的一个困难就是何时确定最终版本。由于智库的日常工作会分散白皮书的编写精力，往往造成编写的推迟。事实上，即使白皮书的最终版本已准备就绪，仍需要提交给行政委员会才能得到最终批准。

同时，这一过程也存在另一个挑战，即确定白皮书是否应该作为智库关键的政策纲要，以此反映 CIPPEC 的主旨或作为智库的流程指南。这个困境尚未完全解决，结果只是形成了一份文件，该文件不仅记录了智库的重要规章，也涵盖了具体操作的细节问题。

另一个需要注意的问题是，由于当前版本中的所有章节包含不同程度的细节、语气和结构，因此有必要制定一些统一要求和适用于所有章节的写作指南。

至于白皮书的有效性，最为关注的一个问题是它对于员工来说是否有用。智库仍然需要反思自己的内部沟通战略，以确保每个员工都能够了解这本书的内容，并使其在他们的协商及日常工作中都能作为有效的工具。例如，白皮书可以用于指导新员工。

益处

白皮书作为制度建设的重要工具，智库在编写制度文件上投入时间也可以为其自身带来许多好处。例如，一个运作了 13 年的智库具有很高的员工流动率，但白皮书可以对智库的发展过程中出现的问题追根溯源。因此，白皮书不仅可以作为 CIPPEC 的日常操作指南，也能够为关键的战略决策提供支持。此外，它能够将责任明确地分配给智库内不同的机构和职位，同时也防止决策成为个人解释的结果，在涉及敏感问题的评价时也会更加客观。

莱安德罗·真迪和费尔南多·斯特拉法切

促进公平与增长公共政策实施中心

布鲁诺斯艾利斯，阿根廷

设置议程

第九章　制定战略，激发创新

同其他机构一样，智库也需要不断地修改自己的议程，其原因至少有以下三点：

- 确保它们的工作符合国家的发展政策规划。
- 对于一些重要的或潜在的课题，即使政府和国会还没有优先考虑它们，智库也需要研究这些问题。
- 使核心员工有机会改变他们的研究、政策分析重点，进而影响员工的去留和工作的积极性。

许多智库只是小幅度地调整议程，但也有些智库对议程做出了重大改变。这些重大变化往往伴随一定的风险，并且会耗费智库许多资源。因此，智库需要谨慎地调整议程。

项目创新通常需要制定战略规划（下文有定义），智库需要不断地规范和完善战略规划，最终形成一份正式的书面成果。智库制定战略规划时，需要基于智库现状和政策环境，综合考虑智库使命，并系统地分析新的工作项目。这里，"创新"一词代表了智库工作计划中重要的新方向，它们既包括新的研究主题，也包括智库工作类型的重大变化——例如，实施新的政府示范项目、从政府获取政策研究任务（并不是指之前已经完成的）以及启动大型教育项目。①

智库制定一个正式的战略规划是非常有益的。该规划必须具备灵活性——也就

---

① 罗克林和拉多维奇（2013）列出关于创新的几个常用定义。"一些人在发展领域使用《经济学人》中的定义：'能够创造财富或社会福利的新产品、业务流程或有机变化，'或'能创造价值的新想法'。莫尼特基于创新管理做出的定义是'利用新方法创造和获得新价值——通过产品、服务、新流程或商业模式、新技术或应用"（第200页）。他们还列出了创新的定义和创新的四种类型（产品、流程、市场及组织）。

232 是说，它可以根据需要快速做出调整。本章关注如何发现和评估智库发展中面临的新机遇，这也是战略规划中的关键问题。若智库制定的战略规划过于详细，则不利于智库开展创新活动。因此，智库要精简制定战略规划的流程。与其制定一份缜密的规划，不如将有限的资源用于为智库的新产品提供创意与评估、分析和评估不同类型的新客户或政策研究的新受众。

　　本章首先讲述如何制定一份战略规划，并且智库需要在特定情况下考虑重组或合并这一问题。接着，第二部分是我在实际调查的基础上，提供了一些智库在制定战略过程中的实践信息。这些信息既包括 TTI-48 智库的战略规划，也包括它们所实施的八个创新项目。其中有一个创新项目是涉及商业风险，其他几个都是关于新研究领域的尝试。文中还介绍了一个爱沙尼亚的智库案例，该智库对本书内容有一定的贡献。同时，这部分也概述了一些东欧智库所采取的各类创新项目——他们是如何识别、评估并发起创新活动的；在这个过程中又遇到了哪些问题；以及有哪些可以借鉴的成功经验。之后，第三部分将介绍营利性和非营利性机构在鼓励创新方面获得的经验，并且在阐述这些机构如何鼓励、发起并评估创新时，也将讨论一些细节问题。一如既往，本章仍以"实践经验"和"资助者须知"作为结束。

一、战略规划

　　大多数的战略规划往往关注这 3 个方面：拓展新的政策领域、深化现有的责任、获得额外的客户（包括资助者和政策客户）。本节的第一部分首先探究了战略规划的制定；第二部分讨论机构层级的传播规划，以此作为战略规划的补充。第三部分则简要地分析了智库的重组与合并政策——结合其他实体机构调整智库的组织结构。

（一）规划的选择

　　智库制定战略规划需要协调各方面的工作，旨在为智库在政策研究、政策参与和传播以及其他潜在的任务等方面创造和保持竞争优势。智库通过评估资源需求，寻求潜在的资金来源。

安德鲁·赛莉(2013a)在他的书中指出，战略规划主要是通过不同的方式来解决以下 5 个问题：

- 机构想要实现什么(它的使命)？

- 机构通过做什么事可以创造杰出的贡献？

- 机构的关键受众是谁，以及如何接触到他们？

- 机构需要哪些资源，及如何利用这些资源？

- 机构如何评估影响，及如何从经验中学习？

第一个是基础性的问题，每年对这一问题的回答基本都是一致的。因此，大部分规划更关注其他问题。当智库使命发生变化时，董事会要从一开始就提出解决该问题的意见；而当使命保持不变时，智库则可以进一步制定员工层级的战略规划，但正如第 7 章所阐述的，这需要征求董事会的意见。

战略规划可以有不同的形式。一些智库可以制定详细的正式战略，也可以制定一些简单版本。然而，还有许多智库并没有任何书面形式的战略规划，仅仅依靠智库领导人及董事会的指示与口头意见开展工作。但无论是哪种方式，它们都有各自的优点和缺点。

从与第三阶段智库领导人的交谈中可以得知，许多智库是没有书面战略的，但它们往往会按照隐性的战略去运作，其中隐性战略指的就是对董事会决议的认可。这些智库认为，这种非正式的方式已经可以满足他们的需求。在过去的几年里，一些转型期国家的第一和第二阶段的智库就以这种方式运作，而且还很有效率。美国若干个第三阶段智库也采取了这种方式：全球发展中心称其并不需要任何战略规划；此外，城市研究所虽然成立于 1968 年，但直到 2012 年才开始认真考虑制定一个战略规划。①

---

① 在此有必要引用全球发展中心的报告内容："…除了鼓励高级员工明确自己的工作领域和预期产出之外，我们并不制定上层规划，这样我们才可以知道如何给他们分配资金。利用研究去影响决策和发展成果的方式较为单一，而这种机会又总是难以预测的。可以说，我们的战略就是借助一个具有优秀研究的思想库，并为我们的同伴提供回旋余地，从而对突然出现的政策窗口做好随时的应对。"麦克唐纳和莫斯(2014，第 7 页)。

文献中所讨论的战略规划大多是正式战略，它们通常是在咨询顾问的协助下制定的，由此产生了大量的文件，许多指南性文章也采纳了这种方式（例如，艾利森和凯夫，2005）。这种方式具有以下优点：能够指导参与者为机构及其市场经营制定战略；收集员工、董事会及咨询人员的想法和有创意的规划；为未来的管理提供实践经验和一个详细的规划。[①] 但这种方式也有不足之处，它需要智库与董事会在战略的制定上投入大量的时间及资源。并且，这项战略一旦完成，几年内都不能再做任何修改。

234 然而，特别是在过去的几年里，有些人认为智库如果制定一个简单战略，就不需要投入太多资源。并且，随着政策和政治环境的不断变化，这样的战略往往可以经受住各种考验。支持这样一个简单战略的有力论据是，许多智库都处在变化的环境中（伴随着新一届政府选举，重大政策的利益也会发生转变），在这种情况下，智库不能继续使用之前的战略规划，而是需要做出相应调整。[②] 若战略规划准备得越详细，此时，智库所需要做出的调整就越大。相比于非书面形式的"隐性战略"，大纲式的战略要比详细的规划更具优势，因为它能确保在员工之间、管理层与董事会之间达成普遍共识。此外，它比正式的战略也更加具有灵活性。

（二）自下而上的方式[③]

一个智库如果并非仅有一个"独奏明星"，而是拥有一支研究团队（见第 3 章），那么就可以采用一种自下而上的方式。这种方式对于一些智库来说非常重要，因为它可以节约资源。例如，韦罗克等人在报告中指出，由于资源有限，一些智库无法制定规划。他们就曾与这样的智库合作过，并一同制定和实施关于评估政策的 M&E 计划。

---

① 瑟烈（2013a，第 17～20 页）描述了芝加哥全球事务委员会在 2001 年的一个运作过程。

② 两个非营利组织的创新指南也有相似的情况，即它们没有涵盖如何准备一份战略规划的内容（莱特 1998 和迪斯、埃默森、伊科诺米 2001）。参见布赖森（1995）和科韦洛与黑兹尔格伦（1995）关于标准战略规划的准备。门迪扎芭（2013b）也支持一个简单的规划。

③ 译者注：这种方式是指战略规划并非由智库领导直接制定，而是由智库的团队领导与其团队共同起草规划，向上反馈给智库领导。

1. **团队领导的任务。**每个团队领导及其团队要为团队项目共同起草一个大纲式的战略（例如卫生政策、房地产行业改革或国际贸易政策）。团队领导应该非常了解所在政策领域的发展趋势、政府潜在的举措、竞争对手的手头工作以及投资者的利益趋向等。团队领导有必要与潜在的用户和资助者共同商讨未来的发展前景，以及他们项目所需的不断完善的研究议程。如果这种商讨会议是不定期召开的，那么即便只有一次，也是非常重要的。以下从"政治与思想"的博客中改述的内容非常具有启发性：

一般来说，团队领导对议程主题的界定取决于两个因素：（1）内部因素：智库的使命和起源、融资模式、特定研究者的兴趣和经验，以及智库的价值观、信念和意识形态。（2）外部因素：历史、政治、机构运作所处的文化背景，机遇，与其他利益相关者的关系，以及需求的特性和动态变化。

235

智库在制定战略规划时需要发现那些"初露端倪"的问题（当即将完成的研究成果可以作为政策建议被采纳后，那些在未来一到三年内很可能占据重要地位的研究问题）。无论是已经露出端倪的问题，还是那些受到直接关注的问题，团队领导都应该评估它们的潜在优势。对这类问题，安德鲁·瑟烈（2013a，第34～36页）的研究结果提供了四种选择：

- 发现一个其他人还没有研究过的问题（即先发优势）。

- 确定一个解决问题的独特方法（如开发或利用一套相对陌生的数据集合，或引入模拟结果）。

- 在政策周期中能够做出重要贡献的项目（例如，当政策讨论并未做出最终决定时，可以采纳项目的研究成果）。

- 地理位置（例如，一个机构如果在全国各地都设有办事处，或经常与全国各市或国际办事处合作，它就可以收集到更多有关当地问题的情报，同时，与那些分布并不广泛的机构相比，上述机构所提出的观点往往更加可靠）。

当团队盘点其使用的研究方法时，对解决问题的独特方法进行研究有助于团队制定战略。尤其需要关注以下几类问题:团队总是使用相同的分析工具吗? 一些项目是不是应该使用更为复杂的方法? 尽管统计分析通常作为基本的研究方法,但在某些情况下,案例研究是不是也可以作为一种有效的补充方式? 改变规划方法会对人事和软件造成哪些影响?

智库团队有必要为每个项目制定一份具体目标的说明文本,这些目标应该是项目在未来几年内真正渴望实现的。虽然,并不是所有的目标都对项目有直接的帮助,但统一更高层次的目标可以为团队提供有效的指导。这些制定的目标最好能与项目中的人员结构相一致(增强归属感和理解),在与其他项目讨论后应当得以精简。

至关重要的是,团队领导制定的战略规划需要包含一份阐述成功标准的说明,如果没有这份说明就无法衡量工作成果的好坏。理想情况下,这份说明应该相当详细,其本质上是追踪政策发展和实施过程,目的在于记录团队工作是否取得了进展。对于大型政策参与和传播项目的战略规划而言,它们的政策宣传是多线式同时进行的,并且相互依存,因此,制定这样一份声明是一项极为复杂的工作。但是,它对团队领导却大有裨益,因为它迫使团队领导研究政策的变化方向,并有助于其明确团队应该在哪些方面积极地与决策者商谈。

研究团队层级的规划草案包括一个小型战略,并要明确以下几方面的问题:新兴政策、市场分析、资源需求、资金来源和管理。

使用标准工具有助于明确规划涉及哪些挑战和需要哪些资源,例如日志框架(也被称为纲领性的逻辑模型)。[①] 在设计日志框架时,可以想象成一个一行七列的表格,行标题是每个潜在的创新项目或当前工作领域的延伸,各列的内容如下:

第1列:创新项目的名称。

第2列:以成果为导向的目标:短期政策的结果、长期的潜在影响。

第3列:设想。假设政府和竞争者可能会采取的行动及其时机。

---

① 详见拉·皮亚纳(2008,第92~93页)。

第4列：活动。包括研究和示范工程、市场营销、政策的参与和传播。

第5列：用于支持活动的额外资源或特殊的资源需求。

第6列：收益的目标。

第7列：预期的结果。

此项工作需要具备长远的目光。团队领导的规划需要关注整体项目或多年的规划，而不仅关注较小的计划，甚至"急于求成"。

项目层级的政策参与和传播规划需要一个准备过程，在这一准备过程中，团队领导应在适当的时候建立目标和制定一个明确的监督规划，这是至关重要的。

2. 机构层级的任务。高级管理层以及相关团队领导需要找出政策议题中相同的部分，避免团队重复工作，以此划分各自负责的问题领域——目的是为了确保团队之间的协调工作，并能够将具体的问题分配给不同的团队。此外，他们有时候需要对所谓的"重大问题"做出说明，这些问题可以是一些已经取得的工作进展或潜在发展，它们会对整个智库产生重大的影响，而且很可能激发创新。

智库无论是在完善战略规划时，还是面临特定问题时，都需要再三审查以下3个主要问题。[1][2]

237

（1）新机遇。毫无疑问，发现新机会的方式有很多，其中一种就是根据政府政策中的潜在变化发现新的机会。例如，政府决定从根本上改变对贫困家庭的扶持方式，即从实物援助转变为有条件的现金援助。而如果你的智库过去在一个住房津贴项目（一个发放救济的项目，它可以帮助贫困家庭支付最低保障的住房租金）上的工作表现突出，那么无论是在政策领域，还是为有关部门在项目实施上提供建议，你的智库都具有优势。若要抓住这样的机会，智库需要从另一个项目中转移资源，并增加员工

---

[1] 拉·皮亚纳的书（第74页）对这类问题有更多的讨论。在以下观点中，一些从拉·皮亚纳书中引用的内容并没有添加引号。

[2] 这一节普遍讨论的问题是机遇或挑战，它们会随着时间而发展变化，智库对此也要有一些时间来制定规划和做出回应。门迪扎芭（2014d）已经列出了大量智库可能遭受的负面冲击，他仔细思考了智库在遭遇这些或多或少的冲击风险时的特征，以及在经历这些挑战性发展时所具备的能力。

的专业知识——关键决定需要慎重。

　　另一种方式就是评估符合智库目标的当前或潜在的主题。全球发展中心在几年前就曾反思过他们在解决援助效率问题上不断获得成功的原因。关于选择新的研究主题,全球发展中心认为(麦克唐纳和莱文,2008,第2~3页):

　　　　智库在选择一个重要的研究主题时,往往关注这一主题是否需要新技术的支持、是否已经形成普遍共识以及是否有新的利益相关者或更高级别的潜在拥护者的关注。但全球发展中心已经突破了这种传统思维,转而选择符合自身目标的研究主题。选择这样的研究主题似乎是理所应当的,但却往往会被智库忽视。由于受根深蒂固的传统理念影响,智库不会选择一个仅为增加知识和理解或是能够提升某一领域知名度的研究主题;同样,智库也不会选择无法发挥新技术作用的研究主题……然而,从政治角度看,智库的研究主题应该是相对中立的,但也应该得到公众的普遍认可,这是非常重要的。全球发展中心工作的研究主题包括:如何减免尼日利亚的债务,如何使R&D对被忽视的疾病加快研究进程,以及如何为发展规划制定出更多更好的评估等。

　　(2)竞争的挑战。当另一个智库的行动对你的智库造成伤害,并且这种伤害足以威胁到你所在智库的正常运营时,挑战便会出现。例如,你所在的智库多年在一个重要的双边资助者的支持下,对农村教育发展的问题实施技术援助,而一个竞争者最近在此领域却赢得了同一资助者的两份合同。对此,智库需要引起高度重视,通过加强教育团队的竞争力,或者处理由于教育部门工作长期不受重视造成的后果,从而应对这种挑战。但若想为赢得竞争增加筹码,智库可以在教育工作的某一具体领域投入更多精力(智库擅长这一领域的工作,并认为该领域未来会提供有更多工作机会)。与此同时,智库也需要依据这一重大转变调整战略。

（3）商业模式的挑战。当可利用的资源发生重大改变时，这样一个挑战便会随之而来。例如，当智库注意到它总是失去一些能干的政策分析人员，鉴于这些分析人员对智库声誉和竞争力非常重要，这就对智库构成了威胁。在这种情况下，智库需要及时、全面、有序地审查人事政策——可以通过离职面谈了解相关情况以及其他智库正在做什么，也要特别关注对员工的激励。这有可能是因为其他智库给出了更高的工资，但也有可能涉及其他一些问题，例如高级分析人员在工作上的自主程度，以及他们对研究团队的控制程度。拉·皮亚纳（2008）曾指出，商业模式的挑战常常是悄无声息地出现，诸多挑战往往在智库还未察觉之前就出现了。

当然，无论是团队制定的小型规划还是机构层级的战略，这样的问题都有可能出现。无论是出于哪种情况，智库的管理层都要提出解决问题的有效措施，并制定出发展规划。需要注意的是，对于这种已经露出端倪但还没有达到爆发期的"重大问题"，高级管理层需要将这些问题添加到团队领导起草的规划中，并在定期的战略升级时予以解决。

在最近一次的战略升级中，尼日利亚的非洲经济研究中心决定将收入不平等这一普遍问题添加到工作计划中。最初的工作内容包括理解贫困的准确含义，以及调查政策制定者对国家贫困和不平等情况的了解程度。

在制定战略规划时，高级管理层和团队领导需要共同合作，整合团队层面的战略和机构层级的想法，从而形成一份连贯的规划。在制定这份规划时，有必要对各项工作做出权衡取舍。

239

战略规划的制定也需要考虑智库内部投入多少资金用于传播。这类资金需要满足整个机构层级的传播需求，包括网站开发和维护（稍后会详细讨论）以及项目层级的传播。

值得注意的是，在过去几年里，随着智库产出的成果越来越多，大量的电子产品和社交媒体得到广泛应用，传播工作需要投入更多的资源。然而，通常情况下，资助者并没有兴趣来资助这种活动。因此，这些活动必须要从间接账目中获得资金。因为投入到这些活动中的内部资金份额越大，用于自由支配研究和改善工作环境的固定的间接费用就会越少。

《未来管理需求的全面审查》应该涵盖以上这些问题和资源分配的决策（其中一些决策目前还未得到确定和处理），管理服务领域的领导可以将他们起草规划的结果汇报给高级管理层。

资源审查。截至目前，本书对规划过程的讨论主要集中在政策议程。高级管理层和团队管理者能够选择不同的方式制定战略规划，这是非常有用的。这里的审查是指评估潜在的资金来源——换句话说，智库需要预测哪些工作项目会得到资金支持。这种方法可以使团队管理者注意到那些缺乏资金的项目，从而做出合理的规划。对于有疑问的资金问题，智库可能需要进一步了解后再做决定。但如果智库缺乏资金，循序渐进地开展项目或许是一个明智的策略。

（三）相应的传播战略

机构层级的传播战略应该与智库的战略规划密切相关，智库通常是在新的战略规划得以确立后才制定或修改传播战略。尽管执行总裁看似普遍支持这样的做法，但许多智库实际并没有制定这样的传播战略。传播战略的内容究竟是什么？为什么有必要制定这种战略？

机构层级的战略与项目层级的规划，两者有着本质的区别。机构层级的战略关注的是将政策研究成果递交给意见领袖、政府和国会决策者，从而对政策结果产生积极的影响（项目层级规划见第 5 章"团队领导的职责"这部分内容）。如上所述，在制定战略时，每个团队要明确自己在关键研究领域的目标，制定相应的计划以检查政策参与和传播的效果。在项目启动之初，制定传播战略必须考虑这些问题。

机构层级的传播战略旨在为机构制造一个积极的形象，以促进项目层级的政策参与和传播活动。尽管智库采用的战略有所不同，但一些关键的内容是不变的。一些智库希望战略规划可以与其他目标（如知识管理）相联系（欧洲发展政策管理中心，2013）。一些智库则利用 SWOT 分析制定战略规划（经济研究中心，2011）。还有一些规划是混合型的，既包含一个高层级的战略规划，也包括项目层级的纲要式规划。

　　我通过与一些成熟智库的传播总监进行交谈，并审查了几个机构层级的战略规划后发现，智库的最佳传播战略是关注如何在政策与支持者面前塑造一个积极的形象，无论面对的是普通受众，还是对实现传播目标具有重要价值的某个特定群体。

　　这种战略的主要构成详见表单9.1。第一项内容是它的目标。它们通常是典型的笼统陈述，例如："增强领导力，使目标利益群体与捐赠者给予智库高度的认可，从而扩大我们的影响力。"更具体的目标可以陈述地更加详细，正如以下这个年度战略声明的列表（修改后的）：

- 公众意识：加强公众对智库战略目标的认识和理解。
- 品牌和声誉：通过改善外部利益群体对智库的看法，将我们视为一个可靠的、有求必应的智库，以此提高智库的品牌影响力与声誉；同时，这也将提升支持者和捐赠者的参与度。
- 影响力：提高知名度，加强外界对智库关于减少全国贫困的战略规划的认可，使智库可以在发展问题上成为专业的意见领袖。
- 赋予员工自主权：鼓励员工对智库自由地展开讨论，如智库的核心优势和影响力。
- 招聘：增强智库在特定利益群体中的影响力，更高的知名度可以帮助智库建立一个世界级的团队。

　　紧随目标设定有3个密切相关的活动：确定基本的传播方式、目标受众以及传播内容（按照表单9.12～4的步骤）。

　　制定智库"关键信息"的列表（步骤4）至关重要。这种列表都是依据智库的原则及相关记录（即智库的具体成就）得出的。列表可以将智库的特定优势与官员和捐赠者中的目标利益群体关联起来。换句话说，智库为不同受众准备了多个不同的列表。

　　最后，在步骤5中，制定一项可行的规划要将具体的活动目标（提高智库的知名度是其中之一）和工作任务组合在一起。这一步骤包括"权力定位"，即高级研究人

241

员、执行总裁与传播团队共同合作，发现并充分利用特定的机会，使那些具有高优先级的利益群体能够在非正式讨论中，就智库的成就和能力发表演讲。此外，智库需要借助传统媒体、社交媒体及具有影响力的智库网站，传播智库实际取得的工作进展（特别是有关完善项目管理的信息）。

品牌是传播战略中另一项非常重要的内容，它不仅包括那些琐碎乏味的事——统一报告和出版物中使用的标志和标准格式，也涵盖那些至关重要的内容，例如智库的高级政策专家及智库专职员工。在此，第3章提到的专一性是至关重要的；如果一个"明星"分析师实际上为多个机构工作，其本质上就是一个自由职业者，那么这个智库将不会得到任何品牌回报。

如上所述，机构层级传播规划的一个目标就是，在与智库的成果、建议及员工有关的政策研究领域营造一个信任且包容的氛围。

（四）重组与合并

除了改变智库的工作规划和资助者，其他两种创新形式也值得一提。一种是机构重组——包括创建新的姊妹机构——这将显著地改善生产力、政策相关性、任务划分或对有关非政府组织的相关政策做出更好的回应。另一种形式是合并，这种情况以往很少发生在独立智库之间。战略的制定过程需要解决机构的重组与合并问题，因为它们对许多管理问题都存在根本性的影响（即使政策研究议程并没有受到强烈影响）。

内部重大的重组是为了降低成本，使智库变得更加高效和更具竞争力，但这种做法比较少见。内部重组是智库的内部事务，可能并不为外人所知，但可以想象到其中的一些变化。例如，有的智库按照项目主题（比如卫生政策、地方财政、社会救助）组织工作，尽管目前这种做法被认为效率低下。因为每一个专题小组都需要技术援助、评估和计量分析工作，但小组规模往往较小，以至于每个小组都缺乏相关的专业知识。结果导致这些工作因为缺乏专家而无法推进，员工无法充分实现其自身价值，甚至也会因为没有分配到自己喜欢的工作而沮丧。解决这一问题的方法就是智库建立具备各种专业人才的综合小组，并精减专题小组的数量，同时根据需求将技术专家安排在不同的专题小组工作。

另外，智库团队领导负责为每个项目制定政策参与和传播的规划，为了实现这一规划，还要让传播团队知道他们具体的工作内容是什么。有些领导与传播团队共同商讨并制定规划，但有些可能不会这样做。这里需要提醒团队领导的是，传播团队参与制定规划可能对政策参与和传播的整个过程都有帮助。

智库在创建子机构后，需要及时将主机构与子机构任务的区别向资助者、政策制定者及公众解释说明。例如第 10 章所讨论的，当一个智库开始承担咨询工作时，创建一个营利性的姊妹机构通常是大有裨益的。而创建子机构的另一个原因是将传播工作与更为严格的政策分析区分开。例如，在 2008 年，位于印尼的区域研究和资讯中心（PATTIRO）是一个实力雄厚的传播机构，这个机构使用的是一种基于证据的方法，该方法已经成功地运用于政策领域和资助者当中，而它拥有 10 个受地方支持的区域办事处也是其取得成功的部分原因。与此同时，PATTIRO 发现，智库通过更为严格的研究可能会带来一些额外的收获。但其管理层也担心，他们已有的客户可能会对这种新的工作布局产生困惑，于是就另建了一个智库（即 PATTIRO 研究所）来执行更严格的研究和调查项目，并随后重新修改了 33 号条款的相关宗旨（33 号条款是指在 1945 年印尼宪法中设定的关于自然资源管理及社会问题的基本原则）。

"研究与倡导型"非政府组织从事交付服务或专业发展的主要工作，它们应该详细地评估行政效率；同时，由于其子机构也是一个独立的法律实体（非常类似于非政府组织），其中包含研究和政策宣传工作，因此需要仔细地评估任务分工。例如成立于 1991 年的埃塞俄比亚经济协会，它在 2000 年成立了自己的研究分支，即埃塞俄比亚经济政策研究所，该研究所就是一个独立的法律实体并附属于该协会。

许多国家都有关于非政府组织的法律，这给智库带来了许多制约。例如一些法律禁止非政府组织获得公共资金或从事任何"牟利"的活动，一些国家甚至还限制它们的资金来源。也有其他国家规定了非常复杂的资金申报要求，或限制委员会的资

格。此外，某些国家的非政府组织是不享受任何税收优惠的，因此，许多智库创建了
243 自己营利性的子机构，并利用子机构的收益为智库运作提供资金（不包括基金会提供
的资助）。营利性智库与非营利性智库在本质上具有相同的使命，所获得的收益主要
用于缺乏资金支持的研究和各种机构活动。

　　智库中另一种重组形式是结束重要课题的研究。大部分政策问题都有自己的生
命周期，若想在某一政策领域取得重大进展，政府和国会需要投入更多的时间和成
本，那么可用于其他政策分析的资源就会相应地减少。对于拥有核心项目的传统智
库来说，它们将终止一些课题的研究或减少投入其中的活动和员工劳动力——希望
就此解放的员工劳动力能够解决其他政策问题。

　　虽然原则上这些战略听起来很简单，但实际操作却是非常困难的，这是因为智库
在自己的研究领域往往拥有一支实力雄厚的团队，这样的取舍着实不易。战略制定
者需要组织大家积极坦诚地讨论一些边缘性研究领域，发现并分析出哪些研究项目
是可以减少投入的，高层管理者也需要与董事会磋商后做出最终决定。非核心项目
往往关注的是政策团体不感兴趣的话题，这些项目的发展周期较短，未来也没有什么
预期收益，因此，智库通常就更容易舍弃这类项目。

　　大多数合并的根本原因在于财务压力：为了降低成本，获得市场份额，以及满足
资助者的需求。自 20 世纪 90 年代末以来，财务压力在东欧尤为严重，因为支持该地
区的经济和政治转型的基金会骤然减少，使得依赖这种资金的智库不得不缩紧开支，
并考虑做出根本性的调整。事实上，这些资助资金最终被欧盟（EU）协议所取代，并
仅对其成员国提供资助，但多年来一直存在一个资金缺口。实际上，欧盟提供的政策
研究资金与基金会以往提供的资金并不相同，由此也引发了巨大混乱。

　　在众多潜在的调整中，有两种形式的调整与智库的重组或合并有密切关系（拉·
皮亚纳，1997）。一个是后台整合，在这种情况下，一群智库共同承担核心管理职能的
费用（核心管理职能包括会计、复制、公共关系、IT 支持、文秘等，甚至有时将研究资
助也包括在内），但每个智库也维持自己原本的身份。尽管这样的"后台"合并在理论

上具有吸引力，但实际上却很少发生。

更为常见的形式是两个规模差不多的智库合并，或者大型智库兼并小型智库。合并或兼并过程会产生大量的文件，这些文件可以让智库领导明白这一过程究竟能给智库带来什么。但有一个普遍存在的问题，几乎没有智库会从商业视角提前仔细地分析这些合并，并做好相关的准备工作。此外，合并中最大的问题就是关于两个机构的相对地位——合并后他们的领导是谁。

合并似乎更经常发生在智库与调查机构之间，或智库与培训机构之间，而两个智库之间的合并现象似乎很少见。因此这样的合并实际取得了多大成功，这几乎没人知道。

244

最后两点：（1）如果非政府组织的合并草草了事，那么合并后员工的士气很容易出现问题；（2）合并成功的关键在于领袖的优秀领导力和坦诚的态度，以及他与员工之间开放的交流沟通。[①]

（五）规划的益处

战略规划非常有助于为智库指明方向。通过提供关于政策研究优先级的声明，战略规划可以避免智库陷入资金竞争的追逐中——而是努力创造获得资金的机会。如果智库适当地发布战略规划，员工将会带着强烈的使命感来完成任务。杰里米·亚维斯（2013）的团队曾帮助智库筹资，他认为战略规划也是一个宝贵的筹资来源。

那些具有良好战略规划（包括监督与评价）的智库更有可能给资助者留下好的印象，使资助者对智库核心理念或多年的资助感到满意。这些智库通过：（1）让资助者清楚地了解其支持对整个智库的重要意义；（2）让资助者看到，智库会使其所提供的资源实现最大程度的价值。

下面将要讨论的问题是关于智库实际的实践。

[①]　关于此方面更多的信息可以参见：拉·皮亚纳（1997）、麦克默特里，妮廷和凯特纳（1991），辛格和扬克（1991），及沃内特和琼斯（1992）。

二、智库在做什么？

（一）关于 TTI－48 的战略制定

本书能获得 TTI－48 智库关于战略制定工作的数据是非常幸运的，相关信息如表 9.1 所示。需要注意的是，该信息是在 2009 年收集的，那时 TTI 刚刚加入一些合作的智库，TTI 要求这些参与的智库都制定一份战略规划。表中是关于 TTI 提出此项要求前智库的战略制定情况。

表 9.1　TTI－48 智库的战略制定实践的百分比分布

	TTI		
	全职研究人员 ≤10	全职研究员 >10	全部
你通常多久管理战略规划的制定过程？ **(2009)**			
每年	22	23	23
每 1 到 2 年	17	20	19
通常少于每 2 年	28	20	23
没有固定的安排，但我们有管理	22	37	31
我们从不管理战略规划的制定	11	0	4
上一次战略规划制定过程的结果是什么？ **(2009)**			
一个正式的战略声明	81	57	65
它是一个非正式的过程，但经过讨论之后，我们通常会遵循其结论/建议	19	43	35
它是一个非正式的过程，经过讨论之后，我们通常不会遵循其结论/建议	0	0	0
我们从不管理战略规划的制定	0	0	0
在制定规划的过程中，你向哪些人和组织咨询过？(2009)			
国家政府的高级官员	69	60	63
中层国家官员	44	47	46

（续表）

	TTI		
	全职研究人员 ≤10	全职研究员 >10	全部
地方政府的高级官员	38	33	35
中层地方政府官员	25	10	15
商界领袖	63	43	50
智库领导	56	53	54
倡导型非政府组织的领导	56	70	65
国会议员	25	40	35
媒体成员	50	33	39
大学教授	63	73	70
其他捐赠者/发展合作伙伴	69	70	70
智库数量	18	30	48

　　报告中几乎所有的智库都会定期管理战略规划的制定。其中，42%的智库至少每两年管理战略规划的制定，而占有相同比例的智库在两年内却没有固定的时间管理战略规划的制定。上表中值得注意的是，在某些情况下，管理战略规划制定的频率较低也是完全合理的；鉴于各种变化和挑战，对年度战略报告内容的更新也是非常有限的。

　　三分之二的智库制定了书面形式的战略。但令人有些惊讶的是，小型智库的书面文档要比大型智库更多（分别为 81% 与 57%）。由于"一份正式的战略声明"往往产生一套更为复杂的文件，因此较大型的（或更成熟的）智库很可能并不制定基本的战略声明和纲要性文件，而是选择"非正式"的方式。

　　也许，表中最有趣的信息是智库在准备战略规划的过程中咨询了哪些人员。超过一半的智库咨询了六种职位的工作人员：国家政府的高级官员、商界领袖、智库领导、倡导型非政府组织的领导、大学教授以及捐赠者和发展合作伙伴。从这个列表中

246

可以看出，智库在外联工作上付出了大量的努力。并且值得注意的是，三分之二的智库表示，他们让咨询者参与协助"智库的发展进程"。

这些智库在战略的制定中投入了大量资源，令人印象非常深刻，这同时也证明了领导层的能力。

（二）不同类型创新的案例

本节论述了智库将创新引入工作规划中的实践经验。首先描述了一个重要的新政策领域的创新（这也是本书的一个案例分析主题），接着介绍另外 7 个创新项目，它们都属于新增的非政策研究领域，如正处于转型期国家的政府咨询服务。这 8 项创新所面临的挑战及采用这些创新所带来的益处，都会提供非常有价值的经验。

1. 增加培训作为研究项目的主要补充活动。 案例研究 9.1 介绍了位于塔林（爱沙尼亚）的实践智库，它决定制定一个完善的培训规划，该规划是基于现有的研究活动，并在此基础上对其做出补充，这个想法的内容也是逐渐发展和完善的。尽管实践智库面临诸多挑战，但其财务上运行良好，并且其所参与的员工也都大有受益。

2. 东欧和俄罗斯创新项目。 实际采取的创新项目是很难明确记录的。这部分主要讨论 20 世纪 90 年代中期，东欧和俄罗斯的 4 个智库所发起的 7 个创新项目（这些信息是在我与这些智库合作的过程中了解到的），这 4 个智库分别是：索非亚的民主研究中心、莫斯科的城市经济研究所、布拉格的民主与自由企业中心以及华沙的社会经济研究中心。它们可以作为制定新的工作线路的典型案例。同时，这些智库通过举办类似于咨询公司的商业活动、研讨会或向商界提供有直接利益关系的产品，从而开拓市场，并获得资金支持。这 7 个创新项目具体包括：

- 建立一个播报高级新闻和公共服务内容的广播电台
- 建立市场调查机制
- 在国家成立第一个信用评级机构
- 开始为城市经济发展提供咨询服务
- 启动对公司员工的培训项目

- 设立关于中亚国家经济发展的咨询服务

- 创建一个由企业赞助商提供高收益的项目

以上仅有第 4 种情况可以视为智库在项目中拓展额外的研究领域。

　　这 4 个智库是笔者早期与智库领导、熟悉地区智库的行业专家交流后得以确定的。值得一提的是，经常被提及的智库在创新项目方面大多相同，因此所列出的智库名单就很简短，这也表明具有创业精神的智库并不多见。除了以上提到的 4 个智库外，还有其他 4 个智库也受到推荐，但它们当中有 3 个智库并不同意参与该项目，另一个智库则无法访问。这些信息都是来自笔者与智库领导的半结构性访谈（1998 年和 1999 年），及对一些年度报告、网站和其他材料的审核结果。附录 9.1 的内容包括实施创新的细节、它们是如何产生的、实施创新的驱动力、所遇到的挑战及获得的回报。[①] 在此，笔者将这些经验总结出来。

　　这些案例研究看起来很简单，但它们都清楚地表明，智库不仅可以获得传统资金来源，也可以获得其他资金来源，以此维持和扩张他们的业务。在相关的采访中，无论是发现和分析潜在的机会，还是为活动发起的一系列行动，这些都不是过分的要求。在这 4 个智库的报告中，值得注意的是，他们在管理、智库鉴定、增添商业化导向的新活动中对员工士气的影响这些方面并没有遇到什么问题，可能因为他们是年轻、灵活又具有动态性的智库，这些都给予他们强大的动力去寻求更多的机会，以此拓展新类型的工作领域。

　　其他智库的工作是否都能进展得如此顺利？可能不会。例如，美国非政府组织通过营利性业务为自己的核心任务筹集到资金的现象并不普遍（福斯特和布劳达奇，2005）。

　　在借鉴这些典型时，必须要考虑两个重要因素。首先，分析中的这 4 个智库都是在现有优势基础上开展创新项目的——创新都是建立在他们现有的工作能力范围之

248

---

　　① 笔者个人感觉是，至少有 2 个智库的领导不想把那些他们认为的商业机密泄露出去。

内，并基于已形成的良好声誉。在现有工作能力的相关领域开展创新工作，这将提高他们对新服务潜在需求的判断能力；同时，也会降低启动成本，因为当智库新的服务需求出现时，员工仍可以继续从事传统的研究项目。随着智库新服务的需求增加，核心竞争力的进一步创新，智库将不得不雇用一两个新专家，而且他们也需要在项目发展上投入大量的时间（这也是间接成本）。

第二，这4个智库都是创业型机构，并且很会主动地把握机会，他们的领导对市场的判断拥有很好的直觉，并能评估现实的可能性。实际上，这些智库大都成立于苏联统治后的东欧转型时期，独具特色。在某些情况下，这些智库拥有一套自己的文化和制度，以此鼓励员工创造性地思考，并提出目前工作规划之外的想法。正是因为这些特质，这些智库一直都被推举为创新型机构的范例。

一个重要的问题是，以上提及的这7个创新是否都取得了实际的成功。要想证明这一问题，至少要求它们至今仍然作为智库规划的一部分。2013年12月，这7个创新项目中有5个的情况是可以确定的（见表A9.1.4），而这5个中有4个是明确取得成功的：其中智库仍在运作的有3个，另一个已经卖给了一个营利性国际公司。

有一个不成功的创新项目是由索非亚的民主研究中心建立的一个广播电台。随着时间的推移，加剧的竞争导致市场份额萎缩，这个广播电台就被卖掉了。根据这一经验，民主研究中心的执行总裁得出这样的结论，开展新的创新活动应该与智库的核心竞争力密切相关。

三、激励创新

正如商业行业需要不断地向客户提供新产品和新服务，自90年代以来，美国非营利组织也承受着类似的压力，这促使非营利组织不得不重新考虑他们所提供的服务及其方式——包括增加更多收费项目。[1] 在这个竞争愈演愈烈的时代，非营利组

---

[1] 见布伦等人（1997）以及伯林盖姆和伊尔西曼（1996），戴维斯（1997）和马克斯韦尔（1996）。

织内部为争取基金会的资金支持而展开争夺，营利性公司和非营利组织也在竞争当 249
地方政府的社会服务代理机构。非营利组织发现，较早地运用商业思维组织活动是
非常必要的（莱茨，瑞安和格罗斯曼，1999；莱特，1998）。

这些非营利组织和智库面临的一个主要挑战就是营造适合创新的环境，并进行
创新的实践。美国非营利性组织中从事创新的员工明确表示，非营利性组织开展创
新时关注的只是如何组织和实施这样的创新项目，并没有把焦点放在营造鼓励创新
的环境上（莱茨，1999，第 73 页；莱特，1998，第 7 页）。事实上，莱特等人明确指出，非
营利性组织并不擅长制定计划（1999，第 74 页）。与此同时，该领域的专家都在呼吁
"对机遇的不懈追求"（基茨，2001，第 44 页）。

接下来的两个部分将介绍非营利组织的创新实践。第一部分首先讲述智库工作
环境中有利于激发创新的关键因素。第二部分讲述如何识别、评估和试行潜在的创
新项目。尽管创新的关键计划和步骤也很重要，但本文主要强调的是创新原则，而不
是详细的规划。

（一）创造一个有利的环境

以下 6 个简要讨论的措施可以为员工在思考组织新方向时提供有益的指导：

1. 扁平化、非正式的组织最有效率。 研究发现员工和高层管理者之间的层级越
多，那么高层管理者越采纳不到好的建议。相应的经验就是保持组织的"薄"（也就
是，组织层级要尽可能地少）。在同等环境下，越多地将工作责任下放到组织低层，基
层工作人员就越有可能接近高层管理者，与其协同工作，并把自己视为智库成功的重
要因素。在较大的智库中，如果工作责任只是集中到团队领导者身上，而不是分摊给
团队领导者和项目领导者，那么团队领导者很有可能与管理人员缺乏沟通，从而不能
够接受创新想法。因此，智库的组织形式越灵活，其员工直接向管理者反映创新想法
的概率越大。

现实情况是，大多数智库规模很小，其管理层并没有过多的层级，也就是说项目
领头人就是智库领导人，二者没有区分开来。但即使只有一个层级，如果管理不当，

也会阻碍好的想法向上传递给管理者。

2. 员工知识结构多样化是有益的。 简言之，如果决策过程有不同知识背景的员工参与，并综合考虑各种观点，那么这个决策过程相对来说是比较正确的。可以设想当有学术背景、商业背景和政府背景的员工同时参与讨论时，会碰撞出怎样的思维火花。如果智库内部员工知识结构相同，如经济学博士占主导，那么也可以邀请有其他知识背景的专家参与讨论，这一举措是值得提倡的。

3. 内部变动可以激发改变。 有时内部变动对于促使员工创新思考是有必要的；否则，他们就会安于现状。而像关键员工离职或缺乏资金资助这样的内部变动，可以促使员工创新。当然，关键问题的内部变动不能超越一定界限，若是超出一定限度，就会造成内部动荡、不稳定，致使员工无法正常工作。当员工挤在一起讨论他们的未来，而不去做日常工作时，这就说明内部变动已经造成了很多的负面影响。

4. 减少内部壁垒可以帮助员工交流思想。 只有 10 个全职研究人员的智库可以将团队分成不同的小组，以此处理不同的政策议题。这样的管理是有效的。但如果这些服务于不同客户的专题小组无法相互沟通和交流，而是成为一个个孤岛，那么智库就不可能获得由思维碰撞而产生的创新想法。为了防止这种情况出现，很多智库会对正在进行的项目召开研讨会，使各个小组都有成员参与其中。这种方法可以让每个人都了解这些项目的情况，并为将来进一步的交流打下基础。智库还可以定期召开由高层管理者和团队领导人参与的联合会议，双方就项目和机构问题交换意见，正如第 8 章所述。

5. 发起潜在的创新需要内部资源。 如果智库有支持创新的资金，那么其员工会更加积极主动地参与到创新讨论中。需要注意的有两点：首先，支持创新的资金必须是实际存在的。很多智库最初用于创新项目的资金来自于项目收入（主要是利润）和间接费用，这些资金专门用于智库发展或类似目的（莱茨等人，1999，第 73 页）。其次，工作人员有权知道资金是用于开发，还是用于试验—测试创新项目。高级管理层应时不时地向创新项目提供资金，并将资金透明化。即使在一个大型智库（50 个以上的员工），大部分员工也都应知道支持创新项目的资金来源。

　　6. **创新的持续性**。智库需要有明确的指示，鼓励提出新的项目或研究方向，这样员工才能清楚地意识到这一需求。倘若智库每年为高级职员提供一次退修会，并且为此投入很多，让他们可以抽出身来关注智库当前的运作和未来发展（包括工作项目中潜在的创新），那么普通员工就会更加积极主动地深入创新思考。但智库管理者不能仅在几个特定的主题范围接受员工的创新想法。机会从不等人，尤其是当管理者支持一些员工提出的创新观点时，其他员工会认为自己同样可以为智库创新贡献想法。持续性创新和"一次性创新"的模式有很大的不同，虽然"一次性创新"的智库意味着发生了重要方向的变动，但随着创新的结束，智库又会回到日常业务活动中去。

　　（二）创新的过程[①]

　　创新的过程可以分为 3 个阶段：征集创意、评估创新方案以及试行最佳方案。3个阶段并没有明确具体的界限，单个创新项目的各个阶段有可能是重叠的，多个创新项目的各个阶段也有可能是重叠的。换句话说，为了易于展示，尽管创新过程包含不同的正式步骤，但实际肯定会变得非正式化。智库关键要考虑如何使候选方案符合其所制定的标准。理想上智库应该根据本书所概述的过程组织安排，这样就能在整体战略制定的背景下做出有关创新的决定。但智库要允许员工可以随时提出新想法，这点是很重要的。

　　1. **征集创意**。首先，员工应该明白智库需要创新想法。如果团队领导和管理层准备规划一次退修会，那么团队领导在此期间应征求并讨论来自团队的想法。他们应该明白，如果员工能够提供一些深思熟虑的想法，那么这次退修会将更有效率，但团队领导首先应该为自己预留独立思考的时间。除了休假，每年大约有一次总裁和管理层的月度会议是围绕该主题的。

---

　　① 这部分内容主要来自培根和巴特勒（1998），及凯兹（2001）。

　　初期,智库领导人为他们想要的创新想法提供一些支持和引导是十分必要的。如果讨论的目的仅仅是为智库发展寻求重要的新方向,而且提出的研究主题和以往的研究主题并没有很大差异,那么就没有必要去讨论。

　　智库评估员工的创新想法时,应该考虑7个问题,这7个问题与之前在"规划的选择"这部分列出的问题类似,但此处更关注对创新活动的评估。因为这些问题比较严格,所以智库有必要通过若干个步骤制定更完整和全面的答案,即若创新想法得到更多人的支持,则智库需逐步投入更多的资源。①

- 需求是什么——问题的定义和范围？问题的根源是什么？需要做什么来精简和处理具体政策的问题(工作类型：分析研究、咨询服务、现场技术支持、培训、软件)？这有可能是一项单独的项目或实际上是一个新的工作领域？

- 开放竞争的基础是什么——是否有尚未满足的需求,对此没有人曾确认过如何处理该需求？如果我们行动迅速,则有可能得到"先行者"的优势和统治地位吗？

- 智库竞争优势的基础是什么？相比于其他供应商,它具有更优越的分析(包括仿真建模等)、更低的成本、更好的推广和营销能力,及更大的持续创新的潜力(例如有能力通过传授实践经验,向地方政府的一个特定部门提供尖端的技术援助)？

- 智库是否具有专长能够把握机遇？如果没有,是否可以以一个合理的成本获得相关的专长？

- 智库有能力开展此项创新吗(如提供教室场地、创建复杂的网站所需的计算机硬件和软件)？

- 谁可能成为支持者,谁又有可能是资助者？在某种程度上,这个问题可以被

---

　　①　这个列表的制定得益于克劳迪娅·菊池的报告,"洛克菲勒基金会的机会识别和评估",2013年10月31日,华盛顿特区的发展研究所。

视为智库正在处理的主要问题的一部分吗？可以与哪些人建立联系以获得其对新问题的支持？

- 智库早期是否有大量的研究结果可以阐明问题的紧迫性及其范围？并且智库是否可以获得财政支持？

2. 评估创新方案。评估创新方案的重中之重在于对市场的分析。参评方案可以制定一个正式的商业计划，用来帮助说明预期成本和收益。但最关键还是在于明确潜在的市场，因为智库员工通常缺乏市场分析的经验。简单地说，依据智库所提供的服务类型，他们需要招揽相应的潜在客户。例如：

- 主要的资助机构，针对技术研究和技术援助项目资助；

- 向地方政府寻求一些具有政策的技术援助，及管理改革和培训活动；

- 具有政策分析和潜在项目评估的中央政府（假设政府正在采购政策研究服务）；

- 需要培训课程和技术援助的行业协会及其成员（银行、市政、医院）。

除了直接与客户沟通外，员工还可以通过其他渠道获取自身需要的关于客户潜在需求的信息——包括：(1) 在会议上的演讲；(2) 国家政策方针的调整（例如，如果地方政府承担的责任越多，就意味着在技术援助和培训上需要更多的帮助）。此外，关注竞争对手的行为可以为智库寻找新的研究方向并提供灵感。确定主营业务市场范围是一件费时费力的工作，但是出于自身所处环境的安全考虑，智库通常会回避这个问题。

当创新规划为"本土市场"开创了某一领域的先河（例如由中东欧智库建立的首家信用评级机构），询问专家的建议是非常有帮助的。

由于服务对象通常不是提供资金的主体，因此智库在分析服务的潜在需求时面临一个特殊的挑战。例如，一个双边捐赠者可能为当地政府提供技术援助，但政府却是智库服务的直接客户。在这种情况下，智库必须设法制定出对客户和捐赠者都有利的方案。在某些情况下，智库根据对新项目受益者的市场调研，可以向捐赠者提出建议。无论哪种情况，在评估创新时确认需求的真正来源是至关重要的，同时也要考虑捐赠者和政府所需的援助需求。

因此，事先和董事会就创新项目展开初步讨论是有必要的，毕竟很多重要资源的利用分配都需要提交到董事会讨论。讨论的关键在于让董事会相信，某一创新项目属于智库的职能范围，与本机构的长远发展目标是一致的，并且如果创新项目能够得到需要的信息支持就有可能取得更大成功。执行总裁要努力争取到董事会的批准，为创新方案寻求尽可能多的资源，并保证在创新项目进入到启动和发展阶段之前，就可以把这些占用的资源返还给董事会。

以下这个例子恰当地证明了上述观点：

2006 年 12 月，"经济稳定计划"的前任分析员可凯特旺·奇赫拉什维利在格鲁吉亚的第比利斯成立了"第比利斯自由倡议学院"（LAT）。在两年半的时间里，LAT通过教育研讨会、主题会议、讲习班及专家会议，与青年领袖和政策/意见制定者合作。在 2009 年，LAT 决定尝试开展一项单独的分析研究（欧洲规划）来完善其能力和拓展教育活动，并鼓励对涉及格鲁吉亚—欧洲（欧盟）的政策问题展开公开讨论，建言献策。这项规划的目标是，向在欧盟一体化进程工作的地方利益代表及社会公众介绍欧洲。这时，格鲁吉亚总统已经明确表示，他将优先考虑那些与欧盟有密切友好关系的候选人。

奇赫拉什维利女士评估了各种资助的可能性，并根据特定的捐赠者来调整具体的工作规划。她的规划时机是完美的。欧洲第比利斯自由倡议学院（EI-LAT）在2009 年 11 月收到了来自"智库基金"项目的一笔发展基金（为期 3 年）。申请的时候，该规划仅仅停留在纸面上，但很快就应用到了实际中。为了扩展可用资源，她将该规划成功地用于"开放研究计划需求"（申请人可以自由选择主题）中。欧盟资助的项目也为其提供了资金。相比于其他东部非欧盟成员及格鲁吉亚—欧盟的贸易问题，欧盟—格鲁吉亚的关系项目则讨论了其他一些主题，这些主题类似于限制格鲁吉亚签证等问题（斯特鲁伊克，2013）。

3. 试行最佳创新方案。 智库在一年内通常只会开展一两项创新活动，这体现了智库创新活动所受的两大限制：用于自由支配的资金有限，以及员工在启动和管理创新项目上的能力不足。

一旦智库的领导已经决定实施创新，通常就会制定计划，并通过开发新产品和市场评估来试行新的创新活动。[①] 智库在该阶段应准备一份预算草案，包括一系列的成本费用：

- 开发新的产品，例如设立培训课程或者教授可以运用新领域的专业知识。这需要聘请新的专家，并且签订 1 年或 2 年的合约。

- 在新的工作领域实行一个或多个方案来培养更多的专业技能，并建立供将来市场营销使用的跟踪记录。此外，智库可能还需要寻找合作伙伴，执行新服务的试行方案（例如，与银行合作制定按揭贷款计划、协助市政当局制定经济发展计划、为非政府组织提供发展计划）。另外，智库需要创办以广泛的政策受众为目标的新杂志，并对该杂志的写作和初期出版过程遇到的问题提供资助。无论是哪一种情况，活动最初都需要智库的财政津贴。

- 制定和执行针对特定客户群精心构思的营销计划。这可能需要智库印刷一些材料（如小册子），也可能要求员工参与新品发布会。营销活动应与发展阶段相符，如果条件允许，计划应紧随试行阶段，以便能够尽快利用这方面的经验。

从这一点看，对投入到试验创新项目及其最佳时机的总资源做出限制至关重要：前 6 个月每个月将投入多少钱，及试验期后的每个季度可用资金是多少？试验的预算草案和可用资金之间的实际差距及其调整也是必要的。

下面列举了 3 种缩紧现金开支的方法：

255

[①] 在此，对实现创新的机制不作详细讨论。尼克森（2007）包括此内容（尽管是以一种业务手册的格式）。

- 在实施过程中，每次只资助其中的一个或两个阶段。当完成主要任务后，智库应按照阶段分配资金。如果已完成的阶段产出了预期成果，那么就可以分配更多的资金。

- 将固定成本转化为可变成本。放弃原先专门聘用项目专家的做法，智库尽量在项目起步阶段就让专家作为兼职顾问参与其中。开展大型培训计划的机构并不需要扩大自身的办公室或教室面积，而是可以租借培训场地。

- 寻找剩余价值或未充分利用的资源。工作任务较少的员工是否可以帮助开拓创新领域？公共关系专家是否可以参与市场营销活动以取代雇佣外部人员（详见迪斯，2001）？

即使智库已经制定了创新项目实施的总体方案，智库还可以做其他准备工作以提高成功的概率。主要包括：

（1）获得董事会批准。目前已经掌握的信息都应该提交到董事会并写入协议书，包括具体创新活动方案、市场与分析结果、推动创新的方式及成本等。一些董事会成员可能会提出一些改进意见，智库应该经过谨慎周密的考虑后再决定是否予以采纳。但正如第7章所讨论的，董事会应该避免操作层面的问题，比如确定具体的培训人员名单。但是，董事会应该广泛接受那些有利于开展创新的提案并予以仔细考虑——这些提案应该与智库的总体规划相一致，而不是相矛盾，除非它们有实质性的改进之处。如果智库未召开董事会会议，那么执行总裁应与董事会主席协商决定是否需要召开特别会议，或者非正式磋商能否完全代表董事会的意愿。

（2）明确测试期的绩效目标——测试期通常是一到两年。设定目标能够促使每个人明确他们对创新活动的预期要求，且这些制定的目标应该尽可能具体。显然，预期的目标应根据用于启动创新活动的资源而制定。

（3）为实现目标制定一个必要的活动日历。这是每月的"待办事项"清单。再次明确每个部分的日程安排、各个部分之间的关系以及各部分负责人，这样可以在试点阶段节约资源。

（4）记录创新成功的前提条件，并明确最关键的因素。例如，在一项旨在促进城市经济发展的技术援助创新项目中，最关键的一点应该是新方法在两个城市都被证明是行之有效的，那么市政当局签署此项服务合同的可能性有多少？智库的设想如果过于乐观怎么办？如果创新活动不允许失败，智库可以容忍的项目误差范围是多少？如果客观条件要求误差范围尽可能的小，那么智库就需要重新考虑是否继续开展该项目。

（5）为创新进程设立关键节点。这些关键节点才是真正考验创新活动的时刻，它们应该包括开发产品和服务的不同阶段，还应跟踪记录利息、订单或由不同阶段创新产生的现金流。

（6）计划应"允许失败"。当没有足够的创新产品或服务需求时，一个智库必须做好应对准备，并及时采取补救措施。重要的是要让员工知道，一个遭遇失败的创新项目并不是智库内一个人的过失。如果利用上述方式评估创新，那么就像成功一样，失败也是由多种因素导致的。高层管理者最终做出决定，并且应该承担责任，因为把失败的责任归咎于任何人都无济于事。

了解创新的条件哪个没有被满足以及评估失败的原因是非常重要的。因为在某个环节上可供利用的信息有限，也有可能是智库没有开展充分的市场研究——这是在未来可以改进的方面。这样谨慎系统地评估很有必要。[①]

当然，评估那些导致创新失败的关键因素是否有可能在将来发生改变，或随着不同的营销方式而改变也同样重要。尽管关键因素改变的概率很小，但是仍可以适度地增加投资，从而展开多种不同的营销活动，还可保持创新活力。[②]

总之，创新对于大多数智库来说都是十分必要的。如果智库按照本章所列出的有序过程有意识地培养创新，他们将有更大的灵活性调整创新活动。

257

---

① 达林，帕里和穆尔（2005）讨论了如何进行事后评审。

② 罗克林和拉多维奇（2013，第208～209页）为事后评估列出了一些可以处理的问题。

四、总结

（一）实践经验

一个经营良好的智库有如下特征：

- 拥有一个基本战略，且至少要以书面总结的形式呈现出来。这个战略涵盖战略规划的研究项目、目标受众，以及根据智库的沟通和行政活动不断完善的资金规划。

- 团队领导是关键角色，他要积极参与战略制定过程、定义新兴政策问题以及其他相应的项目，并努力获得项目实施和有效沟通所需的资源，抓住潜在的筹资机会。高级管理层在处理跨领域问题时，要善于界定并发现新机会、行政需求以及这些规划的资金来源。

- "研究与倡导型"非政府组织包含大量的内部政策研究和项目，它需要不时地思考这些项目，并由此建立一个姊妹机构（独立法人），从而改善管理——根据其特定的任务调整它的行政工作（如人事和沟通）——并阐明主要机构的关键服务或成员晋升的内容。

- 高级管理层随时鼓励开展创新的讨论，尤其是在制定战略时。

- 在试行最有潜力的创新方案时，要适量提供支持的资金，并制定一项简单有效的草案来评估进展（对重大事件的界定和测度）。

（二）资助者须知

1. **资助者应注意：**

- 一份书面的战略声明。声明通常只有一页或两页，且包含一些关键问题，但有时可能不是纸质版的。相比于声明的正式程度，其内容所反映的周密性和对一些潜在问题的思考更为重要。智库的执行总裁与董事会成员要共同商谈战略声明，以使它的内容更加清晰。他们也要试图了解这个战略声明会在多大程度上影响项目的选择，有哪些受影响的对象，以及政策研究的结果是否有针对性。

2. 资助者可能需要做：

258

资助者常常将政策问题局限于他们自己感兴趣的领域，这些问题在他们自己的国家或其他地区可能很受欢迎，这也是正常的。但同时，智库拥有自己的议程，这些议程有时可能并不能引起资助者的兴趣。许多智库投入大量的资金用于制定他们的战略规划，从而解决优先级的问题。资助者在支持合作伙伴的工作时，可以考虑以下列出的几个建议：

- 将一些政策研究基金用于支持有竞争力的"开放式的自主提案"，让智库提出他们认为对自己国家具有重要意义的政策问题。

- 对于一个与资助者有牢固关系的智库，资助者可以将一部分资金用于支持智库所界定的优先级的研究项目。在许多情况下，这些资金也将激发智库在政策研究项目中真正地开展创新活动。

- 公开支持那些公认的有潜力的创新方案，并制定切实可行的试行规划。

259 **表单 9.1 一个机构层级传播战略的简要大纲**

	步骤	例子/注释
1	明确机构层级的沟通目标	增强领导力,使目标利益群体与捐赠者给予智库高度的认可,从而扩大我们的影响力(示例): • 一个考虑周全的领导,其关注点在非洲撒哈拉以南地区的健康服务等问题 • 一个重要的智库,主要针对多民族国家的少数民族教育问题 • 国家机构的主要技术援助的承包商[a]
2	方式——目标的行动说明	关于政策问题领导力的范例: • 采用国际公认的方式进行经济分析(两个任务:高质量的分析并采取行动使其得到认可) • 利用自己的职位去争取项目资金,提升影响力
3	明确目标受众	资源的有限性决定了受众的精准性,根据传播目标和传播方式明确受众范围。例如,一个国家在处理特定问题方面的政策精英、积极参与某一政策领域的两三个国际基金会、由公私合作创建非政府机构(如社会问责的全球伙伴关系)。
4	阐述智库的关键信息	智库的关键信息可能根据受众不同而有所差别。智库可以列出一些成功活动的片段,特别是关于具体改善人们的生活,或交付服务的行政效率得以显著提高的这类信息。
5	细化具体战略的活动目标和相关措施	目标的例子: • 提升机构的知名度 • 增强机构的品牌效应 相应活动的例子: • 参与战略选择的会议 • 得到高质高效的分析成果和证据
6	追踪前几个步骤的结果	

a. 文中会列举出一些额外的子目标。

案例研究 9.1 成立实践研究所（实践）作为爱沙尼亚实践智库的 培训臂膀

260

实践智库成立于 2000 年，初期是由 OSI 通过国际拨款为其提供支持，具体金额为：2000 年占年营业额的 90％，2002 年占 55％，2005 年仅占 30％。而 OSI 于 2007 停止拨款。所以从一开始他们就知道，必须寻找其他的资金来源，并最终发展成为自给自足的机构。同时，保持独立的自主性很重要。截止于 2008 年底，实践智库已经成为爱沙尼亚最大的独立智库，并从事高质量的政策分析和研究。它拥有 5 个主题项目（教育、健康、经济、劳动和社会事务、公民社会和治理），15 个工作人员及 2 个办公室（塔林和塔尔图），年营业额达到 612 950 欧元。同时，作为爱沙尼亚政治和经济改革的催化剂，该智库于 2010 年采取了另一个重要措施——聘请传播人员作为学术界和政策制定之间的桥梁，并通过将智库的研究传播给不同的受众，从而提升它的影响力。自此，传播从筹备阶段起就作为该智库政策分析和研究项目的一部分。

然而，该智库也面临两个挑战。首先，它寻求其他的方式来提升自己的影响力，并将其政策建议和想法用于决策。例如，探索如何提升公共部门关于政策制定的参与度，而不是再次得出结论认为利益集团需要更多地参与其中。第二，他们希望从自己的研究中获得附加价值，通过智库的分析工作产生知识，并借助这种新方式获得独立的收入。

与此同时，公共部门的组织也向该智库寻求建议和支持。尽管该智库具有高质量的研究，但实际上会给各部门的决策者带来挑战。最初，这些组织要求进行政策分析，然后要求对相关的分析展开咨询，最后又提出培训需求。

一方面来看，智库的工作获得了越来越多的认可，而另一方面，智库在思考如何循环利用自己已有知识的同时扩展了思维。智库可以在现有分析能力的基础上，借此机会加强培训和咨询能力，并拓展其作为独立智库的工作方式。

实践研究所的诞生与构成

在实践智库的员工与监管委员会商讨后，其管理委员会决定于 2011 年 6 月建立实践研究所作为智库内部的一个新单位，并聘用一个项目总裁和一个项目经理。

最初，总裁和管理委员会花费了大量时间用来明确研究所的愿景和使命、它的预期影响力和竞争优势、在智库中的地位及其公众形象。成立这个研究所是经过深思熟虑的，而且也投入了一定的费用——初始投资约 15 000 欧元，这些资金用于精心设计研究所的概念内涵，准备首次培训，以及向智库潜在的合作伙伴介绍这个新角色。起初，研究所偶尔会举办一些培训，但从 2012 年 1 月起开始为公民社会组织在慈善捐赠方面开展大型培训。在前一年，智库的分析人员已完成了对相同主题的研究，因此开展培训是合理且有价值的。

自诞生之日起，实践研究所就一直作为一个培训和发展中心，为良好的治理及在爱沙尼亚和国外遇到的复杂的政策挑战提供专业知识。研究所的主要服务人群是公务员、公民社会领袖、政客和研究人员，为他们提供培训，并开展发展活动。实践研究所的工作是建立在研究、知识以及来自智库、爱沙尼亚和其他国家的改革经验的基础之上的。它的工作是由应用研究提供支持，关注于更好的、开放的和负责任的政策制定。研究所的工作要与智库项目研究的问题相关，智库会仔细地考虑每一个潜在的项目，以确保其对于该主题有相关的了解、知识和经验。

实践研究所组织的活动使智库得以运用新颖的方式传播研究知识，与目标群体建立更好的联系，发展和提升分析员工的能力，并保持独立的收益。

绩效评估：实践研究所在 2013 年的工作

- 2013 年，我们完成了 81 天的培训，每场培训平均有 20 人参加。三分之二的培训是由实践智库的内部专家（9 人）负责，同时也邀请了经验丰富的外部培训师。内部人员负责呈递分析内容和研究成果，而外部培训师也非常乐于与实践研究所建立联系，并期待未来继续与其建立合作。

- 不同的培训：部分类似的培训会重复 10～15 次（如影响评估、公众参与），有些是对相同目标群体的不同培训（如针对 20 个格鲁吉亚公民社会组织的三场培训）。重复的培训表明，很多人都对实践研究所关注的重要问题很感兴趣。

- 客户给予反馈，要求实践研究所设计和开展量身定制的培训、发展项目或研讨会，以满足他们员工的特定需求。

- 利用反馈的形式评估自己的培训（4 分制评分，4 分最高，1 分最低），实践研究所的培训和培训师基本得分在 3.75～4 分之间——这已经是非常高的分数了。

- 在过去两年半的时间里（截至 2013 年底），实践研究所已经成为智库最大的项目之一，就其对间接成本的年度贡献而言——它包含了智库的管理和一般的人事成本(2012 年占总数的 25％，2013 年占 21％)。2012 年，研究所年度的营业额占智库总数的比例为 12％，2013 年便增加到 17％。

- 研究所也曾在格鲁吉亚、蒙特内格罗、拉脱维亚工作过，并为来自中国、蒙古和越南的团体主持学术访问。它的目标是在国外有 50％的活动，这显然任重而道远。

挑战和未来

还有一些需要应对的挑战：

- 跨组织工作：确保在所有的项目中，至少有两个主题是随时可以提供给培训使用的，以此循环利用专业知识。从历史上看，实践智库是一个政策分析中心；类似于培训、咨询这些新活动，是需要时间和努力才能获得成功的，并非所有分析人员都适合并希望成为培训师，但那些成为培训师的人都很看重这些经验，并能从中得到有利于自己专业发展的价值。因此，平衡分析和培训工作是一项挑战。

- 国际工作：提高研究所在国外工作活动的水平。智库面临的主要挑战是，他们的专家主要工作和生活都在爱沙尼亚，因此不愿意长时间待在国外。此外，该组织还比较年轻，需要为国际工作积累经验和声誉。为了研究对人类发展具有影响力的主题，该智库已经与波罗的海国家的智库建立了一个坚固的合作网(如健康、移民、劳动力市场)，同时，他们也希望在国外进一步扩大自己的工作网。

- 开放市场和创造收入：对扩大培训的潜在用户这一新举措进行测试。在 2012 年，定量评估方法备受欢迎。为此，智库开设了暑期开放培训，并对客户的报价做出回应。除了当前提前预订的团队培训，智库也要评估开放注册。

在实践智库最近的战略更新过程中，实践研究所在该智库中的地位和重要性得以证实。知识中介与研究本身一样重要，如果想要成为一个成功并有影响力的智库，必须要走出去，使知识能够在那些试图产生影响的领域充分发挥自己的价值。

安妮卡·尤德利普与克里斯蒂娜·曼德

实践智库

塔林，爱沙尼亚

第十章　政府资助的利与弊

　　政府资助政策研究,通常是因为政府在制定政策或开发项目过程中需要智库提供信息和分析。当然也有例外,这种特殊情况在苏联时代和今天中亚的一些继承国尤为明显,因为这些地方的智库很少按照年度计划开展研究;但是,如果政府对智库的研究结果很感兴趣,那么不管该智库是通过利用其研究成果,还是作为政府的一个备受信任的长期顾问,它都会对政府的最终决策产生至关重要的影响。对一个智库而言,政府的支持也能够促进资金来源的多样化。

　　然而,智库有时难以决定是否要为政府工作——例如当智库认为自己的研究受到了干涉,并无法控制研究议程,此时智库会认为自己丧失了自主性并为此担忧。本章从不同的角度评价了政府资助的政策研究,首先回顾了智库目前的收入来源,接着从政府的视角探索了雇用智库的情况。随后,从智库的立场评论那些支持和反对为政府工作的观点,并向那些决定为政府工作或已经参与其中的智库提供一些制定实际决策的建议,以及确立自身竞争力的方法。总而言之,智库应基于全面的探索和分析,再决定是否要接受(或竞争)政府的资助,毕竟这类资助是利弊皆有。

　　智库严重依赖国际组织的资助,这充分证明了它们对这方面的资助情况非常熟悉。相比之下,尽管在许多国家,与政府签订合同能够保障智库的收入来源,并作为提高其政策参与的一种方式,然而智库对政府市场往往知之甚少。①

一、智库的收入来源——依赖国际社会

　　在发展中国家和转型期国家,国内基金会和其他慈善基金会对智库的支持是十

---

①　"资源联盟"(http://www.resource-alliance.org/)包含所有类型非政府组织筹款(包括接触到各种目标受众和使用一系列的方法)的资源汇总。知识中心的网站上也可以查到这些材料。CIPPEC目前正在开发一个专门针对智库的在线课程——"反思你的筹资模式",课程内容都是非常先进的知识和经验,以此为智库提供指导。

分微薄的。长此以往,许多智库便会严重依赖于国际基金会、多边捐赠机构和双边捐赠项目。[1] 表 10.1 中关于 GDN－15 和 TTI－48 智库的数据就印证了这一观点。这些数据表明,超过 70％的智库资金都来自于国际收入,且小型智库对这些资金的依赖程度要比大型智库更高一些。表 10.2 提供了更多这类信息,以表明国际资助的重要性,其中有三分之二的智库和近 80％的第一阶段的智库,它们 70％以上的收入都是从这些来源中获得的,可见智库对国际社会的依赖程度确实很高。

表 10.1　GDN－15 和 TTI－48 智库的收入来源[a] 的百分比分布

来源	全职研究人员数≤10	全职研究人员数>10	所有智库
国际组织	78	69	72
与国内政府机关签订合同	8	7	7
与国内营利公司签订合同	2	3	2
国内基金会和其他非营利机构的资助	5	10	8
其他(出版物、课程费、税捐)	5	11	11

a. 数据分别来自"全球发展网络"和"智库计划"在 2010 年和 2011 年开展的调查。

表 10.2　GDN－15 和 TTI－48 智库的国际收入来源[a] 的百分比分布

	全职研究人员数≤10	全职研究人员数>10	所有智库
10％以下	4	3	3
11％～30％	4	11	8
31％～50％	13	14	14
51％～70％	0	14	8
超过 70％	78	58	66

a. 数据分别来自"全球发展网络"和"智库计划"在 2010 年和 2011 年开展的调查。

　　正如预期的那样,国内基金会和其他非政府组织所提供的资金非常有限,平均仅占智库收入的 8％。与政府机关签订合同带来的收益约占智库资金的 7％,而国内营

[1]　智库不同的资金来源及其用途可以参见理查兹(2013a)和蒙卡达(2013)。

利公司的合同所带来的平均收益更是微不足道(表 10.1)。

刚刚论述的筹资模式提出了 4 个相关的问题,智库领导必须重视这些问题并予以解决。虽然下文将进一步讨论这些问题,但这里可以先抛出一些初步的评论供大家思考。第一个问题是国际资金来源具有不确定性,不管这种资金来源的数量有多少,它们随时都有可能减少。即使是美国智库(通常具有多元化的资金来源),其整体收入的不稳定性也是显而易见的。汉斯·盖特博格(2013a)曾指出,2011 年至 2012年期间,20 个智库中收入变化小于 10%的只有 8 个,而收入变化大于 25%有 7 个。造成这一结果的部分原因可能在于,财政年度末付款方式的不断更换,然而,其中肯定还有更深层次的原因。

一般来说,资金来源多样化可以减少大幅度的资金波动带来的风险。发展中国家和转型期国家的大多数智库往往过度依赖国际资助者,但同时智库也会将它的资金来源高度分散。即便如此,获取其他类型的资助可以减少年度资金变化带来的冲击,这类资助提供的资金通常可达到智库总收入的 15%~20%。

第二个问题,智库对其工作主题缺乏控制。关键是智库在多大程度上接受用于项目和机构发展的不受限制的资金。如果智库将大量的此类资金用于它们的主要研究项目和机构发展,那么智库接受政府和其他工作合同的限制将会更少。

对于这一点,GDN-15 和 TTI-48 的调查也提供了相关信息。其中,约一半的智库中至少有 15%的项目资金是没有限制使用条件的,这和智库规模的大小并没有什么关系。换句话说,尽管有些资金是受限的,但仍有一些可利用的、无限制的项目资金。对于这些智库而言,无法找到符合他们计划研究项目的资金就意味着项目的实际执行过程将会变得困难重重。尽管政府资助的资金通常受到限制,不过它可以帮助智库为留住研究人员"拖延时间",直到他们获得与优先级的研究主题相符的资金。此外,如前所述,智库将关注那些对政府具有重要意义的问题。

第三个问题是旨在促进机构发展的资金对智库的影响。在 2011 年 GDN-15 的智库调查中,发现有三分之二的智库曾收到大量用于机构发展的资金,而所有第一阶段的智库都接受这种资金。虽然 TTI 调查中并没有问及这个问题,但这些智库用于机构发展的资金占到总支出的 25%,可以说他们在机构发展上投入了大量资金(较大的组织获得的资助比例更小)。

最后一个问题是资金问题,即大量短期(一年或更少)的项目资金。显然,这使得大型项目的实施变得更加复杂——例如一些项目前后都需要接受调查,或者有些项目几乎不可能将执行期压缩为 9~12 个月。此外,只有基金会和一些双边组织普遍支持两到三年甚至时间更久的项目。

266

二、政府作为政策研究的支持者

本节阐述了关于政府机构外包政策研究的若干个问题。首先是理解政府机构外包政策研究的原因及它们的外包模式,在这一模式下,政府为一小部分附属于政府但仍独立的智库提供了大量的资金支持。最后将阐述合同外包在具体调查、研究及分析中常用的模式。像往常一样,本章以"总结"和"资助者"作为结束部分。

(一) 为什么要外包?

政府机构把研究和评估调查工作外包,有五个显而易见的原因:

- 聘请职员的限制。如果政府部门想雇佣一批职员从事研究和项目评估工作,他们得符合部长、助理部长以及总理办公室制定的各种要求。鉴于这种现实,雇用机构以外的人力资源不失为一个良策。

- 人才问题。政府机构不一定能招揽到这么多人才,诸如经济学家、政策分析人员、统计学家、案例和调查专家及其他公务员。

- 灵活性。实际上,每个机构都只是负责一定范围内的项目。研究和评估工作需要多样化的专业技能和背景知识,从而有效且准确地解决不同项目的问题。一个机构如果只是偶尔需要某项特定的技能来解决问题,那培养一大群职员为此工作显然毫无意义。例如,一个机构可能每隔数年才对某一特定项目开展一次影响力的评估工作。这样,外包就比建立一个机构内部的员工团队更有效。

- 随时开展咨询。一些国家的政府机构坚信，高质量的智库可以为他们提供一些非常有益的建议，而私人部门的资助并不足以维持这些智库的运作。当政府机构有紧急需要时，他们迫切希望能够迅速得到一些建议，而不是还要经过一个合同的签订过程。因此，他们想要为智库提供支持，从而得到这种随时的咨询。

- 对长期建议的需求。如果政府长期资助智库研究，那是因为他们正在寻求某一领域更深入、更全面的分析，以此帮助政府发现新问题或解决长期存在的问题，及满足其他各方面的需求。因此，政府应建立智库或为一些智库提供大量长期的资金支持。

267　　　在社会主义制度下，各部门都有他们的附属研究机构，这在今天的一些国家也是普遍存在的。在苏联体制下，各部门和研究所会共同商定一个年度工作计划，并从中央预算（不是指某个部门的预算）中分拨一些资金来执行这个计划。换句话说，东欧独立国家联合体（CIS）地区具有外包研究工作的传统。然而不同的是，这项工作的竞争愈演愈烈，管理者可能更关心研究的及时性和有效性。

　　　今天，在许多发展中国家和转型期国家，公立大学都设有内部智库，并享有政府大量的资助。由于政府在这些智库中都设有董事会的代表成员，因此这些智库要优先考虑各政府部门的需求。通常，这些国家的政府也会大力支持几个独立智库的发展。

　　　政府提供预算资金资助智库的模式不仅适用于社会主义转型国家。例如，住房部门为华盛顿特区的城市研究所提供了大约10年的资金支持，后来双方签订协议终止了这种资助。城市研究所建立于1968年末，时值林登·约翰逊总统的执政末期，社会问题众多，例如恶劣的种族关系、内陆城市社区服务的匮乏（包括教育）以及在越南战争中的非裔美国人伤亡过多等问题，美国的主要城市在1967—1968年期间经历了严重的骚乱。约翰逊总统担心下届政府不会投入太多资源解决城市问题，于是他便建立了城市研究所，为解决城市问题提供更好的公共政策基础。

在非洲，政府创立了大量智库并为其提供长期资助，包括埃塞俄比亚发展研究所和在乌干达的经济政策研究中心。

（二）资金支持

格兰·宝迪奥思科在 2013 年指出，捐赠者或政府的核心机构提供的资助通常包含以下三方面内容：

- 持续性资金——部分资金用于受资助机构的工资、行政、技术和核心费用；

- 发展性资金——用于提升员工能力，改善组织研究的基础设施、通讯能力、管理实践；

- 种子资金——在政策研究上直接投入的资金，这些研究主题通常还未引起其他捐赠者的注意，或是受助者希望在扩展项目或交付于项目捐赠者之前进行仔细的试验或进一步的设计。

许多国家的政府都为智库提供了大量资金支持，尽管这些资助通常包括以上列出的三部分内容，但他们并没有详细的财务清单。下面需要介绍的是两个完全不同的国家所提供的资金支持，它们分别是德意志联邦共和国和韩国。之后，下文又简要描述了乌兹别克斯坦（该国的政治环境非常特殊）政府资助的智库。①

1. 德国和韩国。 在德国和韩国，政府创建智库的原始动机在于大学教授和援助机构是唯一可以对国家重要问题进行分析的群体，政府可以为他们的分析工作提供支持（根据所了解的情况，政府并不是从现有的智库中挑选提供支持的对象）。在德国，政府的资金支持更为普遍，联邦政府和州政府共同将资金提供给约 80 个智库，其中有 6 个是研究经济政策。而成立于 1971 年的韩国发展研究所，它作为韩国政府首

268

---

① 这部分内容有几处来源。对德国的相关介绍使用了 2004 年森纳特的描述及罗尔夫·凯茨勒在德国经济研究所（DWI）的演讲和交流讨论。而对于韩国，作者于 20 世纪 70 年代末曾在那里工作，并在 2011 去那里参加了一次会议。韩国发展研究院的员工对问题也给出了书面回答。对乌兹别克斯坦的观察则是基于 2012 年初对当地智库的采访。

个支持的智库，恰恰填补了经济决策分析依据这一空白。今天，韩国有 23 个政府资助的智库，每个智库都研究一个特定的时事性主题（如医疗、房地产）。并且两国在过去十年内智库的数量均有增长，这表明他们高度重视智库的贡献。

这些智库的运作模式非常相似，具有以下明显特点：

（1）自主性。在这两个国家，理事会为智库的管理提供资金支持，并由总理办公室负责监管（即并不是由一个特定的政府部门直接监督）。政府通过以下三种形式支持智库：

- 回顾年度工作计划（见下文）；
- 每个智库董事会中有少数政府代表成员（例如，15 个人中有 6 个，他们大多来自与智库工作相关的政府部门），他们往往投票一致，以此影响智库决策的结果。
- 对智库工作的质量和政策效用的外部审查（见下文）。

理事会（如前所述，对总理办公室负责并接受其监督）将负责调解政府代表和智库之间的冲突。

269　　（2）议程设置。智库每年都会与相关政府部门和私人部门（包括商界和公民社会）磋商，并向理事会起草一份工作计划，以此确定要分析的主题和产出的成果。理事会自身也会审查和评论工作计划，最终形成一份得到一致认可的工作计划。

（3）传播。尽管政府机构是智库的主要客户，但这些智库也希望自己的研究成果能够得到广泛传播，并与公民社会组织一同积极地参与政策的制定过程。政策参与的质量也是他们评估的一部分。

（4）监督和质量控制。受资助的智库需要接受外部审查，即检查产出成果的技术质量和政策过程的实用性——由政府机构、企业和公民社会进行判断。评审小组是由智库工作领域有名望的专家组成，并且这些专家都是政府内部人员。在德国，这些审查每 7 年进行一次；而韩国则每年都有。智库会非常认真地对待评审结果，因为如果它们的表现不佳，其受资助的资金可能也会随之减少，只有通过审查的智库才能够继续接受资助。

(5)资金。在这两个国家中,接受政府支持的智库也可以同其他资助者签订合同或获得拨款。智库和政府都坚信,积极地应对外部需求是非常有益的经验。国家政府的资助取决于每年所提出的计划,预算最先由总理办公室的理事会批准,随后由国会对资助进行投票。实际上,政府的资助在一段时间内是相对稳定的。在德国,国家的资金支持占总预算的 65%～70%,而韩国的平均比例则稍高一些。

总的来说,这两个国家的智库体系似乎都运作良好。重要的是,双方都具有强烈的意愿,即确保智库能够独立地工作且设定一个高质量的工作标准。同时,二者的外部评审开展得相当顺利,智库对评审结果也格外重视。此外,智库本身试图找出新兴的政策问题及长期存在的问题。

2. 乌兹别克斯坦。一个国家的政府能为智库提供大量的资金支持,但这并不是普遍现象。众所周知,乌兹别克斯坦是一个由独裁政权统治的国家,政府希望智库支持它的官方政策而不是提供与其相悖的建议。通过采访高级官员及检查这个国家的6 个智库网站发现,多项指标都表明政府几乎不提供任何资助:

- 在决定他们的研究议程时,6 个智库中有 4 个只咨询政府的意见。而另外 2 个中,1 个是咨询国际同行和当地关注国际问题的一个大学教师;而另 1 个经济智库只与其他智库和国际捐赠者讨论想法。

- 这 6 个智库在向政府以外的客户传播成果的方式上存在显著的差异。有 3 个没有网站,1 个有网站却没有发布任何报告;经济研究中心只展示一些由国际捐赠者资助的研究报告,而政治研究中心(该智库负责解决国际问题,它的主席是乌兹别克斯坦总统的女儿)则展示了它所有的报告。

总的来说,似乎只有两个智库具有同样的动机和目标,他们对此也很谨慎。相比之下,经济发展中心作为一个完全私有的智库,它迫切地希望开展严格的政策研究,从而改善政府的政策。

270

（三）合同外包

相比于为一些智库提供资金支持,政府机构按照需求与智库签订合同从而获得政策研究的服务似乎更为常见。本部分主要探究这类合同是如何组织的,不同的组织形式或多或少都会影响到智库是否能够凭实力获得该合同。

首要的一点是外包需要钱——也就是说政府机构必须具备必要的外包资金预算。大部分国家的政府部门都有关于"研究评估"或其他类似项目的明确预算。如果没有预算,那么政府部门就要被迫从其他项目中抽调资金来支持外包工作(在法律允许的情况下),虽然这种做法存在一些问题,但事实上有些东欧国家就是这样做的。

除了资金,政府机构也需要有序地组织外包研究和评估工作。表 10.3 展示了三种典型的外包组织方式。

表 10.3　政府机构组织合同外包的方式

模式	项目办公室	机构内设立的中心研究办公室	招标办公室
A	次要	主要	一般监督
B	分权	无	分权
C	独权[a]	无	一般监督

a. 典型的小合同指的就是那些合同价值低于国家招标办公室条例上限的合同

271　　　A 模式在西方国家较为常见,但在发展中国家和转型期国家比较少见。其中,发挥主要作用的是一个专门办公室(由部长直接分管),它负责政策发展和研究。在这个模式中,制定政策的这一职能是集中式的,而不会分配给某个负责特定项目的副部长。该模式将少数政策专家安置在同一办公室,以便他们开展工作。但这种模式也产生了一个现实的问题,即某一项目领域的政策研究的工作量会随时间的推移而急剧变化。当项目办公室将政策研究人员分散开,那么可能会发生这样的情况:一个办公室的员工忙得不可开交,而隔壁办公室的员工却无事可干。A 模式还能够在一个地方网罗那些在研究领域、撰写合同条款和执行竞争等方面出类拔萃的职员。

　　A模式的中心研究办公室和项目办公室会商议制定年度研究评估工作计划表，项目办公室的职员负责审查合同条款，但整个过程由中心研究办公室控制和管理。招标办公室或合同办公室负责监督竞标过程，并在研究部的协助下共同拟定并签署合同。

　　B模式描述了东欧独联体地区及其他地方常见的合同外包方式。在B模式中，没有中心研究与政策发展办公室，项目办公室和招标办公室共同行使职权。签订合同的责任（详见下文）由二者共同承担。

　　在C模式中，项目办公室行使一切权力，且C模式在大部分的组织中是和B模式共存的。一般来说，项目办公室只有在合同价值低于国家采购条例明确规定的上限时，才能采用C模式（原则上尽量少用）。但实际恰恰相反，这些部门通常会为了避免由B模式带来的管理混乱而使用C模式。在C模式里，一些国家的项目办公室在处理价值较小的合同时可以直接选择智库而不需要组织竞标活动。① 而对于那些价值高于非竞争模式上限，但又低于全竞争模式门槛的合同（必须使用B模式的情况下），项目办公室就会采取一种限制性的竞争模式——只选择三家具有代表性的智库进行投标。项目办公室制定的规则具有一定的灵活性，这影响到智库采取什么方式向那些他们想要与之合作的机构推销自己，下文对此将会展开阐述。

　　项目办公室在这三种模式中的权力各不相同。如果不加以约束，那么政府机构在竞争合同的过程中就会发生管理混乱的情况，导致参与竞标的智库不能享有同等待遇。当智库意识到这种不公平待遇时，他们通常就会停止竞争。

　　附录10.1概述了一个外包任务的内容，政府机构为了成功地签订政策研究的外包合同就必须执行这些任务。同时，智库应当加深对这些任务的理解，这对赢得政府机构的合同是很有帮助的。

272

---

　　① 2005年在匈牙利，如果合同金额是低于（匈牙利）200万福林（约10 000美元），那么一个办公室就可以和一个单独的承包商谈判合同；有限竞争的最大合同金额是1 000万福林；最高金额不包含可用的的增值税。

三、成为政府的政策研究承包者所面临的挑战与收益

决定与政府签订合同的智库，尤其是那些刚刚与政府签订合同的智库，其管理层需要思考许多问题并与员工一同商讨。正如下文所述，赢取政府的工作可能会在一个智库中产生复杂的影响，智库在做决定时也需要仔细思考。他们应当重点考虑有助于评估可能存在关系的问题，例如与一个政党的密切合作。

本节关注的是与政府机构合作的潜在利弊，这里所讲的智库不同于前面讨论的由政府资助的德国和韩国智库。当现有的智库没有能力争取到政府资助时，政府就会建立新的政府资助型智库。然而值得注意的是，一些非洲国家存在一些混合模式：一个国家政府选择一些能在公共政策领域发挥积极作用的现有智库，并一直为他们提供无限制的资金。例如埃及的经济、司法和社会研究和文献中心（CEDRES）就是由布基纳法索政府出资支持。

（一）挑战

1. **缺乏自主性，身份混淆**。迄今为止，对于那些过去从未和政府机构有过合作的智库，他们最大的担心就是自己政策的自主性将会受到制约。即使根据合同，智库有权出版目前已完成的研究成果，但智库的顾问应考虑是否亲自审查这些成果，从而确保与客户保持良好的关系。然而不可避免的是，客户自身也会担心智库以何种形式发布所咨询的内容。下面是一个给人启发的例子。

2013 年 2 月，笔者会见了格鲁吉亚外交部的副部长，他曾是当地一个智库的高级研究员。新一届政府是在 11 月刚被选举成立的，由彼得兹纳·伊万什维利出任新总理。在与副部长的讨论过程中，针对政府部门所面临的特殊问题，他鼓励国际基金会和双边捐赠者要更多地支持政策研究。当他被问到为什么没有预留一些资金来资助自己的研究时，他回答道，在合同下没有人会相信一个智库可以提出真正具有自主性的建议。因此，智库可能担心自己的独立性受损，而拒绝接受这样的合同。

273　　　在腐败的国家，行贿往往是在招标过程中大家普遍关心的问题。在这些国家，智库常常担心，即使他们严格地凭借提案赢得竞争，也会遭受外界普遍的质疑，认为他

们为了拿到合同一定涉嫌行贿。实际情况可能牵扯更复杂的诚信问题和招标的腐败问题，如果政府部门高度重视结果，则还是有一定诚信可言的。

目前还不清楚有多少国家存在这样的隐患，但他们都迫切需要解决这些问题。然而，在许多国家，即使智库接受了政府的拨款和合同，他们仍然可以保留自己的政策自主性和完整性（此外，即使承包者为了得到工作而行贿，政府机构通常还是会选择研究可靠、结论客观的智库）。

奥科丘克沃·伊比努针对尼日利亚自 1999 年国家回归文官统治后的环境变化写了一篇详细的文章。他总结道，政府机构试图左右智库研究结果所产生的影响会随智库的声誉、解决的问题类型及使用的方法而发生变化。他发现辨别以下三种情况非常有帮助（伊比努，2008 年转述）：

- 如果智库过去在自主性、获取内部或企业资助及职业取向（特别是为满足特殊的需求市场而生产高质量的产品或成果）等方面曾有较好的表现，那么即使它作为政府的委托人，也不太可能为了迎合政府而删除研究结果中包含批判政府的内容。

- 智库越关注技术上的工作，则政府干预或智库减少对政府合法性批判的可能性就越小。

- 智库如果更关注政治或意识形态性质的事务，那它会比其他智库更加脆弱；智库越多涉及政治领域，政府就越有可能进行干预，从而使该智库不得不修改其研究中的批判内容。

这里的经验不仅适用于尼日利亚，在其他地方同样也是有效的。智库的政策立场是基于它已有的研究，这种自主性（可信度）也是需要长期培养的。研究课题或政策建议越具有政治性，政府机构就越有可能对智库的报告和出版物产生影响。①

---

① 基于在尼日利亚和其他撒哈拉以南非洲地区的工作，额外的一些历史背景可参见金门易和达塔（2011）。

　　如果智库与政府机构签订合同，可能会导致自身的传播"危机"，那么这些智库在管理与政府机构的关系时可以采取一些实际的措施。其中一种方式就是研究起草合同中的规定，这些规定包括对项目中收集信息的使用和所有权，以及承包商传播研究成果的权利。近年来，不管是政府还是多边组织的合同官员，他们对于调整未签订的合同内容都是很开明的。至于传播方面的具体内容，以下两项规定通常是可以接受的：（1）承包商可以传播研究成果，但必须等到最终报告被采纳或在首次提交之后 60 天才可以；（2）承包者必须在出版物发布前一至两周内向政府机构提供一份复件——这是出于了解信息的目的，而不是对其进行审查。

　　合同规定中其他两项内容也很重要。首先，你可能是与政府或其他客户签订合同的主承包商中的一个分包者，分包合同中通常也包括"附加条例"（即在主合同中应用于分包者的条款），这样的规定通常是在参考引用中而并不列在分包者的合同里。若是这样，询问一下这些规定是否涉及知识产权或出版物的内容，并在签订合同之前检查这类内容才是明智的做法。即使分包合同中并没有那些明确的陈述，这些条款也是具有约束性的。

　　其次，对研究成果和出版物中的知识产权加以严格约束是合同的一个共同特征——不仅包括由政府机构签订的合同，也包括由许多多边机构、双边捐赠者、基金会，甚至智库签订的合同。据了解，智库目前没有能够根据紧迫程度调整规划的可用资源。因此，随着时间的推移，每个智库都需要学习如何对不同用户制定不同的规划。①

　　由于一个智库与一个特定机构合作的工作周期可能会持续数年，智库需要有强大的动力与其保持积极的关系。成功关系的黄金法则与笔者之前在书中提到的"毫无惊喜"的规则一样。部长和项目官员并不希望从本地新闻节目或社交媒体中获得智库发布的报告，或在国会委员会面前听到智库关于政府机构的专家证词。智库应

---

　　① 对合同规定的额外评论见门迪扎芭（2014a）。

将发布的报告和内容提前告知并分享给政府机构,甚至邀请具有高度鉴别力的政府人员参与进来,以此提高发布内容的可信度。这样也可以使政府人员在面对批判时有时间做出有效的回应,而非不知所措。

当智库开始签订政府的合同或接受政府的资助时,一些传统的资助者可能更关心这对智库任务的潜在影响。例如,他们可能会担心,政府资助者是否会私下通过资助智库项目以收集所需信息。因此,智库可以定期向每个资助方发送电子邮件或信件,以减少他们的这种顾虑。

一些智库发现,为政府机构或商业团体建立营利性的子公司是非常有益的。通常情况下,子公司与非营利的母公司具有相同的间接成本结构,同时还有额外的具体费用(利润)。子公司通常有一个不同的名称,从而避免客户和赞助商对组织中各部门职责与分工混淆不清。

“研究与倡导型”非政府组织作为一个提供服务的非政府组织,不适宜建立子机构,最好是分别创建独立的机构,这样可以避免机构间工作的混乱及分支机构的职能模糊。

2. 议程设置缺乏重点。从字面理解,咨询顾问就是对客户明确的需求做出回应。由于客户都有自己的议程安排,智库的咨询工作越多,他们受客户的影响就越大,智库自主安排议程的能力就越弱。

例如,美国的大多数智库都是通过基金会和州政府获得资金,从而研究那些目前可能并不在联邦议程上的主题。这样,即使他们从政府合同中获得大量收入(如兰德公司和城市研究所),却仍然能够保持对议程中重要部分的控制。然而,在世界许多其他地方,这种智库模式的困难或许在于基金会提供的资金并不足以承担一个自主研发项目的最低成本。因此,智库要与政府人员共同合作,进而影响政府未来的研究议程。

国际基金会、双边资助者及主要多边机构提供的资金同样也存在类似的问题(见下文“回报”这一部分的内容)。

3. 数据和出版物的利用受限。智库的顾问有权使用所收集的数据,或者使用在咨询过程中除与客户有直接利害关系的报告，但随着智库越来越多地为政府机构提供咨询或为捐赠者工作，顾问的这项权利受到了严格的限制，这并不利于智库提供咨询服务。

在有类似问题的国家中，与政府机构签订合同的智库通常利用两种方式解决这一问题。首先，在合同中，智库可以对出版和数据使用的条款进行协商，以保证自身在这方面的权利。智库通常会给客户一段数据专享时间——一般是 3 到 6 个月。或者，智库允许客户保留所有出版物预印本的占有权和使用权，并且客户有权在一定时期内对其进行处理，但是他们不能阻止出版。其次，智库可以直接拒绝接受有同类限制的客户合同。在美国，保持智库非营利性缴税地位的要求之一就是智库的全部工作都是基于广大公众的利益——这意味着所有成果要向公众开放共享；而专有的研究和咨询与此要求是相违背的。

276　　同样的经验也适用于国际金融研究机构（IFIs）的工作，如世界银行。在笔者曾参与的一些项目中，智库和政府机构会在签订合同前重新协商出版物和数据的条款，政府机构和金融机构会私下提供给智库更多的使用权利。

4. **智库内部的文化冲突。** 如果智库决定从事营利性的工作，那么势必引起那些致力于公众事业的员工不满，且扰乱智库创建初期的言论自由。[1] 同时，智库内部也会出现员工之间的不和谐、运营方式的冲突以及对"企业行为"的指控。通常，咨询智库在签订合同之前并不熟悉客户的特定需求，这就意味着许多项目在初期需要大量的筹备工作，从而伤害了团队领导和员工对这类合同的热情。

5. **不稳定的客户或赞助商。** 智库的传统赞助商可能并不认同智库承担政府机构的工作，他们的极端做法就是撤回他们的支持，但这并非普遍现象。而多数基金会的高管对此很看好，这不仅因为他们需要一个稳定的收入，还因为与政府直接合作对研究人员大有益处。

---

[1]　戴维斯（1997，第 33～44 页）曾讨论过该问题及下面两个问题。

6. **管理挑战**。智库领导者必须具有良好的管理能力才能成功地运营一个公司。然而,随着智库运作规模日益扩大——特别是当正在进行的项目和独立捐赠方的数量同时增加时,智库领导的能力经常不足以指导智库的发展。此外,合同的本质条件与报告需求往往取决于不同的项目。总而言之,与政府建立稳定的咨询关系往往需要完善管理和财务制度,而这件事情的工作量经常却被低估。

(二)作为一个政府承包商的好处

当智库承担一些看似艰难的咨询任务时,就有可能面临以上种种困难。然而,承担这样的工作同样也有某些积极的影响——远不止收入的增长。

1. **相关性和知名度**。智库研究那些政府机构或高级议员非常看重的问题可以获得更好的发展机会,因为他们的工作成果可以引起政府关注并被政府采纳。马丁(2013)关于 TTI 参与者的数据统计分析表明,智库如果与政府签订合同,并从中获得收益,那么它在当地政策团体中就越受重视。以下这个略为极端的事例有助于更好地理解政策问题的相关性:

277

继 2003 年与塞尔维亚的战争后,波斯尼亚黑塞哥维那在早期的重建中就存在这样的情况,即捐赠者完全忽视当地智库的分析——智库从未真正从政府机构转移到私有部门(因为与塞尔维亚的战争紧随南斯拉夫的解体之后)。继《代顿协议》后,与政府合作的联合国高级代表办公室和各种国际机构(双边和多边)制定了相关政策议程,并从事有关的研究——有时也会邀请当地企业和新兴智库承担部分调查和分析任务。对于即将批准的法律草案,政府和国会不经审查就直接通过,并批准提交。

2003 年,当国际社会开始退出政策制定的主导地位,USAID 发起了一项为期 3 年的智库指导计划。计划一开始,项目团队就要求智库领导关注那些有资金支持的政策研究主题,而这些领导几乎也没有任何想法。这些智库领导作为承包商(为 UNDP、世界银行以及其他组织提供支持),承担调查和技术分析工作以支持联合国的政策议程,由于长期受到各种限制,以至于他们从未真正批判地思考过国家的重大政策问题。简而言之,这些智库不仅备受排挤,能力也十分有限。

USAID 承包商曾邀请一些智库承担政策研究项目，每个智库都必须为政府机构界定一个其感兴趣的政策问题，而且需要在高级政府中找到一位"赞助者"来支持该项目。也就是说，项目一旦完成，这名赞助者可以使用智库的研究成果来促进政策的完善。

在项目的开始，那些指导项目的参与者会采访政策制定者，询问他们在多大程度上采纳了智库的研究成果，但大多数政策制定者甚至已经忘记了主要智库的名称。而3年后，同一组的另一项调查证明，这种情况发生了戏剧性的转变，这是因为智库的研究成果与政府和国会的议程息息相关。总之，在那段时期内，智库的研究成果与当地政策议程的相关性是导致官员态度发生根本转变的主要原因（斯特鲁伊克等人，2007）。

278　　另一个例子是在 2014 年春季，笔者采访了南亚智库的 12 个执行董事。[①] 其中有三个执行董事表示，他们通过降低对政府机构的出价从而赢得了合同，这样他们与部门官员在政策问题上的合作就具有内部优势。

当智库的核心政策利益与政府相一致时，智库拒绝争取政府的合同是不明智的。因为基金会和其他国际组织都有自己的议程，他们并不是随时都可以为那些政府看重的政策议题提供支持。换句话说，政府的政策议程与捐赠者议程的重合之处少之又少。智库对捐赠资金（和议程工作）的过度依赖可能会降低一个智库的知名度，从而不利于与当地政策制定者建立联系。[②] 然而，尽管执行政府合同中的政策研究项目可以提升智库的相关性和知名度，但智库在解决国家议程的高优先级问题上却受到种种限制。

2. 获得更丰富的政策制定经验。很多政府的咨询顾问要求研究人员除做好常规研究外，还能更加深入地钻研一个公共项目的操作细节，以弥补智库顾问研究中的不足之处。例如，一个进口食品补贴计划的参与率很低，那么负责该计划的政府机构

---

① 第 1 章对于这些采访情况有简单的描述。
② 见奥多涅斯（2013）关于本地政策议程和捐赠者之间紧张关系的评论。

就希望能够了解其中的原因,这可能是因为申请人要面临耗时且烦琐的办理程序。对此,赢得合同的智库因其之前具有相关的项目设计经验而被选中,并负责调查具体情况。为了完成该任务,智库必须学习和记录重点办公室的各个业务流程,并进行非常具体的分析。即使这只是一项普通的任务,但智库通过与相关部门或国会合作调查所获得的经验是非常宝贵的。

3. **多元化的筹资。**严重依赖于像基金会和双边项目这样的国际机构是有风险的。正如之前所提到的,大约三分之二的 GDN 和 TTI 智库的资金来源于国际收入。通常,基金会和双边捐助者对受资助智库提供一个限时的资金支持,从而实现政策目标,同时也帮助这些智库巩固他们在国家政策领域的地位。然而基金会,也会采取一些措施,以避免一个智库或非政府组织长期依赖于他们的资助。

国际金融机构(例如世界银行、联合国开发计划署)不同于基金会,他们并不担心这种依赖关系,因为当他们与智库签订项目合同时,通常就会明确规定要与承包商保持一定距离。政府对这种“依赖”也没有担忧,实际上,政府往往会选择一些有能力按照合同进度完成工作的智库作为承包者。由于政府合同每年都会提供资助资金,因此对许多智库而言是极具吸引力的。在这种情况下,智库都拥有多元化的资金来源,其中包括政府合同和资助。

4. **效率的提高。**一些智库主要服务于基金会的部分客户,而这些基金会大多涉足两大领域:政策制定的最前沿领域和低回报、低风险领域。此外,智库为基金会工作的日程安排同智库为政府工作的日程安排相比,差异十分明显。首先,为政府服务的智库,其工作安排是非常紧凑的,当出现问题时,智库必须迅速采取措施解决问题。其次,智库为基金会工作与为政府机构工作的第二个区别在于,智库为政府工作要依据合同来完成,合同中对产品、期限和报告的规定更加具体。此外,智库常常要经过激烈的竞争才能获得这些合同,营利性机构和非营利性机构在一起相互竞争。因此,相比于为基金会工作而言,依据合同为政府机构、私营企业或捐赠者工作,智库要面对不同(甚至更为严格)的工作体制。然而,在笔者早期智库研究的调查中,智库领导并没有对此有所担忧，他们反而认为这样有助于提高整体工作的效率（斯特鲁伊克，1999）。

5. **降低运营成本。**从财务视角来看，智库通常非常重视政府的咨询合同，因为一方面，这些合同可以使专业人员从事有趣且包含重要政策的项目。另一方面，政府的咨询合同通过提高智库的整体收入基础，从而降低了智库的间接成本分摊率。例如，网站的操作开销极大，但若将其分摊到增加的智库收入上，就可以降低员工每小时的通讯服务成本。事实上，项目越多，网站所需的页面就越多，所需投入的费用也会随之增长，但对于项目分摊的间接成本费用而言，其增幅较小。因此，在一个合理的扩张范围内，假定间接费用恒定，那么工作量越大，每小时的专业劳动力的间接费用分摊率就越低。

智库可以采取两种方式充分利用这种"红利"优势：降低间接成本分摊率，使公司在争取额外的工作项目上更具竞争力；或者添加新的有偿服务。例如，随着公司的扩张，公司可以在不损害其竞争地位的同时聘请一个公关人员。

280

6. **提高知名度，开拓潜在市场。**扩大智库工作主题及合作客户的范围，智库顾问也更应展现智库应对新市场的能力。同时，与主要的政府改革相联系也将吸引感兴趣的赞助者。

四、决策

实际上，本文所说的决策涉及两项决定。首先，是否寻求政府的资助；其次，是否参与竞争政府某个特定项目。

通常，智库的高级管理层和董事会权衡讨论中提到的各种因素，并做出决策。除了准备提案需要投入成本费用，为寻求政府的资助投入经费也是必要的。政府合同规定和报告的要求不同于那些基金会和其他资助者的规定要求，员工必须掌握这些细节问题，智库可能也需要借助软件生成有效的需求报告。这些并不是在一开始就要投入大量的成本经费，但在一两年后，它们可能会成为很大的经济负担。

智库是否把握住类似于政府合同的特别机会,这确实是一个问题。如果不考虑资金的来源,对于决定是否接受政府的一个咨询项目以支持智库长期的研究议程,吕克·安徒生(2012)提出了六项标准。[①]

- 与其他项目的协同合并。智库要确保新项目作为正在进行项目的补充,并与智库的长期研究议程相匹配。

- 出版的潜力。智库避免签订要求生产机密报告的项目。相反,要瞄准一些有出版和传播预算(至少有 10％预算)的项目。提升智库的知名度,并为全球知识库做出贡献。

- 建立关系。智库要优先考虑那些涉及不同机构的大型项目,而不是简单的单个项目。这也许很复杂,但它对于建立关系和赢取政策制定者和核心利益者的信任却是一种很好的方式。智库如果想要真正提升知名度,这一点是非常必要的条件。

- 项目的持续时间。选择至少持续 6～12 个月的项目,因为短期的咨询项目往往会扰乱长期的研究议程。

- 知识转移。选择国际合作的项目,可以向国外前沿的研究者学习新的研究工具。

- 财务。只选择那些支付全部费用的项目。不需要补贴政府机构的项目。

除此之外,还要另外添加一个知识产权的标准,它需要包括数据的使用和其他项目收集的资料。如果主合同与分包合同都有涉及此方面内容,那么智库就需要对这些问题引起注意。

如果政府的咨询项目越符合这些标准,智库就越渴望获得政府的合同。当然,智库需要充足的资金以维持其整体运作,这也是智库决定是否接受政府咨询项目的重要考虑因素。在某些方面,这一点几乎能够推翻其他一切的考虑因素。

[①]　项目列表部分转自安徒生(2012),类似的评论是由阿雷拉诺提供的。

智库如果决定争取政府合同，那么怎样做才能具有竞争力，附录 10.2 会对此进行讨论。

五、政府机构没有研究预算的情况

在这个"新的公众管理"盛行的时代，政府将各种各样的商品和服务外包已是司空见惯的事情，但仍有一些国家不允许政府机构将研究和项目评估进行常规的外包，波斯尼亚和黑塞哥维那就是这样一个例子。[①] 阿塞拜疆和格鲁吉亚又是另一种情况。[②] 在这些国家，政府通常是从其他预算里挪出小部分资金来开展小型外包项目，这些预算一般都是真正支持项目运转的资金。但政府机构偶尔也会依赖于那些受资助的研究智库。

在这种情况下，关键问题在于智库如何提高研究预算的合法性，从而使政府预算能够为研究预算留有一席之地。通过观察一些智库和某些为波斯尼亚的机构创建研究预算而游说的捐赠者，要想在此方面取得进展，智库需要做好三方面的准备工作。

第一，就是向政府展示智库的研究成果在政策制定过程中发挥的作用。他们可以找一些实例证明，在国际基金会或者国际捐赠机构（比如世界银行或者联合国开发计划署）的资助支持下，智库的研究成果在政府部门和国会的某些具体政策问题中发挥了重要的作用。智库对政府部门和对国会可以列举不同的例子，且多多益善。同时，这些例子最好使用一些常见的信息，可以引用新闻里或是电视上某个官员的讲话，抑或是某个电台节目。对于政府和国会来说，这些案例可以证明政策研究在发展中国家的政策和项目中发挥重要的作用。

第二，当地智库和"研究与倡导型"非政府组织可以联合起来共同游说重要的政

[①] 2004 年，在欧盟的协助下，随着国家中期发展战略的监察任务的实施和政策研究的及时执行，波斯尼亚和黑塞哥维那政府在总理办公室设立了经济政策规划处。虽然一些机构此前曾寻求一些非专项资金来支持他们的研究，但经济政策规划处是当时唯一正式得到政府支持的研究项目。然而，这个试点项目并没有成功地说服政府和国会在预算中建立一个政策研究项目。

[②] 都是基于对两个国家部门官员的采访。

府部长，甚至总理以及国会成员，说服他们颁布法令，至少为新的研究项目划拨少量
的资金款项。智库之间的合作可能比较困难，他们之间更像是一种"竞争"关系，而非
"合作"关系。虽然这种心态可以理解，但也存在一种情况，即共同利益胜于一切。联
合起来的智库需要与政府和国会领导建立必要的联系，在合作的基础上进一步制定
并执行一个周密的游说计划，根据这项计划智库需要派两三位负责人去拜访重要的
政府领导，从而为研究争取资金预算。

　　一些具体的例子表明研究对促进立法或项目的实施有重要作用，现在智库只要
有外部的资金支持就能够运作。为了完善国家决策和项目管理，政府机构应该为他
们自己的研究项目拨款。如果某个邻国政府机构的预算中明确包含研究资金，智库
在游说中举这个国家的例子将进一步增强说服力。再者，智库努力争取国际捐助机
构地方办事处领导的热心支持也应该有一定帮助。

　　第三，政府机构要有管理研究项目的专业能力。附录 10.1 的任务是艰巨的。管
理项目的公务员并不需要经验丰富的社会科学研究人员，但是这些研究人员必须受
过社会科学的训练，甚至获有高级学位。他们要能够起草相关的职权范围说明，尤其
是审查提交的提案，并严格考察承包者的绩效。政府部门一般都设有重要的内部政
策发展办公室，聘用具有相关文凭的人员来执行这些职能。但在大多数国家，仍有大
量持有相关学位的大学毕业生没有工作。因此，政府需要成立一个新部门，并为这个
部门招募一支拥有该文凭人员的团队（最初也许是 5 个或 6 个人）从事政策发展和研
究。除了从事外部委托的研究，这个团队也应为负责管理重大项目的部长和副部长
提供长期的政策发展建议和必要的帮助（因为运行外部研究项目需要投入大量的内
部员工，而项目成本又远远高于支付给承包商的费用）。

　　以上这个部门的负责人非常关键，他/她必须既了解研究，又在某种程度上了解
商业，甚至能够明智地评估团队的组织结构和效益，以及提交预算的合理性。这个部
门负责人的任务是对外包政策研究办公室的各种办公人员进行培训，并指导其工作。

　　在一些国家，政府开始为其部门的政策发展提供支持，创建了用于这一目的中心

智库。例如，埃及政府内阁的信息决策支持中心（IDSC），它是政府组织调查活动的智库，共有 700 名员工。中心为内阁执行任务，涉及多个政府部门的政策活动，同时，它也充分参与其中的评估和准备工作。政府各独立部门主要负责处理更加具体的内部活动，但却通常没有完善的政策建议。因此，IDSC 雇佣私人咨询顾问，为正在执行的项目提供专业知识和额外的资源。然而，中心并没与公司签订整个项目的合同。总而言之，智库应使政府和国会相信，他们通过资助智库，有助于提高政府部门的政策发展能力。当然，说服政府和国会是一项非常具有挑战性的任务。但对处于大多数中等收入国家的智库而言，他们都具有这方面的能力。

六、总结

（一）实践经验

一个经营良好的智库有如下特征。

- 由于为政府机构工作可以带来一定的回报，包括分析重要的政策问题；接触到负责项目的官员；以及资金来源的多元化。因此智库要给予充分的考虑。与政府机构一起工作或许并不容易，政府会试图"控制"结果或在一个项目中限制承包商对调查结果和收集数据的使用，并试图得到第一手信息。那么智库就需要查看政府使用的标准合同，并且对存有疑问的规定，询问是否可以在个案的基础上协商一些关键点。换句话说，要在没有考虑收益和政策影响的有利条件之前了解实际情况。

- 如果智库可以接受政府机构的合同规定，那么它可以通过一个更为全面且开放的方式，对与政府机构合作的潜在影响进行评价。智库或许同意竞争政府合同，并接受评估。但如果智库在竞争中没有付出全部努力，这种情况下几乎不会取得成功。然而，这却会给那些反对与政府机构合作的人提供了机会，使他们对你的智库存有错误的偏见。

- 是否努力争取项目取决于六个客观因素：新项目与智库的工作项目相协同；出

版的潜力；项目对建立关系的潜在贡献；工作周期是否足够长，从而在没有其他工作的严重干扰下完成任务；可能获得的知识；以及完成工作的充足收入。

（二）资助者须知

1. 资助者应注意：

- 智库的自主性。如果智库为政府工作会担心自主性的问题，那么资助者需要向执行董事询问几个关键问题：政府是否会改变智库或其他人的研究结果，或者要求智库这样做？政府是否对智库发布的成果不做限制？以及政府是否准许智库将该项目中收集的数据用于其他目的（包括政策参与及随时批准使用）？

- 政府机构现存的政策研究部门。如果智库没有收到政府机构的资助资金，请确定国家部门是否有专门的政策研究部门；如果有，那么他们是否对外包政策进行研究和调查。例如，需要注意一些国家承包政策研究是由总理办公室统一负责的。

2. 资助者可能需要做：

- 如果国家政府部门不资助重大的政策研究项目，资助者则需考虑与其他捐赠者一起游说政府高级官员来发起这样的项目，包括某种形式的外包。机构向外承包政策研究的做法有利于完善决策的知识库。资助者也可以联系当地的组织对新资金来源的影响实施监控。

- 一些政策研究的拨款项目可以使智库自主选择主题，并提供多年的资金支持，但并不是所有智库都有机会争取到这些拨款项目。当智库没有获得这样的资金时，资助者请考虑利用自己的资金来填补这块空白，但要评估该主题的研究是否具有价值，并分析研究的时间管理。

- 关于知识产权所有权和不同严密性的出版权的标准合同条款，资助者可考虑单独或与其他资助者一起来支持这些条款的制定和宣传。智库也可以利用这些条款与客户进行谈判。当资助者真正接受标准条款，并且这些条款可以被引用时才真正生效。

财务和绩效问责制

第十一章 问责制和持续性

假设一个智库拥有在理念和政策市场上竞争的技术能力，但要想成功地竞争到
有限的资金，该智库还需要具备：

- 成本意识。高级研究员一个小时的总费用包括直接报酬、附带福利，例如医
  疗健康保险、带薪休假时间和向顾客收取的间接服务费用、人力资源服务费、
  会计服务费以及合同服务费。

- 对资助资金的控制和问责。

成本意识需要智库将研究项目与资助者给予的可用资金联系起来。如果智库总
是低估任务执行成本，那么就会产生如下后果：自身的资源将会耗尽，或者资助者将
不再投资那些未完成的或需要追加投资的工作项目。

智库要向资助者证明资助资金是按照预期目的使用的，所以对资助资金的控制
和问责是很有必要的。对于智库如何使用研究经费，资助者一般都会给予智库不同
程度的自主权。例如，对于智库而言，比起合同上的规定，政府补助会有更多自由支
配的空间。但是，大多数的资助者会要求智库提供资金支出记录以确定资金按照预
期目的使用。更普遍的是，智库为了使运作更加高效，需要知道其资金使用详情，以
避免高级管理者或者会计人员公饱私囊。

尽管财务管理对于智库的可持续发展十分重要，但是随着智库的发展壮大，成本
意识以及成本核算经常给智库及其资助者带来麻烦。① 智库的实际运作中可能会缺
少这方面的数据，以下罗列几个例子：

---

① 固定价格合同不需要产生成本报告，有些资助者乐于接受这样的合同。

288

- 2011 年,在开罗的埃及政府内阁信息决策支持中心组建的智库管理工作室,笔者咨询了来自 40 个组织的 70 名参与者,他们大部分来自海湾国家。笔者提出的问题是,有多少个组织设有工时表以激发员工完成项目管理任务,回答是只有两个机构制订了工时表。

- 2010 年,在参与全球发展网络监控项目的 15 个智库中,笔者依旧询问他们有多少个机构设有工时表,他们的回答同样是两个。

- 若干年前,笔者采访了一个很有声望的俄罗斯智库并咨询有关管理实践的问题,问题同样涉及该机构是否有工时表,但得到的答案也是否定的。得知该组织获得了美国国际开发署的资助之后,笔者又询问他们是如何满足美国国际开发署提交工时表和备用发票的要求,他们的回到答是:"如果美国国际开发署需要工时数据,我们就给他们'制造'数据。"

缺少成本追踪系统反映了绝大部分智库创建的方式及他们的发展历程。在非高度工业化国家,智库通常有以下两种创建方式:(1) 以一个强大的技术领导者为核心的小型专家团体;(2) 主要由某个资助者的资助而成立的智库。在这两种情况下,智库所使用的财务管理体系通常都不具备上文所述的两种能力。在第一种情况下,智库不给员工支付薪酬(或只是象征性地支付薪酬),但是当有可用资金时会以项目为基础付费(就像是给咨询顾问支付费用);固定成本(如租金、水电费、行政管理费用等)毫无条理地分摊到各个项目中;智库也不支付业务拓展费用(通过成员提供无价劳动)或者不合理地由项目资金承担;会计核算也因各项目的要求不同而有所不同。

第二种情况又经常是另外一种极端,智库的财务管理要迎合资助者的要求而不是满足自身的需要。在这种情况下,资助资金通常可以承担智库许多的固定成本,但这也会低估对开展和执行其他资助项目的实际成本。

随着智库从初期阶段逐渐发展成熟,自然而然会出现以下一些情况:

- 人工成本增多(人工成本包括支付固定工资,支付员工相关的税费和社会保险费用,提供带薪休假,对员工的培训和专业发展提供支持);

- 设施相关的固定成本（设施相关的固定成本包括租金、水电费、设备费用和维护费用）和智库行政管理的固定成本增多（行政管理的固定成本包括人事管理、符合税务和注册的法律规定、内部组织管理）；
- 业务拓展成本和集资活动成本增多（业务拓展成本是指员工为寻求新的资助机会而准备提案的工作时间；这里使用的"集资"是指智库募集没有使用限制的资金，以区别"业务拓展"，"业务拓展"在这里的意思是为具体研究项目活动募集的资金）。

智库无法将这些改变所增加的成本分摊到具体研究项目，或者分摊时有较大的管理困难。这些费用对于智库的可持续发展是非常重要的投入（与员工相关时称为"附加福利"；与设备和行政管理相关时称为"经常费用"；所些费用通常称为"间接成本"）。

- 如果智库不能提供优厚的报酬和福利，将难以留住和激励员工；
- 没有足够的设施与设备，员工将不能切实有效地开展研究；
- 没有培训和专业发展机会，员工将不能维持一定的专业技术水平以保持其自身竞争力；
- 没有资金支持业务拓展和筹资活动，智库将不能持续得到新的研究项目以保证机构的运转并留住研究员。

简而言之，项目的全部成本理应包括一部分非项目成本，非项目成本作为可持续发展的重要部分，对智库运作而言是必不可少的。了解项目的全部成本可以为项目内部财务工作提供一个基本参考，同时也为资助者报销提供了依据。

本章主要探讨四个主题。第一，论述成本追踪系统（协助管理层了解筹集资金的实际支出情况）。第二，详述资助者对间接成本的态度，指出资助者强行为智库设定间接成本率的危害。第三，详述间接成本率的形成，解释间接成本概念，并介绍一个相关案例。第四，介绍财务审计。随着智库的发展壮大以及智库从资助者获得的资助越来越多，大家对是否开展年度外部审计各持己见。董事会则对审计持积极态度，因为审计信息可以帮助董事会证明其没有辜负信托责任。

一、成本追踪

没有成本追踪系统，智库管理者就难以把握智库经营情况。例如，他们可能不清楚撰写私人建议书的成本，也不知道整个年度撰写提案的总成本。5 000 美元的成本带来 10 000 美元的收益，这种情况有可能发生，但并不是常规情况。笔者举这个例子的意思是，智库管理者对于项目的实际花销可能只是大致了解。一些智库通过给项目成员设定固定的经费上限以控制项目成本，这样可以达到控制项目成本的目的。但研究人员可能需要投入大量时间才能顺利完成所分配的项目任务，而研究人员工资是固定的，智库不会因为研究员耗费大量时间而给他们加薪，这样显然会逼迫研究员为谋求更好的待遇，从原智库离职，转而在资金丰厚和管理优良的智库中谋职。因此，智库管理层应该清楚地了解项目费、提案费以及间接费用（例如人力资源管理费和综合管理费）。对智库而言，精确地监控传播成本是非常重要的。

（一）员工成本

因为劳动力成本占据 70% 的智库支出，这就使得设置工时表变得理所应当。对于一个团队领导而言，控制项目按时计费的第一步就是制定项目实施计划，为每一个项目成员分配固定的时间，同时也要为他们分配工作任务，员工也要知道每项任务的可用时间是多少，不管这项任务是不是由自己负责。所以，控制项目按时计费对团队项目的进度而言至关重要。

表 11.1 到表 11.3 是莫斯科城市经济研究所的工时表样例。表 11.1 是员工所填工时表的简化版本。员工可以选择按周填写。然而，公司鼓励员工每天填写工时表，因为这样智库需要支付的劳动力成本一目了然。该表格还可以用于记录具体项目费、提案、病假、年假、带薪休假、培训和间接费用的按时计费。

表 11.1 工时表案例

名称:季马·霍夫曼

截止时间:2013 年 9 月 10 日

项目编码	项目名称	周一	周二	周三	周四	周五	共计
1046 - 702 - 04	美国国际开发署的任务 3	8	4	4			16
20069 - 000 - 00	彼尔姆市			4	8	8	20
999 - 001	带薪休假		4				4
共计		8	8	8	8	8	40

每天填写这个表格可以让员工知道他们在项目上花了多少时间,至少可以让他们计算出还未完成的任务量。完成所有任务的研究人员可以要求团队领导再分配额外任务,这样一来,比起没有正式工时表监管的情况,员工就能完成更多的工作任务。一位美国智库的副总裁告诉我,他相信工时表制度一定会提高生产率,因为员工更能意识到自己在项目上的时间消耗。

表 11.2 和表 11.3 展示了管理者,特别是团队领导,利用工时表汇总信息的方法。每一个表格都摘自月报表。表 11.2 由项目编码(第 2 列)等信息构成,该表格显示了按时计费的员工在项目上所花费的时间。表 11.3 由员工成员等信息构成,表明每位员工在每一个项目上所花费的时间,包括预计花费时间和已花费时间,最后一栏表明每一位员工在所有项目上所花费的总时间。该表格旨在帮助团队领导理解其团队成员的计费时间总量(计时收费)以及短期内智库所要支付的劳动力成本。此外,执行董事利用这些信息可以预估到产能限制或者资金短缺情况。

292 **表 11.2 2013 年 8 月基于项目的员工时间使用控制表(小时/h)①**

姓名	项目编号	已使用时间	上个月已使用	预算	剩余
Gasyak，Vladimir	10468－702－04	4	4	346	342
Gofman，Dima	10468－702－04	448	32	778	330
Khamova，Lena	10468－702－04	145	7	346	201
Molchanov，Andrei	10468－702－04	88	0	259	171
Puzanov，Sasha	10468－702－04	60	0	86	26
Rumiantsev，Igor	10468－702－04	366	32	518	152
Sedova，Lena	10468－702－04	89	4	173	84
Tolstova，Ira	10468－702－04	11	0	173	162
Zadonsky，Georgy	10468－702－04	596	24	1 123	527
Total	**10468－702－04**	**1 807**	**103**	**3 802**	**1 995**
Anopochkin，Volodia	50039－000－00	76	10	90	14
Belozerskaya，Lena	50039－000－00	56	2	192	136
Elagina，Elena	50039－000－00	456	88	2 079	1 623
Golenkova，Galina	50039－000－00	4	2	96	92
Levina，Liza	50039－000－00	16	4	96	80
Makhova，Lena	50039－000－00	30	15	96	66
Tolstova，Ira	50039－000－00	18	10	48	30
Yashanin，Victor	50039－000－00	20	5	96	76
Zykova，Tatiana	50039－000－00	48	8	192	144
Total	**50039－000－00**	**724**	**144**	**2 985**	**2 261**

① 资料来源:城市经济研究所。

表 11.3　基于员工的时间使用控制表(小时/h)①

姓名	项目编号	已使用	上个月已使用	预算	剩余
Khakhalin, Andrei	10468 - 501 - 00	48	0	86	38
	10468 - 503 - 00	176	28	346	170
	10468 - 505 - 01	732	40	950	218
	10468 - 703 - 04	40	8	69	29
	10468 - 802 - 04	64	32	69	5
	10468 - 807 - 04	223	16	864	641
	20279 - 000 - 00	40	16	40	0
	50029 - 000 - 00	209	16	208	—1
	OVH - 019 - 10	16	8	16	0
	OVH - 019 - 23	8	4	8	0
Total		**1 556**	**168**	**2 656**	**1 100**
Kutakova, Tatiana	10468 - 300 - 00	242	22	259	17
	10468 - 300 - 01	1 304	96	1 382	78
	10468 - 300 - 04	48	24	173	125
	20019 - 000 - 00	4	4	4	0
	20069 - 000 - 00	136	16	136	0
	20279 - 000 - 00	24	0	40	16
	OVH - 018 - 30	8	4	12	4
	OVH - 019 - 01	8	2	4	—4
Total		**1 774**	**168**	**2 010**	**236**

　　这些表格都值得仔细审阅,它们都是为控制 2013 年 8 月份的项目进度而设置的。"预算"一栏显示的是分配给员工的执行某一项目的总时间,这通常是根据项目的总时间预算制定的。"已使用"一栏显示的是在 8 月份中已使用的时间总量。"剩

---

　　①　资料来源:城市经济研究所。

余"一栏显示的是员工剩余的可用时间量。按照这一解释,表11.3的第一行数据的含义是哈哈林·安德烈最初在项目10478 - 501 - 00中分得86小时,他在7月份使用了48小时,并且还剩余38小时可用。如果团队领导改变了员工的时间分配情况,那么他应该将相关情况告知该员工。若员工花费的时间,超出智库分配给他的时间,那么就必须在表格中标出"小红旗"以示警告。此时,团队领导就要调查"小红旗"出现的原因,并改变相关研究员薪酬的分配方式。

该系统设置简明,且每月都会在上个月工时表的基础上更新本月的绩效信息,这样可以让员工清楚了解自己已使用的时间量和剩余时间量。团队领导需要利用工时表这一工具,控制项目进度,管理可用时间,并避免可能出现的超出项目的时间预算的情况。

294　　第一阶段智库可以利用电子制表软件人工操作工时表制度。其他阶段智库的工时表制度可能有两种来源。第一种来源是自己研发的系统,研发基本追踪系统并不是一项复杂的任务,但是管理者需要由系统分析得到综合全面的报告,而不仅仅只是研发系统。第二种是把研发系统的工作外包出去,工资单自动发放系统,在当地或者国际软件供应商甚至在整个互联网环境中(包括本地的软件安装和安全云系统)均可自动调整本地税率和日常需求。员工登录软件供应商的系统即可填写这些日常工时表,该系统还可以提供一系列表格数据以供智库撰写考勤报告。

(二)其他直接成本

在一些项目中,智库记录和分配其他成本的工作效率,明显高于记录和分配人工成本的工作效率。这些直接成本如下,项目相关差旅费,为项目购买数据库、书籍、期刊的费用;长途以及国际话务费;会务费以及其他项目的重要支出。

(三)综合报告

密切关注研究人员的配置情况对于控制项目成本是非常重要的。但是,除了已经明确的预算成本,团队领导通常不清楚其他成本,例如传播人员的工作时间或者举办项目会议的总成本。对团队领导和高级管理者而言,定期的综合项目成本效益报告是非常重要的。表11.4介绍一个简要且全面的最新项目成本报告模板。① 需要注意的是所有额外支出和间接成本都算进了直接成本中,从而形成了员工最新成本数据。这样一个简要的表格使团队领导和核心研究员明确整个项目预算中剩余实际资源。如果团队领导质疑某个项目的支出信息,他/她就可以从会计或审计团队那里索要更多信息。

表 11.4　项目成本状态报告模板(单位:美元)

简明的项目成本报告

时间:2013 年 8 月

项目	6718	合同金额测算费②	5 000
项目名称	"按揭贷款"	合同成本	700 000
客户	AHML	合同价值总额	705 000
合同编号	VN7444	已经获得资助额	250 000
项目管理人	S. Sivaev		

账户	支出			
	合同累计实际支出	上一年度实际支出	本月实际支出	年度累计支出
在岗员工				
离岗员工				
临时工				
员工总成本				
顾问				
差旅费				

---

① 芝加哥大学全国民意研究中心是一个第三阶段智库,这是其使用表格的简化版本。

② 译者注:原文 contract value fee,即合同金额测算费,可以理解为利润/盈利,除了(1)智库是非营利性组织,不能为所有者提供利润;(2)该费用支持的工作是其他资金包括间接费用所不能支付的。

（续表）

账户	支出			
	合同累计实际支出	上一年度实际支出	本月实际支出	年度累计支出
长途通讯费				
复制				
邮费、递送				
转包商				
别的其他成本				
不可计费的/未经审核通过的				
总直接成本				
额外常规员工				
额外临时雇员				
现场间接成本				
非现场间接成本				
总间接成本				
总支出				

　　对于"红旗事件"（指员工完成项目的时间超出分配的预算时间的情况），高级管理者会复审个人项目报告并合计每月的整体绩效数据。这些重要信息可以使陷入困境的项目在其彻底瘫痪之前得以"拯救"——无论团队领导经验是否丰富，这种情况都时有发生。我曾经供职于一个大型智库，当智库项目出现超出预算的情况时，总裁就会与项目负责人开会讨论问题的性质和解决方案。财务管理状况是评价团队领导年度绩效的重要指标。

二、资助者对间接成本的态度

　　尽管间接成本对保持智库活力和持续发展非常重要，但是资助者还是不愿意承担这些费用。从狭隘角度来看,特定研究项目的资助资金是有限的,资助者自然希望节约成本,将自己的全部资助直接投入到项目中去。然而,从更广阔的视角看,资助者不仅是研究项目的支持者,也是执行该研究项目的智库的支持者,那么问题自然就会产生:从长远来看,智库要开展这项工作,所有的间接成本都是必需的吗? 鉴于资金有限,资助者希望投入一定的资金可以获得最大的收益,因此他们也希望间接成本能控制在智库可持续发展所必需的合理范围内。

资助者作为资金拥有者是占有优势的,他们对此的回应是,强制限制将要支付的间接成本。下文将更充分解释间接成本的构成部分,它取决于智库的性质、项目活动以及将成本分摊到单个项目中的难易程度。通过简易的方法将间接成本分摊到项目中,这些方法以合理地使用不同的直接项目成本作为基础,然后在这个基础上较为公平地分摊相应的间接成本(通常以直接项目成本的百分比形式表示)。因此,资助者将间接成本分摊率控制在30%以下,不符合此要求的智库难以获得资助。

许多资助者不愿花时间评估智库间接成本的合理性,也不愿花时间关注他们不感兴趣的项目主题。所以,通常资助者应对上述问题的方法就是设置一个强制性的间接成本分摊率。这已经成为普遍现象,越来越多的智库也发现他们没有资金去完成重要的管理任务,更无力承担促进机构发展的成本。虽然有一些资助者愿意支付那些有争议的间接成本,但是这样的资助者是不常见的。

智库对于转移性支出有严格限制,这又加剧了这一问题的严重性(比如,研究人员时间有限,但工作任务却越来越多)。通常情况下,未经过资助方财务人员的明确许可,任何人都不能随意更改员工的工作时间,因为这会对项目成本产生影响。财务人员也不想对智库更改员工时间的要求做出回应,为了避免智库提出这样的要求,赞助方核准的资金预算要求往往很具体,但这没有什么实际意义。

297

以下事件证实了这一事实:

在2013年的冬季,一名不愿透露姓名的顾问访问了高加索智库,其目的之一是评估该智库的管理实务,并与财务管理人员进行访谈。当他得知该智库有工时表制度时，他非常惊喜。但在进一步了解实际情况后，他就显得有些担忧。虽然财务管理人员为每一位项目员工设置了工时表，并且每一份工时表都根据预算合同的要求制定，但却忽略了项目执行期间的具体情况。这位顾问询问如果项目支出比预算多时该怎么办。他的回答是：他们只报告预算部分，因为资助者会对超出预算的支出表示不满，不愿意处理超出预算的成本。这样一来，成本追踪系统就无法发挥作用。智库也会将一部分资金用于购买电脑，支付传播活动费和其他不包括在预算合同中费用，但这些费用确实是智库发展所需要的。

提供核心资助（用于机构发展和研究项目的无限制资金）的捐赠方需要知道他们的资金被划分成几部分及其支付情况。例如，传播费、计算机费以及其他费用，这些费用有一个共同特点，就是除了核心赞助方之外没有其他赞助方为智库提供此类费用。戈兰·布尔迪斯基是开放社会基金会的智库基金会主任，他愿意提供核心资助并坦言："从资助项目中获得收益会使资助者进一步加大对智库项目的资助力度"(2013)。

简而言之，为便于管理而强制设置的间接成本率和严格的预算分配限制导致许多智库难以履行合同规定，进而也可能导致财务管理欠佳。但在一次对南美智库执行董事的采访中（第 1 章有所提及），当笔者问及资助方的间接成本率政策时，发现资助者不愿意告知关于间接成本率构成的分析报告，如成本包括直接和间接收费、各项收费的合理性、成本构成之间的密切联系。在国际基金会项目中，执行董事中有40％的人坚持己见不愿讨论边际成本的变更，有 50％的愿意讨论边际成本的变更。在多边和双边协助机构中，不愿参与讨论和愿意参与讨论的比例分别是 55％和40％，20％和80％。从执行董事的角度看，国际基金会的间接分摊率政策比其他资助者的政策好很多。

298　　在这种情况下，为什么智库要投入资源构建一个可信的间接成本率？如果实际的间接成本率是正当合理的，那么资助者就会支付审核通过的实际间接成本率或者单项间接成本率所确定的资助金额。例如，美国国际开发署向其资助智库支付的间接费用就很合理，它把评估当地公司间接费用率的责任分配给其附属机构，并由附属机构支付这些公司所需的间接成本,或由其附属机构与智库协商应支付的间接成本数额并进行支付,在这种情况下,主要承包商应记录协商过程。在 2011 年,美国国会规定,美国国际开发署费用应该由本地承包商承担。所以,在许多国家,给资助者的隐性奖励越来越多。另外,资助者对待智库间接成本资助需求的态度也在转变,一些资助者已经开始就该问题进行讨论。

三、间接成本

这一部分主要讨论间接成本率的构建方式,首先指明构建间接成本率的基本原则,然后举例说明间接成本率的构建方式。

(一) 间接成本的定义

在任何智库内部,所有的成本都可以划分成两种类型:直接成本和间接成本。直接成本是可以清晰明了且易于归属于某一具体研究项目的成本。例如,为了收集有关低收入家庭的相关数据而进行调查的成本,这部分成本可以清楚地和具体的研究项目相关联,所以,这样的成本就属于直接成本。

间接成本是指难以确定属于哪一具体研究项目的成本。但对于开展研究项目的智库而言,间接成本是必不可少的(如上文所述),这些成本被分摊到各项目之中,在有些情况下也被分摊到智库的各职能模块之中(直接研究、组织管理和一般行政事务、业务拓展和资金募集)。当出现以下两种情况时,通常将这样的成本划分为间接成本:(1) 有益于智库以及智库项目的开展;(2) 可以归于具体的研究项目,但是控制成本的使用情况和将其分摊到各项目的管理成本超过了这样做的产出和效益。

人事主管的薪资报酬就属于第一种情况。人事主管负责员工招聘,制定并落实人事政策,确保招募的流程符合劳动法。当然这样做的受益方是整个智库,而不仅仅是某个具体的研究项目。第二种情况的案例是:市内电话费很难归于某个项目,因为市内电话费可能与通话次数无关或者并没有通话使用情况的记录。因此,分摊市内电话费要求记录通话的次数和时长,然后通过记录通话的次数和时长分摊成本。既然相较于总成本而言，市内电话费的成本很小，并且撰写生成这类记录的工作时间成本较高，那么非常明智的解决方案是将这样的成本看作是所有项目的间接成本。

尽管对直接成本和间接成本的划分方式达成了共识，但是，资助者认为合理的间接成本在不同的智库中均有很大的不同，附录 11.1 提供了美国国家政府机构两种不同的分配案例，实践证明，并没有关于划分直接成本和间接成本的标准方式。

因为没有可供借鉴的划分直接成本和间接成本的方法，所以，也就意味着没有"标准的"间接成本率，这使得智库可以把间接成本转移到直接成本中，以面对那些不愿意支付间接成本的赞助方。

间接成本条目在以下情况中可能会转换成直接成本：

1. 计算机成本。这项成本涉及计算机本身以及相关服务和其他硬件（适当地平摊），软件（包括微软程序组），数据分析程序（例如 SPSS），以及利用计算机解决用户的问题，计算机系统程序及其维护问题。因为所有员工利用计算机工作，所以员工工作薪酬是以小时为基础直接支付成本，其中不包括一些不需要利用计算机工作的员工（例如司机），用年度预计总成本除以员工工作小时数就是这些员工的时薪。进一步讲，需要使用计算机工作的员工，其时间构成了间接成本，但依然是按时付薪，他的工薪分配到了间接成本中，这样做的目的是确定所有使用计算机工作的员工的工薪分配方式相一致。

2. 具体的传播费用。项目预算几乎不包括社交媒体活动费用，以及与特定项目挂钩的网站发布费用。但这些成本可以轻而易举地被计算出来，并且可以作为直接成本（几乎所有员工工资和杂项费用）的一部分（员工用于撰写与项目相关的网站公告、发布报告、发送社媒简讯的时间，这些可以提前进行计划，同时对成本进行控制）。

3. 报告审阅人员审阅报告草案的时间。一些智库把质量控制视为机构责任，质量控制所花费的资金从一般项目资金中获得，而不是特定项目资金。可用资金包括在项目预算中，在"员工"主题之下，详见在"审阅者时间"下画直线的条目。

额外成本可以合理地从间接成本转移到直接成本中，提供完整的成本条目的可以满足资助者的需求,提交预算需求时应该明确这种文本是可用的。

四、间接成本率法

一旦智库明确了间接成本的构成,那么下一步就是想办法把这些成本分配到各个活动(因为这些间接成本可以为智库整体活动提供便利)中去。尽管有一些分配间接成本的方法,但在这里将介绍最普通的办法:在智库日常活动和项目中按照比例分摊间接成本(附录11.1对逐项分摊法进行了大致介绍,虽然它的劣势大于其优势)。

智库将所有成本划分为直接成本和间接成本之后,间接成本会被归入同一个"成本池"。所有间接成本将会分摊到项目成本当中,分配方法通常会依据间接成本(分子)和直接成本(分母,即基数,通常是全部的直接成本或者如人工费用等的部分成本)间的比例进行分摊。[①]

选择合理的分摊方法并将直接成本作为基数,使间接成本与所有的直接成本之间的比例相对合理。对于大多数智库来说,间接成本(主要指行政性的人工成本和后勤类费用以及设备费用)和直接人工成本之间有非常明显的联系。大多数情况下,以直接人工成本为基数可以公平地分摊间接成本。然而,如果各项目之间的直接人工成本与总成本的比例差异较大时(如项目中的差旅费、咨询费、外包费或其他直接成本),将总成本作为基数更为合适。

301

---

① 可以用各种不同的方式设置这一基础(例如,项目员工花费的小时数,服务于一个项目的人员数,每个项目使用设备的规格与活动或者项目属性相关的使用逻辑基础的其他方法),即使大部分组织使用直接劳动力成本或者总直接成本作为基础。没有唯一"合适"的方法计算间接成本率以确定间接成本中包括哪些成本,或者多少间接成本率是"公正的"。在美国联邦政府的指导下,审核通过的直接成本根据不同机构从3%到70%不等。

许多财务部门依据这样的视角运作,间接成本分摊率越低越好,但这并不意味着一个更有效的组织。例如,一个组织执行多个项目,每一个项目都有其会计人员支付各自的供应品,有其各自的设备。这样的组织是没有间接成本的,但是如果多个项目共享会计成本,供应品和设备,该组织的效率显然就会很低。

五、间接成本率法的计算和文件的编制

为了落实间接成本率法，智库需要制定一系列的文件提供给资助者。以下是该文件应包括的要点，同时也展示了 EO 智库（Example Organization，EO）的文件实例。

文件应该包括以下信息：

- 智库组织结构，能够体现智库所有构成单位的职务或职责；

- 财务数据，如财务报表（最好是经审计通过的）、预算或其他财务报告，这些数据都是计算间接成本率的基础；

- 如果间接成本率法已经被其他资助者认可，智库要在文件中列出有关资助合同或者政府补助的相关信息，包括资助者、资助数额、履约期以及所有和间接成本有关的细节信息。

- 成本政策报表。成本政策报表明确了智库的直接成本和间接成本。EO 智库的成本政策报表范例参见附录 11.2。

- 薪酬和福利报表。这份报表应包括预估的或实际的员工薪酬成本和附加福利。员工附加福利通常分为两类：（1）法定的员工福利，如社会保险、失业保险、工资税，或者其他必需的员工福利或节假日、病假等；（2）智库规定的附加福利，如年假、绩效奖金等非薪酬补贴、健康保险和人寿保险。附加福利通常是在资助者评估总人工成本的合理性之后制定的。EO 智库薪酬和福利报表的实例如表 11.5 所示。

302

表 11.5　薪酬和福利报表实例（单位：美元）

薪酬 人员	总年度薪酬	离岗薪酬[a]	在岗薪酬[b]
执行总裁	60 000	9 231	50 769
技术人员（40 000/人，5 人）	200 000	30 769	169 231
财务经理	30 000	4 615	25 385

（续表）

薪酬 人员	总年度薪酬	离岗薪酬ª	在岗薪酬ᵇ
行政助理	20 000	3 077	16 923
合计	310 000	47 692	262 308

附加福利项目	附加福利占总薪酬的比例	附加福利费用
社会/健康保险（雇主贡献）	15％	46 500
退休基金（雇主贡献）	5％	15 500
年假，休假，病假（40 天/年）	15.38％	47 691
合计	35.38％	109 692
附加福利比例ᶜ		41.818％

a. 离岗薪酬占总年度薪酬 15.385％（也就是计算薪酬的 260 天中有 40 天是休假日期）。为了便于计算福利和间接成本率，这部分费用被作为福利而不是薪酬来支付。

b. 在岗薪酬占总年度薪酬的 84.615％（也就是计算薪酬的 260 天中有 220 天是工作日）。

c. 附加福利比例由岗薪酬除附加福利费用得到（109 692/262 308＝41.818％）。

分摊人工成本和总成本报表。EO 智库的报表实例如表 11.6 所示。当用来计算临时间接成本率时，这份报表就是 EO 智库确定预算的基础。当最终间接成本率计算出来后，实际的成本也适用于这份报表。

表 11.6　人工成本分摊方式和总成本报表实例（单元：美元）　303

	总成本 （A）	间接成本 （B）		直接项目成本 （C）		不允许纳入成本的费用(D)		账目调节 （E＋B＋ C＋D＝A）	
		比例	费用	比例	费用	比例	费用	比例	费用
薪酬（仅在岗人工费用）									
执行总裁	50 769	75％	38 077	25％	12 692	0		100％	50 769
技术人员（4 000 元/人）	169 231	10％	16 923	90％	152 308	0		100％	169 231
财务经理	25 385	100％	25 385	0		0		100％	25 385

（续表）

			总成本（A）	间接成本（B）		直接项目成本（C）		不允许纳入成本的费用（D）		账目调节（E+B+C+D=A）	
				比例	费用	比例	费用	比例	费用	比例	费用
行政助理			16 923	100%	16 923	0		0		100%	16 923
合计			262 308	37.097%	97 308	62.903%	165 000	0			262 308
附加福利	41.82%	在岗薪酬	109 692	42.818%	40 692	42.818%	69 000				109 692
非人工费用的间接成本					30 000						
租金、水电费、保洁	2 500	每月	30 000		3 600						
办公用品	300	每月	3 600		2 400						3 000 美元
市内通话、长途通话、传真	200	每月	2 400		2 400						3 600
邮费、快递、送货	200	每月	2 400		2 400						2 400
复印	200	每月	2 400		2 400						2 400
电脑、网络	500	每月	6 000		6 000						6 000
设备租金	250	每月	3 000		3 000						3 000

（续表）

			总成本（A）	间接成本（B）		直接项目成本（C）		不允许纳入成本的费用(D)		账目调节（E＋B＋C＋D=A）	
				比例	费用	比例	费用	比例	费用	比例	费用
固定资产折旧	20.00%	折旧率	500		5 000						5 000
员工培训			4 000		4 000						4 000
业务拓展			6 000		6 000						6 000
董事会费			2 000		2 000						2 000
保险			3 000		3 000						3 000

这份报表反映了直接成本或间接成本预估的或实际的薪酬开销（扣除了薪酬的附加福利部分），每个职位的时间百分比应放在对应的费用类别下，确保每个职位都有分摊薪酬成本。报表也表明了哪些费用被作为直接成本分摊，哪些费用被作为间接成本分摊，或者哪些是非成本范围的费用（与成本政策报表一致）。[①] 这些成本的总和必须与智库的总成本一致。

间接成本率计算。表11.7罗列了两种不同类型的间接成本率计算方法：方法1将直接人工费用作为基数；方法2将总直接成本作为基数。间接成本率的计算过程是：(1) 把基本周期（通常是智库会计年度）的总成本分为直接成本和间接成本；(2) 以公平分摊为原则划分间接成本。

304

———————

① 智库必须构建一个工时表制度以记录工资费用是如何在间接和直接成本的活动中及其项目负责人的时间中产生的，并且超出一个活动或项目成本。

表 11.7　间接成本率的计算实例(单元:美元)

方法 1:直接人工费用为基数(包括附加福利)	
间接成本(来自表 11.6)	210 800
成本基准线(来自表 11.6)	
直接人工费用	16 500
附加福利(41.818%直接人工费用)	69 000
总成本基数	234 000
间接成本率(间接成本/总成本基数)	90.085%
总成本核对(来自表 11.6)	
直接人工费用	165 000
附加福利(41.818%直接人工费用)	69 000
间接成本(90.085%的直接薪酬和附加福利)	210 800
其他直接成本	45 200
不允许纳入成本的费用	3 000
额外费用	7 000
总成本	500 000
方法 2:总直接成本为基数	
间接成本(来自表 11.6)	210 800
成本基数(来自表 11.6)	
直接人工费用	165 000
附加福利(41.818%直接人工费用)	69 000
其他直接成本	452 000
不允许纳入成本的费用[a]	3 000
总成本基数	282 200
间接成本率(间接成本/总成本基数)	74.699%
总成本核对(来自表 11.6)	
直接人工费用	165 000
附加福利(41.818%直接人工费用)	69 000
间接成本(74.699%总成本)	210 800
其他直接成本	45 200
不允许纳入成本的费用[a]	3 000
额外费用	7 000
总成本	500 000

　　a. 对于举办活动而产生的不允许纳入成本的费用,可以将其计算到成本基数之中,以合理分摊间接成本。

通过这种方法计算的间接成本率可以将间接成本分摊到各个项目之中,也可用于处理因举办活动而产生的不允许纳入成本的费用。这一成本率(百分数)是总的可允许的间接成本(分子)和选择的基数(分母)的比率。

在不同计算方法中,总间接成本的数额是一样的,间接成本率会因为直接成本基数的选择而不同。因此,低比率并不绝对优于高比率;间接成本率只是简单反映了间接成本分摊情况,它们的不同是由基数不同造成的,并不能说绝对的优劣。对于智库而言,知晓资助者的成本构成是很重要的。在任何可能的情况下,智库应该扩大基数以降低名义上的间接成本率,这样,资助者会更乐意支付。

六、案例研究：城市经济研究所

城市经济研究所曾经对间接成本率做了严格区分,正如案例分析 11.1 所阐述的,这样做是值得的。案例分析包括一个表格,该表格详细列举了间接成本率的结构和每月每一项间接成本项目的收入以及在同一个月中,每一个成本项目支出与总支出之比。

这个案例分析同时也表明了,明确间接成本率的构成是很有必要的。当城市经济研究所存在财务缺陷,需要削减间接费用以维持智库的运作时,明确间接成本率的构成有助于提前对削减费用的程度和削减类型做出决定。

（一）财务审计

审计通常由智库外部具有从业资格的会计人员(在美国是注册会计师)来检测和评估智库的财务信息(特别是一系列的财务报表)的完整性和准确性。根据法律规定,类似智库这样的非营利性组织,当其活动水平达到一定层次时必须进行审计,并将审计作为一种管理工具。随着智库不断成熟,间接成本分摊机制使得智库的财务结构更加复杂,会计人员必须向智库和其资助者保证智库财务管理的有效性,保证其提供的财务信息准确地体现了智库在组织层面和项目层面的运行状况。审计可以发现一系列间接成本问题,并给问题的规避和修正提供相应措施。这些成本问题将在下文提出。

（二）审计内容

审计的主要目标是评估以下内容：

- 智库内部财务系统的完善性。为了保证智库可以接受资助者、政府监管部门和公众的问责，内部控制系统是必不可少的——一个提供公共政策方案的智库为了保证其公信力必须坚持合乎法律和道德的最高标准。总之，完善的智库内部控制系统提供了一个确保资源（现金、设备、财产或其他资产）合理利用的机制，保证了智库文件编制职责和文件的使用审批职责是相互独立的，以确保智库内不存在个人全权决定的情况。尽管这样的划分在小型智库内可能并不可行，其也应当有完善的分工以及对资金流转的管理评审进行内部控制等措施。

- 反映智库运行状况的财务记录的准确性。审计员会审查财务记录和说明文件以确保所有重要的财务事项都在智库的财务信息中有准确的反映。审计也会审查交易实例来确保交易的支持性材料是合理的并正确地纳入了财务管理系统。审计员并不能保证所有的交易都有合理的文件记录或正确地纳入了财务管理系统。换言之，成功的审计并不意味着智库的财务状况不存在问题。

- 项目支出的合理权限。智库编制的文件（例如董事会批准的文件或智库的政策、章程等）以及与资助者的合同或拨款协议都必须有审计监督，以确保费用支出和协议规定相一致。审计应当核实项目支出是否遵守了合同或拨款协议中的限制条件和具体要求。

- 资产账目记录和实存信息的一致性。智库资产现状的核实如银行存款、应收账款、设备、不动产、证券和其他投资的实物资产都包括在审计内容之中。

- 公共款项的支付和是否得到了及时汇报。最后，审计员会审查上交政府监管部门文件的归档情况和公共款项的支付情况，如许可证费、法人费用、销售费用、增值税、工资单和其他与个人相关的费用，以确保支付的及时性和准确性。

在进行以上审计时，审计员应当特别关注内部财务管理账目上间接成本分摊的正确性，以确保其与智库成本政策报表相一致。当发现如下文所述的常见问题时，审计员和管理人员应当共同确定财务管理系统和内部控制系统的改进方案以避免问题的再次发生。

307

（三）选择审计员

在评估审计员候选人时应该关注什么？智库应该按照一定的衡量标准选择审计员，并根据具体情况进行评估：

- 职业资质与经验。因为营利性组织和非营利性组织的审计有很多不同，所以有相关工作经验的审计员，特别是从事同类工作的审计员可能会更好地理解智库的问题和关注点。在审计期间，选择合格而有经验的审计团队长期地负责智库的审计工作，更有可能带来好的审计结果。

- 质量控制体系。为了确保审计员对准确而全面的审计工作有一个系统的把握，应当检查审计员的各项审计记录情况，包括审计员以前发布的审计报告及其更正记录。对监管机构的处罚或法律诉讼后法院判定的补救措施的审计记录，以及对内部监督政策和章程的记录也包括在内。

- 利益冲突。审计员应当避免与智库存在任何利益冲突，如同智库的董事会成员或项目资助者存在的商业关系等。

- 资源。审计员必须能够提供必要的人力资源和技术资源以满足智库完成审计工作的日程安排（特别是当审计需要满足法定要求或管理要求时）。此外，关于智库需要提供哪些资源来辅助审计员工作，双方对此应该达成明确的共识。

- 其他服务。审计员可能会利用其对智库的深入了解，为智库提供其他服务，这些服务可能包括报税、审查监察法规要求并协助智库合乎规定。然而，智库必须意识到这些服务，例如记账或资产评估等和审计工作存在潜在的利益冲突。

- 参考资料。智库应通过一些参考资料来获取信息以对审计员进行评估，通常参考资料可以从与非营利性组织那里获得，同时也应当加入更多的主观判断等因素。如审计员的沟通能力，对智库具体要求的理解能力，以及顺利开展审计工作的执行能力等。

- 费用。费用是一个较难评定的标准。审计事务所很少会为非营利性组织提供无偿或低价服务，但在大多数情况下智库都会在审计服务和相应费用之间权衡。低的费用并不一定是划算的，因为这可能标志着审计工作不能完全符合要求，审计员缺少相关经验而需要花费更长的时间来进行审计，并希望智库为准备审计做更多的工作，又或者故意在第一年降低价格，当智库更换审计事务所的成本较高时，再要求智库支付其他额外费用。审计事务所应当提供一份详细的费用说明协议，以便智库对审计人员的服务保障水平和提供的具体服务项目进行评估。例如，审计员是否审查智库编制的财务报表？审计员在审查智库财务管理政策章程之后，是否会提供一份书面的管理建议书？审计员发现内部控制系统的缺陷后，是否提出相应的对策？

对智库来说，经常变更审计员，或者聘用水平不高的或不符合标准的审计员并不划算，所以在评估特定审计员的适用性时，需要根据以上所有的标准去权衡审计的成本和收益。

（四）常见的智库审计问题

这一部分介绍了在非营利组织开展审计工作时发现的常见的间接成本问题。

1. **工时表。** 人工成本，不管是由政府补助支付还是由资助协议支付，也不管是作为直接成本还是间接成本，都必须基于工作人员实际工作活动所需的工时表。工时表必须统计所有的人员活动。最常见的问题是，智库要么没有工时表控制员工的业务进展情况，要么只是为了计算工资而使用工时表。也就是只记录了时间和出勤情况，没有记录活动内容。

另外审计人员应该找到"Potemkin"账户,我们之前讨论过的,它源于强制设置工时表中的填写项。

2. **成本的一致处理和例外认定。**智库所有项目的成本处理必须具有一致性。这方面的典型问题包括,特殊项目的成本处理和其他项目的成本处理区分开来,或者有相似工作任务产生的成本并没有进行一致处理。

3. **"不允许的活动"费用。**如果不允许纳入成本的费用都被作为间接成本处理,会导致两个问题。第一,间接成本中包含的不允许纳入成本的费用虚增了间接成本量,导致间接成本高于可允许的间接成本分摊比例。第二,因为这些费用不都是可以直接作为"不允许的活动"的成本,导致智库的间接成本不合理地分摊到了智库的直接成本项目中。

智库自身开展的活动,或某些由合同或政府补助承担直接成本项目中,即使没有或者几乎没有任何间接成本支出,最终所有的间接成本还是会被分摊到这些活动或者项目上并由合同或政府补助支付。也就是说,不能将间接成本不合理地转移到没有间接成本支付限制的项目中。

4. **记入贷方。**项目活动产生的贷款(如智库为具体项目举行会议的费用)必须记在该具体项目的贷方。同样地,可以作为间接成本支出的可用贷款(如场地的费用等)也必须纳入"共同间接成本"。

5. **间接成本分摊基数。**作为基数的直接成本必须能公平地将间接成本分摊到各直接成本项目。为了实现这个目标,智库必须不断地评估在分摊间接成本时,选择的基数是否合理。例如,由于早期项目的人工成本和其他直接成本都较少,所以智库可能会选择直接人工费用作为基数。如果智库承担了一个涉及智库全部业务活动的新的大型项目,相较于直接人工成本,该项目的其他直接成本份额更大。那么为了公平地分摊智库的间接成本将总成本作为基数更为合适。

6. **智库内的转移和关联交易。**从附属单位、关联机构和同盟组织获得的物资和服务,必须以提供该物资或服务的实际成本为基础进行会计核算。来自这些关联机构的物资成本或服务成本不允许包括利润或相关机构增加的其他加成。

　　7. 缺少证明文件的成本。为了获得认可,所有直接成本或间接成本都必须有足够的原始文件支撑,这些文件应清楚地说明费用的使用目的和使用情况。例如,已兑现的支票、银行转账记录、信用卡收据单等是不足以作为费用证明文件的。因为他们没有标明支出的目的,只是简单的支付记录。充足的支持性成本证明文件应当记录费用的使用目的和使用情况,如差旅费的证明文件,应明确是由谁,在何时,为了哪个项目或活动而出差,以确定是直接成本还是间接成本,又或者是否是允许纳入的成本。

七、总结

310

(一)实践经验

管理优良的智库,特点如下:

- 完善的工时表体系。使用工时表有两个原因。第一,便于给资助者提供准确的资金使用报告,这些信息也可以让管理者知晓资源的使用情况。(智库是否充分利用资金?)第二,在项目层面,工时表是提供给团队领导的有效的管理员工时间分配的依据。

- 与具体项目有关的间接的人力成本支出都要分配到每一个项目中。包括重要活动费、出版费、传播费和差旅费。

- 间接成本应该是合理可信的。每 3 到 4 年一次的可信性审核可以确定成本总额和分配情况。了解什么是间接成本,以及赞助方能够提供什么类型的间接成本是非常重要的。有数据表明,今后会有更多的资助方愿意支付实际成本以及合理的间接成本。了解间接成本率的构成是将预算控制在基准线之内的关键。

- 将尽可能多的预算转移到直接成本中,以缩小间接成本。智库应该为资助者提供计算间接成本的详细过程。

- 年度外部审计账户。资助者应要求查看审计过程,特别是对于大额度款项且赞助方要负责任的那部分。董事会应该积极开展年度审计,因为这是国际非政府组织规定的义务。智库应公正地开展审计工作,这有利于将智库成本和收益分配给不同利益相关者。

(二) 资助者须知

1. 资助者应注意:

- 工时表制度。每一个智库都应该有工时表。确保工时表所记录的工作时间就是项目的实际使用时间,而不是财务报告显示的时间。

- 成本率。如果智库考虑应该由自己设置间接成本率而不是接受资助者强制设置的间接成本率,那么,智库应该确认是否存在科学合理的间接成本率。

311

2. 资助者可能需要做:

- 最大限度地利用资助者提供的资金是不现实的。资助方强制设置间接成本率会促使智库建立审计体系,以形成持续的预算报告。有时,资助方设置较低的间接成本率会导致智库对预算变动的不满。因此,智库的成本报告对实际支出没有意义。不合理的审计体系对智库管理而言也是无意义的。为解决这个问题,资助者需考虑以下两个方面的问题:(1) 资助者应该限制预算变动的幅度。智库如果认为预算基准线需要调整,那么,智库需要提交预算变动的申请,并等待审核。如果资助方的项目部门和技术部门认为,智库提出调整的理由很合理。那么,资助者应承担预算变动后的成本。(2) 资助者应审核智库的实际间接成本率,智库可以在需要的时候调整间接成本率。审核间接成本率是一件具有挑战性的任务,资助方应发挥主导作用。这是一个费时且需要耐心的任务,但是很值得。

- 如果智库所有的资助者聚集在一起审核已提交的间接成本率(如果需要,智库可以通过谈判进行调整),那么应从技术上确认,间接成本率是正确的。每一位资助者都应该使用同一标准审核间接成本率。如果资助方没有能力审核间接成本率,就应该将审核间接成本率的工作外包出去。

312　案例研究 11.1　间接成本率计算典型案例——城市经济研究所

本案例基于城市经济研究所的实际情况,介绍智库从初创到成熟的发展过程。城市经济研究所于 1995 年在莫斯科成立,该智库在审核间接成本率方面有丰富的经验。城市经济研究所所采用的间接成本率样本结构和计算方法在案例研究表单11.1.1 中已给出。

在城市经济研究所迅猛发展的过程中,其创始人意识到:智库调整和改善管理间接成本率的速度远远慢于智库项目增加的速度。这样说来,城市经济研究所依旧缺乏调整和管理间接成本率的能力。然而,智库应优先完善其整合和协调管理能力,建立智库运营所需的行政和技术基础设施,确保财务持续性,克服"一切以项目为核心"的狭隘管理理念。

构建并使用间接成本率

间接成本率结构是智库战略的重要内容,它包含了战略规划、员工培训以及计算机系统升级等各方面的事务。在这个案例中,间接成本包括办公室租赁费、某个与特定项目无关的业务所需的开支和间接成本分摊率。

城市经济研究所设置了临时间接成本率,[①]临时间接成本率是由下一年需要支付的重要间接成本的预算与主要直接劳动力的预算之间的比例决定的。为了在今后智库发展的各阶段中能够快速做出决定,在审计期间(依据规定是一个月或者是一个季度),领导者需要从临时间接成本率中得知,案例研究表单 11.1.1 中罗列的所有条目应支付情况与实际支付情况的偏差。为了方便智库领导者对临时间接成本率做出比较分析,间接成本分摊率报告在汇报期间以成本项目为基础撰写,在财政年之初以权责分配为基础撰写。

在即将到来的财政年,间接成本结构是财务政策和财务预算不可或缺的部分,包

---

① 在下一个审计年做预算的过程中,间接成本率中每一个条目的临时间接成本率是指在准间接劳动成本或其他间接劳动力成本的基础上计算得出。在相关间接成本率的预算审核通过后,使用特定资助项目和商业项目的预算。

括临时间接成本率。它由财务管理部门审核,如果有必要,也可通过管理层的决策做出改变。

报告样本应与财务政策和通过审核的预算结构一致,该报告样本在案例研究表单 11.1.1 中已经给出。在城市经济研究所的预算流程中,计算实际间接成本率需要使用多个临时间接成本率。例如,对于员工而言,临时间接成本率是 92.8%,对于顾问而言是 28.9%。换言之,间接成本相当于员工劳动力成本的 92.8%。

对于员工和顾问而言,其间接成本率不同的原因在表中已罗列清楚。例如,成本资金需要支付员工的假期,但是并不针对顾问。所以,这项支出不包括顾问的资金。

拨款项目和商业项目要分开计算间接成本率,用这种方法可以计算涉及全部间接成本的商业和非商业资金来源的间接成本分摊率。[①]

案例研究表单 11.1.2 表明,在一些成本条目中有许多预算变量。例如,法律费用超额支付了 1 940.85 美元。同时,办公室管理费还有 1 735.29 美元未支付。分析这些变量以及计算下一个审计年的间接成本率在预算准备阶段是非常重要的。

优化间接成本结构的作用

计算间接成本率对于维持智库活力及其可持续发展都至关重要。一方面,它为确认和追踪维护智库成本提供了工具;另一方面,它允许智库撰写详细的政策文本以完善间接成本管理,这个文本是针对资助者的,他们愿意支付智库合理的资金要求。

313

还有一个关键问题是如何制定科学的间接成本率。城市经济研究所使用间接成本分摊率的计算方法,但在使用过程中,这种方法需要与美国联邦政府预算做对比。城市经济研究所可以进行特殊审计,但需要保证审计流程对所有资助者都是公平的。在此基础上,智库可以通过协商确定某一项目的间接成本分摊率。而且计算间接成本率的标准流程有利于城市经济研究所与其他资助方开展合作,因为这样可以轻易地将间接成本率转移到这些资助者可接受的其他成本中。

---

① 运用到资助项目和商业项目中的临时间接成本率是明确的。

　　然而，在该协议框架内，智库应该对项目成本、直接成本和间接成本进行评估。这要求智库关注一些重要活动：业务发展、员工为寻找新资助机会而收集资料和撰写提案所花费的时间、员工职业发展规划，以及有助于智库可持续发展的其他活动，如出版年度报告、财务审计、处理诉讼案件和日常管理。

　　另外，计算间接成本率可以使智库领导在资金紧张时能迅速做出决策。例如，当美国国际开发署提供的资金大幅缩减时，城市经济研究所经历巨大的财务困难——从 2011 年盈利 55％，到 2013 年盈利 5％，再到 2014 年没有盈利。

　　城市经济研究所花了很多时间适应新情况，但是，计算间接成本率的流程有助于高级管理层在资金流转期间（通过削减间接成本分摊率，例如提案成本、员工发展、集资、行政成本等）做出正确决策以节省整个智库开支。

　　如上所述，城市经济研究所将其丰富的项目运作经验运用到构建间接成本体系的过程中，这些项目都是由不同资助者资助的。城市经济研究所 15 年来构建和完善间接成本体系的历史，使得该体系在智库发展过程中发挥了积极的作用。首先，在缺少资金依然需要雇佣员工的情况下，间接成本体系可以确保智库正常运转。其次，帮助城市经济研究所在集资、寻找新合同、参与投标中获得更多资助项目。最后，员工能力的提高使得城市经济研究所整体能力和素质得到很大的提升。

　　总而言之，计算间接成本率对于智库整体管理水平的提高有积极的作用，有利于提升财政效果。就成本而言，构建这样一个体系需要花费几个月的时间，而对该体系的维护也需要花费将近两月的时间。该体系可以使财务效益远远超过整体支出。

加琳娜·戈连科娃和亚历山大·普扎诺夫

城市经济研究所

莫斯科，俄罗斯

案例研究表单 11.1.1　间接成本率计算

314

间接成本元素 1	单位/基数	单位/基数	基础 间接 成本率	百分比 基础 （直接劳动）	适用于 现场 雇员	适用于 非现场 顾问
	2	3	5	6	7	8
办公室租赁开销：12 平方米/人		132	直接劳动力 ＋咨询	56.7％	56.7％	0.0％
间接费用：						
度假、假期和病假（HVS）	从工资单	VHS	直接劳动力	25.6％	26.6％	
办公管理	从工资单	管理	直接劳动力 ＋咨询	23.4％	22.4％	14.8％
计划与机构发展	从工资单	计划与机构 发展	仅有直接 劳动力	13.0％	13.0％	
员工培训	从工资单	员工培训	仅有直接 劳动力	4.88％	4.9％	
电脑平台支持	从工资单，每月加 600 美元	电脑平台 支持	仅有直接 劳动力	3.43％	3.4％	
资产折旧费		10/全职/月	仅有直接 劳动力	1.26％	1.3％	
财产税		100/月	仅有直接 劳动力	1.14％	1.1％	
银行手续费		90/月	直接劳动力 ＋咨询	0.75％	0.7％	2.0％
审计费			直接劳动力 ＋咨询	2.76％	2.8％	3.1％
律师费	1 周/月一个律师	650/月	直接劳动力 ＋咨询	1.66％	1.7％	1.1％
办公保险		900/年	仅有直接 劳动力	0.95％	1.0％	

（续表）

间接成本元素 1	单位/基数	单位/基数	基础 间接 成本率	百分比 基础 （直接劳动）	适用于 现场 雇员	非现场 顾问
	2	3	5	6	7	8
维修费		10/全职/月	仅有直接 劳动力	1.26％	1.3％	
办公用品		20/全职/月	直接劳动力 ＋咨询	2.15％	2.2％	3.5％
复印件/书籍/ 期刊/图书馆		20/全职/月	直接劳动力 ＋咨询	2.15％	2.2％	2.1％
市话/网费/ 电子邮件		10/全职/月	直接劳动力 ＋咨询	1.08％	1.1％	2.1％
邮费/邮递		5/全职/月	直接劳动力 ＋咨询	0.54％	0.5％	0.5％
年度报告		2 000/年	仅有直接 劳动力	1.91％	1.9％	
董事会	2次会议 /每年	1 000/年	仅有直接 劳动力	0.95％	1.0％	
汽车相关费用	从工资单	汽车费用	仅有直接 劳动力	3.43％	3.43％	
其他杂项		5/全职/月	直接劳动力 ＋顾问	0.54％	0.5％	0.5％
小计					92.8％	29.8％

案例研究表单 11.1.2 总支出

2××××年1月1日～2×××年12月31日总支出（单位:美元）

	预算		总金额（赠款）			总金额（其他项目）			总金额（所有项目）	费用支付	总计
	雇员	咨询	雇员	咨询	总计	雇员	咨询	总计			
薪水	56.7%		680 992.00	67 491.62	748 483.62	126 131.37	25 514.27	151 646.64	900 129.26		
办公室租金			386 122.46			71 516.49			457 638.95	454 723.00	2 915.95
开销											
度假、假期和病假	25.6%		173 993.46		173 993.46	32 226.57		32 226.57	206 220.02	205 388.79	831.23
办公管理	23.4%	14.8%	159 352.13	10 015.76	19 376.89	29 514.74	3 786.32	33 301.06	202 668.94	200 933.65	1 735.29
提案与机构发展	13.0%		88 776.18		88 776.18	16 442.87		16 442.87	105 209.05	105 132.00	87.05
员工培训	4.9%		33 206.79		33 206.79	6 150.47		6 150.47	39 357.25	38 211.56	1 145.69
资产折旧费	1.3%		8 573.70		8 573.70	1 588.00		1 588.00	10 161.70	10 058.23	103.46
财产税	1.1%		7 794.27		7 794.27	1 443.63		1 443.63	9 237.91	8 653.74	584.17
银行手续费	0.7%	2.0%	5 077.65	1 316.09	6 393.73	940.47	497.53	1 438.00	7 831.73	7 575.90	255.83
审计费	2.8%	3.1%	18 806.09	2 098.99	20 905.08	3 483.21	793.49	4 276.70	25 181.79	24 960.63	221.16

315

（续表）

2×××年1月1日~2×××年12月31日总支出（单位：美元）

项目	预算 雇员	预算 咨询	总金额（赠款）雇员	咨询	总计	总金额（其他项目）雇员	咨询	总计	总金额（所有项目）	费用支付	总计
律师费	1.7%	1.1%	11 283.66	742.41	12 026.06	2 089.93	280.66	2 370.58	14 396.65	16 337.50	−1 940.85
办公保险	1.0%		6 495.23		6 495.23	1 203.03		1 203.03	7 698.26	4 144.05	3 554.21
维修费	1.3%		8 573.70		8 573.70	1 588.00		1 588.00	10 161.70	12 931.30	−2 769.60
办公用品	2.2%	3.5%	14 668.75	2 362.21	17 030.96	2 716.90	893.00	3 609.90	20 640.86	19 093.16	1 547.70
复印件/书籍/期刊/图书馆	2.2%	2.1%	14 668.75	1 430.82	16 099.58	2 716.90	540.90	3 257.81	19 357.38	19 915.19	−557.81
电话/网费/电子邮件	1.1%	2.1%	7 334.38	1 430.82	8 765.20	1 358.45	540.90	1 899.35	10 664.55	11 490.02	−825.47
邮费/邮递	0.5%	0.5%	3 667.19	357.71	4 024.89	679.23	135.23	814.45	4 839.35	4 409.16	430.19
计算机	3.4%		23 153.73		23 153.73	4 288.47		4 288.47	27 442.19	28 281.14	−838.95
年度报告	1.9%		12 990.46		12 990.46	2 406.05		2 406.05	15 396.51	14 892.00	504.51
董事会	1.0%		6 495.23		6 495.23	1 203.03		1 203.03	7 698.26	8 522.00	−823.74
汽车相关费用	3.4%		23 382.82		23 382.82	4 330.90		4 330.90	27 713.72	26 759.80	953.92
其他杂项	0.5%	0.5%	3 667.19	337.46	4 004.66	679.23	127.57	806.80	4 811.44	5 653.90	−842.46
总计	92.8%	29.8%	631 961.35	20 092.26	652 053.61	117 050.06	7 559.60	124 645.65	776 699.26	7 733 43.73	3 355.54

第十二章　绩效监管

自 2010 年起,智库更加重视建立其研究活动与政策成果之间的联系,这主要涉及两方面原因:第一,在研究向政策转化的这一过程中,涌现出多部具有优秀分析内容的出版物;①第二,资助者迫切需要智库提供高质量的政策文本,从而决定是否需要继续资助该智库的项目。

2013 年 4 月,恩里克·门迪扎芭(2013c)在报告中列出了一些关于"绩效监管与评估"研讨会的关键信息。该研讨会是在秘鲁首都利马举行,与会人员均来自"智库创新项目"的成员,它所关注的问题反映了智库对绩效评估的迫切需求。报告中所指的监管与评估(M&E)是指智库对其所在国家政策影响力的自我评估,与政府项目中的标准评估并不相同。该报告还包括一些引人瞩目的问题:

- 目前,许多智库都投入了大量资源用于制定评估指标,并且利用智库产生的数据进行填充。"大多数智库都聘有专职员工开展监管和评估工作。"
- 监管与评估的结果与智库多年的战略规划相关联。
- 即使智库付出了大量努力,但却未能在智库的研究与政策影响力之间建立明确的联系。
- 同时,一些智库尚未制定正式的监管与评估计划。

显然,考核政策绩效对智库而言极为重要,但智库却不重视评估自身运作方面的相关内容——包括满足其资助者在财务和报告上的期望、为用户开发票并及时收集

---

① 参见卡登(2009),考特和扬(2006),拉维斯等(2003),韦尔克等(2009)以及斯特鲁伊克和海德威(2011)。

应收账款、合理地限制员工的流动、在会计和 HR 职能的运作上投入适量的员工。简言之，智库可用于研究成果（及利用研究成果影响政策制定）的预算资源取决于智库的行政效率：如果行政管理工作耗费的资金越多，那么智库投入到研究和政策参与中的资金就越少。

智库领导层需要及时获取不同部门的运作信息，如果缺少这些信息，智库领导层在领导团队的过程中就会遇到诸多麻烦。例如，当智库的领导层能够及时获得资金流和员工利用率方面的信息，则可以避免发生资金短缺的危机。但大部分高级管理层可能耗费了大量时间来处理这类危机，这显然降低了智库的工作效率。

318

在过去的 20 年里，营利性机构不仅关注机构的利益和利益相关者的价值，而且具有更广泛的视野。它们逐渐以客户为导向，并开始跟踪记录客户的满意度，因为这才是影响智库财务业绩的根本原因。卡普兰和诺顿（1992）在他们的著作中开创了"平衡计分卡"这一方法，智库也需要采用同样的方式跟踪客户的活动。通过将智库的高级管理层所需信息与其他类型机构所需信息进行比较，我们会发现，智库及其他非营利性机构的任务与营利性机构的任务有着明显差异。

本章阐述了几种智库应该定期收集和利用的绩效监管信息。接下来，笔者首先划定了监管范围；随后描述了智库需要收集哪些具体指标的数据。其中，笔者利用了大量篇幅阐述对智库研究向政策转化领域的监管工作，并且利用具体的项目加以说明。附录 12.1 罗列了一些管理层在工作中可以使用的报告实例。

再次，笔者主要关注于绩效监管计划，该计划适用于员工较多（50 名以上）且具有人力资源和公共关系专家的智库。小型智库（在特殊情况下，包括大学智库在内）可以按照他们的需求选择最适合他们的指标，并收集相关的管理信息。因为对转型期国家和发展中国家的智库而言（特别是中型和小型的智库），它们的信息监管范围相当有限。本章还特别引用了第三阶段智库和少数第二阶段智库的实践案例。

由于许多有关基本财务和会计的文本材料都是现成的,所以像现金流、储备头寸①、投资回报等基本财务指标在本章不做详细讨论。另外,许多资助者(包括美国国际开发署)都有一些关于财务运作的指导性材料,能够很好地引导资金控制、成本分配和经费监管等。

以下还需介绍 4 个重点事项:

1. 信息必须在适当的时候传递给合适的人,而这个人不一定是智库的总裁或首席执行官。制定绩效指标时,管理层首先应该确定能够利用这些信息改善智库工作的最佳人选。这些人应该能够接收到相关信息并采取相应的行动,或在智库遇到问题或新机遇时,他们能与高级管理层共同商讨应对措施。例如,团队领导在政策参与过程中可能发挥关键作用——其与政府和国会有着密切联系,且最适合向高级管理层提出具有政策前瞻性的建议。如果是这样,他们的名字应该出现在传播活动日常报告的人员列表上。

注意不要给高级管理层提供过量的信息。通常,对财务总监或传播总监来说定期得到的指标信息就足够了。智库的领导都希望(至少潜意识)其管理层能够有条不紊地监管他们办公室的工作效率。给领导层提供完整的智库运作信息,可以帮助他们进行年度审查或为董事会会议做准备。如有必要,可以引起智库总裁对一些次要的指标信息的具体发展动态的重视。

2. 提交给管理层的指标必须全面,能够涵盖智库的所有活动,并且格式有效。举一个反面的例子,2010 年,城市经济研究的收益锐减,需要缩减间接费用。由于俄罗斯政府的报告要求和合同交易材料十分复杂(例如,政府每次在正式接受智库交付的研究报告之前,需要先提交给城市经济研究所签字,最后再由政府客户签字,并将交付的报告存档备查),该智库的财务部门要比其他国家的人数更多。鉴于当前开放

---

① 译者注:储备头寸是一国在国际货币基金组织的自动提款权,其数额的大小主要取决于该会员国在国际货币基金组织认缴的份额。

合同及员工的数量，城市经济研究所的总裁也感觉到其财务部门的人员数量过多。他（她）想了解过去几年财务团队的工作量指标，以及符合这种工作量的标准会计人员数，从而对实际情况有客观的认识。但当时，智库总裁并不能获得他（她）想要的那些指标，因此，智库总裁只能在毫无信息支撑的情况下盲目地做出决策。

3. 为高级管理层收集信息并且应当保证其利用便捷，但这并不意味着管理层需要形式精致、内容全面的报告。20世纪70年代末，美国住房部每个月都要把各个部门的重要绩效信息汇集成统计表，并装订成册，呈递给部长及它的核心职员。虽然对于每年负责100多亿经费的管理者来说，这份300多页的册子所包含的信息非常有用，但制作这样的册子却要耗费员工大量的时间。相比于这种又好看又全面的资料而言，制作排版较为简单和少量内容的统计资料，可以节约20％～30％的时间和精力。

即使是第三阶段智库，其管理也时不时地需要一些零散的监管信息。当管理层要解决具体问题时，他们可能也不会用那么正式的方式收集数据。简而言之，与其拘泥于固定的展示形式和定期汇总的综合报告，倒不如集中精力制定少量的指标，及时地向管理层传递有意义的信息。

4. 对绝大多数指标的最佳理解方式是比较同一指标在不同时期的价值。本章的表格列举了较为实用的指标，并指明在智库中哪些人经常使用数据构建这些指标。附录12.1中的表格信息最适合呈递给管理层。

一、监管内容概述

一个真正成功的监管系统能及时为高级管理层和身担重任的职员提供智库运作的重要信息。近20年来，私营机构广泛采用一种称之为"平衡计分卡"的方法，该方法秉持的理念是：公司应该在所有重要的运作环节上拿到高分，才算得上是一个优秀的公司——无论是在库存控制、客户满意度、产品创新还是现金储备的投资获利上。①

同样的理念也适用于智库。在参与政策制定过程中,如果不能很好地推进智库的研究成果,那么仅有稳固的财政运作又有什么意义呢? 特别是,如果不在培养职员和鼓励创新研究上投资,智库就可能会面临缺乏创造力和政策影响力下降的窘境。"平衡计分卡"指出智库高级管理层应该对 5 个重要的领域或活动进行监管,同时对每一领域或活动的监管也是衡量智库绩效的一种方式。下面从 5 个视角来阐述这些重要的领域或活动:

- 公共政策视角。是否成功地向政策制定者、其他利益相关方和公众传播智库的研究成果,使公众了解当今社会面临的重要问题(这是本章开始所提到的"绩效监管与评估"研讨会的主题)。

- 客户视角。是否成功地达到智库政策资助者的预期目标,满足与智库在研究、试点项目和评估等方面签订合同的各资助方的要求。

- 内部业务视角。是否成功有效地开展研究工作、沟通活动以及行政事务。

- 创新和学习视角。是否成功地提高了职员的技能水平,促进职员之间的交往,确定重要的政策项目并为之努力。

- 财务视角。是否成功地筹集到资金以支持研究项目,妥善管理智库的资源。

其中只有公共政策视角对于智库而言较为特殊,并在企业上不常用到,因为这些指标不是企业"平衡记分卡"的组成部分。许多客户比较关心智库的最终研究成果,对智库最初的使命(积极地影响政策制定过程并使公众了解政策成果)反而不太在意。例如,一个政府部门可能委托智库进行项目评估,找出福利计划参与度较低的原因。在这个过程中,智库想要将评估结果运用到广泛的政策讨论中去,即便委托方认为这种讨论对于推进项目进程是次要的。一般来说,相对其他客户而言,基金会与智库之间的利益关系更为紧密。

321

---

① 参见卡普兰和诺顿(1992)完整讲解。

　　表 12.1 为每一个视角列举了一些绩效指标的例子。其中众多条款都指明了高级管理层应该了解的信息范围。视角过窄很容易产生一些问题，甚至导致问题进一步恶化。需要强调的是，这样做的目的是发现潜在问题并将其解决，避免它演变成智库的大问题。

表 12.1　一个平衡的智库信息方案

视角	指标样例
公共政策视角	• 网站的访问量；文献下载量 • 举行网络论坛的数量，参与者的人数，发表评论数 • 智库职员参与的会议和研讨会的数量 • 政策简报的数量以及呈交给政策制定者的数量 • 职员在报纸、热门杂志上发表的文章数量 • 官员所需的政策备忘录
客户视角	• 未准时完成的项目数量 • 客户对研讨会和培训课的评分 • 出版物的平均销量和平均下载量 • 客户参加付费课程的意向 • 老客户的合同或者捐赠的数量；平均合同价值 • 新客户的合同或者捐赠的数量；平均合同价值
内部业务视角	• 超出预算的项目数量和支出额度占预算总额的比例 • 人员配置情况（收费项目花费的职员时间） • 收益：截至目前实现的目标比例 • 计划的支出：实际使用的资金与预计的支出比率 • 成本/研究计划：研究计划中标的比例
创新和学习视角	• 使职员承担新职责或获得更大的发展空间或为开发新产品而发起的培训次数 • 招募那些在有能力应对创新议题或者能够增强团队实力的新职员 • 进行中的试点项目，与基本要求相比成功的试点项目数量
财务视角	• 现金流动 • 年度资金的同比增长 • 流动资产的收益率 • 应收款项：总数及每个周期的应收数额

　　大多数智库可能会用一些类似指标对上文列举的这些活动进行监管。然而，为了达到总裁提出的某些具体的或临时的要求，职员们也会经常提供一些零散的信息。

这种做法很可能是错误的。有些重要的信息一定要定期生成和利用;尽管在一些职能活动和工作领域内,智库会收集充足的季度或年度信息,但少数最为重要的信息几乎需要每月进行跟踪和收集。

322

值得注意的是,在接下来讨论的各项指标中,有些指标是交叉存在于多个视角中的。正如之前所提到的,笔者在此并不强调财务状况指标,因为许多资源都是现成的。

二、公共政策视角

公共政策视角关注于智库的社会服务职能,也就是智库积极参与政策制定的过程,并使公众了解对社会产生重要影响的公共问题。这一部分将首先介绍一系列有价值的指标,然后说明它们对智库政策分析的作用。

(一)指标评价法

判断智库在政策影响力和公众舆论方面成功与否是一项艰巨的挑战。有些学术文献就相关主题展开了研究,还有些案例研究论述了不同类型的智库和个人在影响特定政策结果时发挥的重要作用。但是,通过具体案例研究来监管智库影响力既耗时又昂贵;或者可以通过采访重要的政策制定者,但这不仅需要定期采访,而且也不能保证政策制定者在接受访谈时完全开诚布公。

衡量智库影响力有一种更好的方法,就是利用那些具有政策影响力及对公众有教育意义的活动记录作为衡量指标。虽然这些关于智库影响力的指标所提供的信息非常有限,但它们确实也是很有价值的,这一点毋庸置疑。如果一家智库很少或没有努力使其政策研究结果得到利用,那么它会清楚地认识到这些评价指标的价值。利用这些指标来评估智库各种传播活动的效果也很重要。例如,如果高级管理层认为将简短的"政策简报"发送给特定邮件列表上的政策制定者是影响政策成果的最佳方式,那么他们只要浏览过去6个月发布的政策简报数据图表,就能知道智库有没有执行这个做法。

但是，管理者可以通过投入少量的成本获得"中间成果"。"中间成果"（顾名思义）并非最终成果（即最终影响政策的改变），但它至少记录了智库所要实现的目标，以及为使研究成果影响政策决定所采取的初步行动。就会议而言，智库不仅要知道会议的主办方是谁，而且要知道会议的参会人数；不仅要知道上传到网站的智库报告数，还要知道报告的下载量；不仅要知道智库论文被国际期刊收录的篇数，更要清楚文章的被引用次数。这样的中间成果指标对于管理层非常有用，因为它可以提醒管理层需要改进哪些方面的工作，以使智库在影响政策制定的过程中发挥更加积极的作用。

表 12.2 列出了从公共政策视角监管智库运作的几个指标。表格分为两个部分，一部分是智库产出，另一部分是中间成果。

323

表 12.2　公共政策视角的绩效指标[a][①]

产出			中间成果		
指标	当前时期	最后期限	指标	当前时期	最后期限
活动[b]			活动		
举办活动次数			参加活动人数		
登记人数					
缺席人数（登记但没有出席）					
邀请的高优先级与会者数量			高优先级与会者的出席人数		
			在活动中完成的反馈调查		
			活动中调查得分		
网络研讨会数量			网络研讨会的访问人数		
提供视频数量			观看视频人数		

① 资料来源：该表中的许多条目都是出自罗伯特·斯科特（2012a），该书全面地讨论了监管传播活动和媒体利用数据的信息来源，如搜索引擎定位。

(续表)

产出			中间成果		
指标	当前时期	最后期限	指标	当前时期	最后期限
员工在非智库发起的活动中的发言次数					
出版物[b,c]			出版物[b,c]		
在过去 6 个月发行的出版物数量[b,c]			在过去 6 个月出售的出版物数量[b,c]		
在过去 6 个月已售完的出版物数量[b,c]			实体复印件免费发放数量		
			出版物免费下载数量[b,c]		
			"打印"按钮点击量		
			"分享"按钮点击量		
在完成研究报告期间,国际同行评议期刊发表的文章数量			过去 3 年发表文章的引文数		
在完成研究报告期间,国内同行评议期刊发表的文章数量			过去 3 年发表文章的引文数		
时事通讯			时事通讯		
接收者数量和类型			新订阅人数		
			退订阅人数		
			条目点击率		
			转发时事通讯的数量		
			社交媒体的关注度		
网站			网站		
网站访问量			条目下载数量		
网页浏览量					
网络入口分流[f]					

（续表）

产出			中间成果		
指标	当前时期	最后期限	指标	当前时期	最后期限
			在主页点击"分享"按钮数		
搜索引擎定位 6～10 个主题；°所处列表中的位置（例如，第一，第二，……）			社交网络对该网站的关注度		
在线参与者			在线参与者		
			facebook 的粉丝数		
			推特的粉丝数		
			登记的电子邮件数（用于发送时事通讯）		
博客			博客		
博客入链数					
博客发帖量			博客订阅人数		
			浏览数		
			网页浏览数		
			博客评论数		
员工在其他博客的发帖量					
搜索引擎定位					
媒体发布			媒体发布		
在媒体发布列表中的联系人					
发布数					
			媒体的联系方式或电子邮件		

（续表）

产出			中间成果		
指标	当前时期	最后期限	指标	当前时期	最后期限
			订阅新闻推送		
曝光度			曝光度		
电视			节目平均收视率		
智库关于研究主题的分享			节目平均收视率		
无线广播			节目平均收视率		
智库关于研究主题的分享			节目平均收视率		
平面媒体曝光度/公共关系			平面媒体曝光度		
员工发表的报纸和杂志文章数			出版物的平均阅读人数		
专栏作品数			出版物的平均阅读人数		
			报告和编辑打给员工的电话数		
提及智库的报纸和杂志文章数			出版物的平均阅读人数		
新闻发布会举办次数			有关新闻发布会的媒体报道量和博客发帖量		
			联系[d]		
			联系次数		

a. 注意：在同一行中，智库的产出和中间成果的条目是相关联的。空白单元格表明该项指标在产出和中间成果之间没有相对应的关系。

b. 可通过类型分类。

c. 可通过主题分类。

d. 政策研究和传播员工与非政府组织、政府和立法人员的交流方式主要有电话（打出或接收）、会议、邮件以及提出信息需求等。这不包括智库或个人活动的通知和其他群发邮件（麦克唐纳和莱文，2008，第16页）。

e. 智库信息在搜索引擎提供的资源列表上的位置。搜索的关键词会影响该位置。

f. 搜索引擎、电子邮件以及其他站点。

表中的某些条目信息值得详细探讨:

- 活动。了解智库在完成研究报告期间举办的活动数量是很有用的,同时,参与人数等附加信息也很关键。通常,智库在提供这些数据时,最好说明活动的类型。(即是否有些活动是为某少数参会者特别设置的?)因此,根据会议的类型进行分类是很有帮助的。对会议成效的关键考量因素在于是否有"正确"的利益相关者参与。表中包含了应参会人数和实际参会人数。如果参会率较低,则表明智库需要投入更多精力,有智慧地吸引这些潜在的参会者,例如,会议前一天亲自打电话邀请。"高优先级"参会者数量可视为一个重要的中间成果。

- 员工在同行评审期刊署名发表的文章。这既是检测研究成果质量的重要指标,也是衡量智库为出版工作付出努力的重要指标。中间成果(员工在过去3年中所发表的文章被其他文章和著作的所引用的次数)可以提供许多有用的信息,它能够表明该智库的研究成果在业的界影响力。这样的评审周期往往比撰写研究报告的周期(一季度或者半年)要长,因为研究团体采纳这些发表的文章是需要一定时间的。

- 网站。在表格"产出"的内容中,需要特别关注的一点是"搜索引擎定位"获取智库重要工作领域的信息(即资源列表中智库在搜索结果中的位置)。对研究项目的关键词描述会对排名产生影响。此外,智库的传播团队也会影响智库报告和博客条目信息的排名。

- 联系。这是全球发展中心使用的测量指标(表格中"产出"的最后一项)。政策研究团队、智库传播人员将智库与非政府组织、政府和立法机构职员之间的联系情况制作成一份统计表。联系的主要形式包括接打电话、会议、邮件交谈和提出信息需求。实际上,该指标项也是衡量智库员工在政策共同体中的活跃程度。将"联系"划分为不同的类型,这种做法是必要且明智的。例如,与一位官员会面肯定比发邮件更有效(发邮件可能没有回应)。

关键问题是高级管理层需要定期了解哪些信息。实践表明,这些信息的数量是有限的。一般来说,公共关系专家负责确保智库已经产生了这类信息,并且判断哪些信息需要向高级管理层传达。对智库工作的大量报道,或是令人担忧的信息,或是非常乐观的趋势,或是重要的偶发事件,总是会引起领导的关注。公关办公室将这些收集来的信息用于为管理层的务虚会准备年度报告和数据。通常情况下,以这些指标为基础,将智库的发展情况和趋势写成包含几个章节的小文章,往往能给高级管理层提供比表格数据更多的信息。

笔者的建议是,高级管理层(包括团队领导在内)可以每季查看表格中所列出的必要信息,其中有大量信息能够引起高级管理层对智库实际工作成效的关注。

三、针对政策参与影响力的监管与评估计划

政策领域的绩效监管可以从两个层面来实施。第一个层面关注的是智库内部信息的获取和处理,及从外部获得有关政策制定及智库在其中所发挥作用的相关信息。第二个层面是从外部视角评估智库在政策共同体中的绩效。由于监管智库在政策共同体中的绩效需要投入大量的资源,所以这类监管活动开展的频率较低。接下来,笔者将依次讨论这两种类型的监管。

有效的监管与评估计划包含两个组成部分:第一部分是表 12.2 中列出的信息类型。该表不同于本章所列的其他表格,因为它不仅包括智库的产出,也包括中间成果。例如,它不仅有举办活动的数量,而且包含总参会人数和高优先级参会者的人数;不仅包括杂志和报纸中发表的文章量,还包括杂志和报纸的发行量。这些数据至少可以表明有多少人参与了智库的工作(瑟烈的报告指出,"资助者常常想了解智库正在做什么,而评估产出对资助者具有重要意义。实际上,对于智库的大多数项目而言,为资助者提供报告通常可以促使智库跟踪自身的投入和产出。"2013 年,第 89～90 页)。

随着时间的推移,重新配置这些指标将会大有裨益,因为这样可以使智库更容易

开展绩效评估的工作。对产出与中间成果关系的缜密分析非常重要。例如，智库正在举办很多相同类型的活动，但参会人数却在减少，这时智库就需要对此问题引起注意。

第二部分是在智库做出重要贡献的领域追踪实际的政策制定过程。显而易见，表 12.2 的指标反映了当前政策参与和政策制定的目标之间，很少存在同步的对应关系。这是因为政策提案需要历经若干年，才能通过官僚体制正式进入政策制定过程，从而形成实际的政策。[①] 这样的转变需要由国会审核批准，其流程如下：在相关责任部门中，政策的转变需要历经部门主管到办公室主任、再到副部长和部长，进而递交给财务部，随后由财务部的负责人员呈交给总统办公室（其中可能还有许多层级）；最终交给国会并经由参议院和众议院表决通过，这才是一个完整的过程。显然，这样烦琐的流程对于所有或者大部分迫在眉睫的工作而言是非常浪费时间的。相关部门一旦有权做出改变，就要调整这些耗时的流程和行政规章。

有许多方法可以衡量智库在政策制定过程中的影响力，这些方法既有简单的，也有一些需要利用一系列研究和重要资源的。[②] 笔者更倾向于使用相对直接简明的方式，原因如下：(1) 目前，大部分智库都没有采取明确的行动追踪智库的政策影响；(2) 在采用更为复杂的方法之前，智库需要通过实施一些简单的方法，以此明确这样做所带来的益处。这与许多专家的观点如出一辙，他们也认为要从简单的衡量方法开始（韦罗克，2013b）。

这与第 8 章阐述的有关审查十几个东非智库传播规划的信息相一致。这一审查

---

① 在瑟烈（2013，第 7 页）的报告中指出，弗莱德·伯恩斯坦身为彼得森研究会的第一任总裁，他善于将政策理念融入国际金融领域，并且他认为"一个理念从产生到付诸实践需要 10 年的时间"。

② 对所涉及问题的概述在政治和思想（2013b）及萨默（2009）等书中均有呈现。韦罗克、德阿戈斯蒂诺和理查兹（2011）为研究向政策转变的内容制作了一份全面的监管与评估计划手册。阿根廷的 CIPPEC 也设计了一种非常有用的分析工具。霍夫兰（2007）概述了评估组织绩效的方法；徐、赫恩和扬（2014）也在最近做出了更多评论。两个特定的工具，即"最重要的改变"和"成果规划"分别参见戴维斯和达特（2005）以及厄尔，卡登和斯缪特罗（2001）。还可以参考阿尔卡扎（2012）对跟踪影响的 3 个案例研究方法。

收集了每个智库制定的指标信息（表 12.2 罗列了一些简化信息），但实际上，这些智库几乎都只用了其中少量的指标。由于日常的监管十分有限，因此并不适合制定复杂详尽的监管与评估计划。

笔者认为用于追踪政策制定（从智库研究到政策参与）的基本方式可以借助团队领导的力量。他们是最适合持续追踪政策制定的人，因为他们深入参与到其专业领域的日常活动中。正如第 9 章中所论述的，团队领导需要在一个项目或计划的开始就制定出成功的指标，既包括中间成果也包括最终成果。

团队领导组织信息的便捷方法就是记录团队在每一主题上所做出的重大贡献。如果没有什么明显的问题发生，那么团队领导只需要每一季度检查一次记录。这就意味着，团队领导作为一个项目或制定战略规划的核心部分，他/她深谙项目执行中的细微变化，并且了解这些变化对团队成员的影响及其所需的指标（根据这些影响制定的指标）。

如果在智库研究计划涉及的重大热门研究领域编制了表 12.2 中的指标，那么政策参与活动和最终成果之间的关系将会一目了然。总之，若团队与利益相关者缺乏互动，这样的分类指标则可以激发团队领导更积极地完善他们的政策建议。

制定一套全面的监管与评估计划需要耗费大量资源。尽管某些拉丁美洲智库的确有这样的做法（门迪扎芭的报告中有所提及）。但实际上很少有智库会真正投入这种精力用于追踪与智库研究相关的政策制定情况，或许智库还可以采用另一种方式，即跟踪少数备受关注的创新项目的政策制定过程，因为智库在这些项目上投入了巨资。全球发展中心就采用了这种方式，而且许多第三阶段的智库也是如此（麦克唐纳和莱文，2008，第 14～16 页）。

总之，一个合理的监管与评估计划应该包括以下几个步骤：制定类似于表 12.2 中的信息，因为这些信息可以帮助智库有效地管理政策参与过程，提供良好的数据信息；其次，积极地追踪少数与智库重要创新项目相关的政策制定过程，从而补充相关信息；当团队领导了解到一些不太受重视的创新项目的政策制定情况时，他/她应该将这些情况形成报告，但不要为此投入太多资源。以上这些信息最好一并提供给智库及其董事会，以此作为评估智库政策影响力的坚实基础。

329

（一）关于智库效益的广泛观点

笔者所关注的重点并不是在政策制定中某个单独的项目或计划，而是智库（作为高效组织和"良好公民"）在政策共同体中受到的广泛评估。智库是否研究这个国家最为关注的问题（可以通过询问一定范围的利益相关者以此明确其中的部分问题）？智库是否与相关组织建立了良好的合作关系（尤其是民间社会组织）？智库是否被视为有效的传播者？基于传播者这一层面的评估，关系到智库如何制定和执行其机构层级的传播规划（即提升知名度、塑造强大的品牌及传播智库使命）。

为产生这一层面的绩效信息，智库有必要咨询政策共同体——简言之，就是与合适的共同体成员进行访谈。智库在制定评估计划时需要解决 4 个问题：（1）讨论的内容；（2）访谈对象和访谈数量；（3）收集信息的方式（面谈、邮件调查等）；（4）指定负责访谈提问的人。

讨论的内容是什么？芝加哥大学的 NORC 曾开展过一项政策共同体调查（PCS），该调查旨在评估全球发展网络（GDN）的技术援助项目的效率。笔者认为此项调查是一个不错的想法（GDN 项目在第 1 章有所提及；其他章节中关于 GDN-15 智库的信息，NORC 对该项目的其他调查为此提供了大量的数据来源。TTI 随后也开展了类似 PCS 的调查）。

这项调查（PCS）由 4 个主要部分构成，除了受访者填写的基本信息外，他们提供的主要观点信息包括：

- 学习或解决政策问题的信息来源；
- 政府官员和国会议员在制定政策过程中，对智库研究和分析成果的利用程度；
- 政府和国会能够在多大程度上接受智库这类机构的建议和分析；
- 涉及某一具体的智库：

（1）一般的绩效问题；

（2）在特定政策领域的优势；

（3）对热门政策问题的关注程度；

（4）各种类型出版物和传播活动的等级。

完整的问卷详见附录 12.2＊，但表 12.3 已经列出一系列有关智库绩效问题的好点子。这些问题可以根据具体评估的情况进行调整，使问题更加完善。总之，调查问卷作为评估活动的第一步，不仅重要而且有效。

表 12.3　政策共同体中关于智库效益调查的问题集合① 330

问题	非常	有些	不多	一点也不	不知道
1. 智库的政策建议有帮助吗？					
2. 智库是否是研究（包括数据和统计）的重要来源？					
3. 智库的工作是否对公共政策和管理产生积极的影响？					
4. 智库是否在政府负责把控公共开支的质量上具有影响力，即是否有效且实事求是地利用公共资源？					
5. 智库是否在预算编制过程的开放性、质量和预算选择问题上具有影响力？					
6. 智库是在分析或处理变革的问题上同国内民间组织或者非政府组织建立有效的合作关系？					
7. 智库是否与国际民间组织或私营部门有效地合作？					
8. 智库运营是否透明公开？					

① 完整的问卷调查见附录 12.2＊。

访谈的对象及所需的访谈量。首先，必须明确受访者的类型和总数量。提及受访者，政府官员和高级国会议员自然被列入其中。智库应该选择那些在政策过程中有广泛影响力和一定地位的人——包括某些部长的"特别助理"或"顾问"（实际上他们才是关键的建议者）。如果一些地方政府的官员具有重要影响力，那么也要将其纳入受访者范围。倡导型和非倡导型非政府组织的领导或员工，他们在政策过程中通常具有重要作用，有时甚至间接地成为意见领袖。此外，某些学者及核心媒体成员（包括杂志编辑、电视制片人、相关政策领域的知名博主）也要考虑在内。[①] 智库并不需要机械地选择自己的访谈对象。实际上，智库领导和高级研究人员应该已经与一些活跃在政策领域的知名人士建立了良好的关系，这些人可能在评论智库时观点更加开明；因此，显然他们应该包含在受访者对象中。

至于访谈数量，根据笔者以往主持 GDN 评估分析工作的经验和 PCS 提供的数据，以及与执行这类调查的一些智库传播总监的交谈，智库完成 30～40 个完整的访谈才能获取充足的调查数据，并允许进行小部分样本的统计测试。

如何收集信息？有 4 种常见的信息收集方式：面谈、电话采访、邮件调查和在线调查。其中，面谈的反馈率最高，且所收集的信息最为有效。因为受访者不仅需要回答类似于表 12.3 中列出的评级问题，而且需要解释一些特定回答的原因。通常，许多高级官员并不愿意填写表格信息，也不喜欢接受电话采访。智库的员工可能希望同某些受访者建立一段关系，这种面谈的方式可以为其提供初步交流的机会。对于少数政府高级官员和媒体而言，邮件调查或在线调查似乎更加奏效。总之，如果预算允许，智库最好采用面谈的方式。但无论如何，持续地跟进将有助于提高调查的反馈率。

当然，如果调查的样本越大，统计的精确度要求也就越高。然而，访谈需要投入大量的资源；尤其是面谈，智库需要具体安排会面的各项事宜，这是项既复杂又耗时

---

① PCS（见附录 12.2＊）中的问题 A.1，它包括一些潜在受访者的人员列表。

的工作。

谁负责提问题(面谈)？智库的中层职员在经过培训(保证提问的流畅性以及采访笔记的记录)后,可以来负责这些访谈的提问。智库可以选择那些拥有良好人际关系的员工,让他们承担访谈工作。也就是说,智库在安排访谈时,需要考虑指定的这名采访者是否能够让受访者在回答问题时乐于提供详细的信息。出于这方面的顾虑,加之这类访谈属于内部评估,因此,在组织 GDN 面谈活动时,NORC 就建议这些智库聘任顾问(而不是智库的员工)作为采访者,以此完成这项工作。

本文所讨论的该类型广泛评估活动并不会常常进行,因为这牵扯智库的经费问题。发展绩效研究所开展了一项为期 3 年的调查活动,以此了解部分政策共同体对该研究所的评价如何,这些信息非常有用。与利益相关者的面谈可以促使对智库绩效的深入评估。例如,在全球发展中心成立 5 年后,它的资助者委托智库开展一项大范围的深入评估项目,该项目包括 150 个与利益相关者的面谈采访(收到 1259 份反馈的电子邮件,布姆加纳等人,2006)。智库基金会则对其日常发展资金的生产力进行了评估,其中就包括与小范围利益相关者的面谈调查。"智库倡议"项目在其资助智库的所有国家,都开展了政策共同体调查(PCSs)。简言之,这类政策共同体调查的活动经验表明,调查结果对所涉及的智库非常有帮助。

332

四、资助者/客户视角

本节主要是从重要资助者的视角评估智库工作,所评估的内容不包括研究质量和政策参与工作,[①]因为这些工作内容在表 12.2 已经有所提及。资助者包括提供资助的基金会,以及与智库签订合同的援助机构或政府机构。表 12.4 中关注了智库绩效的几个基本要素。

---

① 附录 12.1 是报告格式样表。

333

表 12.4 资助者视角下的绩效指标[a]

指标	可能的来源[b]
项目工作	
未按时提交的报告占提交的全部报告总数百分比	团队领导
成本超支的项目数量：(1) 超支总数；(2) 获得资助者额外资助的项目数；(3) 资助者被要求和拒绝额外资助的项目数；(4) 内部解决超支问题的项目数；	财务总监
客户满意度 过去一年老客户的合同（或捐赠）占全部合同（或捐赠）的百分比。合同（或捐赠）总数。 由资助者开发或部分支持的付费课程的反馈	财务总监
关于市级预算的研讨会 课程日期的设置 学生评价的平均得分 得分＜3.5[c] 上课人数	培训项目经理
认证抵押贷款课程 课程日期的设置 学生评价的平均得分 得分＜3.5 上课人数	培训项目经理
市级经济发展课程 课程日期的设置 学生评价的平均得分 得分＜3.5 上课人数	培训项目经理
透明度 智库资金来源的透明度是利用"透明度"智库的 5 星级评价方案计算得到的[d]	

a. 表 11.2 中补充这些指标。

b. 是指应该提供信息来制定这些指标和报告的人。

c. 按照从 1 到 5 的级别，5 代表学生满意度的最高级别。

d. "透明度"智库的报告（2014）中对此有所描述；而门迪扎芭（2014c）介绍了一个稍微容易计算的 5 星级评价体系。

"项目工作"的前两项指标是关于智库研究项目的核心绩效，即报告是否准时提

交,客户的项目成本是否在预算之内？如果智库没有按时交付报告或要求客户多付

额外的资金来完成规定的任务,除非有特殊情况,否则这对智库来说就是一个致命的

错误。更糟糕的情况是,智库向客户提交的成果毫无技术含量或其中的分析和建议

都十分草率。

　　"客户满意度"的指标是用于衡量用户的满意程度。有些指标是用来评估智库所

提供的有偿培训课程,在此需要对这些指标进行仔细解释。

- 资助者的满意度。开展高质量的政策研究的明显标志是,资助者对同一智库
  的新项目提供资金。在此需要声明,大多数基金会有这样一项政策:任何智
  库均不可接受同一资助者的连续资助。所以可以由两三个资助者轮流提供
  资助;但是几年过去后,资助者就所剩无几了。为此,有必要对连续的资助或
  合同分别进行跟踪。

- 研讨会/培训的评分。研讨会/培训的参与度会受到课程质量的影响。久而
  久之,显现出来的得分走势和客观水平同样重要。但分数的准确度会随课程
  主题和师资结构的变动有所下降,所以最好是按课来跟踪评分结果。

- 付费课程参与度的变化趋势。这个"市场测试"指标相当精准,因为它分别跟
  踪每项课程。但要理解这点必须记住,某一具体课程的市场可能会出现饱和
  或者课程主题会发生改变。例如某个中亚共和国抵押的贷款量较低,给这个
  国家抵押贷款银行的工作人员开设一门课程,一旦工作人员学习了这门课
  程,往后的需求就会变小,这就是一种饱和的现象。再比如,某个中欧国家开
  设一门课程,学员在这里学习如何准备市政府的年度预算,一旦大部分的市
  政府工作人员都来参与培训,需求度便会下降。培训也有可能在市政府的工
  作中进行,当地的财政官员也会乐意接受更高级的课程。

　　表中最后一个指标是"透明度",它是指智库报告其资金来源的开放程度。早在

2014年初,资助者就普遍认为,无论是针对某一具体项目还是所有的项目,智库都应

该报告其资金来源。资助者最先关注的是智库网站列出的资助者列表,既有捐赠的

也有签订合同的，对象包括企业、机构或个人。了解智库资金收入的来源，将有助于公众判断该智库在特定问题上的立场是否受到为其资助者的影响（同时，报告和文章应提醒这些研究成果的资助者注意潜在的利益冲突）。

很多资助者关注这一点，所以他们通常会审核智库报告，并据此决定是否与该智库合作——因此该指标列入"资助者视角"。智库最好以年度报告的形式主动向资助者汇报这些情况。

335　　　表 12.4 中所列的具体指标是来自"透明度"智库 2014 年的报告内容。这些备受推崇的指标数据，应该以智库官方网站所呈现的真实信息及年度报告为基础计算得来。为同一目的构建的其他指标已于 2014 年初夏完成（例如门迪扎芭，2014c）。由于从资助者视角制定绩效指标是一项新的尝试，未来有进一步发展的可能，所以智库的董事会想对此有更多了解。

表 12.4 中的指标可以帮助高级管理者更好地理解智库与资助者的关系。即便如此，管理层必须将智库具体项目的绩效直接告诉核心资助者，并与核心资助者就智库的研究成果进行沟通。管理层可能还想探讨智库其他具体业务的指标。

五、内部业务视角

内部业务视角中的指标更加关注投入和产出之间的关系，比如，项目实施至今的支出占总预算额的百分比，以及撰写研究计划的平均收入与成本之间的比较。通过表 12.5 中列出的各项指标，高级管理层能够对智库 6 个业务领域的工作效率有所了解（其中一些指标的报告格式可见附录 12.1 中的样表 3～7）。因为劳动力成本占智库总成本的比例非常大，所以很多指标会将某一领域产出的成果数量（如管理合同和报纸刊登的文章数量）与其投入的员工人数进行比较。

表 12.5　内部业务视角的绩效指标

指标	频率[a]	可能的来源[b]
A. 基本要素		财务部
1. 每个项目的支出概况,比较项目实施至今支出的经费与整个工作周期的支出各占预算总额的百分比	M	财务部
2. 资金筹集的结果:将筹集到的资金与季度或年度目标进行比较	M	财务部
3. 团队资金状况:未用完的合同收入/团队承担的劳动力成本	Q	财务部
4. 团队在过去 3 个月的人员配置情况[c]	Q	团队领导
5. 下个季度预计的职员配置情况	Q	财务部
6. 间接成本率的项目与目标	Q	财务部
B. 研究计划和发展		
7. 过去一年研究计划的资金利用情况和预计支出的比较	Q	财务部
8. 团队和整体的研究计划效益分析	Q	财务部
-中标的研究计划/全部的研究计划(两者都是通过研究计划的数量和制定研究计划的支出进行计算)		
-平均成本/研究计划		
-接受的捐赠或合同的价值总额/研究计划花费的资金		
9.(根据计划方案)项目开发的资金使用情况:花费的资金,以及支出占分摊到项目的资金总额百分比/开发总用时的百分比	Q	财务部
C. 人力资源		
10. 职员总人数/人力资源部(简称 HR)总人数	S	人力资源部
11. 新雇的职员数/HR 总人数	S	人力资源部
12. HR 新雇的职员数/HR 总人数	S	人力资源部
13. 离职人数/HR 总人数	S	人力资源部
14. 处理健康保险索赔的数量/HR 总人数[d]	S	人力资源部
15. 按照职务类型填补职务空缺所需要的时间	S	人力资源部
D. 会计/财务		
16. 超过 60 天以上资金仍未进账的项目数量	M	财务部
17. 没有按时支付现金预付的项目总数和资金总量[e]	M	财务部

336

（续表）

指标	频率[a]	可能的来源[b]
18. 按账龄来统计应收账款的数量	M	财务部
19. 每一类捐赠者对应的进行中的项目数量[f]，所有项目投入的会计职员数和每个项目投入的会计职员数	Q	财务部
20. 叫停的项目数量，全部项目投入的以及每个项目投入的会计职员数	Q	财务部
21. 出差的职员人数，全部项目投入的以及每个项目投入的会计职员数[g]	S	财务部
22. 研究计划的预算金额，全部项目投入的以及每个项目投入的会计职员	S	财务部
E. 合同管理		
23. 管理的合同数量和资助金额，所有合同投入的职员数和单份合同投入的职员数	S	合同办公室
24. 新的合同数量和资助金额，所有合同投入的职员数和单份合同投入的职员数	S	合同办公室
25. 叫停的合同数量，所有合同投入的职员数和单份合同投入的职员数	S	合同办公室
26. 发起分包合同的数量，所有合同投入的职员数和单份合同投入的职员数	S	合同办公室
27. 叫停的分包合同数量，所有合同投入的职员数和单份合同投入的职员数 28. 开放合同的金额	S S	合同办公室 合同办公室
29. 开放合同的平均价值	S	合同办公室

a. M＝每月一次；Q＝每季度一次；S＝每半年一次。

b. 准备指标和报告的信息来源。

c. 将项目花费的时间比例与间接费用账目进行比较。

d. 这是人力资源部分内的事情，其他任务也同样如此。

e. 这样的项目只适用那些支持支付预付款的项目。

f. 当某个特定合同或资助需要花费更多时间进行管理时，不能对相应的资助者区别对待。

g. 在一些国家，比如俄罗斯，每日支付的差旅费超出最低标准的部分将会算作职员的个人收入，这个额外收入必须记录并纳税，由于智库职员出差非常频繁，因此差旅支出对智库来说是一项很重的负担。

表中的另一列表示管理层审查每一项指标的频率。用于监管智库重要财政效益的指标几乎不需要每月进行审查，比如资金筹集情况和预算范围内的研究成果，表中大多数指标只需要每隔半年审查一次。

表 A 和 B 部分主要是研究项目进展的状况和效率，包括研究计划的撰写和项目开发。① 虽然其中许多指标一目了然，但还有些指标仍需进一步做出解释。

337

A.3　团队的资金状况：未支出的合同收入/团队的劳动力成本投入。这是估计团队未来资金规模的一个粗略指标，其效用是有限的，因为智项目的持续时间长短不一；如果持续时间很长，那么智库的资金可能就不够用来支付所有员工的薪酬。试想一下这种情况；团队每月的成本是 20 000 美元，而且有以下合同剩余资金可以花费（待支付的合同资金）：

合同	剩余的资金 （单位：美元）	剩余的合同期 （单位：月）	月均可用资金 （单位：美元）
1	50 000	5	10 000
2	15 000	36	4 200
3	50 000	12	4 200
总计			18 400

在该例中，如果团队的开销超过了合同期的资金，那么第一个月就会有 1 600 美元的缺额，当然，智库也可以通过加速完成第一个合同（还剩五个月的合同）缩短工期来弥补这个资金短缺，从而解决这个问题。但是能够提前开展的工作量可能也很有限，这个例子说明了为什么要对这个指标做出仔细解释。

A.4　过去三个月的职员配置情况。如果职员经常花费大量的工作时间，从而形成大量的间接成本，这表明团队可能会面临资金短缺的问题。如果有报告指出了

---

① 如本章前文所述，笔者省略了许多财务状况的指标，因为它们可以在其他地方查到。但有一项重要内容并没有列在表格中，即每一项活动的间接成本花费与本年度预期花费的比率（按季度相对比）。

这个隐患，那么管理者应当和团队领导共同解决该问题。资金短缺的原因很有可能是智库准备了部分间接费用用于支付给外聘的分析师，不管这是不是一项明智的投资，智库都应做出是否要投资的决定，该决定在一定程度上也取决于智库预计追加资金的到账期限（有些间接费用或许是合理的，比如撰写大量研究计划产生的费用）。

A.5　下一个季度项目的职员配置计划。虽然标准的书面形式有利于指导讨论问题，但高级管理层还是应该就团队的前景与每一个团队领导面谈，因为有些信息难以通过书面传达。例如，团队领导通常从与资助者的谈话中发现他们给智库提供资助的可能性。当团队的工作量呈现暴涨的趋势时，高级管理层和团队领导就需要好好讨论如何获得额外的资源，以此满足如此大量工作的需要。

B.6　过去一年研究计划资金利用情况和预计支出的比较。大多数智库会定期经历一个季度资金的筹集过程。如果智库与政府机构签订了重要的外包合同，他们会发现大部分合同都是在政府的会计年度接近尾声时才签订的，因此智库的大部分研究计划也是在这个时候完成的。研究计划的预计支出应当将这种情况考虑在内，这样高级管理层才能知道，怎样正确地解释撰写研究计划花费的资金比例。

C部分到E部分指出了几类行政工作的效益：人力资源管理、会计或者财务管理、合同和公共关系管理。这是为了给高级管理层提供有意义的工作量和生产率指标，大多数指标是根据每个职员的成果来计算生产率的。计算职员数量时，采用等价全职的方法（简称FTEs），也就是说，如果三个人都花费了一半的工作时间在人事管理上，那么FTE值就是1.5，这就是在构建指标时使用的值。[①]

C部分：人力资源。一般来说，招聘新职员并将其分配到合适的位置会比留住原有职员更费时，而且工作调整和职员升职会都增加工作负担。因为随着智库职员人

---

　　① 另一种理解内部工作效率的办法是以活动为基础计算成本（也就是确定每个活动的全部费用）。这可能会有较高的要求，因为很多活动的成本与花销分散在智库的各个部门，而且创建和操作一个系统来跟踪这些成本，并将其组织分摊到各个活动是既复杂又高成本的。因此一般不向智库推荐这种办法。第5章介绍了此种计算方式，同时也可以在内斯和科库热（1995）的文中找到一些例子。

数的增加,人力资源部在职员医疗保险、离职率监控、绩效评估和薪酬管理等方面的工作量也会增加,所以全部的职员数与人力资源部职员数的比例也可用来衡量这一变化。

D 部分:会计/财务,及其他指标。大多数的衡量办法有助于智库了解每个职员的工作量以及全部职员的总工作量。这里没有列出能够反映智库各种纳税记录和对社会资金捐助记录的数量与繁杂类别等相关指标,是因为这些记录应该保持相对稳定的状态。如果情况不是这样,那么就需要增加指标来获取这些指标中劳动力的支出情况。

D16～D19 这两个关于应收账款的指标是会计/财务工作中最大的难题。未能及时收集客户资金会损害一个智库的财政健康状况,而更糟糕的是智库拖欠客户的钱,高级管理层有必要对此给予高度关注和强有力监管。

E 部分:合同管理。当赢得一个新的合同或者在合同叫停时,合同经理会比在绩效考核期时付出更多的努力。因此,这些指标主要聚焦于新合同和终止的合同。同样地,当智库与其他公司签订分包合同时,也必须对所需的大量工作进行监管。除此之外,进行中的合同也有一些基本的活动:

- 向客户递交报告;
- 征求处置分包合同的许可;
- 记录选择分包商后的详细流程;
- 应对工作范围的变化、重要的人事调动和其他情况的变动。

因此,跟踪管理合同的总数也是有帮助的。大型的合同需要更多常规的报告;当智库跟踪到指标 E28 和 E29 的数据时,它们便能提供该领域的发展状况。

表中所列的指标信息有多处收集来源。智库员工最好是在总会计师办公室统计这些数据,以确保其一致性和及时性。

表中的指标固然非常有用,但这些还远远不够。关于如何开发额外的信息评价智库的运作效益,有经验的管理者给出了以下 4 点建议:

339

1. 将你的智库与其他类似智库的运作状况相比较。在华盛顿，几个大型智库的财务主管会定期在一起讨论智库的运作问题，他们会在不泄露智库机密（如间接成本率）的前提下分享信息。如果可能，其他城市或者国家的智库财务主管也可以尝试召开类似的会谈，例如，他们可以就智库各职能部门员工的人数及薪酬展开讨论。

2. 倾听内部职员的诉求。高级管理层应该用心倾听职员的抱怨，诸如差旅费用报销缓慢、客户延迟付款、在报纸上发表文章缺乏公关团队的支持、合同经理在合同事务上没能及时采取关键措施等，以及智库总裁对审查研究计划提出不切实际的时间要求（回应时间非常紧张）。

3. 不要在工作高峰期增聘职员。一般而言，几乎所有的行政工作都会有季度性规律，比如，会计人员在智库会计年度结束和各种税务申报快要到期时会压力倍增。如果在接近政府会计年度末有必须加急处理的新合同，那么合同经理将会忙得焦头烂额。对于负责这类事务的管理者来说，他们可能更希望在这些工作高峰期增加能干的员工，从而帮助智库度过这样的时期。但这种做法可能会导致智库在一年中的其他时期出现人事冗余。高级管理层需要根据每个部门的季度性工作量来看待职员在工作高峰期的抱怨，因为导致这些抱怨的原因可能有所不同，需要采取不同的处理方式。

4. 观察职员人数的变化趋势。对 C 部分到 E 部分的大多数指标，很难解释其绝对价值。例如，智库职员总人数和人力资源部职员人数的比例是 65∶1，这样的数据是否真实？单靠这样的数字确实很难说明问题，但如果这样的比例现在从 65∶1 上升至 97∶1，显然，人力资源部职员目前的工作量一定比过去两年要多得多。鉴于团队的总任务量不断发展变化（包括内部业务和外包业务），是否要增加员工数量的需求并不明确，因此高级管理层需对智库员工数量的变化予以合理的解释。

六、创新与学习的视角

这些指标旨在向高级管理层表明，智库主要通过提高职员素质，进军新领域或者发展新客户以增强自身实力。当然,这里的关键是要看到实力增强的趋势,智库应在制定年度审查报告时重点关注它们。

许多智库会为职员培训制定详细的间接成本使用计划以及机构发展规划,如开展新主题的工作和启动试点项目等。要判断资金的使用是否合理,高级管理层应该了解在这些(表 12.6 第 8 和 10 点)活动是否花费了资金。

表 12.6 创新和学习视角下的绩效指标

341

指标	可能的来源[a]
培训	
1. 为承担新职能或开发新产品参加培训的职员人数和比例	人事部和团队领导
2. 培训总次数	
3. 为提升专业资格参加培训的职员人数和比例:员工总数及研究人员和后勤人员各自的人数	人事部
4. 参与捐赠者赞助活动的员工人数	
5. 员工参与的捐赠者赞助活动的次数	
6. 职员培训产生的间接费用/职员总数	会计部
7. 职员培训产生的间接费用/用这些费用参加培训的职员人数[b]	
8. 职员培训花费的间接费用比例	
员工发展	
9. 为创新活动或增强团队实力而雇用具备特殊技能的新职员人数	团队领导
创新	
10. 给智库创新发展分摊的间接费用比例	会计部[c]
11. 实施中的试点项目	
12. 与基本要求标准相比,进行中的试点项目成功的数量	负责试点项目的团队领导

a. 为准备指标和报告提供信息的负责人。

b. 排除那些有捐助的培训,例如免费的培训。

c. 只有当这类创新项目创立时,会计部才能获得相应的信息。

　　培训指标跟踪的是本年度受到培训的职员数量和比例，无论这些培训是智库出资还是有其他机构资助。把有资助的、用于提高个人资质的培训活动进行分类是有益的（例如，提高职员的经济计量技能或提供健康经济学的培训，从而使职员能够胜任新领域的工作）。

　　当智库需要某种新专业技能时，他们通常会发现雇佣一个新人比重新培训老职员更有效。此外，持续关注雇佣新人的相关决议，有助于智库了解自身为适应新需求所做出的调整（表 12.6 的第 6 条）。

　　最后，表 12.6 列举了 3 个关于智库创新资金使用的基本指标。指标 10 是智库在完成研究报告期间，为创新项目所分配的间接费用份额。换句话说，该智库去年为了创新，利用了哪些现有的资源。而指标 11 仅提供了目前正在实施的创新试点项目数量。

　　指标 12 是满足基本要求的成功创新项目数。但是，试点项目的进展状况很难归结于几个干巴巴的数据。因此，只有将其与预计目标进行明确的比较时才有意义（指标 12）。高级管理层需要和相关团队领导就研究项目进展状况进行面谈。能够成功地实施试点项目，并引起潜在捐赠者对新主题的兴趣，这些都能表明智库发展状况良好。此外，资金的到位也明显意味着其所做的工作是有价值的。

七、跟踪智库绩效的方式

　　制定一套全面的绩效评估指标体系是智库一项重要的工作。案例研究 12.1 描述了 CIPPEC（位于布宜诺斯艾利斯）是如何完成这项工作的。它着重强调这项工作对智库的必要性和这套评估系统的运行。正如本书所述，CIPPEC 的评估系统即将投入运行，但其中仍然存有诸多挑战。

八、观点小结

　　这里已经列举了很多跟踪智库绩效的指标，但很少有智库会生成这样一系列完整的指标，更不用说会将其写成报告呈交给智库领导。其实许多智库都有其非正式的信息系统,能够满足这些信息需求。只要监管工作正在进行,信息的收集方式正式与否也并无大碍。

当然每一个智库都不相同。每个智库的领导都应该明确在哪些业务领域已掌握了丰富的信息,哪些领域的信息还不够。智库领导应该对监管领域产生或收集的信息所带来的潜在效益进行权衡,并将其与智库投入的成本相对比。智库重要的管理者也需参与其中。

如果这些管理者认为他们还需要更多更优质的信息,那么接下来就需要考虑要定期生成哪些信息,并应该将其传达给谁。本章所列表格中的指标和附录 12.1 中的一些样表都列举了与智库发展最相关的信息。

正如上文从 5 种视角进行的阐述,即使一个监管系统能够跟踪智库所有业务的重要环节,但还是很容易忽略该系统对智库的必要性。如果不参考一定的绩效指标信息,光凭想象就制定一系列的发展计划,长此以往则会危害到智库的运行,甚至还会威胁到智库的生存。监管会带来巨大且明显的效益,即使智库对这样的效益难以衡量,这也是一项很划算的投资。

九、总结

343

(一) 实践经验

一个经营良好的智库具有如下特征:

- 超过 50 名员工的智库会跟踪和评估其在这 5 个领域的绩效——公共政策、资助者、内部业务、创新与学习及财务方面的绩效。制定 80% 到 90% 的指标似乎是比较合理的,但要保证这些指标能够将智库各领域的重要内容都涵盖在内。即使是拥有较少资源的小型智库,它们至少也要跟踪这 5 个领域中 50% 的指标信息。

- 小型智库对其重要领域的绩效监管,是通过明确界定和仔细筛选得到的少量指标,以此跟踪相关信息的情况。

- 智库关心其政策参与的绩效。有效的监管与评估计划需要投入一定的资源：
  (1) 依据公共政策视角（表 12.2）编制绩效指标；(2) 智库领导应跟踪智库参
  与的重要政策研究领域的政策制定情况。

（二）资助者须知

1. 资助者应注意

智库先进领域的绩效指标。资助者若要列出智库正在跟踪的全套指标，需要投
入大量的精力。智库很有可能并没有对其所收集的信息进行仔细考量，就直接利用
这些信息作为绩效指标，而这样的指标可能并不完整。因此，笔者的建议是，询问智
库的一两个重要领域的指标信息，资助者可以使用本章列出的表格检查指标的完整
性；如有需要，可以将检查结果反馈给智库，并提醒执行董事和智库总裁注意那些他
们可能忽略的信息。

假定资助者与智库建立了良好的关系，那么资助者就可以优先考虑以下列出的
几项内容：

- 首先需要考虑的是"公共政策视角"的指标，毕竟这些指标可以帮助智库实现
  自身的使命（表 12.2 罗列了大量指标）。资助者希望所有智库都能有良好的
  产出信息，但真正的考验在于相应的中间成果指标。

344
- 其次需要考虑的是"内部业务视角"的指标。例如，有人可能会问，高级管理
  层如何密切关注会计/财务团队的工作量及其生产力（在表 12.5 的 D 部分），
  因为这是经常会被忽略的内容。资助者可以对表 12.5 中的内容进行审查。

- 再者资助者应该清楚地知道，如何跟踪并评估有研究计划的智库竞争项目，
  这对智库的高级管理层来说非常重要（即需要确定具体的指标和指标的利用
  方式，表 12.5 中 B 部分的第 7、8 项）。

2. 资助者可能需要做

薄弱的绩效水平和低效的财务跟踪系统会成为智库真正的危机。高级管理层可能会对这些需要立即解决的危机感到不知所措。智库仅有少量的成本用于生成信息及将其提交给高级管理层，而真正的困难在于启动成本（这可能也很少），因为项目资料和管理记录里应该包含大部分需要制定指标的数据项。智库需要使数据更容易获取和利用，并且制作和填写电子表单汇报给管理层。只要智库的执行董事坚信"绩效信息系统"具有价值，那么资助者就可以一次性投入大量成本以支持该系统的部分运作和发展。

案例分析 12.1 为跟踪智库多领域的绩效建立的一套全面指标

促进公平与增长的公共政策实施中心（CIPPEC）自 2001 年成立以来，其预算已增加了 100 倍以上，平均每年有 100 个项目，所产生的收益占智库总收入的 70％以上。其他收入来源包括个人资助者、公司、政府和国际合作机构。

愈加复杂多样的智库业务活动使得跟踪项目活动和预算的绩效指标（可用工具）不再适用：这些指标无法生成及时的信息，也不能向管理机构或外部利益相关者提供有关报告。特别是，智库的发展与内部管理程序不同步，由此引发了以下这些问题：本可以继续开展的智库项目却没有得以实施；过度地依赖有专业的行政管理经验和知识的人员；持续低下的工作效率；常见的重复性工作和效率低下的劳动力；信息分散冗杂，缺少整合；产生无效数据使得错误风险提高；未充分利用的可用信息。

在一段时期后，CIPPEC 决定解决上述问题，它在 2011 年至 2014 年的 3 年规划中优先升级管理流程，并且合理配置资源以完善管理体制。智库强调管理委员会参与整个决策过程是很重要的，这样做的目的是提高 CIPPEC 的生产率和内部运营的质量，从而提升其在政策领域的绩效水平。

系统研发

智库管理层在做出决策后，便进行了市场调查，其结果显示有两种不同的系统研发方案：（1）已经安装好的系统（设计好的程序）；（2）开放源代码工具。然而，这两种方案没有一种是可以满足 CIPPEC 的具体需求。市场上的大部分系统是为私营公司及其营销活动研发的，并没有将智库或非营利性机构考虑在内。此外，定制自己的系统需要智库进行大量的咨询服务。

最后，CIPPEC 决定根据其需求和特点研发新的管理系统。那么，第一个任务是寻找优秀的供应商，供应商公司列表应提交给管理委员会。智库一旦选择了该供应商，CIPPEC 的行政部门、项目管理部门以及项目监管和评估部门，开始与软件公司合作，共同设计和研发新的系统。这个系统应该包含以下几个模块：项目管理；出版物；没有特定分配的收入管理（主要来自企业和个体捐助者）；金融和财政预算管理；

及现有的会计系统界面。

这种定制系统的主要优势在于，它兼容 CIPPEC 的所有工作，并能够根据需求进行调整和扩展。此外，该系统能够使 CIPPEC 拥有内部管理系统，并与现有的会计系统整合在一起。除了这些优点之外，定制这样的管理系统需要对当前流程进行缜密的初步分析，以避免出现一些纰漏，因此在设计阶段需要投入大量的时间。

盈利与挑战

新软件可以提高智库的工作效率，生成可靠的信息，及避免重复工作。简而言之，该系统可以使资源的利用更加有效。这个全面的系统涉及项目管理的所有流程，例如设计、审批、实施和监管等。同时涵盖了预算管理、合同审批及报告生成，包括管理绩效指标——从而有助于促进更多基于实证的决策过程。

至今取得的一些成果可以利用绩效指标加以阐述：

模块	指标
出版物	已出版的著作数量； 已出版的政策简报数；
经济和财务预算的管理	最终成果（年度）； 累积成果（今年加上前一年）； 国际合作资金与总资金的比值； 政府资助的项目资金与总资助的比值； 个人资助与总资助的比值； 项目的直接成本（已审核的/未审核的）； 项目的实施率（正在进行的项目平均开销比例）；
项目管理绩效	已完成项目与计划完成项目的比率

尽管智库挑选了内部的一个用户团队，目前正在测试新的管理系统，但也出现了一些挑战，其中最大的一项挑战就是管理变化（及变革的阻力）。成功的信息系统取决于其用户的支持。此外，在系统开发的中期，需要不断完善和巩固它的优势。其他的挑战包括有效的内部沟通战略，及在机构和政策研究领域，为培训和招募新成员需要合理地配置资源和时间。

同时，CIPPEC 在管理挑战和对员工培训新系统方面的工作已取得了一定进展：

统一智库的流程和日常规章,合理地分配智库各项运作职能(执行总裁、行政管理和项目管理部门、传播部门、筹资部门),以及在其他方面具有稳定的治理绩效。

展望未来

智库在 2014 年第一季度即将实施的活动包括:组建新团队以实施新系统的第二个试点项目,制定安全体系(权限和用户),培训用户(所有职员),落实最终系统方案。新系统预计将于 2014 年底全面投入运作,并且根据需要,系统允许日后再添加其他模块。

莱安德罗·真迪和罗米纳·伍克热瑞可

促进公平与发展的公共政策研究中心

布宜诺斯艾利斯,阿根廷

附录 1.1　完善智库管理的项目案例：阿塞拜疆巴库的一个智库能力培养项目

背景

经济研究中心(ERC)是由 3 个年轻的经济学家在 1999 年创立的一个从事政策研究的智库,它的使命是通过研究和交流理念来帮助政府制定经济和社会政策。那个时候,国家治理中公民的参与度、公共资产支出的控制以及国家政府部门的透明度和责任感,都十分令人担忧。当时阿塞拜疆还很缺乏对经济全面深入的研究,预算方案只有区区 20 页,预算资金也没有规范的使用要求。在过去的 14 年中,ERC 不仅在阿塞拜疆,同时也在该地区和独联体国家中,逐步发展成为一个非常优秀且知名的智库。

阿塞拜疆正处在其石油时代的后高峰期,但由石油生产带来的快速经济增长将很快就会过去。在这个后高峰期,要保持经济的可持续发展,阿塞拜疆会面临巨大的挑战。也就是说,阿塞拜疆政府要继续实施现有的扶贫政策、解决就业问题以及保持社会福利问题,将会面临极大的困难。因此,像 ERC 这样的非政府组织就很有必要通过聘请各类专家,在机构内部采取措施来培养能力,以及扩大财政来源,来完善其管理措施,使其管理水平保持在国际标准上。

为了满足政策研究和做出提案的需要,政府近年来成立了不少研究机构,包括阿塞拜疆共和国总统办公室的政策研究中心,国会的分析情报中心,国家经济大学的经济研究所,以及中央银行的研究与发展中心。然而,这些研究领域受制于现有政治教条的机构并不能给出非常全面的政策选择,而如 ERC 这样的非官方智库正好弥补了这一缺陷。特别是在当前的情况下,阿塞拜疆政府不断给这些独立智库强制施压和设限,这类项目的实施变得越来越困难。

因此,ERC 的领导认为非官方的智库迫切需要做出优秀的分析报告并且把这些报告有效地推向政策市场。要实现这个目标,完善的管理是一个关键要素。2007～2008 年间,在"智库资金"(TTF)这一项目的资助下,ERC 在其行政管理实践上取得了重大的进步,包括公共关系、HR 和财政管理。

积极加强智库运作

经济研究中心历来都大力支持阿塞拜疆的其他智库,同时也很注重帮助这些智库取得进步。为此,2013 年 5 月 ERC 牵头建立了"阿塞拜疆智库联盟"(ATTA www. thinktank. az)。欧盟、开放社会政策协会(PASOS)和"智库公民"启迪中心(ICEC)三方合作,共同资助了"强化智库决策作用提高政府效率"这一项目,ATTA 就是通过这个项目成立起来的。这个联盟的目的是为了增强智库内部的管理能力和研究能力,以及扩大智库的影响力,通过调动各种来源的资金,尤其是国内的资金,来增加智库在决策进程中的参与度。

这些智库面临的主要问题有:(1)在战略管理、质量控制和财政可持续性上缺乏成体系的管理;(2)缺乏政策分析研究的技巧,特别是现代化的研究方法和技术;(3)缺乏和政府机构、其他非政府智库的政策对话。

为了解决这些问题 ERC 决定设计和实施"强化智库决策作用提高政府效率"这个项目,目的是为了消除阿塞拜疆公共政策决策上的独裁,办法有:(1)培养 18 个非政府智库的机构管理能力和研究能力;(2)增强这些智库在国家决策中的参与度。

从机构能力发展的角度出发,ERC 发起了一系列的培训活动来增强参与智库的机构管理能力。这些培训包括"智库的战略管理""智库的战略计划""智库的资金筹集和会计制度""实证倡导战略培训""智库——媒体:从相互间的协同效应角度看""制造联系:有效沟通与传播的构建方式"以及"SPSS 入门",还有主要由 ERC 职员提供的指导课程。此外 ERC 还做了一个以期刊形式发表的"政策学报",用来刊登参与项目的智库职员写的文章。除了这些,ERC 还会为参与项目的智库和政府部门组织圆桌会议，也为智库和商界人员组织类似的会议。

另外，为了激励智库做出更好的研究，项目在 ATTA 成员之间组织了"最佳政策报告"比赛，这一比赛在各家智库中引起了强烈的反响。这个项目还召开董事会和 ATTA 联合会，把 ATTA 的成员智库聚集到一起交流想法。最后，这个项目还组织了第一届阿塞拜疆智库展览大会，在这个展览会上，智库有大量的机会向政府部门、商界、国际组织和公众展示他们的产品、研究和项目。

获得的成果

373

这个项目在 2013 年 12 月正式结束，当时 ERC 获得了以下这些成果：

- 75％的智库预算提升了 25％，而这 25％正是从当地的资源中来。

- 在 www.thinktank.az 上建立了一个网上支付系统，智库可以通过这个平台销售他们的政策报告。

- 做出了一份双语期刊，刊登当地智库纂写的政策文章，以双语版本广泛向外发行。

- 做出了超过 10 份的实证研究报告，这些报告都有扎实的数据分析而不仅仅是单纯的数据陈列。

- 现在超过 95％的成员智库都实行了质量控制制度。

- 主要受益的智库都制定了：(1) 战略计划；(2) 公共关系政策；(3) 倡导策略；(4) 会计与财政的管理政策和程序。

- 构建了一个正式的智库网络，并且这个网络会继续保持下去。

仍然要面临的挑战

随着"通过加强智库⋯⋯"这一项目的实施和阿塞拜疆智库联盟的成立，ERC 改变了阿塞拜疆当地智库的运营方式，但是他们仍然存在以下这些问题：

- 资助来源越多，要做的事情也越多；

- 与政府部门、商界能够保持的关系和对话仍然很有限；

- 还没能做出一份强有力的政策分析报告，因此阿塞拜疆的智库在国际市场上的影响力还是很有限。

前景

通过充分调动 ATTA 和 ERC 的资源，这个计划可以实施更多的倡导活动。在 ATTA 成员智库的支持下，ERC 正计划对大众热切关注的阿塞拜疆社会热点问题进行研究，并会努力解决当下的一些主要问题。另外，政策文章的期刊也会继续如期半年发行一次。而且已经计划好要在 ATTA 内发行一份实事通讯，内容主要是关于参与智库的各类活动。

主席加利布·巴伊拉莫夫①

经济研究中心

巴库，阿塞拜疆

---

① 那时巴伊拉莫夫先生已经是 ATTA 的董事会主席了。www.erc.az；gibadoglu@erc.az

附录 1.2 问卷调查的附录信息

1. GDN-15。"完善机构公共支出问责制"这个项目旨在提高参与的 15 个智库对公共支出的去向、程序和效应的监督和分析能力,以及让这些智库都能够积极地与决策官员打交道。这个项目从 2008 年开始启动,持续了四年半,最终实现了其目标,即使当地政府的能力、责任感和反应敏捷度都得到提高。项目的预期是到了中期,智库所在国家的人们能够从管理绩效的提升中确切受益。项目的管理团队由各个机构的代表组成,这些机构包括这个项目的牵头组织全球发展网络(GDN)、技术合作伙伴发展绩效研究所(R4D),以及实施监督和评价的合作方,芝加哥大学的全国民意研究中心(NORC)。[①]

这个评估项目从 2009 年开始收集管理实践方面的数据,在 2010～2011 年进行了监督调查,2013 年为了评估进行了最后的调查。[②] 总之这些调查给我们提供了一个关于员工构成和水平的大致印象,通过这些调查我们可以大概了解到机构的职员离职与培训、宣传计划与实践、质量控制、资助来源与构成,以及其他实践方面的状况。之后的几个章节罗列的数据大部分是来自 2011 年的调查,有些很重要但是没在2011 年的调查中罗列的数据放在了 2009 年或者 2010 年的调查中。

2. TTI-48。"智库创新"是一个为大量智库(2013 年有 48 个)提供"支持与技术"援助的大规模项目,这个项目由国际发展研究中心(IDRC)发起,由一群基金会和国家援助机构资助。2008 年开始从西亚、东亚、拉丁美洲和南非地区遴选一批智库

---

① 中期评价结果见斯特鲁伊克和海德薇(2012)。

② 每个国家的政策共同体都会做一些额外的调查来衡量政策影响力,研究报告则由外部资深的社会学专家审核,进而评估研究质量的变化。

参与其中，并且资助资金能够持续到 2017 年。

TTI 有三个目标，同时也总结声明指明了这个项目的执行方式：

- 选择一组有望独立的政策研究机构，帮助它们评估重要运营环节的优势和劣势，确定绩效有可能得到提高的环节。

- 向这些机构提供资金支持、培训机会以及技术援助，使他们能够提高研究质量和机构管理绩效，扩大政策场上的人脉。

- 为了能对捐助者、参与的智库以及其他的发展对象等将来的活动产生影响，应该学习并分享从项目中得到的支持和管理一个政策研究机构的策略（杨，华池科和恩格尔，2013）。

TTI 在 2008～2009 年做了基础调查（以两种方式遴选智库），在 2010～2013 年做了监测调查。这里使用的大部分数据都来自 2011 年的调查，使其与 GDN 的数据有足够的可比性。关于质量控制实践和全面的职员政策信息等一些重要的问题，只在基础调查中进行了提问，因此这些数据也只在 2008～2009 年的调查结果中有所显示。总的来说，本附录罗列的几个表格中基本都有各类数据项归属的调查年份。只有一个数据源（GDN 或 TTI）的数据集只标注了一个年份，同时来自 GDN 和 TTI 的数据集，第一个年份是 GDN 的来源年份，后面那个年份则是 TTI 的。

TTI 的数据来自 2013 年仍然参与该项目的 48 家智库（附录中末尾列有清单），因为在早些年前有几家智库已经退出了项目。有时候并不是 48 家智库都回答了所有的问题，因为有 4 家智库同时参与了 GDN 和 TTI 两个项目，因此在所有表格中的最大值是 59（15＋48－4）。当 GDN 和 TTI 的数据分开进行罗列时，两方的数据都会包含有着 4 家智库的信息。在将所有智库混合起来时，这 4 家智库的信息只放在 GDN 的数据里计算一次。

TTI 使用的很多问题和 GDN 一样，不过也有一些不同，比如 TTI 的调查有涉及战略发展问题，GDN 就没有。可能的话，笔者会将两个来源的数据进行合并以提供一个更大的样例。当两个调查的问题有区别时，笔者会只用一方的数据。

在所有的表格中,第一阶段智库指的拥有少于 10 个全职人员的智库。当第一阶段智库的任职或其他情况和其他更高级智库有很大的区别时,第一阶段智库的数据会分开来单独罗列。

GDN-15 和 TTI-48 这两组的智库都没有代表性,因为这些智库是从项目大范围向外发布了招聘之后,从提交申请的智库中选出来的。表 A.1.2.1 罗列了一些这两类智库的重要特性,包括规模(以全职人员人数划分),研究和倡导的工作分配组合情况,以及截至 2009 年机构的年龄。

表 A.1.2.1　参与 GDN 和 TTI 项目的智库部分基本特征(百分数频数分布) 376

	GDN-15	TTI-48	综合数据[b]
从全职人数来判断的规模 (2008～2009)			
1～15	53	10	20
16～30	13	33	29
31～50	13	23	19
51～100	20	25	25
101 及以上	0	8	7
工作分配组合 (2011)			
25%研究～75%倡导	0	2	2
40%研究～60%倡导	0	0	0
60%研究～40%倡导	33	33	34
75%研究～25%倡导	53	33	41
90%研究～10%倡导	13	31	24
机构年龄 (2008～2009)[a]			
1～10 年	33	46	44
11～16 年	40	21	22
17 年及以上	27	33	34

a. 截至 2009 年的机构年龄。

b. 这一列的数据有时和前两列的数据并不相同,因为有 4 家智库同时参与了两个项目,他们的数据在两个项目中都会有统计,但是在综合数据中只会统计一次。

| 完善智库管理:智库、"研究与倡导型"非政府组织及其资助者的实践指南 |

两组智库的规模分布差别非常大,GDN-15 有一半的智库职员少于 15 人,而 TTI-48 只有 10%。在剩下的范围中,GDN 有 20% 的智库职员人数超过 50 人,TTI-48 则有整整三分之一。因此,将数据综合起来能够提高高级智库的比例,也能够有效地增加对小型智库的描述。

研究—倡导的工作组合分布表明,在综合数据中 41% 的智库花费 75% 的时间做研究,25% 做倡导,而这也是最常见的工作划分。比例占据第二的划分情况是(34% 的智库)60% 的研究和 40% 的倡导。虽然这两组智库在很多方面都很相似,但是仍有一个非常大的区别,那就是 TTI-48 有 31% 的智库的研究—倡导工作划分为 90% 和 10%,而 GDN-15 只有 13%。这个区别看似很惊人,但其中的原因是 GDN 有 53% 的智库属于 75% 和 25% 的划分类别,而 TTI 只有 33% 属于这种情况。

379   最后,综合数据中机构的年龄分布非常广泛,44% 的智库都相对年轻(10 年及以下),34% 的智库地位非常稳固(17 年及以上),这意味着这些智库的成熟度很高。智库想要真正在政策场上,特别是要在一个成熟的竞技场上,建立自己的地位经常需要花费 10 年左右的时间。如果一个智库关注的是某个其他智库都不太擅长但确实是个焦点的领域,那它需要的时间可能会少一些。机构年龄最长的这组智库,TTI-48 略多于 GDN(33% 和 27%)。

377   表 A. 1. 2. 2   GDN-15 智库

机构名称	简称	所在国家
先进社会技术部	AST	亚美尼亚
巴查查兰大学经济学院的经济与发展研究中心	CEDS	印度尼西亚
研究与通讯中心	CRC	菲律宾
太平洋大学的研究中心	CIUP	秘鲁
促进公平与增长的公众政策实践中心	CIPPEC	阿根廷
蒙特雷科技大学的公共管理与公共政策研究生院	EGAP	墨西哥
危地马拉发展基金会	FUNDESA *	危地马拉

（续表）

机构名称	简称	所在国家
预算与政策研究中心	CBPS	印度
政策研究与发展	PRAD	尼泊尔
综合社会发展中心	US	孟加拉国
综合社会发展中心	ISODEC	加纳
经济事务研究所	IEA *	肯尼亚
经济政策研究中心	EPRC *	乌干达
经纪和社会研究基金会	ESRF *	坦桑尼亚
非洲经济研究中心	CSEA	尼日利亚

带有"*"的四个智库同时也参与了 TTI 项目。

表 A.1.2.3   TTI－48 智库清单

机构名称	简称	所在国家
拉丁美洲		
社会研究协会	ASIES	危地马拉
巴拉圭经济发展分析中心	CADEP	巴拉圭
厄瓜多尔环境法中心	CEDA	厄瓜多尔
洪都拉斯外债危机和发展社会论坛	FOSDEH	洪都拉斯
ARU 基金会	ARU	玻利维亚
吉列尔莫·恩古博士基金会	NGA	萨尔瓦多
改革与机遇进步基金会	Grupo FARO	厄瓜多尔
萨尔瓦多经济与社会发展基金会	FUSADES	萨尔瓦多
发展分析小组	GRADE	秘鲁
发展高级研究学会	INESAD	玻利维亚
秘鲁研究所	IRP	秘鲁
发展研究所	ID	巴拉圭
撒哈拉以南的非洲		
发展与环境倡导联盟	ACODE	乌干达
非洲遗产研究所	AfriHeritage	尼日利亚

（续表）

机构名称	简称	所在国家
撒哈拉以南的非洲		
非洲经济研究中心	CESA	尼日利亚
经济社会研究与文献中心	CEDRES	布基纳法索
人口与环境发展中心	CREP	尼日利亚
经济和社会研究协会	CRES	塞内加尔
经济和社会研究基金会	ESRF	坦桑尼亚
经济政策研究中心	EPRC	乌干达
埃塞俄比亚发展研究所	EDRI	埃塞俄比亚
埃塞俄比亚经济协会/埃塞尔比亚经济政策研究所	EEA	埃塞俄比亚
农业与农村未来发展计划	IPAR	塞内加尔
政治经济学实证研究所	IERPE	贝宁
经济事务研究所	IEA-Kenya	肯尼亚
经济事务研究所——加纳	IEA-Ghana	加纳
政策分析研究所——卢旺达	IPAR-Rwanda	卢旺达
统计、社会和经济研究所	ISSER	加纳
肯尼亚公共政策研究与分析中心	KIPPRA	肯尼亚
马凯雷雷社会研究所	MISR	乌干达
扶贫研究中心	REPOA	坦桑尼亚
科学、技术和创新政策研究中心	STIPRO	坦桑尼亚
南亚		
科学、技术及政策研究中心	CSTEP	印度
预算与治理责任研究中心	CBGA	印度
政策对话中心	CBD	孟加拉国
政策研究中心	CPR	印度
贫穷分析中心	CEPA	斯里兰卡
发展中社会研究中心	CSDS	印度
印度贱民文化研究所	IIDS	印度
社会和环境变迁研究所——尼泊尔	ISET-N	尼泊尔

（续表）

机构名称	简称	所在国家
南亚		
经济增长研究所	IEG	印度
治理研究所	IGS	孟加拉国
斯里兰卡政策研究所	IPS	斯里兰卡
安纳德农村管理研究所	IRMA	印度
国家应用经济研究中心	NCAER	印度
公共事务中心	PAC	印度
社会政策和发展中心	SPDC	巴基斯坦
可持续发展政策研究所	SDPI	巴基斯坦

CEE-6。这个数据来源是中东欧（CEE）（斯特鲁伊克，2006）具有代表性的 6 家智库。当这个数据集缺少某些信息时，笔者从前面提到的两个调查中抽取一些进行补充。入选的一般标准是该智库在过去 5 年内持续雇有至少 10 个全职研究员（也就是说，这类规模的机构有足够的时间去解决他们面临的人事问题）。[①] 这 6 家智库有两种类型。3 家智库与笔者有长期的合作关系，并且知道他们对管理问题特别感兴趣，另外 3 家智库参与过笔者在 1997 年对该地区的智库做的前期调查（斯特鲁伊克，1999）。笔者根据 1997 年的调查信息和前 3 家智库的建议邀请了后面的这 3 家智库。笔者大概是在 2000 年收集了这 6 家智库的信息，那时候这些机构的年龄大概都在 5 到 10 年，由其第一届主席领导（一般是做过苏维埃式研究所研究员的人）。这 6 家智库都是第二阶段智库，收集到的信息包括人事政策、人事变更的相关数据以及智库制定议程的方式，这些将会在第 2 章进行阐述，这也是首先用到这些数据的章节。再次强调，这些样例并不具有代表性。

[①] 另外，笔者还对两家规模较小的智库进行了人事管理方面的采访，结果证明他们那时候的人事管理非常不成体系。

附录 3.1 岗位设立

城市研究所

人力资源部   项目编号：

职位要求/岗位说明表

说明：由招聘主管填写并反馈给人力资源部门。

中心/部门：	主管：
职位：	预算工资幅度：
该职位是： □ 新职位 □ 替代：	该职位是： □ 监督岗位 □ 非监督岗位

岗位状态： 　　正式□ 　　间断□ 　　临时□ 　　外派□	时间安排： □ 全职 □ 兼职(％) □ 临时(小时/周)	办公地点： □ 研究所 □ 出外： 　地点

工作持续时间(如有此项)：	预期开始日期：

招聘建议

工作职责简述

签名：

招聘主管 日期	中心/部门主任 日期
人力资源主管 日期	高级副总裁 日期
同意：□ 授予该职位 □ 反对(原因)	

任职资格：请使用数字 1～4(1＝最重要)对各因素的相对重要性进行排序。

教育 排序：	优先学历：
	优先专业：
	特殊能力：
经历 排序：	工作类型：
	工作成果：
	以往工作环境(学界、非营利性组织、政府等等)：
技能 排序：	请描述理想候选人应掌握的技能：
其他期望特征 排序：	请列举胜任该工作所必备的其他特征，如成熟、判断力、创造力、组织能力、领导力、自我激励、独立和协作开展工作的能力，等等：

政策和流程 No. 101

城市研究所

第 1 页，共 3 页

用人政策和流程

日期：2/28/03

主题：岗位设立

政　策

在聘任员工之前，必须首先设立一个岗位，并根据岗位的技术参数为该岗位划定工资幅度和职务等级。除外，还应该根据《公平劳动标准法案》确定岗位预期存在时间、工作计划、岗位状态。

是否参与员工福利计划在某种程度上是由岗位状态决定的。各种岗位状态与对应的员工福利详见附件 A。完整的福利信息和享受条件可见员工养老金计划或城市研究所有关福利的政策和流程文件。

岗位状态

根据下文描述，岗位可以分为正式岗、间断岗、临时岗、间断性研究员、外派岗等类型。

1. "正式"岗位的持续时间不确定，或者存在时间超过 1000 小时，拥有常规的、可以预见的、全职或兼职的工作计划。研究所大部分的岗位都是正式岗位。研究所为全职岗位承担所有附加福利、间接费用和管理费用。

2. "临时"岗位在 12 个月的期限内存在时间不足 1000 个小时。临时员工从上一家研究所辞职的那天起，8 个月内不得在其他研究所工作（实际上，就是在一项临时任务之后创建一个为期 8 个月的冷却期）。类似地，对于正式员工来说，他们辞职后 8 个月内，不能被再次雇用或者转换成临时工。临时岗位可能也有全职、兼职或临时的工作计划。一个临时的岗位享有法定附加福利，并由研究所承担全部的管理费用，但不承担定价和计费目的的间接费用。

3."间断"岗位就是这样一种岗位(就像临时岗位),在一个工作年,任职时间不确定,有临时的工作安排,工作时间不足 1 000 小时。然而,这种岗位仅仅当在 8 个月的冷却期过去之前,一名正式员工被再次任用或调转到一项临时的工作安排的时候才会使用;或者当用人中心或部门考虑将该员工转为正式员工的时候会采用这种形式,在这种情况下,这种岗位是临时岗位的一种替代选择。研究所为全职岗位承担所有附加福利、间接费用和管理费用。

4."间断性研究员"是指在一个工作年内,任期时间不确定,工作时间不足 1000 小时的岗位。这种岗位只能由总裁授予。"间断性研究员"岗位享有法定附加福利,还由研究所承担定价和计费目的的全部管理费用和间接费用。

5."外派"岗位指的是工作岗位不在美国,或者工作任务不在美国、需在国外工作至少 6 个月,或者那些直接劳动力成本主要由外部资金通过对城市研究所的合同或拨款来支付的岗位。外派岗位享有全部福利,并由城市研究所承担全部间接费用和定价或计费目的的管理费用。

工作日程

"全职"指的是固定的、可预知工作时间的每周 40 小时的工作。

"兼职"指的是固定的、可预知工作时间的,但每周工作时间在 20 小时到 40 小时之间的工作。

"临时"指的是每周工作时间平均水平少于 20 小时,或者在任期内平均每周工作时间少于 20 小时。

流　程

1. **批准设立岗位。**设立一个新岗位,目的是替代一个即将离职员工的现有岗位,或者雇用临时员工。招聘主管需要完成一份从人力资源办公室获取的职位要求/岗位说明表(附件 B),该表要求招聘主管详细说明预算的工资范围、办公地点、工作性质,主管,期望入职的日期,以及该岗位是否负有监督职责。招聘主管还要描述该岗位的主要职责,以及做好该工作所需要的资质和技能,并提出吸引合格申请者的招聘建议。该表必须得到中心或部门主任的签署和批准。完成的表格上交给人力资源主管。

人力资源主管负责审核工作规范，并按照研究所的工作评估流程对岗位进行分类（详见城市研究所政策和流程 No. 108—薪酬管理）。岗位一旦被归类，新岗位的申请就被送到高级副总裁那里审批。人力资源主任负责批准替代岗位的申请，然后通知主管新岗位和替代岗位何时能够得到批准，并维护岗位审批的日志。

临时任务能够使研究员迅速满足短期招聘需求，并有效控制成本。由于这项政策适用于所有工作，因此不管雇佣形式如何，可能只能通过人力资源部门来设立新岗位。

2. **公布空缺岗位。**高级研究员外的所有空缺的正式岗位，都将公布在内部的公共区域或发送给适当的外部资源，以下情况除外：员工在同一中心或办公室内部的晋升或调岗；向高级副总裁提出无须公布该空缺岗位的书面请求，并得到其批准。总裁邀请高级研究员来研究所工作，是根据他们在国内公认的的特定研究领域内的专业知识来进行选择的。

豁免的岗位将至少公布两周，非豁免的岗位至少一周。临时的和间歇性的岗位并不需要公布。

3. **取消一个空缺岗位。**如果一个豁免岗位已经公布超过 6 个月却依然空缺，除非招聘主管对人力资源主管提出一个书面申请，要求该岗位的公布延长 3 个月，否则这个岗位将要被取消。

如果一个豁免岗位延长了 3 个月后仍然空缺，除非招聘主管对人力资源主管提出一个书面申请，要求该岗位的公布再延长 3 个月，否则这个岗位将被取消。

附录 4.1　技能讲习班知识共享[①]

GDN 项目致力于通过向每个智库的员工分享讲习班的知识以提高智库政策研究和传播研究成果的能力。在监控计划执行期间,共举办了两场讲习班:2009 年夏季的启动讲习班,一次在亚洲一次在非洲;2010 年 3 月在启动讲习班结束后举办的同行评审讲习班。讲习班的汇报主题详见表 A4.1.1。

表 A4.1.1　项目讲习班培训主题

领域	讲习班	
	2009 年夏	2010 年 3 月
分析	PETS[a] 和缺勤研究方法及相关案例	成本有效性分析
	技术援助案例,调研设计和数据分析	
通讯与传播	倡导:学习以往受让人案例	有效沟通 & 有目的的沟通
	倡导:实践经验	

a. 公共支出追踪系统(Public Expenditure Tracking System)

这部分主要研究讲习班知识在智库其他员工之间的共享方式,以及讲习班对于提高参与该项目的智库通讯与传播实践的有用性。

项目讲习班知识的传播

要想知道对参与讲习班的一两个智库员工的培训是否转化成了智库整体的能力,我们需要了解这一两个员工在多大程度上分享了他们在讲习班所学的的知识。如果他们只分享了很少一部分知识,那么智库在这方面的提升就会很小,尽管他们可

[①]　资料来源:斯特鲁伊克,Damon 和 Haddaway(2010)。

能收获了很多新知识,并且能够有效地运用它。因为参与讲习班的大多是智库研究人员,所以将讲习班培训内容传播给通讯与传播人员非常重要。

表 A4.1.2 对参与讲习班后智库所采取的知识分享措施进行了总结。该调查表列举了这些智库所有可能采取的措施以及应该采取的措施。

385

表 A4.1.2　项目讲习班后智库所采取的措施

	百分比			
	我们这样做了	因为员工已经具备这些知识,所以我们没有这样做	处于其他原因我们没有这样做	反馈智库总数
09～3 月　启动讲习班				
分析研究培训				
向其他研究员分析会议材料或材料清单	86.7	6.7	6.7	15
开展有关项目预算分析的漫谈会	78.6	14.3	7.1	14
举办有关项目预算分析的正式汇报	41.7	33.3	25.0	12
开展有关收益归属分析的漫谈会	78.6	14.3	7.1	14
举办有关收益归属分析的正式汇报	53.8	30.8	15.4	13
通讯与传播培训				
向通讯与传播团队分发通讯传播材料和影响策略	57.1	7.1	35.7	14
与通讯与传播团队会面向他们介绍讲习班有关通讯传播策略的内容	53.3	0.0	46.7	15
其他	100	0	0	2
10～1 月　评审讲习班				
分析研究培训				
向其他研究员分析会议材料或材料清单	92.3	0.0	7.7	13
开展有关成本有效性研究的漫谈会	91.7	8.3	0.0	12
举办有关成本有效性研究的正式汇报	50.0	16.7	33.3	12

（续表）

	百分比			
	我们这样做了	因为员工已经具备这些知识，所以我们没有这样做	处于其他原因我们没有这样做	反馈智库总数
通讯与传播培训				
向通讯与传播团队介绍最佳通讯传播实践经验	58.3	0.0	41.7	12
与通讯与传播团队会面向他们介绍讲习班有关通讯传播技术的内容	58.3	0.0	41.7	12
其他（特定）	100	0	0	1

由表可知，智库分享学习材料的程度非常高。40％的智库反映在启动讲习班结束后都举办了 2~3 次分享活动，而评审讲习班结束后这一比例达到了 60％。有三分之一的智库反映说在启动讲习班结束后举办了至少 6 次分享活动[①]（智库被要求上报其所举办的所有相关活动，因此有了这些看上去各不相同的活动方式）。

很明显，智库的这些活动，从分享会议材料到开展正式汇报，都可以让员工这两个讲习班中获取很多有关研究技巧的知识。分享学习资料或举办漫谈会的智库比例在 78％~87％之间。这说明参与该项目可以提高智库组织层面的能力。同样地，两次培训之间智库分享学习资料的比例也有了明显提高。

两次讲习班的通讯与传播培训形式有着很大区别。但两次讲习班过后都有一半以上的参会智库向其员工分享了"最佳通讯传播实践经验"的学习材料或开会学习这些材料。如果与会员工在参与分析研究培训后没有向其他员工传授学习信息，一般都是因为智库员工已经掌握了该技能。但通讯与传播培训则不是这样的，有半数员工都不愿分享这样的信息。

通过了解智库高级管理层是如何看待其员工参与 GDN 培训后通讯与传播能力

386

---

① 表中未出现这些数据。

的改变的，我们可以进一步分析这一现象。如下文所示，有73％的管理层反应员工有了适当或较大提升，这是一个正态分布。表A4.1.3证明了智库举办分享活动的数量与智库取得适当或较大技能提升的关系，也就是说，智库员工在向其同事分享其所学到的知识上所做的努力越多，智库管理层也能感受到智库整体技能的提升越大。那些参与了两个讲习班但反映只有很小提升的智库总共举办了不到10次分享活动，而那些得到了适当和更大提升的智库则举办了44或37次分享活动。

表 A4.1.3　管理层对智库能力提升程度看法分布比例

你如何看待智库在参与 GDN 培训之后通讯与传播能力的提升程度？	
很小的提升	13.3
适当的提升	40.0
较大的提升	33.3
重要的提升	13.3

　　为了进一步验证通讯与传播培训的有效性，60％的回答智库有了一定改变的管理层会被问这样一个问题："你是否可以说出智库在参与 GDN 培训之后通讯与传播工作上的一个具体的改变？"回答者被要求对智库的变化做一个简单的总结，例如："系统并有根据地解决问题"和"我们学会了如何避免掉入媒体采访中的陷阱"。

附录5.1 数据政策研究所团队领导职责说明

研究所中心主任职责及要求①

1. 智库领导力：中心主任属于研究所高级管理人员，中心主任要推动智库共同愿景和策略发展——当前的和未来的，参与智库规划和管理。

每月定期参与研究所中心主任会议或更高级管理层会议。

- 积极参与研究所层面的决策、规划和事务处理工作。

- 在本中心推行研究所新的政策或规程，积极同行政办公室进行建设性合作。

- 推动本中心相关员工参与跨中心跨部门的研究项目（如大数据、改善转包行为、信息技术现代化等）并提供必要支持，彰显中心活力。

- 鼓励和推动跨中心跨部门的研究事业。

2. 睿智且具有实质性的领导力：中心主任要为维持和推进研究所研究工作的质量和项目相关度负责。

- 维持和改善中心技术先进、严格和独立的形象。

- 主持制定具有前瞻性的中心研究计划——以当前的专业能力为基础，并向重要的新兴领域扩展。

- 形成阶段性研究成果（包括政策研究简报、情况说明书等等），让新闻界了解中心当前研究项目。

- 寻找数据、研究方法和研究视野上的创新机会。

---

① 这部分内容出自某第三阶段智库，该智库授权本书使用其规程，但要求不能泄漏智库机构名。本书使用"数据政策研究所"代称该智库。

- 进行项目质量控制，尤其是对一些知名度高或风险大的项目。

- 鼓励本中心研究员与其他中心研究员合作，充分利用研究所力量。

- 以项目负责人、合作人和/或高级顾问的身份积极参与本中心研究工作。

388 　　3. 参与涉外事务：中心主任应保证智库可以有效参与活动对象事务，参与智库提高自身知名度和影响力的新规划。

- 与各种类型的智库政策受众（包括学界、媒体界、政策制定者、一线从业者、商人和律师等）系统地接触并建立良好关系。

- 允许并鼓励合适的中心员工代表中心向某一类型的政策受众宣传中心工作，以帮助他们适应媒体采访及其他社交活动。

- 同通讯与传播人员及外联人员合作，寻找潜在政策受众并与之建立联系（包括产品及项目的早期鉴定）。

- 提升本中心政策研究及通讯传播能力（通过培训、练习和必要的招聘），以更好地传播本中心的主要研究成果；了解外部政策受众对于一些重要问题的看法，为进一步的研究做好准备。

　　4. 筹集资金：中心主任有责任参与智库筹资活动的规划和协调，保证智库资金来源的合理健康和多元化。

- 与投资方建立并维持良好的关系，制定投标策略，寻找和推动新赞助合同机会。

- 与开发员工合作寻找新的资金来源，包括私人的和公司的。

- 寻求更具灵活性和纲领性的资金赞助，以同时支持通讯传播工作和自身研究项目。

- 鼓励并支持与其他中心合作，制定跨中心跨部门的资金筹集策略。

　　5. 员工监管和招聘：中心主任有责任建立一个高质量的高效的研究人员（及其他专业人员）团队，整合智库研究、政策参与、通讯与传播和其他辅助力量。

- 为团队吸引新的高质量的研究人员、政策专家和通讯与传播人才。

- 同行政办公室合作,消除研究所中对吸引高级研究员的不利因素。

- 同人力资源部门合作,确定合理的人员招募结构,并确定可以有效吸引并留住人才的薪资水平。

- 支持中心各个层次员工的专业发展,激发他们的士气,包括通过指导或提供培训和技能学习的机会。

- 培育员工对于研究所及本中心的归属感和团队感。

6. 团队内部管理:中心主任负责项目预算及规划的宏观和日常管理,负责团队内部管理和内部报告,合理利用智库内部资源。

- 确保中心可以在预算之内按时完成合同和授权义务。

- 确保本中心员工遵守研究章程及报告要求。

- 对研究所资源进行战略上的规划和分配。

- 监督员工计划和工作任务,进行指导和质量控制。

- 制定工作计划并监督其实施情况,灵魂配置工作安排。

- 确保中心所有员工知晓必要信息,在进行中心未来规划时考虑中心所有员工的情况。

附录 6.1 评审员在评估分析报告中使用的评审清单

文件名称	
作者	
评审员姓名	
日期	

	问题
A	一般性问题
A.1	问题是否定义清晰？问题的政策重要性是否被正确评估？
A.2	问题的定义或结构是否基于所提出的明确的假说或研究问题？
A.3	相关的所有问题都包括在分析中吗？
A.4	先前关于此问题的研究是否基于本国国情？
A.5	作者是否展示了关于这个主题的国际研究的知识吗？
A.6	是否整理了正确的信息和数据以解决这一问题？如果没有，忽略了哪些重要信息？所使用的样本数据是否具有代表性？它是否足以满足必要的测试？
A.7	使用的方法是否正确？必要的统计测试是否被恰当使用？

（续表）

	问题
A. 8	报告是否条理清晰、简明扼要？
B	结论和建议
B. 1	结论是否基于本文的研究成果？（或者，实际上作者是否超越了研究成果，表达个人的意见和政治观点？）
B. 2	如果结论呼吁政府制定计划，开展行动，那么是否现实地估算了成本？是否考虑了该计划的行政可行性和复杂性？
B. 3	作者是否从多个角度考虑问题的解决方法？或是倾向于使用单一的解决方法？
B. 4	一般情况下，作者是否能够获得研究成果的政策影响？是否能够提出具有现实可行性的建议以改变目前政策？
B. 5	在合适的情况下，作者是否能够对应当收集哪些额外数据或应当进行哪些分析提出建议？这些数据或分析应能更好地回答所提出的问题，以及研究中出现的其他问题。
C	评审员的评论总结（篇幅不限）

391

政策研究报告评级指南

非常强	问题		非常弱
	一般性问题		
A.1	问题是否定义清晰？问题的政策重要性是否被正确评估？	讨论中很难确定问题，可能是因为该问题很容易与其他混淆；或许是因为问题有相关说明，但并没有解释为什么它值得公众政策的关注。	问题清晰明确，并列举问题的政策重要性和及时性的案例。
A.2	问题的定义或结构是否基于所提出的明确的假说或研究问题？	难以理解具体问题，或假说（研究课题）。	基本的政策问题以直接简洁的方式解决，并开放给读者。
A.3	相关的所有问题都包括在分析中吗？	作者偏离主题，例如利益、补贴和工作效率的分配，只关注于总数量。	相关的所有元素都有所涉及。（论文中没有必要覆盖所有的元素，只要提供充足信息，以便充分了解即可。）
A.4	先前关于此问题的研究是否基于本国国情，并被引用？	之前的研究并未被引用。	明确回顾之前的研究，清楚的阐释当前研究所取得的进展。
A.5	作者是否展示了关于这个主题的国际研究的知识吗？	并未提及相关研究。	研究展示了相关文献的知识，并陈述、暗示其对当前研究的影响。
A.6	是否整理了正确的信息和数据以解决这一问题？如果没有，忽略了哪些重要信息？所使用的样本数据是否具有代表性？它是否足以满足必要的测试？	数据的选择似乎是武断的，并不适合这项研究。在使用调查数据的情况下，提供足够的信息来判断其质量，或提供的信息与样品清晰的问题。	研究使用的数据是非常理想的。使用调查数据，可以较好地解释样本，使其符合目前工作。

（续表）

非常强	问题	非常弱	
A.7	使用的方法是否正确？必要的统计测试是否被恰当使用？	作者不使用相关的统计测试，而只是定性地描述数据模型。	进行全面的统计测试，作者有效地解释统计的结果。
A.8	报告是否条理清晰、简明扼要？	报告组织结构混乱，逻辑混乱。	报告条理清晰，简明扼要，语言流畅。

评审员在评估政策简报或旨在推进政策立场的

392

其他文件中使用的评审清单

文件名称	
作者	
评审员姓名	
日期	

	问题
A.1	文章的目的是什么？（在下一列中纪录编号） 1. 呼吁关注一个紧迫的政策问题。 2. 定义问题，并提出解决问题的方法。 3. 其他。 评审员对所有的文件都会使用 A 和 D 部分；根据文档类型选择 B 或 C 部分。 B 部分适用于被确认为条目 2 类型的文件，C 部分适用于被确认为条目 1 类型的文件。条目 3 类型的文件既可以选择 B 部分，也可以选择 C 部分。
A.2	简报目的明确，问题清晰
B	对那些定义问题，并提出解决方法的文件而言
B.1	问题的界定是否有现实依据？
B.2	解决问题的可选方法是否都清楚表达？（较好的汇报只提出一个解决方案）

（续表）

	问题
B.3	是否很好地阐述了判断替代解决方案的标准？
B.4	是否清楚地说明提出的解决方案的优越性？
B.5	基于建议的分析是否可以充分解释，以便读者可以自行判断？
B.6	建议的行动是否全面？即解决成本、管理问题、程序和其他需要做的行动。
C	对那些确定紧急政策问题的简报而言
C.1	公共政策层面的问题是否得到发展和提出？即为什么这是一个值得关注的问题？
C.2	问题的范围（例如，失学孩子比重）是否得以确定，并且基于可信的来源和分析？
C.3	“下一步行动”是否确定？即确定当前的问题，谁应当承担解决问题的责任？
C.4	建议（C.3）是否明智合理？
D	对所有简报而言
D.1	是否包括汇报？即读者是否受鼓励继续阅读？
D.2	汇报水平是否适合决策者或“聪明的门外汉”？
D.3	汇报是否简明扼要，逻辑缜密，长度适中？

政策简报评级的解释

393

非常强	问题	非常弱	
B	对那些定义问题,并提出解决方法的文件而言		
B.1	问题的界定是否有现实依据?	没有事实依据。似乎大家都默认不需要进一步解释。	事实是简洁明了,且得到有效整理以佐证问题。
B.2	解决问题的可选方法是否都清楚表达?(较好的汇报只能提出一个解决方案。)	没有其他可选方法,更不要说评估了。	相关的可选方法被公平提及和介绍。
B.3	是否很好地阐述了判断替代解决方案的标准?	没有明确或隐晦的标准,似乎一切都取决于作者的判断。	标准规定清楚,数据完整,即标准没有因遗漏而有所偏袒。
B.4	是否清楚地说明提出的解决方案的优越性?	没有。读者要求接受仅依据作者判断得出的建议。	有关于选择喜欢的解决方案的原因的大讨论。
B.5	基于建议的分析是否可以充分解释,以便读者可以自行判断?	没有分析,或分析含糊不清,读者真的无法理解。作者并不参考那些包括完整解释的文件。	依据政策简报的篇幅限制,仔细阐述和展示分析过程。引用其他支持性研究。
B.6	建议的行动是否全面?即解决成本、管理问题、程序和其他需要做的行动。	没有提及短期、长期的成本或行政问题。简报并没有提出涉及的过渡性问题(从现状到新政策)。	作者提供了一个合理时间段内(5年)细致全面的成本,并且准确的描述了新方案中涉及的行政问题。
C	对那些确定紧急政策问题的简报而言		

（续表）

非常强	问题	非常弱	
C. 1	公共政策层面的问题是否得到发展和提出？即为什么这是一个值得关注的问题？	目前尚不清楚为什么政策简报中问题应由政府行动来解决。	一个引人注目的案例就是基于这一问题的公众利益。

附录 7.2　关于招募新董事会成员的信息

一、招募：对新董事会成员的要求

绝大多数被任命为智库董事会成员的人均基于以下三个原因：第一，他们乐于与董事会成员共事，如果该智库的董事会都是有声望之人，那么，这将具有很大的吸引力。第二，董事会成员想要感受到他们在做的是一件很有意义的工作，他们对团队的付出都是无偿服务。[①] 第三，董事会成员认为，他们所在的组织从事有价值的事业，他们为在这样的组织里就职感到荣幸。因为这份事业对国民生活水平和社会治理产生显著的积极作用。因此，智库重视其在公共领域的活动，使其更容易吸引理想的候选人。

久而久之，董事会协助智库实现其主要目标和招募优秀的新成员，这对有潜力的新成员更具有吸引力。因此，完成智库使命是一石二鸟的事。鉴于董事会在智库中的核心地位，而且董事会成员通过服务董事会可以从中获取的无形利益，董事会花费大量的精力招聘新成员就显得理所应当了。

许多董事会候选人想要确定，智库是否为总裁和办公人员购买了可靠的保险——换言之，该保险为了避免董事会成员被指控为不负责任的人，所以这份保险中涵盖了董事会成员自我保护的成本（请参阅在附录 7.1 ＊董事会章程草案第 7 条）。再者，因为受保人可能因涉嫌非法行为（作为智库主任和办公人员）而受到法律制裁，在这一过程中，受保人可能会遭受的损失，所以该保险也是对上述损失的赔偿。即该保险是对完善防卫的成本和损失做出的赔偿。对于智库、智库董事会和办公人员而

---

① 这两个原因在鲁滨逊（2001，第 22 页）有所提及。

言,这样的保险是支付得起的。这样的支付范围可以扩展到由刑事调查和监管调查而产生的防御成本。事实上,民事和刑事制裁往往同时针对智库董事会和办公人员。

二、如何招募

在与候选人接洽使其成为董事会成员之前,董事会需要明确对候选人在董事会任职期间业绩的最低期望。这需要多长时间?难道仅仅是参加董事会会议,或者两次会议之间期望做些什么?最了解候选人的董事会成员通常被指派与之进行初步联系。鲁滨逊(2001,第126~127页)提出了一个比较好的问题列表,这些问题是董事会在与候选人商议会员资格之前需要回答的一些问题。

395

- 董事会近期研究的重大事项是什么?
- 董事会对新晋董事在才能、技术、品质和性格方面有哪些要求?
- 董事会见面频率及持续时间如何?
- 每个人都必须在一个委员会任职吗?
- 委员会的任务是如何分配的?
- 董事会成员知道哪些筹资途径呢?
- 董事会与执行董事之间,董事会与其他员工之间的关系如何?
- 有适当的入职培训吗?
- 是否提供其他董事会培训教育活动?
- 董事会有年假吗?
- 新晋董事会成员还有需要了解其他新变化吗?

许多招聘谈话都强调不对新晋董事会成员在时间上有太多的要求。这种做法是错误的,有两点原因:这可能会让部分新任董事会成员产生不切实际的期望,从而可能导致参与度比预期水平低。更重要的是,这还会掩盖那些被招募的人加入董事会的真正动机:他们的才华和经验将会因有助于智库工作和未来发展而显得非常宝贵。简而言之,过分迁就招募时间,减少他们为智库服务的机会通常会适得其反。

董事会成员不对智库进行资金支持是智库传统。这与很多服务型非政府组织的做法恰恰相反。商业或传播沟通领域可能并不理解这种差异。当招募候选人时,这一点需要指明。有时,在一个资金启动会议上,潜在捐助者会在该会议上做简要陈述甚至参与会议讨论,总裁可能会悄悄地咨询董事会主席或董事会成员有关该捐助者的相关情况。

许多国家仍然保持着这个传统,过去十年,西方国家经历了董事会成员转变成捐助者的变化过程。美国董事会成员的年度贡献尤其如此。董事会收入来源可以解释美国董事会规模稳步增长的原因。

三、新董事会成员入职培训

无论是正式的或非正式的新董事会成员入职培训,都能让新董事会成员更加迅速地做出贡献。虽然许多国家都有针对非营利性机构的董事会的正式培训项目,但是这些项目对许多智库的董事会来说似乎并不适用,有以下两个原因:第一,大多数培训项目面对的是各种各样的非政府组织,而智库与这些非政府组织并非完全相同。与那些提供公共服务的典型非政府组织相比,智库与营利性的咨询公司或高校研究中心更为相似(例如,咨询、培训和各种社会服务)。第二,智库董事会成员不可能有兴趣或时间去参加那样的培训活动。

由董事会主席和智库总裁组织的简单培训项目就能够传达必要信息。在许多智库的入职培训中,总裁邀请新董事会成员一起参加董事会会议,并在会议中将新晋董事会成员介绍给其他重要员工。如果新晋董事会成员居住在另一个城市,那么按照基本的礼节来说,总裁应该拜访新晋董事会并提供入职培训,或者至少应主动提出此要求。

入职培训应包括机构沿革,因为一个机构目前的活动和理念通常在很大程度上受制于其根源和早期发展。其他应包含的主题有:

- 智库的目标和宗旨;

- 当前的工作计划;

396

- 在研究和政策进程方面的近期成就;

- 机构的沟通和宣传方案;

- 近期财务情况;

- 筹资以及资金问题的解决方案,尤其当曾受资金问题困扰并且不同年度的融资量波动幅度较大时;

- 与董事会讨论过的其他当前存在的或可能产生的问题;

- 机构的骨干员工,并强调每个董事会成员的特殊贡献。

应当为每一位新晋董事会成员提供一系列智库资料:智库的章程和其他规章文件是必需的,还应包括当前的财务报告和智库的战略计划(如果有的话),过去两到三年的年度报告以及智库的著作也应包含于其中。但是若新任董事会成员立即研究这些材料,难免会让人怀疑其动机。但如果产生问题,他就会非常紧迫地研究这些材料。最后,为其提供本书的副本或类似的指南,这些资料也为董事会职责及智库管理提供参考。

常言道,最好的学习方法是提问。[①] 一般而言,新任董事会成员单独地会见总裁,但是总裁也应该鼓励其跟其他高级职员(包括研究人员和行政人员)交谈。

397　　通常情况下,智库希望新任董事会成员尽快承担起相应的职责,但如果没有入职培训,这些新晋成员的职责认知也就无从谈起。招聘谈话可以由董事会总裁和董事会主席主导。在这两种情况下,它应该遵循董事会声明。同时,董事会应该探讨具体的选拔情况。所有董事会成员的职责大致相似,包括出席董事会会议,积极参与会议等等。但是,对于某些成员,也有一些特殊的任务。例如,金融背景深厚的董事会成员可能被要求主持智库的财务管理事项,这些智库通过年度外部审计来监管和控制其财务状况。

---

① 这一段摘自鲁滨逊(2001,第76～77页)。

附录 8.1 白皮书——目录

第 9 章:传播

第 10 章:技术

附录 9.1　东欧与俄罗斯智库的 7 种创新

一、创新项目的概述

　　这些智库实施了多少创新项目,都有哪些类型? 开展了什么类型的项目? 他们为什么这样做? 这些活动对机构有多重要? 表 A9.1.1 和表单 A.9.1.1 提供一些概要信息;表单对每个创新项目都做出了简要的描述。①

表 A9.1.1　创新项目的数量、时间和重要性

项目	CSD	IUE	CDFE	CASE
时间				
智库成立时间	1989	1995	1991	1991
智库从何时开始认真思考多元化	1994	1996	1996	1992
动机				
减少对主要资金来源的依赖	否	是	是	是
从事新工作领域的必要性	是	是	否	是
创新项目的数量				
与主要活动有关的项目数	1	2	1	2
独立于主要活动的项目数	1	0	0	2
创新项目占智库总收入的份额	30%	10%	20%～30%	40%～55%
规模				
正式员工的数量(相当于全职)	28	36	6[a]	40

　　CSD＝民主研究中心

　　IUE＝城市经济研究所

　　CDFE＝民主与自由企业中心

　　CASE＝社会经济研究中心

　　a. 不包括国会的实习生

---

　　① 请注意,并不是所有受访者引用的创新项目都包括在内。一些创新项目是在最近采访的时候才受到关注,而其他一些只是对重要客户采取略有不同的营销方法。

在 4 个研究的智库中，有 3 个处于第二阶段，这意味着他们拥有 5 人以上的专职研究人员，有稳定的资金来源，并占据一定的市场份额。而民主与自由企业中心也即将进入第二阶段。依据区域标准，这 3 个处于第二阶段的智库都属于大型智库。

每个智库都开展了一两个创新项目，成绩斐然。这些创新项目类型多样、范围广泛，包括建立市场调查机制、信用评级机构、企业定制的培训活动以及为其他转型期国家提供服务的内部咨询中心。

402

绝大多数智库在成立 1 到 3 年后才开展创新项目，但也有例外情况。其中一个就是由民主研究中心建立的广播电台，这也是在该中心首次业务活动中建立的。这意味着，它打破了政府对当地新闻广播的垄断。建立之初，这个电台总是转播美国之音的节目，经过几年的发展，该广播电台节目的编排形式随消费者的喜好而发生改变。另一个例子是社会经济研究中心，它在形成之初就向一些处于转型期的国家提供咨询服务，当时，曾有一个基金会邀请社会经济研究中心的高层人员与俄罗斯的改革者一起致力于宏观经济政策的研究。

城市经济研究所也是最早开展创新项目的，它最初有一个大型的住房和房地产项目，该项目由美国国际开发署提供支持。城市经济研究所认为，在最初项目的基础上，只有积极发展多元化的活动和客户才可以生存。

这些创新项目的动因是不同的。民主与自由企业中心有较大的经济困难，迫于需要而不得不考虑多元化。社会经济研究中心的"企业捐赠者"项目同样也是资金多元化的简单尝试。民主研究中心成立了自己的市场调研机制，主要是因为他们能够为自身提供进入一个新领域的机会。同样，社会经济研究中心对处于转型期国家提供技术援助的原因在于，他们渴望分享其工作人员的专业技能；而城市经济研究所的动机是减少对其主要捐赠者的依赖，并想要开拓新的领域。

决定创新项目性质的一个关键元素就是机构最初的活动基础。民主研究中心在现有调查能力的基础上建立市场调研机制；城市经济研究所为地方政府债券团队创建信用评级机构，这是因为它之前已经从事了相关的市政金融项目；同样，民主与自由企业中心能够利用它已有的声誉,为企业客户编制培训计划;社会经济研究中心的国际咨询正是建立在该机构在波兰开展的类似主题的团队工作基础上。

总之,智库的创新项目通常是在基于以往已经形成良好声誉的活动,并且利用现有的员工创新能力。基于已有实力发起的创新是一种常见的商业策略。然而,因资金有限,智库的创新项目必须与其核心工作领域密切相关。

二、明确并开展创新项目

开展创新项目,其创新观点往往来自于智库总裁或普通员工(表 A9.1.2),这种创新思想由员工和智库外部人员(通常是董事会成员)共同讨论。如果这个想法被认为是可行的,那么创新项目通过口口相传或参与研讨会(研讨会上经常展示特殊专业知识和分发宣传材料)的方式得到推广。简而言之,这些都是技术含量低而且相当不正式的方式。但在决策的过程中,它与分析在本质上同样重要。

表 A9.1.2 每个创新项目的开始、发展与评定

机构和创新项目	创意来源	项目分析的类型[a]	宣传工作[b]（有/无）	年度订单数	财务的成功
CSD:广播电台	美国政府代表;CSD 主席	2	无	不适用	是
CSD:市场调研	员工	2,4	无	25~30	是
IUE:信用评级	员工	1,3,4	y2	3~5[c]	是
IUE:城市经济发展计划	员工	1	y2	2	时间短,无法确定
CDFE:企业培训	CDFE 主席	1	无	变化	是
CASE:对转型经济提供技术协助	员工	1	y1	5~6 个国家,3~4 个资助者[d]	是
CASE:企业资助	员工	1	y1	8 个资助者	是

a. "1"表示员工讨论;"2"表示寻求外部专业人士(志愿者)的帮助;"3"表示聘请外部专家;"4"表示准备符合专业标准的商业计划。

b. "y1"表示宣传活动,包括在研讨会和会议上演讲寻求演讲机会,编制和分发报告,以及在机构网站上宣传该活动。"y2"表示开展的未被"y1"列出的正式宣传活动,比如召开商业会议,组织研讨会,出

403

版和分发特殊的宣传小册子。此外，在极少数情况下，试点项目是为展示一个"产品"。例如，城市经济研究所经济发展团队免费同俄罗斯一个中等规模的城市，合作制定该城市的经济发展战略，这一战略有可能也适用于其他城市。

　　c. 单份"订单"可能涉及多个城市的信用评级（例如，一个多边捐助需要若干个城市的债务承受能力信息）。

　　d. 一个资助机构有可能支持多个国家的工作。

　　很少有机构会准备一份正式的商业计划来评估一个项目的可行性。民主研究中心（市场调研项目）和城市经济研究所（信用评级机制）只是对智库的创新项目提前做出相关计划。城市经济研究所是调查的创新项目中唯一一个签订培训合同的智库，他们聘请了一家国际管理咨询公司帮助他们起草商业计划书。城市经济研究所认为这是一个不错的投资，因为详细周全的商业计划有助于促使标准普尔在信用评级机制运作 1 年后得以通过，并签署其附属协议。

　　同样，智库开展创新项目的宣传方式不仅限于召开研讨会，还采取了其他更有力的宣传措施。城市经济研究所比大多数智库更为积极、明确地宣传创新项目。例如，对于信用评级活动，它资助研究人员在俄罗斯召开的多次研讨会上的发言，并在官网主页突显该活动。与此同时，城市经济研究所设计了一个简便灵活的折叠式宣传册，并在会议上广泛分发。除此之外，它在伦敦的一个关于独联体国家信用评级的重要国际会议上还发表了讲话。城市经济研究所与标准普尔公司在一家莫斯科五星级酒店召开大型新闻发布会，会上签署并发布了战略合作协议。社会经济研究中心推出了"企业捐赠者"的计划，向波兰 70 家大型企业和银行发送定制邮件，并且利用电话回访的方式招揽捐赠者。

　　常见的宣传手段包括在智库简报上发表文章、利用机构网站宣传创新项目（简报和网站都是可以利用的方式）。由于大多数创新项目都可以产生报告，这些报告同样也可以提供给潜在的客户。①

_____

　　① 民主与企业自由中心并不急于宣传其特殊的企业培训活动，因为一些人认为其中一些活动与智库的主要职能不完全一致，因此不使用这些宣传活动。

　　在调研中，只有社会经济研究中心的一个创新项目未取得成功，社会经济研究中心试图与波兰政府在研究和政策分析上达成协议，虽然波兰政府官员使用了社会经济研究中心的工作成果，但是他们拒绝付费。最终，这件事情得到私下解决。从 2000 年开始，波兰政府在招商承办方面的态度发生了巨大的转变。到 2005 年，政府成为智库研究的主要客户（具体内容见第 10 章，有关于政府采购的政策研究和评价服务）。

三、回报和挑战

　　这些智库在创新项目中如何平衡其利弊？表 A9.1.3 就前文所述的内容列出了大体概述。

表 A9.1.3　关于挑战和回报的回答总结

回报/挑战	智库数量
回报	
获得更丰富的政策参与经验基础	3
提高效率	2
降低运营成本	0
提高知名度、开拓潜在市场	4
挑战	
议程设定且缺乏重点	0
数据和出版物的限制	0
缺乏自主性	0
智库内部的文化冲突	0
不稳定的客户和捐赠者	0
管理挑战	2

（一）回报

405

　　从财务角度来看，这些创新项目产生的收入，占智库总收入的 10％ 到 30％（表 A9.1.1），在一定程度上具有重要意义。其中，社会经济研究中心对处于转型期国家的援助项目尤为成功，在笔者调查的前两年，这一援助项目的收入占社会经济研究中心总收入的 40%～50%。

智库领导人认为创新项目在财务上取得了成功。然而，这种简单的表述是不准确的。虽然，每个创新项目都产生了显著的效益，但评价财务成功与否并非基于净收入的启动成本。对于很多项目来说，这些启动成本是非常少的，因此需要调整的收入数额也很少。但在少数情况下，例如，城市经济研究所在制定商业计划和传播方案时需要有偿援助，这就会影响对财务成功与否的评价。遗憾的是，智库没有将这些潜在影响因素作为成本，也没有将其记录下来。

一些受访者强调，不同形式的资金来源具有不同的使用价值，并且接收资助的形式赋予了这些资金的独特价值。民主与自由企业中心和民主研究中心表示，他们可以自由、灵活地利用那些来源于企业培训和广播电台的收益。例如这些收益可以用作基金会补助的配套资金，用于购买电脑或其他智库建设的任务。另一方面，如果创新项目增加了运营成本，但利润保持不变，那么间接成本的费用也会增加——但这些都是用于特定目的的。

所以这 4 个智库都认为，这些创新项目提高了他们的声誉以及在当地社区的知名度，特别是在商业界。城市经济研究所的信用评级使这个年轻的研究所在金融圈崭露头角；社会经济研究中心的企业资助计划有利于它与商业团体建立一个更稳固的关系；民主与自由企业中心的定制培训课程使民主与自由企业中心能够接触到更多的项目，这比增强自身信誉更重要。民主研究中心把为大型跨国公司开展市场调研服务作为对自身能力的肯定，并认为这可以吸引更多的客户。

其中 3 个智库认为，智库的创新项目可以丰富他们政策制定的经验。这些新领域的工作可以扩大研究人员的视野，而且在某些情况下使智库能获悉其他政策分析内容。城市经济研究所对市政债券的评价体系，可以使分析人员从一个新的视角分析当地政府实际财务状况和政府间财务关系结构。

有趣的是，在创新项目中，智库也得到了一些意想不到的好处。首先，民主研究中心认为其市场调研机制使分析人员不再局限于"做研究、写报告"的传统模式,从而有利于留住员工。社会经济研究中心也认为国外旅行引起了生活节奏和分配体制的变化,增加了智库对员工的吸引力。

城市经济研究所和社会经济研究中心同时表示:创新项目可以培训关键员工。 406
对于城市经济研究所来说,信用评级活动的培训包括标准普尔提供的课程培训,以及城市经济研究所职工与标准普尔工作人员就基础任务和其他任务直接进行交流的课堂培训。社会经济研究中心的领导者认为,在该区域其他国家工作的年轻员工,大部分只能依靠自己,这样的挑战可以帮助他们迅速发展为成熟的研究人员和政策分析人员。同时智库在管理方面的培训和调整(详见下文)也大大提高了其自身的运营效率。

然而,尽管智库的财务成功已经肯定并暗示了扩大间接成本收入的好处,但没有一个智库具体提及这方面内容。

(二)挑战

渐趋商业化的智库活动,引发了诸多问题,但智库领导人却往往很少报告这些。采访中包括智库可能会遇到的 6 种不同类型的挑战(表 A9.1.3 所列出的),这都促使受访者全面地回忆起相关内容。

无论是城市经济研究所还是民主与自由企业中心,他们都发现了这些问题。城市经济研究所的总裁认为出现这种情况的部分原因在于智库的导向。智库在一开始就在多个示范项目上展开工作,这些项目与当地政府官员、银行都有着密切的联系。而民主与自由企业中心则表示,他们承受着巨大的财务压力,以至于员工认为智库为了生存不得不改变方向。

CSD 并没有报道与员工、董事会或基础客户相关的较为乐观的一些问题。相反,关于改变员工任务导向的一系列问题,使他们不再回避必要的营销工作。在CASE,唯一遇到的就是管理问题。在其他转型国家,短期咨询工作的需求与保持本国较大项目进度之间存在一定的冲突;员工忙于短期的任务,致使主要的项目变得落后。智库通过扩大常驻员工和助理员工的规模，最终解决了这一冲突。这些困难都可以划为管理挑战。

　　需要注意的是，4 个智库在反映问题的时候并没有忽略他们工作的重点，但也没有认识到政策过程中的独立性及智库内部的文化冲突。造成这种现象的原因主要在于这些创新项目与智库的主要活动紧密相关，而且这些智库都是刚刚成立，根基尚不稳固，因此他们在创造、抓住机遇方面更具灵活性。

四、2013 年的状况

　　一个重要的问题是，如何证明上述 7 个创新取得成功。判断的关键在于其所从事的项目是否仍然作为智库项目的一部分。在 2013 年 12 月，对 7 个创新项目审查后，有 5 个可以确定其地位。[①] 表 A9.1.4 中列出了这 5 个的结果。其中，有 4 个取得了明显的成功；这 4 个中，有 3 个仍在运作，另 1 个已经卖给了一个营利性的国际公司。

表 A9.1.4　关于 2013 年 12 月创新项目的总结[a]

智库		创新项目	相关情况
缩写	名称		
CSD	民主研究中心	广播电台	有限的成功。当竞争降低了绩效水平，CSD 则将电台出售了。
		市场调研	成功。维托沙研究所（VR）实质上演变为研究与调查公司，其大量的工作是服务于欧盟。

----

　　① 布拉格的民主与自由企业中心已不复存在，关于社会经济研究中心的企业捐赠者情况的询问仍是没有回应。根据 2012 年社会经济研究中心的审查报告中显示，私人的捐赠很重要，但尚不清楚这是否与该项目有关。

（续表）

智库		创新项目	相关情况
缩写	名称		
IUE	城市经济研究所	信用评级机构	成功。在机构成立后，标准普尔公司就购买了它，这也为城市经济研究所的一个捐助奠定了基础。
		市政的经济发展	成功。这一领域的工作项目成为 IUE 研究政策项目中重要的一部分。
CASE	社会经济研究中心	给过渡型国家的技术支持	成功。社会经济研究中心仍活跃在苏联国家，它主要帮助这些国家建立姊妹智库。员工在中东和非洲也很活跃。

a. 只列出目前可以获得信息的创新

　　一个失败的创新是索非亚民主研究中心设立的电台。随着时间的推移，竞争增加，而其市场份额下降，最终将电台出售掉。民主研究中心的执行总裁总结认为，主要从事的新业务应该与智库的核心竞争力密切相关。[①]

表单 A9.1.1　创新项目概要

机构	创新项目及其概要
民主研究中心	广播电台。这项活动开始于 1991 年 4 月，主要转播"美国之音"。早期从美国政府和其他资助机构获得相关设备，随后建立广播电台。转播开始后，该电台尝试使用播报大量新闻的方式，但很快便发现听众对此不感兴趣。为了应对失去的市场份额，1993 年该电台转变为新闻简报并伴随有音乐，同时扩展成三个电台，在这种模式下，该电台获益颇丰。 　　市场调研。尽管民主研究中心的首次调研开始于 1990 年，但为商业用户调查和分析的维托沙研究所直到 1994 年才出现。维托沙研究所拥有一批国际客户，专门从事具有更高要求的调查研究任务。
城市经济研究所	信用评级机构。城市经济研究所在 1997 年创建了首个俄罗斯信贷机构。最开始的活动是为由市政府和联邦主体发行的债券评级。1998 年夏天，该业务被拆分为一家全资子公司（E-A 评级服务公司），并签署了与标准普尔的战略合作协议。2001 年，标准普尔公司购买了其 70% 的股份。 　　城市经济发展计划。1997 年秋，城市经济研究所内部一个团队为中等城市提供经济发展计划制定方面的咨询服务。

---

① 来自与厄尼尔・先特的私人交谈，2013 年 12 月 9 日。

（续表）

机构	创新项目及其概要
民主与自由企业中心	企业培训。项目为银行和企业的高级员工定制教育计划，并负责计划的发展和管理。
社会经济研究所	对处于转型期的国家提供技术援助。1992 年一个基金会请求社会经济研究中心工作人员针对俄罗斯宏观经济政策提供技术援助。随后该基金会又提出其他要求，进一步扩大了活动范围。1994 年至 1995 年，社会经济研究中心更加积极地寻求外部资金对这种活动的支持。 企业捐赠者。社会经济研究中心从来自波兰的 70 个最大和最受推崇的企业、银行中招募"企业捐赠者"。捐赠者提供固定的资助，并可以获得社会经济研究中心的出版物，可以召开研讨会以及参与其他"捐赠者专享"的活动。

附录 10.1　政府外包政策研究的任务

任何机构签订外包研究合同都需要开展一系列的活动，下文会对这些活动一一 进行讨论。执行外包任务采取的不同方式往往由政府机构的采购方式（文中所提到的三种模式）决定。因此，智库需要充分了解政府的采购周期，因为这是决定他们能否在这个环境中制定有效运作策略的首要环节。

1. **决定年度预算**。政府机构通常要在预算年度（预算年度是指使用预算额的年度）前决定分配给每个办公室的研究预算，并作为日常预算计划的一部分。在模式 A 中，中心研究评估办公室在与项目办公室咨询后，需要编制部门预算并起草使用计划，这项预算计划会由部门进行审查并做出一些调整，随后送达财政部，由其进行复审并决定最终的预算额。在其他类型的模式中，除了每个项目办公室编制的预算和拟定的研究计划可能有所区别，整体的流程是基本一致的。在某些情况下，只要有预算数据而不需要附带任何合理性的解释说明。招标办公室通常负责处理部门内部的复审和协调，无论使用何种模式，政府机构都是在对资源进行可行性分析后才会做出详细的年度研究议程。

需要注意两个关键点：第一，除了模式 A 以外，其他模式皆由项目办公室设置议程。如果一个智库想要影响一个政府机构的未来研究议程，那么项目办公室就是该智库的目标对象。第二，笔者所采访的项目办公室职员全都指出，可利用的研究预算远远低于实际需求。换言之，预算决定的程序导致研究资金的缺乏，这就意味着价格通常作为政府机构选择智库的首要考虑因素。

2. **准备职权范围（TOR）的说明**。在模式 B 和模式 C 中，一般由项目办公室起草 TOR 说明。在 B 模式中，起草好的 TOR 说明一般由招标办公室负责审查和修改。有些国家的政府机构还会专门成立一个小组来草拟 TOR 说明,小组成员包括项目办公室、招标办公室以及机构中其他与项目利益相关的部门职员。在模式 A 中,职权范围由中心研究办公室起草,并由项目办公室进行审查。

3. 发布研究计划需求(REP)。广泛应用的研究计划需求要有标准程序,政府机构一般会把它放在官网上,这个网页包括机构全部的采购内容。某些情况下,政府机构也会向那些曾经提交过研究计划的智库再发送一个通知。

对于那些价值没有达到必要门槛的采购,政府通常很少公开招标。正如上文所提到的,在有限制的竞争情况下通常只需要三份研究计划。对于价值极小的合同,政府可以邀请某个承包机构提交一份研究计划。许多项目办公室正在制定采购流程以避免完全开放的竞争,这也为某些智库提供了明显的竞争优势。

一般来说这并不算为腐败。通常,项目办公室的职员都认为他们非常了解那些做研究的智库,也知道每个智库在不同领域的优势和劣势,所以他们希望挑选相应的智库来完成这项工作。这种做法在某种程度上反映了一种普遍的现实,就是大部分智库的能力都是有限的,因此他们在实际竞争中的赢面也是有限的。但如果那些现存的智库认为一个领域已经有了"领头羊",而他们无法入选政府外包合同的候选名单,这样就会挫伤他们扩展自己专业领域的积极性,同时也打击了其他人考虑在某个领域成立一个智库的积极性。由此可见,智库的团队领导向这些办公室的领导推销自己的智库是有意义的,甚至是非常必要的。

对于完全开放的竞争,政府会利用一些标准正式地给研究计划评分,这个评分标准会在发布研究计划时公布。在 B 模式中,通常由项目办公室和招标办公室共同组成的专家小组来完成这项任务。而在俄罗斯,除了由项目办公室的职员给研究计划评分,另外还会有机构外的两三个专家独立评分,但双方都使用 15 个相同的评分标准。随后,由打分人员以及招标办公室和政府内利益相关部门的代表组成委员会,通过会议对两套评分结果进行讨论与协商。下一步就是由项目办公室推荐一个智库获胜者,并由同样的委员会负责审核,他们会同时考虑到技术含量和价格两种因素。

在模式 A 中，为研究计划打分的专家小组是由项目办公室和中心研究办公室的部分职员组成。专家组会向一个高级官员推荐一个获胜者，这个官员只需通过一个形式上的审查便能获得批准。

往往一些较为简单的竞争程序并不严格。在匈牙利，只有项目办公室对这类采购的研究计划进行评估。但实际上，一些机构的竞争是严格按照价格展开的。一些习以为常的受访者断言，研究计划的主观性太强，以至于没有办法依据标准规则评估。RFP 要求竞标者展示他们有能力完成这项工作，但是并不要求他们阐述怎样开展工作。需要交付的产品在 RFP 中已有明确规定，在同样符合条件的众多智库中出价最低的就会胜出。很明显，如果只需要三家智库投标竞争，并且由项目办公室决定邀请这些智库，这样就会产生串通好为某些智库打高分的徇私行为。

4. 协商合同。对于完全开放的竞争来说，由招标办公室严格地制定合同是一种普遍的做法，比如在合同草案中声明关于智库公开出版研究成果的条件。在模式 B 中，招标办公室还会和承包机构协商，以调整工作范围，不过大体上遵循项目办公室的建议。在模式 A 中，中心研究办公室在协商这些调整的时候会发挥更大的作用，但同时也要与招标办公室紧密合作。

再次强调，对小合同的操作有所不同。很多情况下，项目办公室负责协商并签订合同，有时则由项目办公室对合同内容做出提议，招标办公室具体执行。

5. 质量控制与产品验收。在模式 B 和模式 C 中，项目办公室负责在项目实施过程中全程跟进承包机构以确保工作质量达标，并且对合同成果开展正式的验收。在模式 A 中，这些事情都是由中心研究办公室负责。简而言之，项目办公室或者中心研究办公室才是这些研究任务的真正雇主。

在很多国家，具体负责的相关办公室会对正在开展的工作进行审查。据匈牙利的一个办公室报道，他们负责审查每个项目实际所提交的报告和 CD 光盘。而在俄罗斯，则由经济部这个负责审查产品的特定部门来确认承包机构是否达到了合同的要求。

上文概述了很多国家的政府机构在研究采购周期方面的普遍工作。一个智库若想成功地赢得合同，首先得了解政府机构合同的流程和细节。正如上文所说，不是所有的政府机构都实行一样的规则。智库怎样有效地向政府机构推销自己，关键在于这个政府机构如何组织它的采购进程。

附录 10.2 如何赢得政府支持

出彩的研究计划只是从政府机构赢得合同的一部分，而且前面的章节实际上已 经说了很多关于智库如何在一个看似高度客观的进程中展现自身优势的方式，大部分的智库之前也从国际基金会和捐赠方提出的要求中学到了这些技巧。在此，该附录并不涉及怎样写研究计划书的具体步骤，而是重点阐述怎样培养良好的关系网以及利用自身优势。

一、影响政府机构的议程

智库若想树立敏锐的政策开发意识，并帮助政府机构确定未来的研究议程，有一个很好的办法，就是为那些支撑政府未来政策决策的分析项目提供想法。原则上讲，虽然大部分的管理者并不认为评估对改善项目绩效有所助益，但开展项目评估依然是一种推荐的方式。很多智库之所以采用这种方式，是因为这不仅是很划算的自我推销手段，同时它们也坚信这些研究计划是关乎公众利益的。

智库在与政府办公室共同探索一个研究方案时，必须要把眼光放远到一年后甚至更长的时间，以此来预测政府到时候会需要哪方面的分析，什么样的政策话题将成为焦点。一旦你的智库在某一个主题上的信誉得到认可，就需要对相关的政策研究进行仔细地思考。对此，智库不能仅给政府机构发送一个文档，而是需要试图与政府官员亲自交涉，并组织有关人员参与会议讨论，这才是至关重要的。其中，会议的目的是为了加强人际关系，并激发大家对政策研究的讨论。

智库最好做一份一到两页的项目概述交给政府，这会给官员留下一个好印象，让他们知道智库是很严肃地对待这些事情的。虽然政府官员们知道这是一个营销性的会议，但智库还是得把重点放在研究上。能够拿出优质的展示并做出切题的讨论，官员们才会认可智库的能力。能让官员们相信这些分析就是为他们量身定做的，这样的会议才算成功。

这种会议还有一个好处，就是智库能从中询问到政府即将开展哪些采购，这样智库就能够早做准备去竞争那些合同。"先行者"的一个特定优势就在于能够与最优秀的合作伙伴形成联盟。

然而，智库常犯的一个错误就是在同样的话题上徘徊太久，具体来说就是智库对于已经完成分析的某个问题，仍一直主张继续做更多、更深入的分析，从而开展一些额外的工作。由于项目办公室需要处理的事情太多了，但是资源却是有限的，所以持续在一个特定的项目上投资是不太可能的。如果智库坚持要求这样做，他们会发现吃闭门羹是难免的。

413

二、声誉

政府官员通常清楚地知道他们想让什么样的智库来完成某一特定的任务，政府也会为此努力制定合适的采购流程，以至于政府可以拥有选择权。这就意味着在一个具体的政策研究领域里，智库的声誉至关重要，它决定了这个智库能否在有限的竞争合同中得到候选资格。以往的表现是一个重要的考虑因素，如果智库觉得政府官员（特别是新到任的官员）并不完全认可他们以往的成绩，智库可以主动呈递精心制作、目的明确的信函和资料，这种做法往往也是有效的。

智库不定期地向政府官员展示自身实力也很重要。对此，智库可以给某些部门送去一些他们可能特别感兴趣的报告副本；或者给分发清单上相关的和潜在的顾客发送电子邮件，邮件里面附上新近研究的概述及其可供下载的报告链接；又或者邀请顾客参与智库组织的相关活动，例如圆桌会议或是听取有关工作人员的报告，通过私人电话邀请顾客参与，这在互联网时代是很有效的。当然，在适当的时候也可以邀请顾客做一些评论。

三、注意事项

这里列出的不仅仅是在相关官员面前维持智库声誉和知名度的活动,也是智库向政府提高自身形象的具体做法:

- 大部分的智库每年都会举办不同类型的年会,常见的有圣诞节和新年,智库可以邀请他们的客户出席。此外,有些智库还会举办夏季户外活动,例如野餐或者划船。

- 很多智库都会在主要的节假日给顾客们发去问候卡,并且还会记得顾客的生日。

- 某位新上任的副部长并不熟悉他所在部门的职权结构和关键问题,有个智库就主动提出愿意为他做一份相关简报,后来这个副部长接受了,并且用半天时间听取了他们的报告。

- 有个智库了解到某个高级官员喜欢和年轻人进行专业的交流,正好这个智库有几个职员在大学里定期授课,他们就在其中一堂课安排了这个官员来做报告。

- 有时候,智库能够为某个派到国外的游学团招揽人员,如果游学主题适合某些重要的客户,那么智库将这些客户加入到这一团队里是最好不过了。

在以上"声誉"和"注意事项"中所列出的活动,很多智库都采取了其中一些举措。但同时要注意一件很重要的事情,就是智库要能够有条不紊地安排这些活动,而不是一时冲动或者后知后觉才想到要做这些事情,要达到就连一个低级职员都应该能够游刃有余地安排这些工作的效果。

414

四、尊重

2005 年夏季在萨拉热窝举办的一个会议,讨论了关于政府机构与政策研究组织的合作,会议上有人做了关于合同外包的报告。[1] 来自几个国家的政府官员都提出了一个观点,即智库的领导者和专家应该对政府官员表示一定程度的尊重。这并不是指对政府的尊重问题,而是指政策分析人员对官员讲话时居高临下,政府官员会明显感到专家是有权威的而自己却没有地位。这虽看似微不足道,但对官员来说并不是件小事。智库的高级管理者应该提醒他们的员工注意态度,必要时还要做一些基本的培训。

五、合作

与政府机构做买卖的一个中心观点是,在很多国家,从政府那里赢得合同是业内人士的游戏。因此,在某个行业领域内有好的声誉于己十分有利。有时候想要增加赢得某个合同的筹码,还可以同另一个智库进行合作,以此弥补自己的不足。换言之,在竞争某个特定的项目时,采取与人合作增加实力的方式可以带来双赢。

例如,住房部想要提高住房津贴计划的目标,因此津贴的重点对象就落在那些收入非常低的家庭身上。一个智库非常了解这个国家的住房建设项目,但是对于贫困的社会群体却知之甚少;而另一个智库则在社会援助方面有良好的口碑,包括使特困人群受益的转移支付项目,但是对住房建设项目却一无所知。就这个项目来说,这两个智库联合将是一种非常有利的做法。当然,不是所有的竞争者都会选择与他人合作,但这种方式确实可以多加考虑。

在这种情况下,建立合作关系明显很重要,但得到政府对这类合作体能力的认可也同样重要。如果所有条件都允许,两家智库很有必要和政府的项目办公室召开一个联席会议,尤其是在有限竞争的情况下,因为这时项目办公室有权力决定邀请哪些智库提交研究计划。下一步最好是发送一份关于这个合作体的书面说明,并阐述在

---

[1] "不仅是分析——政策研究在波斯尼亚和黑塞哥维那具有更广泛的作用",那山(萨拉热窝),波斯尼亚,2005 年 7 月 14~16 日。

这类项目中两家智库合作的意向。此外,后续电话的跟进也很重要。

　　一个常见问题是,研究计划的管理者花费很长时间来寻求潜在的合作伙伴,甚至又需要更长时间与其接触沟通。因此,无论是智库还是个人顾问,只要有一个合理的竞争期望,并且选定了一个相当不错的主题,那么首要任务就是要确保有高质量的合作伙伴。

415

六、从失败中吸取教训

　　对于大部分智库而言,有多少次成功,就经历过多少次失败。有时失败的原因是不确定的,但是智库的工作制度可能也存在一些问题。大多数的智库(以及类似的营利机构)都没有充分重视从投标失败的经验上吸取教训。①

　　一个智库至少能够采取两种措施来提高未来中标的几率。第一个就是请求主办机构给出情况说明,在这个过程中参与选标人员将会告知智库代表,与其他投标的智库相比,你方研究计划的优势和弱势有哪些。这可能是价格太高了,或者是对项目负责人来说时间预算不足,或者是研究方式忽视了某个关键的方法。一般来说,这样的情况说明是比较概括性的,但如果仔细地听取,智库还是可以发现有重要价值的问题。很明显,这样的信息对一个失败了的智库来说非常有帮助。另外还有一个附加好处是,政府机构的职员通常会对那些请求指导的智库多加关注,同时,那些为将来付出努力的智库也会给政府职员留下深刻的印象。

　　听取这类说明报告的智库领导必须防止有抱怨或者质疑政府官员做出的决定的情况发生,除非有明显的证据表明有人违反了竞争过程的基本流程。抱怨会给人留下一种无建设性的印象,并且会对将来研究计划的审查造成负面影响。

　　不是所有的政府机构都照例提供这样的情况说明,他们是否有责任提供说明取决于采购的规章制度。在这个问题上很难一言概之,因为不同国家具有不同规定。

---

　　①　《亲爱的和陌生人》(2005)里面有一段关于从错误中学习的精彩讨论。

如果制度规定竞标者有权利获得这样的情况说明，但却遭到政府机构的拒绝，这时智库承包商就要衡量清楚，是否值得为得到一份说明而恼火。

第二种办法就是召集职员开会，这些职员包括参与准备研究计划的职员，以及系统、完整地审查过研究计划技术要素和成本要素的职员。智库针对技术性的研究计划，主要考虑以下这些要素：

- 职员的资质——他们是否真的有资格胜任所安排的任务。

- 项目的组织结构——智库给每个人所提供的时间量是否充分？对某些职能（比如做家庭调查）的管理是否充分？如果有合作方参与，各方之间的权力划分是否清楚，以及对代理顾客的直接责任者是否明确？

- 研究和分析方法的质量——智库在研究计划上提出的事项是否能表达清楚？在阅读研究计划时，能否发现那些还未在研究计划上明确说明的问题？工作计划是否切实可行？不同的活动是否有时间冲突？

职员大会在对研究计划完成审查之后，智库应该学会从过去几个月类似的研究计划中吸取教训以找出规律。另外，智库还应该留心那些竞争同一个政府部门合同的对手们的结果，通过同自己的研究计划相比较，看看是否能从中发现一些规律。

同样，智库对项目成本的预算方案也应该进行仔细的审查。如果一个智库因为价格上的巨大差距而失败，它就应该特别仔细地分析这个预算方案。通过来自不同智库的评论，并结合与那些管理研究外包合同的项目办公室政府官员的讨论，笔者发现政府顾客一般都没怎么意识到价格与他们获得的研究成果之间的关系。这好像让人觉得，如果要保证质量，承包智库要么得大幅虚报预算，要么得有储备资金来"补充"被压缩的总额，但是实际上智库并不会这么做。甚至不幸的是，那些管理研究项目外包的政府官员可能要过好些年才会明白，成果的质量有多么重要。

附录 11.1 间接成本的附加信息

一、直接成本和间接成本的可选分类方案

在美国的非营利组织使用由美国财务会计准则委员会(FASB)和美国行政管理和预算局(OMB)提供两个定义。

FASB《财务会计准则》第117条规定非营利组织按照"用途分类"报告开支情况。两大用途分类分别是"项目活动(直接项目成本)"和"支持性活动"(管理和日常行政事务、资金募集和会员拓展)。它们的定义如下:

> 项目活动是指将成果和服务提供给捐助方、客户或成员的活动,这就是组织的目标和使命所在。支持性活动是指非营利组织除了项目服务之外的所有活动,管理和一般性活动包括监督、业务管理、日常记录、预算编制、资金募集和相关的行政事务工作,以及除了直接执行项目服务和资金募集活动之外的一切管理和行政事务。资金募集活动包括活动宣传和活动执行,联系邮件名录上的捐款人,执行专门的筹款活动,准备和分发筹款手册、说明和其他材料;举行个人、基金会、政府机构及其他形式的筹款活动。会员拓展活动包括招募潜在会员、征收会费,维护会员关系以及其他类似活动(FASB第117号准则,第27、28段)。

OMBA-122号预算通告《非营利组织的成本准则》提供了以下美国政府捐助项

目的间接成本定义(详见该通告附件 A:C.1～C.3)。^①

1. 间接成本是指用于常用成本对象或共同成本对象,并且不易确定其具体的最终成本对象的成本。"任何数量较小的直接成本都可能被作为间接成本处理,因为在实际情况中对这类成本的会计处理始终是适用所有的最终成本目标的,在直接成本被定义并且视情况而将其分摊到捐助项目或其他工作事项中后,间接成本就是以实现成本目标为目的而待分摊的成本。"如果在同一目标下已经有其他成本在类似情况下被作为直接成本分摊到捐助项目中,那么该成本将不会被作为间接成本分摊到捐助项目中去。

2. 因为非营利性组织有着不同的特点和会计实务,所以不可能说明可能会被归为间接成本的所有成本类型。然而,许多非营利性组织可能都会包含一些常见的间接成本,包括建筑和设备的折旧或使用费,设施运营和维护费用,以及日常管理费用和日常开支。又比如,薪酬和行政官员补助,人事管理费用和会计事务费用。

3. 间接成本应在两个大类下进行划分:"设施类成本"和"管理类成本"。"设施类成本"的定义是:建筑、设备和设备折旧或改造费用,某些建筑、设备和设备改造的贷款利息,以及设备运转和维护费用。"管理类成本"的定义是:一般行政管理费用和日常开支,例如,管理人员的办公、会计、人事、图书费用,以及其他没有被专门列在"设施类成本"下的其他类型的支出(在合理情况下还包括和其他资金交叉分摊的部分)。

另外,OMBA-122 号通告在附件 B 中对美国政府补助或协议捐助的资金用途类型进行了详细的划分,分别为成本开支范围、条件性成本开支范围和非成本开支范围。表 A11.1.1 对附件 B 进行了总结。

---

① 在2013年10月26日,OMB发布了一则新的"超级通知"取代并简化了从 OMB 通告中 A-21,A-87,A-110 和 A-122(已被放置在 OMB 指导)的条款以及通告 A-89,A-102,A-133 和《单一审计法》后的通告指南 A-50。这个新的文件可在网上 http://federalregister.gov/a/2013-30465,作为一般的指导,但是,A-122 仍然是有用的资源。

尽管如此,这份准则仍然允许智库在分摊直接成本和间接成本时,存在政策上和实际情况上的差异。因此,不同的智库有不同的成本分摊方式。例如,将执行主管开发和监督项目所花费的时间成本作为项目费用是很合理的,然而一些智库就会把主管的薪酬全部归为间接成本。同样的,尽管租金、水电费、保险、物资和其他日常开支往往会归为间接成本,但也可能存在这些成本更适合直接归入项目中去的情况。每个智库都需要做好成本分类,确定哪些成本是项目性的,哪些成本是支持性的,以便区分直接成本和间接成本。审计员和捐助方对于成本分摊情况的接受度取决于分类依据的合理性。

二、间接成本逐项分摊法

419

间接成本的逐项分摊法是根据智库中每项活动的实际费用情况来确定比例。在最简单的形式中,这种方法可以用来记录易跟踪的成本账目。这种方法的例子包括跟踪长途电话通讯情况,使用计数器或日志记录复印机使用情况,或者以工作时间考勤表作为分摊管理人员和行政人员(如执行总裁、财务经理和行政助理等薪酬成本的依据,因为他们的工作服务于多个项目或活动)。如上述示例所示,不同的成本可以采用不同的记账方法。

这种方法的优点是在活动和支撑该活动的间接成本之间建立了密切的联系。然而,这种方法的缺点是需要有大量密集时间来做记录,即使是为了相对较小的成本也是如此。进一步说,即使保存了完整的记录,还是会有无法精确分摊的公用成本。例如,办公场地成本可以占用该场地的工作以及占地面积为基础进行分摊。但是,对于公用面积的成本,例如走廊,该如何分摊? 以此类推,不管使用情况如何,市内通话服务和上网费用每个月都会有交叉成本,所以不能只是简单地做跟踪记录。

因此,大多数智库不会仅仅用逐项分摊法来分摊间接成本。选择逐项分摊法还是间接成本率法(见下文)取决于以下两个因素:

• 生成记录的难易程度。当自动化系统可以轻松地跟踪项目成本时(例如,长途电话或复印机的计算机跟踪系统），使用逐项分摊法分摊成本会更加精确。

- 跨项目成本的可变性。当跨项目的成本在不同的项目中差异较大时，逐项分摊法可以帮助限定间接成本的交叉部分。例如，如果智库的常规项目形式上需要一台复印机，但是有一个项目需要大量的复印（如需要大规模地分发报告等），逐项分摊法可以保证常规项目不用承担不必要的复印费用。

基于上文所述的逐项分摊法的缺点，间接成本率法可能更适合处理那些不易直接分摊到具体活动或项目中的公用成本。也就是说，有很多智库使用逐项分摊法，约旦的家庭事务国际委员会就是其中一个例子。

420
三、间接成本率的类型

如上文所述，间接成本率法是以间接成本和直接成本基数的比率为基础进行核算的。实际的间接成本率要在该成本率的会计期间（一般是一个会计年度）结束之后才可以知道，这个成本率通常也被叫作"最终比率"。然而一般来说，智库和捐助方都不可能等到一个会计期间结束之后才公布和支付账单，因此间接成本率（临时比率或预定比率）常常以成本的预期分析为基础。这些不同的间接成本率详情如下：

- 最终比率。最终间接成本率必须明确智库在会计期间（通常是会计年度）的实际成本后才能制定。一旦制定，最终间接成本率将会用来调整最初由临时比率（见下文）确定的间接成本。实际成本的变动是在会计期间产生的，因此要等到会计期间结束才可以确定具体的调整情况。

- 临时比率。一个临时的间接成本率是为了在最终比率和实际间接成本确定之前，智库可以在未来的会计期间内编制预算，并由捐助方记账或者付费，通常以智库的计划预算为基数（基于预期的费用和活动）。如果资金或费用的预期变化较小，一个会计年度的最终比率可能会被用来作为下一会计年度的临时比率。

因为临时比率以智库的预期活动为基础，可能会和实际结果有所不同，所以当以实际间接成本费用为基础的最终间接成本率公布时,临时比率要做出相应调整。之后,智库可能需要向捐助方请求追加付款(当临时比率太低,低于应分摊的间接成本时)或退款(当临时比率太高,高于应分摊的间接成本时)给捐助方,以此作为智库和捐助方之间协议规定的一种成本补偿类型。

即使临时成本率作为支付的基础,也并非所有的资助者要求对这类项目和解。

- 预定比率。预定比率是为了进行当前或未来指定期间的间接成本分摊而制定的,并且不需要调整。当预定比率和智库的实际成本比率出入不大时,会采用该比率处理合同或政府补助事项。如果随着时间变化,智库的间接成本率保持不变,比如智库有非常稳定的成本结构和捐助金,则会采用这种类型的比率。[①] 在使用预定比率时,智库可能遭遇严重的财务风险,特使是对于一个项目持续数年的智库。

421

绝大多数智库使用预定比率和最终比率基于以下原因:

- 在会计期间对实际的间接成本进行分摊可以得到精确的成本信息;
- 不会将前面会计期间的间接成本带入后面的会计期间,从而避免了后者承担不必要的资金支出;
- 能够在间接成本的会计期间将其合理分摊,智库就不存在盈亏;
- 智库的会计系统必须确定每年的实际成本,它基本上与会计核算、预算编制和成本分摊息息相关;
- 每年确定的服务或项目的实际成本可以用于内部管理和预算编制。

---

① 另一种类型的间接成本率是"延后的固定比率"。在这种结构中,固定比率用来进行一段时期内的预算编制,向捐助方偿还费用或由捐助方支付费用。实际成本由智库的会计系统决定,由固定间接成本率计算的间接成本和实际间接成本的差异结转到下一期间(通常是智库的下一会计年度),以调整下一期间的固定比率以使间接成本没有偏差。这种结构只会用在智库的捐助金随着时间的变化保持稳定的情况下。否则,对捐助者来说,由于资金结构变化和会计期间间接成本分摊之间的偏差,这种结构会导致间接成本分摊不当。

422　　　　　**表 A11.1.1　OMBA-122 号预算通告规定的成本开支范围**

成本开支范围	条件性成本开支范围	非成本开支范围
投标和提案成本	广告和公关	酒精饮料
债券	辩护费/刑事诉讼费/民事诉讼费	坏账
通讯	设备/设备改进	应急费用
员工薪酬	额外福利（包括补助）	对其他组织的捐赠
折旧/使用费	住房和个人生活费	娱乐
员工激励/健康/福利	闲置设备/人力	罚款和罚金
独立的研发	与义工相关的间接成本	资金募集活动
保险和赔偿金	资产购置债务利息	个人使用的产品/服务
员工关系费用	加班费	借入资本的利息
维护和修理费	专利费	投资管理费
材料物资	提前奖励费	游说
会议费	折旧资产或其他固定资产处理利润/损失	其他项目损失
会员、服务和专业活动费	出版和印刷费	组织费用（建立/重组相关）
专业期刊的版面费	再分摊/变更费	
相关支持费用	复原费	
安保费	招聘费	
专业服务费/咨询费	员工安置费	
租赁费	市场营销费	
专利费和版权费	离职费	
税款	专用设备费	
员工培训费	解约费	
交通费	员工差旅费	
	董事差旅费	

附录 11.2　成本政策声明模板

本附录的成本政策声明样本改编自美国劳工部颁布的《间接成本率制定指南：非
政府组织成本原则和章程》。这里将其作为一个例子，来说明每一个智库都应该制作
这样的一份文件，用以向捐助方表明智库自身有着一套明确的、合理的和公正的间接
成本分摊与回收办法。当然，捐助方可能会对间接成本有更具体的要求，如可以报销的
间接成本的上限，或者不能报销的具体的成本类型等，这些要求可能会和以下提供的样
本存在冲突。每个智库都必须决定如何组织其间接成本回收以反映自身的资金状况。

这份成本政策声明假设了一个智库（Example Organization，以下简称"EO"），该
智库使用直接分摊法处理成本（也就是除直接成本之外的成本），EO 智库有合适的
会计章程来直接处理某些成本以避免被当作间接成本（下文将举例描述如何处理复
印成本）。

一、一般会计政策

1. 会计基础：权责发生制；

2. 会计期间：7 月 1 日至次年 6 月 30 日；

3. 分配原则：直接分配原则；

4. 间接成本率分摊基数：包括附加福利在内的直接薪金和工资；

5. 附加福利基数：直接薪资；

6. EO 有完善的内部控制系统以保证在合同或捐助协议上不会直接或间接地重
复登记成本；

7. EO 分别在"间接成本费用"和"间接成本收入"科目下核算间接成本用和收入。

二、成本分配方法说明

（一）薪金与工资

1. 直接成本。EO绝大多数的员工薪资费用是进行直接核算，因为他们的工作可确切归属于具体的捐助协议、合同或其他活动，核算以反映员工实际活动的可审计的劳动分配报表为核算基础。

2. 间接成本。以下人员的全部薪资费用都进行间接核算：财务经理、行政助理。

3. 混合成本。以下人员在核算其薪资费用时既有直接活动也有间接活动：执行总裁、技术人员。

直接和间接之间的差别主要取决于其所担任的职能。例如，当所在职位的职能对于所有的项目都是必须的和有益的，那么就是间接成本。当某一职能针对一个或多个具体的项目时，那么就是直接成本，因为它没有使所有项目都受益。

保存反映员工实际活动的可审计的劳动分配记录，以作为直接成本和间接成本混合情况下的核算依据，时间记录由执行总裁签字证明。

425

（二）附加福利

离岗时间成本（休假、病假、法定节假日）作为附加福利成本，与薪资成本的核算方式一样，EO的会计系统记录离岗时间作为附加福利成本。不是每一个会计期间都有休假记录，只有当其发生时才有记录。

EO给员工提供以下附加福利：社会保险和健康保险，包括失业保险和劳动赔偿；1∶1的退休金补贴。

（三）差旅费

差旅费是作为直接成本还是间接成本核算取决于出差的目的。例如，执行总裁每个季度都要去各区办事处指导工作，这种出差在本质上是间接的，应当作为间接成本。然而，如果执行总裁出差到区办事处是为了某个具体的任务或合同，那么这样的差旅费用将会作为直接成本。

（四）董事会费用

董事会费用作为间接成本核算的部分是参加董事会议的来回差旅费以及每年每位成员 250 美元的补贴。其他董事会费用由 EO 智库自己承担，既不作为间接成本也不作为直接成本。

（五）物资与材料费

办公室的物资与材料费应尽量由使用这些物资和材料的合同或者捐助项目来支付。员工在从事间接活动时使用的物资和材料费用，作为间接成本核算。

（六）设备费

EO 从出租公司租借场地，整个租用期间的租金平均到每个月支付，所有的租金都作为间接成本核算。EO 的租金包括除电费以外的公共设施费用，电费也作为间接成本核算。

（七）通讯费

426

1. 将所有的传真发送记录保存好。传真费用是作为直接成本还是间接成本取决于发送的传真用于直接活动还是间接活动。

2. 长途电话费是作为直接成本还是间接成本取决于电话是用于直接活动还是间接活动。

3. 市内通话费作为间接费用处理。

4. EO 使用计数机制核算邮资。设立邮资计数机制是为了确定具体项目或活动的邮资成本。快递费用也同样核算在相应的项目或活动中。

（八）复印与打印

EO 会保存复印活动记录。依据记录，EO 以每个项目具体的复印量为基础按比例分摊复印费用。行政人员会最大限度地记录对应项目的复印数量。由行政人员复印一些与 EO 整体活动相关的材料。当复印不能确切分摊到某个具体项目时，这样的复印成本将核算到间接成本之下。此外，打印费用作为相应活动费用进行核算。

（九）外部服务

EO 的外部服务费包括年度审计费、律师费和员工培训专家费。

1. 年度审计费用作为间接成本核算；

2. 一般来说，律师费作为相应项目或活动的直接成本核算；

3. 不能明确到具体项目上的律师费作为间接成本核算。

（十）资产项目

只有在合同或捐助协议中得到明确批准时，资本性支出才作为直接项目成本核算。没有资本性支出是作为间接成本核算的，当没有合同或捐助协议支持时，资产购置成本作为折旧费用核算，EO 资产购置的起价是 500 美元。

（十一）折旧

为各个项目服务但没有合同或捐助协议支持的资产购置成本，作为折旧费用核算。EO 使用与公认会计准则一致的直线折旧法核算资产成本，折旧费用作为间接成本核算。

427

（十二）不允许纳入成本的费用

以下所列费用不属于合同或捐助协议支付的成本范围，应当有相应的内部控制系统来保证这些费用不会由合同或捐助协议来承担：

1. 广告和公关费用；

2. 娱乐和酒精饮料；

3. 资本性支出；

4. 坏账；

5. 利息；

6. 游说和资金募集。

签字：　　　　　　　　　　　　　　　　　　日期：

公司名称：Example Organization

（地址）

附录 12.1 呈递给管理层的绩效报告样表

表 A12.1.1　客户视角的绩效指标：项目工作

指标
未按时提交的报告占提交的全部报告总数百分比
成本超标的项目数
期间因成本超标而停止的项目总数 -获得赞助者额外资助的项目数量 -内部解决超支问题的项目数
过去一年客户的合同或捐赠数量 -目前全部的合同或捐赠数 -过去一年老客户的合同或捐赠占全部合同/捐赠的比例
关于市政预算的研讨会
课程日期的设置
学生评价的平均分数<3.5[a]的百分比
上课人数
认证抵押贷款课程
课程日期的设置
学生评价的平均分数<3.5 的百分比
上课人数
市政经济发展课程
课程日期的设置
学生评价的平均分数<3.5 的百分比
上课人数
透明度
智库资金来源的透明度是利用"透明度"智库的 5 星级评价方案计算得到的[b]

a. 用 1 到 5 来表示范级别，5 代表学生满意度的最高级别。

b. "透明度"智库的报告(2014)中对此有所描述；而门迪扎芭(2014c)介绍了一个稍微容易计算的5星级评价体系。

表 A12.1.2　内部业务视角的绩效指标：项目支出

项目编码	项目主题	总预算[a]	至今为止已支出的预算比例（%）	工作周期（月）	已完成的工作进度（%）	已支出的预算（%）/已完成的工作进度（%）
0722－00	经济预测	\$ 120 000	35	12	42	0.83
0745－00	区域研讨会	\$ 32 000	75	6	50	1.50

a. 如果固定费用和利润属于奖金额度，它们就排除在外。

表 A12.1.3　内部业务视角的绩效指标：员工在岗率——2013 年 1 月～8 月[a]

（时间分配比例）

日常开支账目									
中心	建议	综合管理	集中发展	集中管理	其他	外部调查[b]	常规支持[b]	边缘	合计
研究									
住房	6.5	—	4.5	13.7	0.4	64.1	—	10.9	100.0
改革法规	4.7	—	1.3	6.5	—	75.1	0.2	12.2	100.0
地方政府	7.4	—	3.1	4.4	—	71.1	0.1	14.0	100.0
社会救助	5.3	—	4.5	3.0	—	74.1	—	13.0	100.0
健康	6.2	—	5.4	3.0	—	70.4	0.3	14.7	100.0
支持									
代理		88.0	—			—		11.2	100.0
公共关系	—	—	14.3	0.5	36.8	9.0	26.2	13.3	100.0
不含政府机关	—	78.2	0.4		7.1	0.1	2.8	11.4	100.0
人力资源	—	4.1	0.9	6.3	1.8	3.6	10.9	72.4	100.0
互联网	1.3	—	0.1		55.8	30.5	—	12.4	100.0
办公管理	0.1	61.1	—	—	24.1	0.1	—	14.6	100.0
全部	5.2	8.5	4.7	3.6	6.3	56.2	1.7	13.7	100.0

a. 也可以为每个中心的工作人员准备类似的表格来追踪个体研究人员的工作时间和应用情况；

b. 是由特定项目的补助与合同资助的；

c. 是从收费收入和机构获得的无限制捐助资助的。

表 A12.1.4　内部业务视角绩效指标:资金利用率的建议—2013[a]

中心	结果已知的提案			胜出的提案		有效措施[b]	
	数量	奖励总额（美元）	提案的花费[c]（美元）	数量	奖励总额（美元）	提案上获得的资金（美元）	奖励金额/提案上获得的资金（比率）
住房	2	35 000	2 400	1	20 000	2 400	8.33
法律改革	5	240 000	6 000	2	97 000	3 000	16.16
地方政府	12	74 000	9 000	6	48 000	1 500	5.33
社会救助	3	640 000	7 500	1	450 000	7 500	60.00
健康	7	370 000	6 600	3	220 000	2 200	33.33
全部	29	135 900	31 500	13	825 000	2 423	26.19

a. 2013 年赞助商是依据 2012 年提交的建议书做决定。

b. 在所有提案上面的花费;

c. 提案上的花费。

表 A12.1.5　内部业务视角绩效指标:财务会计应收账款,2013 年 8 月 15 日[a]

项目编号	项目名称	发表编号	发票日期	发票数量	未付款	0～30 天	31～60 天	61～90 天	大于90 天	总计
07230	美国	2131	9/27/12	23 400	23 400				23 400	23 400
		3154	12/12/12	37 500	19 600				19 600	19 600
07274	当地政府	4431	6/20/13	44 736	21 678		21 678			21 678

a. 只包含这些项目未付款的发票金额。

表 A12.1.6　内部业务视角绩效指标:财务会计应收账款,2013 年 8 月 15 日

项目编号	项目名称	项目类型[a]	发票日期	发票数量	0～30 天[b]	31～60 天	大于 60 天
7188	银行研讨会	M	6/30/13	30 000		30 000	
7201	评论	TM	4/30/13	7 491			7 491

a. M=流动支出;WP=工作成果支出,例如具体报告;TM=付款时间和材料

b. 当提交发票时,最早月份结束后的延迟天数。

431   表 A12.2.7   内部业务视角绩效指标：年度会计部门审查—2013

指标	2013	2012	2011	2010
受合同约束的项目总量				
由双边和多边捐助的项目				
基建项目的数量				
其他捐助项目的数量				
受合同/会计人员ᵃ约束的项目				
结束的项目				
结束的项目/会计人员				
正准备中的提案预算的数量				
提案预算数量/会计				
新招聘员工和离职员工的数量ᵇ				
新招聘员工和离职员工的数量/会计				
出差的费用数量ᶜ				
职工出差花费费用的数量/会计				

a. 全职的会计人员。

b. 要想减少收入及其他工资所得税，并且在某些情况下，将收入直接存入银行，需要开展额外的工作。

c. 这个条目是一个说明税收系统某些特殊特性的一个例子，该系统要求会计人员付出额外的努力。在一些国家，如俄罗斯，将略高于最低水平的报酬视作差旅者的收入。这个额外收入必须进行记录并对此进行纳税评估，对于那些有大量差旅计划的智库来说，这是非常大的负担。

参考文献①

1. Ahiadeke, *Stories of Change-From the Institute of Statistical*, *Social and Economic Research*（ISSER）, *University of Ghana.* "C. 2013.

2. Ottawa: *International Development Research Centre*, Think Tank Initiative, Stories of Change Series.

3. Alcazar, L. , M. Balarin, D. Weerakoon, and E. Eboh. 2012. *Learning to Monitor Think Tanks Impact: Three Experiences from Africa, Asia and Latin America.* Lima, Peru: GRADE Report to the Think Tank Initiative, http://www. thinktankinitiative. org/sites/default/files/Learning％20to％20monitor％20think％ 20tanks％20impact％20final％20report％20july％202012. pdf.

4. Allen, T. , and G. Henn. 2007. *The Organization and Architecture of Innovation: Managing the Flow of Technology.* Oxford: Elsevier.

5. Allison, M. , and J. Kave. 2005. *Strategic Planning for Non Profit Organizations: A Practical Guide and Workbook.* Hoboken, NJ: John Wiley, 2nd edition.

6. Andersen, L. 2012. "Can Consultancies Sustain a Long-Term Research Strategy in Developing Countries?" Posting on "On Think Tanks," www. onthinktanks. org, October 1. Ordonez, A. 2014c.

7. Ames, P. 2014, "(Re)Creating a Culture of Peer Review. " *On Think Tanks.*

---

① 参考文献包括论文中引用的成果,以及有参考价值的其他项目。

www. onthinktanks. org，July 2.

8. Areliano, A. 2014. "How to Improve Your Capacity to Write Proposals：Grupo FARO's Committee for Project Approval. " *Politics & Ideas* , February 10. http://www. politicsandideas. org/? p＝1510.

9. Avins, J. 2013. "Strategy is a Fundraising Necessity, Not a Luxury. " Posting on "On Think Tanks," www. onthinktanks. org, November 26.

10. Bacon, F. R. , Jr. , and T. W. Butler, Jr. 1998. *Achieving Planned Innovation：A Proven System for Creating Successful New Products and Services.* New York：Free Press.

11. Ban, C. , S. R. Faerman, and N. M. Riccucci. 1992. "Productivity and the Personnel Process. " In *Public Productivity Handbook* , edited by M. Holzer (401 – 23). San Francisco：Jossey-Bass.

12. Bardach, E. 1984. " The Dissemination of Policy Research to Policymakers. " *Knowledge：Creation, Diffusion, and Utilization* 6(2)：125 – 44.

13. Benequista, N. 2014. "Communication Off the Map：Three Principles for Policy Influence in Emerging Democracies. " *Politics & Ideas* , August 19. http://www. politicsandideas. org/? p＝1853.

14. Nancy Birdsall, N. 2012. "Successful Policy Engagement. " TTI EX 2012. http://www. youtube. com/watch? v＝fSePtWWTEWY.

15. Birdsall, N. 2013. Comments at the book launch for *The Governor's Solution：How Alaska's Oil Dividend Could Work in Iraq and Other Oil-Rich Countries.* Event at the Center for Global Development, Washington, DC, January 23, 2013.

16. Bowsher, J. E. 1998. *Revolutionizing Workforce Performance：A Systems Approach to Mastery.* San Francisco：Jossey-Boss, Pfeiffer.

17. Bracken, D., and D. Rose. 2011. "When Does 360-Degree Feedback Create Behavior Change? And How Would We Know When It Does?" *Journal of Business and Psychology*, vol. 26, no. 2, pp. 183 – 92.

18. Bruckner, S. 1996. "Policy Research Centers in Russia: Tottering Toward an Uncertain Future. " *NIRA Review* (summer): 32 – 36.

19. Bruckner, T. 2014. "Are Think Tanks Turning into Lobbyists?" *Transparify*, March 12, 2014.

20. Bryson, J. M. 1995. *Strategic Planning for Public and Nonprofit Organizations*. San Francisco: Jossey-Bass.

21. Buldioski, G. 2013. "Supporting Think Tank Series: From Core and Institutional Support to Organizational Development Grants. " Posting on "On Think Tanks," www. onthinktanks. org, June 3.

22. Buldioski, G. 2012. "Capacity Building for Think Tanks. " Goran's Policy. November26. http://goranspolicy. com/capacity-building-for-think-tanks/? utm _ source = feedburner&utm _ medium = email&utm _ campaign = Feed% 3A + goranspolicy+%28Goran%27s+policy%29.

23. Buldioski, G. 2012. "The Peculiar Use of Training Activities as Vehicles for Policy Research Uptakes in Serbia. " Posted on *Goran's Musings*, www. goranspolicy. com, August 28.

24. Buldioski, G. 2010a. "Marriage of a Think Tank and a Consultancy Firm: A warning from Slovakia. " Posted on *Goran's Musings*, www. goranspolicy. com, September 30.

25. Buldioski, G. 2010b. "Defining Think Tanks. " Posted on *Goran's Musings*, www. goranspolicy. com, November 10.

26. Bullen, P., S. Lawrence, P. Schwenke, A. Williamson, and S.

Williamson. 1997. *Nonprofits in Busine $ $*. Surry Hills, NSW, Australia: WorkVentures, Ltd.

27. Bunkder, K. A., K. E. Kram, and S. Ting. 2002. "The Young and the Clueless." *Harvard Business Review*, December: 81 – 87.

28. Bumgarner, R., D. Hattaway, G. Lamb, J. McGann, and H. Wise. 2006. *Center for Global Development: Evaluation of Impact*. Washington, DC: Arabella Philanthropic Investment Advisors, processed. Accessible in 2012 on the CDG website, www. cgdev. org.

29. Burlingame, D. F., and W. F. Ilchman, eds. 1996. *Alternative Revenue Sources: Prospects, Requirements, and Concerns for Nonprofits*. San Francisco: Jossey-Bass.

30. Carden, F. 2009. *Knowledge to Policy: Making the Most of Development Research*. Los Angeles: Sage Publications.

31. Carver, J. 1997. *Boards That Make a Difference: A New Design for Leadership in Nonprofit and Public Organizations*. 2nd ed. San Francisco: Jossey-Bass.

32. Center for Economic Research [Baku]. 2011. "Communications Strategy for 2011 ~ 2012." http://erc. az/az/index. php? option = com _ content&view = article&id = 199: communications-strategy-for-2011-12&catid = 66: projects-and-activities-&Itemid=91.

33. Center for International Private Enterprise (CIPE). 1998. *Financial Management Handbook*. Washington, DC: CIPE.

34. Charan, R. 1998. *Boards at Work: How Corporate Boards Create Competitive Advantage*. San Francisco: Jossey-Bass.

35. Charan, R., S. Drotter, and J. Noel. 2001. *The Leadership Pipeline*. San

Francisco: Jossey-Bass. CIPE. See Center for International Private Enterprise.

36. Colvin, K. , J. Champaign, A. Liu, Q. Zhou, C. Fredericks, and D. Pritchard. 2014. "Learning in an Introductory Physics MOOC: All Cohorts Learn Equally, Including an On-Campus Class," *International Review of Research in Open and Distance Learning*, vol. 14, no. 4. http://www. irrodl. org/index. php/irrodl/article/view/1902.

37. Conger, J. A. , and B. Benjamin. 1999. *Building Leaders: How Successful Companies Develop the Next Generation*. San Francisco: Jossey-Bass.

38. Congressional Budget Office [CBO]. 2013. *Congressional Budget Office Cost Estimate: S. 744, Border Security, Economic Opportunity, and the Immigration Modernization Act*. Washington, DC: CBO, June 18.

39. Corwin, R. G. , and K. S. Louis. 1982 "Organization Barriers to the Utilization of Research. " *Administrative Sciences Quarterly* 27: 623 – 40.

40. Court, J. and J. Young. 2006. "Bridging Research and Policy: Insights from 50 Case Studies," *Evidence and Policy*, vol. 2, no. 4, pp. 439 – 62.

41. Covello, J. A. , and B. J. Hazelgren. 1995. *The Complete Book of Business Plans*. Naperville, IL: Sourcebooks.

42. Crutchfield, L. R. , and J. M. Grant. 2008. *Forces for Good: The Six Practices of High-Impact Nonprofits*. San Francisco: Jossey-Boss.

43. Darling, M. , C. Parry, and J. Moore. 2005. "Learning in the Thick of It. " *Harvard Business Review*, July-August: 84 – 92.

44. Davies, Lee. 1997. "The NGO-Business Hybrid: Is the Private Sector the Answer?" Washington, DC: The Johns Hopkins University, Nitze School of Advanced International Studies.

45. Davies, R. and J. Dar t. 2005. *The 'Most Significant Change' (MSC)*

Technique；A Guide to Its Use. www. mande. co. uk/docs/MSCGuide. pdf.

46. Dees, J. G. 2001a. "Mobilizing Resources." In *Enterprising Nonprofits：A Toolkit for Social Entrepreneurs*, edited by J. G. Dees, J. Emerson, and P. · Economy (63 – 102). New York：John Wiley & Sons.

47. —. 2001b. "Mastering the Art of Innovation." In*Enterprising Nonprofits：A Toolkit for Social Entrepreneurs*, edited by J. G. Dees, J. Emerson, and P. Economy (161 – 98). New York：John Wiley & Sons.

48. Dees, J. G. , J. Emerson, and P. Economy, eds. 2001. *Enterprising Nonprofits：A Toolkit for Social Entrepreneurs*. New York：John Wiley & Sons.

49. Dibble, S. 1999. *Keeping Your Valuable Employees：Retention Strategies for Your Organization's Most Important Resource*. New York：John Wiley & Sons.

50. Dixit, A. 2012. "A Reflection on the Contribution of Research in the Framing of Local Adaption Plan to Climate Change in Nepal." Ottawa：International Development Research Centre, Think Tank Initiative, Stories of Change Series.

51. Dolowitz, D. , and D. Marsh. 1996. "Who Learns from Whom：A Review of the Policy Transfer Literature." *Political Studies* 44：343 – 57.

52. Dotlich, D. L. , and P. C. Cairo. 1999. *Action Coaching*. San Francisco：Jossey-Bass.

53. Drucker, P. 1990. *Managing the Nonprofit Organization*. New York：Harper.

54. Dunn, E. , and M. Norton. 2013. *Happy Money：The Science of Smarter Spending*. New York：Simon & Schuster.

55. Earl, S. , F. Carden and T. Smutylo. 2001. *Outcome Mapping；Building Learning and Reflection into Development Programs*. Ottawa：International Development Research Centre (IDRC). www. idrc. ca/en/ev-9330-201-1-DO _

TOPIC. html.

56. Eboh, E. 2012. "Sustaining Quality in Economic Policy Research." Presentation at the TTI Exchange 2012. https: //www. youtube. com/watch? v= IqltstqzrL8.

57. Echt, L. 2012. "How to Employ, Retain and Motivate Staff." Posting on "On Think Tanks," www. onthinktanks. org, May 18.

58. Echt, L. 2014. "The Challenges Facing Southern Researchers in the Arab World." Posting on Politics and Ideas. September 18, http://www. politicsandideas. org/? p=1966.

59. Economic and Social Research Center [Tanzania]. 2012. "IDRC – TTI Success Stories." Ottawa: International Development Research Centre, Think Tank Initiative, Stories of Change Series.

60. Economic Research Center [Baku]. 2011. "Economic Research Center-Communications Strategy for 2011 ~ 2012. "http://erc. az/az/index. php? option＝ com_content&view＝article&id＝199: communications-strategy-for-2011-12&catid＝ 66: projects-and-activities-&Itemid=91. Site visited on November 6, 2013.

61. Enchautegui, M. E. , S. Lindner, and E. Poethig. 2013. *Understanding the Economic and Fiscal Impacts of Immigration Reform: A guide to Current Studies and Possible Expansions*. Washington, DC: Urban Institute. http://www. urban. org/UploadedPDF/412944-Understanding-the-Economic-and-Fiscal-Impacts-of-Immigration-Reform. pdf. Site visited November 9, 2013.

62. European Centre for Development Policy Management. 2012. "ECPDM's Knowledge and Communications Strategy 2012-2016." http://www. ecdpm. org/ Web_ ECDPM/Web/Content/Navigation. nsf/index2? readform&http://www. ecdpm. org/Web_ECDPM/Web/Content/Content. nsf/80ba021853007405c1256c7900

53145c/82467adc9075fd16c1257512003f10cf. Site visited on November 6，2013.

63. Feulner, E. J. 1985. "Ideas, Think-Tanks and Governments." *Quadrant*, November：22 – 6.

64. Fix, M. , and R. Struyk (eds.) 1993. *Clear and Convincing Evidence*： *Measurement of Discrimination in America*. Washington, DC：Urban Institute Press.

65. Foster, W. , and J. Bradach. 2005. "Should Nonprofits Seek Profits?" *Harvard Business Review*, February：92 – 100.

66. Fox, C. J. 1991. "Employee Performance Appraisal：The Keystone Made of Clay." In *Public Personnel Management*：*Current Concerns*, *Future Challenges*, edited by C. Ban and N. Riccorci (58 – 71). New York：Longman.

67. Freedom House. 1999. *Think Tanks in Central and Eastern Europe*：*A Comprehensive Directory*. Budapest：Freedom House.

68. Garrett, J. L. , and Y. Islam. 1998. *Policy Research and the Policy Process*：*Do the Twain Ever Meet?* Gatekeeper Series no. 5A74. Stockholm：IIED.

69. Georgalakis, J. 2012. "Is It Wrong to Herald the Death of the Institutional Website?" Posting on "On Think Tanks," www. onthinktanks. org, December 10.

70. Glen, R. M. 1990. "Performance Appraisal：An Unnerving Yet Useful Process." *Public Personnel Management* 19(1)：1 – 10.

71. Graham, P. 2009. "Maker's Schedule, Manager's Schedule." http:// www. paulgraham. com/makersschedule. html.

72. Greenberg, D. , D. Linksz, and M. Mandell. 2003. *Social Experimentation and Public Policymaking*. Washington, DC：Urban Institute Press.

73. Gutbrod, H. 2013a. "Advice to Think Tank Startup：Do Not Do It Alone.

Posting on "On Think Tanks," www. onthinktanks. org, Feb 4.

74. Gutbrod, H. 2013b. "How Did Lead US Think Tanks Fare in 2012? Analysis by Numbers. Posting on "On Think Tanks," www. onthinktanks. org, September 13.

75. Hall, P. 1990. "Policy Paradigms, Experts and the State: The Case of Macro-economic Policy Making in Britain." In *Social Scientists, Policy and the State*, edited by S. Brooks and A. -G. Gagnon. New York: Praeger.

76. Hayes, J. 2005. "Feedback about Think Tanks – Report on the Findings." Washington, DC: Stratalys Research. E-mail communication.

77. Heath, C. , and D. Heath. 2013. *Decisive*. New York: Random House.

78. Heneman, R. L. 2001. *Business-Driven Compensation Policies*. New York: American Management Association.

79. Herzberg, F. 1987. "One More Time: How Do You Motivate Employees?" *Harvard Business Review* (September – October): 109 – 20.

80. Heskett, J. L. 1987. "Lesson in the Service Sector." *Harvard Business Review* (March – April): 118 – 26.

81. Holland, T. P. , and M. Blackmon. 2000. *Measuring Board Effectiveness: A Tool for Strengthening Your Board*. Washington, DC: National Center for Nonprofit Boards.

82. Hovland, I. 2007. "Making a Difference: M&E of Policy Research." London: Overseas Development Institute, Working Paper 281.

83. Huberman, M. 1994. "Research Utilization: The State of the Art." *Knowledge and Policy: The International Journal of Knowledge Transfer and Utilization* 7(4): 13 – 33.

84. Hulme, D. , and M. Edwards. 2013. *NGOs States and Donors: Too Close*

for Comfort? New York: Palgrave Macmillan Press.

85. Ibeanu, O. 2008. "Payment and Independence: Does a Client Relationship with Government Inhibit 'Think Tank' Criticism?" Cape Town: South African Institute of International Affairs Governance and APRM Programme, Occasional Paper No. 15.

86. Institute for Public Policy. 2007. "Think Tank's Sustainability—Models of Overhead Expenses Calculation and Their Effective Use." Bucharest: author, processed, draft.

87. Institute of Dalit Studies [IIDS]. 2013. "Collaborative Research, Knowledge Exploration and Wider Use of Research Outcome through 'Community of Researchers'." Ottawa: International Development Research Centre, Think Tank Initiative, Stories of Change Series.

88. International Committee of Medical Journal Editors [ICMJE]. 2013. "Ethical Considerations in Conduct and Reporting of Research: Authorship and Contributionship." http://www.icmje.org/ethical_1author.html.

89. International Development Research Centre (IDRC). 2013. *Enabling Success*, 2011-2012 *Think Tank Initiative Annual Report*. Ottawa: IDRC.

90. Johnson, E. 2000. "Think Tanks in Sub-Saharan Africa." In *Think Tanks & Civil Societies*, edited by J. G. McGann and R. K. Weaver (465 – 90). New Brunswick, NJ: Transaction Publishers.

91. Jones, S. 2013. *Georgia: A Political History Since Independence.* London: I. B. Tauris.

92. Kaplan, R. S., and D. P. Norton. 1992. "The Balanced Scorecard— Measures that Drive Performance." *Harvard Business Review*, January – February.

93. Karatnycky, A., A. Motyl, and B. Shor. 1997. *Nations in Transit* 1997.

New Brunswick, NJ: Transaction Publishers.

94. Karel, F. 2000. "Getting the Word Out: A Foundation Memoir and Personal Journey." In *To Improve Health and Health Care: The Robert Wood Johnson Anthology*, edited by S. L. Isaccs and J. R. Knickman (23 - 51). Princeton, NJ: The Robert Wood Johnson Foundation.

95. Kellerman, B. 2004. "Leadership, Warts and All." *Harvard Business Review*, January: 40 - 45.

96. Kerr, S. 2003. "The Best-Laid Plans Incentive Plans." *Harvard Business Review*, January: 27 - 33.

97. Kimenyi, M. S., and A. Datta. 2011. "Think Tanks in Sub-Saharan Africa: How the Political Landscape Has Influenced Their Origins. London: Overseas Development Institute. http://www. docs. mak. ac. ug/sites/default/files/ 7527. pdf.

98. Kingdon, J. 1984. *Agendas, Alternatives and Public Policies*. Boston: Little Brown & Co.

99. Kingsley, T. 1993. "Ideas for Managing a Japanese Think Tank." In *A Japanese Think Tank: Exploring Alternative Models*, edited by R. Struyk, M. Ueno, and T Suzuki (appendix D). Washington, DC: The Urban Institute.

100. Kitzi, J. 2001. "Recognizing and Assessing New Opportunities." In *Enterprising Nonprofits: A Toolkit for Social Entrepreneurs*, edited by J. G. Dees, J. Emerson, and P. Economy (43 - 62). New York: John Wiley & Sons.

101. Khan, S. 2012. "Enhancing Organizational Governance." TTI EX 2012. https://www. youtube. com/watch? v=slpd_cHawdo&feature=plcp

102. Kosack, S., C. Tolmie, C. Griffin. 2010. *From the Ground Up: Improving Government Performance with Independent Monitoring Organizations*.

Washington，DC：Brookings Institution．

103．Kotler，P．2000．*Marketing Management*．10th ed．Upper Saddle River，NJ：Prentice Hall．

104．Kucharczyk，J．and P．Kazmierkiewicz．2007．"Learning from the Experience of Western European Think Tanks：A Study in Think Tank Management．"Warsaw：Institute of Public Affairs．

105．Kulasabanathan，R．2012．How to Attract and Nurture Quality Researchers．TTI EX 2012．https：//www．youtube．com/watch? v = 7LW6t LEMuXo

106．Langsford，J．W．，and K．L．Brownsey，eds．1992．*Think Tanks and Governance in the Asia-Pacific Region*．Halifax，Nova Scotia：Institute for Research on Public Policy．

107．La Piana，D．1997．*Beyond Collaboration：Strategic Restructuring of Nonprofit Organizations*．Washington，DC：National Center for Nonprofit Boards．

108．La Piana，D．2008．*The Nonprofit Strategy Revolution：Real-Time Strategic Planning in a Rapid-Respond World*．St．Paul，MN：Fieldstone Alliance．

109．Lavis，J．，D．Robertson，J．Woosdie，C．McLeod，and J．Abelson．2003．"How Can Research Organizations More Effectively Transfer Research Knowledge to Decision Makers?"*The Milbank Quarterly*，vol．8，no．2，pp．221 - 248．

110．Ledford，G．E．Jr．1995．"Designing Nimble Reward Systems．"*Compensation and Benefits Review*（July - August）：46 - 54．

111．Lee，C．1996．"Performance Appraisal．"*Training* 33(5)：44 - 59．

112．Lee，U．2005．"Estonia's Policy Analysis Industry Grows Up．"*Local Governance Brief*，spring-summer：37 - 38．

113. Leigh, A. , and M. Maynard. 1995. *Leading Your Team: How to Involve and Inspire Teams*. London: Nicholas Brealey Publishing.

114. Lencioni, P. 2002. *The Five Dysfunctions of a Team*. San Francisco: Jossey-Bass.

115. Letts, C. W. , W. P. Ryan, and A. Grossman. 1999. *High Performance Nonprofit Organizations: Managing Upstream for Greater Impact*. New York: John Wiley & Sons.

116. Liebovitz, H. , and L. Wherry. 2004. "Research to Practice: Evaluating *Assessing the New Federalism* Dissemination Activities. " *Assessing the New Federalism* Discussion Paper 04 - 02. Washington, DC: The Urban Institute.

117. Light, P. C. 1998. *Sustaining Innovation: Creating Nonprofit and Government Organizations that Innovate Naturally*. San Francisco: Jossey-Bass.

118. Light, P. 2000. *Making Nonprofits Work: A Report on the Tides of Nonprofit Management Reform*. Washington, DC: Brookings Institution Press.

119. Liner, B. , H. Hatry, E. Vinson, R. Allen, P. Dusenbury, S. Bryant, and R. Snell. 2001. *Making Results-Based State Government Work*. Washington, DC: The Urban Institute.

120. Lips, B. 2009. "Developing a High-Achieving Board of Directors: A Primer on Think Tank Governance. " Washington, DC: Atlas Network.

121. Lomas, J. 1993. "Diffusion, Dissemination, and Implementation: Who Should Do What?" *Annals New York Academy of Sciences*, pp. 226 - 37.

122. Lovitt, J. 2011. *How to Win Respect and Influence Policymakers: Principles for Effective Quality Controls in the Work of Independent Think Tanks*. Prague: Policy Association for an Open Society.

123. MacDonald, L. , and R. Levine. 2008. "Learning While Doing: A 12 -

Step Program for Policy Change. " Washington, DC: Center for Global Development Essay.

124. MacDonald, L. , and T. Moss. 2014. "Building a Think-and-Do Tank: A Dozen Lessons from the First Dozen Years of the Center for Global Development. " Washington, DC: Center for Global Development Essay.

125. Majeska, K. 2001. "Understanding and Attracting Your 'Customer'. " In *Enterprising Nonprofits: A Toolkit for Social Entrepreneurs*, edited by J. G. Dees, J. Emerson, and P. Economy (199 – 250). New York: John Wiley & Sons.

126. Martin, P. 2013. "How Do Policy Actors Assess Southern Think Tanks? Insight into Factors Affecting the Perceptions of Performance in Policy Communities. Ottawa: International Development Research Centre, Think Tank Initiative. http:// www. thinktankinitiative. org/sites/default/files/How%20do%20policy%20actors% 20assess%20Southern%20think%20tanks_PMartin. pdf.

127. Maxwell, M. M. 1996. "New Ventures in a Nonprofit Environment. " In *Alternative Revenue Sources: Prospects, Requirements and Concerns for Nonprofits*, edited by D. F. Burlingame and W. F. Ilchman. San Francisco: Jossey-Bass.

128. McAdams, J. L. , and E. J. Hawk. 1994. *Organizational Performance and Rewards*. Scottsdale, AZ: American Compensation Association.

129. McGann, J. G. 2013. *2012 Global Go to Think Tanks Report and Policy Advice*. Philadelphia: University of Pennsylvania, International Relations Program.

130. McGann, J. G. , and E. C. Johnson. 2005. *Comparative Think Tanks, Politics and Public Policy*. Cheltenham, U. K. : Edward Elgar.

131. McGann, J. and R. Kent Weaver, (eds). 2000. *Think Tanks and Civil Societies: Catalysts for Ideas and Actions*. New Brunswick, NJ and London:

Transaction Press.

132. McGann, J. 1999. "Think Tanks: Catalysts for Ideas in Action—An International Survey." Philadelphia: Foreign Policy Research Institute.

133. McMurtry, S. L., F. E. Netting, and P. M. Kettner. 1991. "How Nonprofits Adapt to a Stringent Environment," *Nonprofit Management & Leadership* 1(3): 235 – 52.

134. Medvetz, T. 2012. *Think Tanks in America*. Chicago: University of Chicago Press.

135. Mendizabal, E. 2011. "The Onthinktanks Interview: Simon Maxwell (Part 2)." Posting on "On Think Tanks," www. onthinktanks. org, September 7.

136. Mendizabal, E. 2012. "Quality Control: Who Should Be Involved?" Posting on "On Think Tanks," www. onthinktanks. org, October 8.

137. Mendizabal, E. 2013a. "Governance Dilemmas and How to Avoid Them." Posting on "On Think Tanks," www. onthinktanks. org, February 6.

138. Mendizabal, E. 2013b. "Strategic Plans: A Simple Version." Posting on "On Think Tanks," www. onthinktanks. org, April 19.

139. Mendizabal, E. 2013c. "Monitoring and Evaluation: Lessons from Latin American Think Tanks." Posting on "On Think Tanks," www. onthinktanks. org, June 24.

140. Mendizabal, E. 2013d. "For-profit Think Tanks and Implications for Funders." Posting on "On Think Tanks," www. onthinktanks. org, October 3.

141. Mendizabal, E. 2013e. "New Office for CGD: Food for Thought." Posting on "On Think Tanks," www. onthinktanks. org, November 9.

142. Mendizabal, E. 2014a. "Fair is Fair: On Contracts and Sub-contracts." Posting on "On Think Tanks," www. onthinktanks. org, February 24.

143. Mendizabal, E. 2014b. "Setting up a Think Tank: Step-by-Step.". " Posting on "On Think Tanks," www. onthinktanks. org, May 5.

144. Mendizabal, E. 2014c. "A Quick and Dirty 'Transparify-like' Assessment of TTI Think Tanks. " Posting on "On Think Tanks," www. onthinktanks. org, May 12.

145. Mendizabal, E. 2014d. "Think Tanks Stress Test. " Posting on "On Think Tanks," www. onthinktanks. org, September 19.

146. Mensa, J. 2012. How to Attract and Nurture Quality Researchers. TTI EX 2012. https: //www. youtube. com/watch? v=8n1xGe2bC-Y.

147. Moncada, A. 2013. "The Woes of Domestic Philanthropy in Developing Countries. " www. onthinktanks. org, February 8.

148. Moncada, A. , and E. Mendizabal. 2013. "Think Tank Boards: Composition and Practices. " www. onthinktanks. org, March 25.

149. Morariu, J. 2011. "EPE TIG Week: Johanna Morariu on an Evaluation Approach for an Environmental Think Tank & Advocacy Organization. " *AEA365 | A Tip-a-Day by and for Evaluators.* http://aea365. org/blog/? p=3341.

150. Morozov, E. 2011. *The Net Delusion: The Dark Side of Internet Freedom.* New York: Public Affairs.

151. Morse, K. , and R. Struyk. 2005. *Policy Analysis for Effective Development: Strengthening Transition Economies.* Boulder, CO: Lynne Rienner Publishers.

152. Morse, K. , M. Pinegina, C. Romanik, M. Shapiro, and R. Struyk. 2002. "In-Service Training in Public Policy for Russian Local Government Civil Servants and Advocacy NGO Staff. " Report to the Institute for Urban Economics. Washington, DC: The Urban Institute.

153. Nadler, D. A. 2004. "Building Better Boards." *Harvard Business Review*, May: 102 – 11.

154. Nalbantian, H. R. , and A. Szostak. 2004. "How Fleet Bank Fought Employee Flight." *Harvard Business Review*, April: 116 – 25.

155. Ness, J. A. , and T. C. Cucuzza. 1995. "Tapping the Full Potential of ABC." *Harvard Business Review*, July – August.

156. Nicholson, N. 2003. "How to Motivate Your Problem People." *Harvard Business Review*, January: 57 – 65.

157. Nickerson, J. 2014. *Leading Change from the Middle*. Washington: Brookings Institution Press.

158. Ofori-Mensah, M. 2012. How to Attract and Nurture Quality Researchers. TTI EX 2012. https: //www. youtube. com/watch? v = ff6XVJ6mLYc&feature=plcp&noredirect=1.

159. O'Neil, M. 2012. "Enhancing Organizational Governance." TTI EX 2012. https: //www. youtube. com/watch? v=z00ZuRIqNiA&feature=plcp.

160. Ordonez, A. 2014f. "Lessons from Peer Reviewing Among Think Tanks." *On Think Tanks*. www. onthinktanks. org, July 7.

161. Ordonez, A. 2014e. "Perspectives on the Peer Review Pilot." *On Think Tanks*. www. onthinktanks. org, July 6.

162. Ordonez, A. 2014d. "Is Research from Think Tanks Really Different?" *On Think Tanks*. www. onthinktanks. org, www. onthinktanks. org, June 25.

163. Ordonez, A. 2014c. "What are Peer Review Systems?" *On Think Tanks*. www. onthinktanks. org, June 23.

164. Ordonez, A. 2014b. "Peer Review: Experimenting with Think Tanks." *On Think Tanks*. www. onthinktanks. org, June 16.

165. Ordonez, A. 2014a. "Researchers habits: unlocking the potential for impact?" *Politics & Ideas*, April 22. http://www. politicsandideas. org/? p=1632.

166. Ordonez, A. 2013. "Why is Changing Donor-driven Research Agendas So Hard?" *Politics & Ideas*, November 22. http://www. politicsandideas. org/? p=1390

167. Ordonez, C. 2012. "Enhancing Organizational Governance." TTI EX 2012. https://www. youtube. com/watch? v=6k5i8UeJKfM&feature=plcp.

168. Pajas, P. P. 2011. *Thinking Ethically*! *A Think-tank Code of Good Governance*. Prague: Policy Association for an Open Society.

169. Pautz, H. 2011. "Revisiting the Think Tank Phenomenon," *Public Policy and Administration*, vol. 26, pp. 419 - 35.

170. Perry, J. L. , D. Mesch, and L. Paarlberg. 2006. "Motivating Employees in a New Governance Era: The Performance Paradigm Revisited," *Public Administration Review*, July/August, 505 - 14.

171. Perry, J. L. 1991. "Linking Pay to Performance: The Controversy Continues." In *Public Personnel Management: Current Concerns, Future Challenges*, edited by C. Ban and N. Riccorci. New York: Longman, 73 - 86.

172. Platt, J. 1987. "Research Dissemination: A Case Study." *The Quarterly Journal of Social Affairs* 3(3): 181 - 98.

173. Politics & Ideas. 2013a. "Research Agenda and Production." http:// www. politicsandideas. org/ideas-by-a-new-think-net/topic-guide-research-and-policy/ topic-guide-research-agenda-and-production/ Accessed on September 12, 2013.

174. Politics & Ideas. 2013b. "The monitoring and evaluation of research influence and impact." http://www. politicsandideas. org/ideas-by-a-new-think-net/ topic-guide-research-and-policy/topic-guide-the-monitoring-and-evaluation-of-research-

influence-and-impact/Accessed on September 20，2013.

175. Quigley，K. F. F. 1997. *For Democracy's Sake：Foundations and Democracy Assistance in Central Europe*. Washington，DC：The Woodrow Wilson Center Press.

176. Rabin，J.，C. E. Teasley III，A. Finkle，and L. F. Carter. 1985. *Personnel：Managing Human Resources in the Public Sector*. San Diego：Harcourt Brace Jovanovich.

177. Rees，F. 2001. *How to Lead Work Teams*. San Francisco：Jossey-Bass，Pfeiffer.

178. Regester，M.，and J. Larkin. 2008. *Risk Issues and Crisis Management in Public Relations：A Casebook of Best Practices*. Philadelphia：Kogan Page.

179. Richards，C. 2013. "The Onthinktanks Interview：Dr. Pak Asep." Posting on "On Think Tanks," www. onthinktanks. org，April 24.

180. Richards，C. 2013a. "The Onthinktanks Interview：Sandra Polonia Rios on Brazilian Funding Models. " www. onthinktanks. org，February 20.

181. Rich，A. 2001. "U. S. Think Tanks and the Intersection of Ideology，Advocacy，and Influence. " *NIRA Review* 8(1)：54 – 59.

182. Richman，B.，and R. Struyk. 2002. "Local Administration of Social Assistance Programs in Russia. " *International Journal of Public Administration*. 25 (6)：773 – 804.

183. Robinson，M. K. 2001. *Nonprofit Boards that Work：The End of One-Size-Fits All Governance*. New York：John Wiley & Sons.

184. Rochlin，S. and S. Radovich. 2013. "Evaluating Innovation," in S. I. Donaldson，T. Azaam，and R. F. Conner（eds.）*Emerging Practices in International Development Evaluation*. Charlotte，NC：Information Age

Publishing，Inc.

185. Rothwell，W. J.，and H. C. Kazanas. 1994. *Improving On-the-Job Training*. San Francisco：Jossey-Bass.

186. Romero，A. 2014. "The Donor Perspective：Why Support a Peer Review System." *On Think Tanks*. June 18.

187. Rowan，J. 2004. *Facilitating Meetings & Chairing Discussions*. Cork，Ireland：NUBooks.

188. Saywell，D.，and A. Cotton. 1999. *Spreading the Word：Practical Guidelines for Research Dissemination Strategies*. Leicestershire，UK：Loughborough University. Available at www. lboro. ac. uk/wedc/publications.

189. Scott，D. M. 2011. *The New Rules of Social Marketing & PR*. Hoboken，NJ：John Wiley & Sons.

190. Scott，N. 2012a. "Responding to Digital Disruption of Traditional Communications：Three Planks to the ODI Strategy." Posting on "On Think Tanks," www. onthinktanks. org October 3.

191. Scott，N. 2012. "A Pragmatic Guide to Monitoring and Evaluating Research Communications Using Digital Tools." Posting on "On Think Tanks," www. onthinktanks. org January 6.

192. Selee，A. 2013a. *What Should Think Tanks Do？A Strategic Guide to Policy Impact*. Stanford，CA：Stanford University Press.

193. Selee，A. 2013 b. "Thinking About Think Tanks：What Are They and What Do They Do？Interview at the Woodrow Wilson International Center for Scholars，December 20. http：//www. wilsoncenter. org/article/thinking-about-think-tanks-what-are-they-and-what-do-they-do？mkt_tok＝3RkMMJWWfF9wsRoluq7IZK XonjHpfsX96O8kT％2Frn28M3109ad％2BrmPBy72oUFWp8na％2BqWCgseOrQ8kl

0BV82jScOWrqY％3D.

194. Shultz, S. F. 2001. *The Board Book: Making Your Corporate Board a Strategic Force in Your Company's Success*. New York: American Management Association.

195. Silverstein, K. 2014. *Pay-to-Play Think Tanks: Institutional Corruption and the Industry of Ideas*. https://docs. google. com/file/d/0B5MMPY9ZYoG1aj B5TjRhRnVCZ2M/edit? pli＝1.

196. Simons, R. 2005. "Defining High-Performance Jobs." *Harvard Business Review*, July – August: 55 – 62.

197. Singer, M. I. , and J. A. Yankey. 1991. "Organizational Metamorphosis: A Study of Eighteen Nonprofit Mergers, Acquisitions, and Consolidations." *Nonprofit Management & Leadership* 1(4): 357 – 69.

198. Slesinger, L. H. 1995. *Self-Assessment for Nonprofit Governing Boards*. Washington, DC: Center for Nonprofit Boards.

199. Smith, J. S. 1991. *The Idea Brokers: Think Tanks and the Rise of the New Policy Elite*. New York: The Free Press.

200. Stanton, T. 2012. *Why Some Firms Thrive While Others Fail: Governance and Management Lessons from the Crisis*. London and New York: Oxford University Press, 2012.

201. Stapleton, B. 1983. "Disseminating Social Services Research." *Research, Policy and Planning*, 1(2): 14 – 17.

202. Stone, D. 2005. "Think Tanks and Policy Advice in Countries in Transition." http://www. adbi. org/book/2005/12/01/1686. policy. research. vietnam/think. tanks. and. policy. advice. in. countries. in. transition/.

203. Stone, D. 2000. "Think-tank Transnationalization and Non-profit

Analysis, Advice and Advocacy, "*Global Policy*, vol. 14, no. 2, pp. 153 – 72.

204. Stone, D. 2000a. "Non-Governmental Policy Transfer: The Strategies of Independent Policy Institutes. " *Governance: An International Journal of Policy and Administration* 13(1): 45 – 62.

205. Stone, D. , with S. Maxwell and M. Keating. 2001. "Bridging Research and Policy. " Paper presented at an International Workshop, Coventry, UK.

206. Stone, D. , and A. Denham (eds.) 2004. *Think – tank Traditions: Policy Research and the Politics of Ideas*. Manchester University Press: Manchester.

207. Stone, D. , A. Denham, and M. Garnett. 1998. *Think Tanks across Nations: A Comparative Approach*. Manchester: Manchester University Press.

208. Stone, M. M. , B. Bigelow, and W. Crittenden. 1999. "Research on Strategic Management in Nonprofit Organizations: Synthesis, Analysis, and Future Directions. " *Administration & Society* 31(3): 378 – 423.

209. Studwell, J. 2013. *How Asia Works: Success and Failure in the World's Most Dynamic Region*. New York: Grove Press.

210. Struyk, R. 1993. "Learning from the U. S. and European Experience. " In *A Japanese Think Tank: Exploring Alternative Models*, edited by R. Struyk, M. Ueno, and T. Suzuki (31 – 55). Washington, DC: The Urban Institute.

211. Struyk, R. 1999. *Reconstructive Critics: Think Tanks in Post – Soviet Bloc Democracies*. Washington, DC: Urban Institute Press.

212. Struyk, R. 2006. *Managing Think Tanks*, 2nd edition. Budapest and Washington: The Open Society Institute and Urban Institute Press. http://r4d. org/ sites/resultsfordevelopment. org/files/Managing%20Think%20Tanks%20(Second% 20edition)_0. pdf.

213. Struyk, R. 2013. "Evaluation of the Think Tank's Fund's Grant to the

European Initiative Liberal Academy Tbilisi for the 2009~2012 Period. " Budapest: Report Submitted to the Open Society Think Tank Fund, only available from the Fund.

214. Struyk, R., M. Damon, and S. Haddaway. 2009. *Evaluation of the 'Strengthening Institutions to Improve Public Expenditure Accountability' Project: Baseline Report.* Bethesda, MD. NORC at the University of Chicago, Report to the Global Development Network. http://www. gdn. int/html/page2. php? MID = 3&SID=24&SSID=5&SCID=6.

215. Struyk, R., S. Haddaway, and M. Damon. 2010. *Evaluation of the 'Strengthening Institutions to Improve Public Expenditure Accountability' Project: Monitoring Report.* Bethesda, MD. NORC at the University of Chicago, Report to the Global Development Network. http://www. gdn. int/html/page2. php? MID = 3&SID=24&SSID=5&SCID=6.

216. Struyk, R. and S. Haddaway. 2011. "What Makes a Successful Policy Research Organization in Transition and Developing Countries?" *Nonprofit Policy Forum*, *Vol. 2*, *Issue* 1, *Article* 4.

217. Struyk, R. and S. Haddaway. 2012. "Mentoring Policy Research Organizations: Project Evaluation Results," Voluntas, Vol. 23, pp. 636 – 60.

218. Struyk, R., K. Kohagen, and C. Miller. 2007. "Were Bosnian Policy Research Organizations More Effective in 2006 than in 2003? Did Technical Assistance Play a Role? Public Administration and Development, vo. 27, pp. 426 – 38.

219. Struyk, R., M. Ueno, and T. Suzuki. 1993. A Japanese Think Tank: Exploring Alternative Models. Washington, DC: The Urban Institute.

220. Summer, A. N. Ishmael-Perkins, and J. Lindstrom. 2009. "Making Science of Influencing: Assessing the Impact of Development Research. " Brighton:

Institute of Development Studies, University of Sussex.

221. Sundquist, J. L. 1978. "Research Brokerage: The Weak Link." In Knowledge and Policy: The Uncertain Connection, edited by L. E. Lynn. Washington, DC: National Academy of Sciences.

222. Telgarsky, J., and M. Ueno, eds. 1996. Think Tanks in a Democratic Society: An Alternative Voice. Washington, DC: The Urban Institute.

223. Think Tank Fund, Open Society Foundation. 2012. "Core Survey Highlights-Final." Budapest: author, processed.

224. Think Tank Initiative. 2013. "PEC [Policy Engagement and Communications] Lessons Learned from Francophone Africa." http://www.thinktankinitiative.org/content/pec-lessons-learned-francophone-africa.

225. Thurnet. M. 2004. "Think Tanks in Germany," in D. Stone and A. Denhem (eds.) Think Tank Traditions: Policy Research and the Politics of Ideas. Manchester: Manchester University Press, pp. 71 – 88.

226. Toegel, G., and J. Conger. 2003. "360-Degree Assessment: Time for Reinvention," Academy of Management Learning and Education, vol. 2, no. 3, pp. 297 – 311.

227. Transparify. 2014. "How Transparent are Think Tanks about Who Funds Them?" http://static.squarespace.com/static/52e1f399e4b06a94c0cdaa41/t/536a108ee4b0e77a5729562c/1399459982820/How%20Transparent%20are%20Think%20Tanks%20(Transparify%2007May2014).pdf.

228. Tschirbart, M. 1996. "Maintaining Legitimacy and Reputation through Impression Management." In Alternative Revenue Sources: Prospects, Requirements and Concerns for Nonprofits, edited by D. F. Burlingame and W. F. Ilchman (75 – 86). San Francisco: Jossey-Bass.

229. Tsui, J. , S. Hearn, and J. Young. 2014. Monitoring and Evaluation of Policy Influence and Advocacy. London: Overseas Development Institute, Working Paper 395. http://www. odi. org/publications/8265-gates-monitoring-evaluating-advocacy.

230. van Overtveldt, J. 2009. The Chicago School: How the University of Chicago Assembled the Thinkers Who Revolutionized Economics and Business. Evanston, IL: B2 Books, Agate Publishing.

231. Vera, H. 2014. "Peer Review and the Training of Young Researchers" On Think Tanks. www. onthinktanks. org, June 30.

232. Wernet, S. P. , and S. A. Jones. 1992. "Merger and Acquisition Activity Between Nonprofit Social Service Organizations: A Case Study. " Nonprofit and Voluntary Sector Quarterly 21(4): 367 - 80.

233. Weyrauch, V. 2013a. Lessons Learned on Promoting Better Links Between Research and Policy in Latin America. Buenos Aires: CIPPEC, processed.

234. Weyrauch, V. 2013b. "M&E: How Can we Enhance Its Perceived Value?" Politics & Ideas. Nov. 1, 2013. http://www. politicsandideas. org/? p= 1248. Accessed on Nov. 1, 2013.

235. Weyrauch, V. , J. D'Agostino, and C. Richards. 2011. Learners, Practitioners and Teachers: Handbook on Monitoring, Evaluating and Managing Knowledge for Policy Influence. Buenos Aires: CIPPEC. http://www. cippec. org/ documents/10179/60576/M + Sociedad + Civil% 2C% 20Learners% 2C% 20practitioners + and + teachers% 2C% 202010. pdf/0995404d-10ab-4e42-ba03-f0122514e765.

236. Wheeler, T. L. , and J. D. Hunger. 2000. Strategic Management and Business Policy. 7th ed. Upper Saddle River, NJ: Prentice Hall.

237. Weidenbaum, M. 2009. The Competition of Ideas: The World of the Washington Think Tanks. News Brunswick, NJ: Transactions Publishers.

238. Whitty, B. 2008. "Stretched in All Directions: The Demands, Pulls and Pressures on Policy Research Organizations. " London: One World Trust.

239. Wilson, T. 1994. Innovative Reward Systems for the Changing Workplace. New York: McGraw-Hill.

240. Woelk, G. , K. Daniels, J. Cliff, S. Lewin, E. Sevene, B. Fernandes, A. Mariano, S. Matinhure, A. Oxman, J. Lavis, and C. S. Lundborg. 2009. "Translating Research into Policy: Lessons Learned from Eclampsia Treatment and Malaria Control in Three Southern African Countries," Health Research Policy and Systems, Vol. 7, no. 3, pp. 1 – 14.

241. Wolf. , M. 2014. The Shifts and Shocks: What We've Learned—and Have Still to Learn—from the Financial Crisis. New York: Penguin Press.

242. WonkComms. 2013. EVENT: Wonkcomms teams and skill sets: what does the future hold? December 10. http://wonkcomms. net/2013/12/10/event-wonkcomms-teams-and-skill-sets-what-does-the-future-hold/. Accessed December 13, 2013.

243. Wyatt, M. and The Central and Eastern Europe Working Group on Non Profit Governance. 2004. A Handbook of NGO Governance. Budapest: European Center for Not-for-Profit Law. http://www. ecnl. org/dindocuments/18 _ Governance%20Handbook. pdf.

244. Young, J. , V. Hauck, and P. Engle. 2013. Final Report of the External Evaluation of the Think Tank Initiative. http://www. ecdpm. org/Web_ ECDPM/ Web/Content/Navigation. nsf/index2? readform&http://www. ecdpm. org/Web _ ECDPM/Web/Content/Content. nsf/0/4F796B695A372376C1257BEF0028E8CA?

OpenDocument.

245. Young，D.，and L. M. Salamon. 2002. "Commercialization，Social Ventures，and For-Profit Competition. " In The State of Nonprofit America，edited by L. M. Salamon (423 – 46). Washington，DC: Brookings Institution Press.

索　引

(索引中的页码为原著页码,检索时请查本书边码)

434

附表1 中英人名对照表

中文人名	英文人名
D. N. 斯科特	D. N. Scott
D. 娜克奥拉	D. Nakaura
K. Y. 阿莫阿科	K. Y. Amoako
N. 斯科特	N. Scott
R. 斯科特	R. Scott
阿卜杜拉耶·迪亚涅	Abdoulaye Diagne
阿比德·苏莱瑞	Abid Suleri
阿杰亚·迪克西特	Ajaya Dixit
阿雷拉诺	Arellano
埃贝雷·尤尼兹	Ebere Uneze
埃里克·埃博赫	Eric Eboh
埃默森	Emerson
埃姆斯	Ames
艾勒姆	Islam
艾利森	Allison
艾伦	Allen
艾希迪克	Ahiadeke
爱德华兹	Edwards
安·范杜森	Ann van Dusen
安德烈亚·奥多涅斯	Andrea Ordonez
安德鲁·奥诺克霍瑞	Andrew Onokerhoraye
安德鲁·里奇	Andrew Rich

（续表）

中文人名	英文人名
安德鲁·瑟烈	Andrew Selee
安妮卡·尤德利普	Annika Uudelepp
奥弗里·门萨	Ofori Mensa
奥格尼安·谢姆托夫	Ognian Shentov
奥科丘克沃·伊比努	Okechukwu Ibeanu
奥尼尔莫琳	Maureen O'Neil
奥斯卡·奥希昂	Oscar Ochieng
巴达克	Bardach
巴特勒	Butler
班恩	Ban
邦克德	Bunkder
鲍舍	Bowsher
鲍里斯·涅姆佐夫	Boris Nemstov
鲍里斯·叶利钦	Boris Yeltsin
本杰明	Benjamin
比尔·奥斯曼	Bill Ausman
比瞿娜·戴雅米特	Bitrina Diyamett
比让芭娃·伊丽莎白·科利	Birabwa Aliro Elizabeth Koli
彼得·德鲁克	Peter Drucker
彼得·泰勒	Peter Taylor
彼得森	Petersen
彼得亚雷·卡茨米尔科沃兹	Piotr Kazmierkiewicz
波茨	Pautz
伯林盖姆	Burlingame
博思格	Poethig
布拉肯	Bracken
布莱克蒙	Blackmon

（续表）

中文人名	英文人名
布赖森	Bryson
布兰达池	Bradach
布朗思	Brownsey
布丽奇特·洛厄尔	Bridget Lowell
布鲁克纳	Bruckner
布伦	Bullen
布姆加纳	Bumgarner
查兰	Charan
达林	Darling
达士妮·维拉孔	Dushni Weerakoon
达塔	Data
达特	Dart
戴蒙	Damon
戴维·德费兰蒂	David de Ferranti
戴维斯	Davies
戴维斯	Davis
德阿戈斯蒂诺	D'Agostino
德拉博·胡佛	Deborah Hoover
德鲁茜拉·戴维	Drusilla David
德纳姆	Denham
邓恩	Dunn
迪斯	Dees
多洛雷丝·阿列塔	Dolores Arrieta
多特利奇	Dotlich
厄尔	Earl
恩格尔	Engel
恩里克·门迪扎芭	Enrique Mendizabal

（续表）

中文人名	英文人名
凡·欧乌特威尔德	van Overtveldt
费尔曼	Faerman
费尔南多·斯特拉法切	Fernando Straface
费利克斯·穆日提	Felix Murithi
费利西蒂·斯基德莫尔	Felicity Skidmore
弗雷德·伯恩斯坦	Fred Bernstein
福克斯	fox
福斯特	Foster
戈兰·布尔迪斯基	Goran Buldioski
格雷厄姆	Graham
格里芬	Griffin
格林伯格	Greenberg
格伦	Glen
格罗斯曼	Grossman
哈哈林·安德烈	Khakhalin Andrei
哈里·拿加拉简	Hari Nagarajan
海娜·马哈穆德	Henna Mahmood
汉斯·古特布罗德	Hans Gutbrod
和散那·路	Hoseana Lunogelo
赫恩	Hearn
赫尼曼	Heneman
黑兹尔格伦	Hazelgren
亨	Henn
华池科	Huack
霍尔	Hall
霍夫兰	Hovland
霍克	Hawk

（续表）

中文人名	英文人名
霍兰	Holland
基廷	Keating
吉纳·拉格马西诺	Gina Lagomarsino
季马·霍夫曼	Dima Gofman
加勒特	Garrett
加利布·巴伊拉莫夫	Galib Bayramov
加林娜·戈莲科娃	Galina Golenkova
加琳娜·戈连科娃	Galina Golenkova
加卢什科	Vladyslav Galushko
加尼特	Garnet
加尼特	Garnett
贾·奥桑迪	Jai Asundi
杰弗里·特尔加斯基	Jeffrey Telgarsky
杰凯克·库哈赤克	Jacek Kucharczyk
杰里米·阿文斯	Jeremy Avins
杰森·瑞奇万	Jason Richwine
金登	Kingdon
金董硕	Dongseok Kim
卡登	Carden
卡弗	Carver
卡门·莱因哈特	Carmen Reinhart
卡米尔·凯乌	Kamier kiew
卡普兰	Kaplan
卡伊罗	Cairo
卡扎娜思	Kazanas
凯蒂·斯托克顿	Katy Stockton
凯夫	Kave

（续表）

中文人名	英文人名
凯勒曼	Kellerman
凯特纳	Kettner
凯特旺·奇赫拉什维利	Ketevan Tsikhelashvili
凯兹	Kitzi
康格	Conger
康斯坦丁·德斯·史让提	Constantine Deus Shirati
考特	Court
柯特妮·托尔米	Courtney. Tolmie
柯文尔	Colvin
科顿	Cotton
科韦洛	Covello
科扎克	Kosack
克尔	Kerr
克拉姆	Kram
克拉奇菲尔德	Crutchfiled
克莱门特·爱德克	Clement Ahiadeke
克劳迪娅·菊池	Claudia Juech
克里斯·汉密尔顿	Chris Hamilton
克里斯蒂娜·曼德	Kristina Mänd
克里斯托弗·米勒	Christopher Miller
肯尼思·罗格夫	Kenneth Rogoff
肯尼斯·罗格夫	Kenneth Rogoff
库拉萨班纳汗	Kulasabanathan
裤裤扎	Cucuzza
夸梅·欧恩	Kwame Owino
拉·皮亚纳	La Piana
拉多维奇	Radovich

（续表）

中文人名	英文人名
拉金	Larkin
拉维斯	Lavis
莱安德罗 · 真迪	Leandro Echt
莱茨	Letts
莱德福	Ledford
莱特	Light
朗斯佛	Langsford
雷宾	Rabin
李	Lee
里杰斯特	Regester
里库奇	Riccucci
里斯	Rees
理查德·琼斯	Richard Jones
理查兹	Richards
利	Leigh
利普斯	Lips
林登·约翰逊	Lyndon Johnson
林克斯	Linksz
林纳德	Lindner
林内	Liner
铃木	Suzuki
鲁滨逊	Robinson
鲁斯·莱文	Ruth Levine
伦乔尼	Lencioni
罗伯特·雷克托	Robert Rector
罗恩	Rowan
罗尔夫·凯茨勒	Rolf Ketzler

（续表）

中文人名	英文人名
罗克林	Rochlin
罗梅罗	Romero
罗米纳·伍克热瑞可	Romina Wuckzaryk
罗纳德·里根	Ronald Reagan
罗思韦尔	Rothwell
罗斯	Rose
罗特	Drotter
洛马斯	Lomas
吕克·安徒生	Lykke Andersen
马丁	Martin
马米·安南-布朗	Mame Annan-Brown
马诺基·潘达	Manoj Panda
玛格丽·奥斯汀·特纳	Margery Austin Turner
麦德韦兹	Medvetz
麦根	McGann
麦克劳德	McLeod
麦克默特里	McMurtry
麦克唐纳	MacDonald
麦克亚当斯	McAdams
曼德尔	Mandell
梅纳德	Maynard
梅斯	Mesch
门斯	Mense
蒙卡达	Moncada
米歇尔·凯利·加尼翁	Michel Kelly Gagnon
莫尔斯	Morse
莫洛佐夫	Morozov

（续表）

中文人名	英文人名
莫尼特	Monitor
莫斯	Moss
默里·韦登鲍姆	Murray Weidenbaum
姆万吉·金门易	Mwangi Kimenyi
穆尔	Moore
纳班提恩	Nalbantian
纳德勒	Nadler
纳迪姆哈克	Nadeem Ul Haque
娜杰日达·科萨列娃	Nadezhda Kosareva
耐婷	Netting
南希·伯索尔	Nancy Birdsall
内斯	Ness
尼迪·萨巴沃尔	Nidhi Sabharwal
尼古拉·塔加罗夫	Nikolai Tagarov
尼古拉斯·本尼奎斯塔	Nicolas Benequista
尼克森	Nickerson
诺埃尔	Noel
诺顿	Norton
帕尔伯格	Paalberg
帕克·阿瑟普	Pak Asep
帕里	Parry
帕亚斯	Pajas
培根	Bacon
佩里	Perry
普拉特	Platt
齐特拉·赛普特安卡	Chitra Septyandrica
乔布·艾侬洪塞勒	Job Eronmhonsele

（续表）

中文人名	英文人名
乔治噶拉基斯	Georgalakis
瑞安	Ryan
撒母耳·海德威	Samuel Haddaway
萨拉·塞瓦尼亚纳	Sarah Ssewanyana
萨马尔马	Samar Varma
萨默	Summer
赛韦尔	Saywell
桑耐特	Thunert
桑尼	Sonny Mumbunan
森德奎斯特	Sundquist
沙伊玛·卡德里	Shaymaa Kadry
上野	Ueno
绍斯塔克	Szostak
施莱辛格	Slesinger
史密斯	Smith
舒尔茨	Shultz
斯科特·福里	Scott Forrey
斯慕迪洛	Smutylo
斯塔威尔	Studwell
斯特鲁伊克	Struyk
斯通	Stone
苏伯拉特·达斯	Subrat Das
苏丹哈菲兹 · 拉赫曼	Sultan Hafeez Rahman
亭	Ting
托格尔	Toegel
瓦格·苏雷什	Raghava Suresh
威尔逊	Wilson

（续表）

中文人名	英文人名
韦尔克	Woelk
韦弗	Weaver
韦罗克	Weyrauch
维拉	Vera
沃尔夫	Wolf
沃内特	Wernet
乌丹·费尔南多	Udan Fernando
西蒂·法蒂玛	Siti Fatimah
西尔弗斯坦	Silverstein
西蒙·马克斯韦尔	Simon Maxwell
西蒙斯	Simons
希思	Heath
谢芭·瓦吉斯	Sheeba Varghese
谢加·汗	Shekhar Khan
辛格	Singer
休伯曼	Huberman
休姆	Hulme
徐	Tsui
亚历山大·普扎诺夫	Alexander Puzanov
扬	Young
扬克	Yankey
耶尔萨莱	Salee
伊尔西曼	Ilchman
伊科诺米	Economy
英乔泰圭	Enchautegui
约翰·罗杰斯	John Rogers

附表 2 中英机构名称对照表^①

机构中文名称	机构英文名称	英文简称	所在国家	机构网站
"阿塞拜疆智库联盟"	Azerbaijan Think Tank Alliance	ATTA	阿塞拜疆	
"智库公民"启迪中心	"Intelligent Citizen" Enlightenment Center	ICEC		
ARU 基金会	Fundación ARU	ARU	玻利维亚	http://www.aru.org.bo/
E-A 评级服务公司	E-A Ratings Service		俄罗斯	
PATTIRO 地区研究和信息中心	Pusat Telaah dan Informasi Regional	PATTIRO	印度尼西亚	http://pattiro.org
SMERU 研究所	SMERU Research Institute	SMERU	印度尼西亚	http://www.smeru.or.id/
TARKI 社会研究所	TARKI Social Research Institute	TARKI	匈牙利	http://www.tarki.hu/en/
阿塞拜疆共和国总统办公室的政策研究中心	Strategic Research Center under the President of Azerbaijan Republic		阿塞拜疆	
埃及政府内阁信息决策支持中心	Information and Decision Support Center of the Cabinet of the Government of Egypt	IDSC	埃及	http://www.idsc.gov.eg
埃塞俄比亚发展研究所	Ethiopian Development Research Institute	EDRI	埃塞俄比亚	http://edri-eth.org/

① 译者注：表格空白处表示若干个智库没有英文简称/所在国家/机构网站，或译者未找到其英文简称/所在国家/机构网站。

（续表）

机构中文名称	机构英文名称	英文简称	所在国家	机构网站
埃塞俄比亚经济学协会	Ethiopian Economics Association	EEA	埃塞俄比亚	
埃塞俄比亚经济政策研究所	Ethiopian Economic Policy Research Institute	EEPRI	埃塞俄比亚	
安纳德农村管理研究所	Institute of Rural Management Anand	IRMA	印度	https://www.irma.ac.in/
巴查查兰大学经济学院的经济与发展研究中心	Center for Economics and Development Studies，Faculty of Economics，Padjadjaran University	CEDS	印度尼西亚	
巴基斯坦发展经济学研究所	Pakistan Institute of Development Economics	PIDE	巴基斯坦	http://www.pide.org.pk/
巴拉圭经济发展分析中心	Centro de Análisis y Difusión de la Economía Paraguaya	CADEP	巴拉圭	
布鲁金斯学会	Brookings Institution		美国	http://www.brookings.edu
城市经济研究所	Institute for Urban Economics	IUE	俄罗斯	http://www.urbaneconomics.ru/en
城市研究所	Urban Institute	UI	美国	http://www.urban.org
传统基金会	The Heritage Foundation		美国	http://www.heritage.org
促进公平与增长的公众政策实践中心	Center for the Implementation of Public Policies Promoting Equity and Growth	CIPPEC	阿根廷	http://www.cippec.org
大都会研究所	Metropolitan Research Institute	MRI	匈牙利	http://www.mri.hu/
德国经济研究所	Deutsche Institut fuer Wirtschaftsforschrung	DIW	德国	

（续表）

机构中文名称	机构英文名称	英文简称	所在国家	机构网站
俄罗斯产业与企业家联盟研究所	Russian Union of Industrialists and Entrepreneurs	RSPP	俄罗斯	http://eng. rspp. ru/
厄瓜多尔环境法中心	Centro Ecuatoriano de Derecho Ambiental	CEDA	厄瓜多尔	
发展分析小组	Grupo de Análisis para el Desarrollo	GRADE	秘鲁	
发展高级研究学会	Instituto de EstudiosAvanzados en Desarrollo	INESAD	玻利维亚	http://www. inesad. edu. bo/ web/
发展绩效研究所	Results for Development Institute	R4D	美国	http://www. resultsfordevelo pment. org
发展研究所	Institute for Development Studies	IDS	英国	https://www. ids. ac. uk
发展研究所	Instituto Desarrollo	ID	巴拉圭	
发展与环境倡导联盟	Advocates Coalition for Development and Environment	ACODE	乌干达	http://www. acode-u. org/
发展中社会研究中心	Centre for the Study of Developing Societies	CSDS	印度	
非洲经济研究中心	Center for the Study of Economies of the Africa	CSEA	尼日利亚	http://www. cseaafrica. org
人口与环境发展中心	Centre for Population and Environmental Development	CREP	尼日利亚	http://cpedng. org/
非洲经济转型研究中心	African Center for Economic Transformation	ACET	加纳（总部）	http:// acetforafrica. org/
非洲遗产研究所	African Heritage Institution	AfriHeritage	尼日利亚	http://www. afriheritage. org/

（续表）

机构中文名称	机构英文名称	英文简称	所在国家	机构网站
非洲应用经济学研究所	African Institute for Applied Economics	AIAE	尼日利亚	http://www.aiae-nigeria.org/
扶贫研究中心	Research on Poverty Alleviation	REPOA	坦桑尼亚	http://www.repoa.or.tz/
改革与机遇进步基金会	Fundación para el Avance de las Reformas y las Oportunidades	Grupo FARO	厄瓜多尔	http://www.grupofaro.org/
公共事务中心	Public Affairs Centre	PAC	印度	http://www.pacindia.org/
国会的分析情报中心	Analytical Information Centre of Parliament		阿塞拜疆	
国际发展署	Department for International Development	DFID	英国	https://www.gov.uk/government/organisations/department-for-international-development
国际发展研究中心	International Development Research Centre	IDRC	加拿大（总部）	https://www.idrc.ca/
国际货币基金组织	International Monetary Fund	IMF	美国（总部）	https://www.imf.org/external/index.htm
国际金融学院	International Finance Institution	IFI		http://www.financeinstitute.com/
国际与战略问题研究中心	Center for International and Strategic Studies		印度尼西亚	
国家经济大学的经济研究所	Economic Research Institute of State Economic University		阿塞拜疆	

（续表）

机构中文名称	机构英文名称	英文简称	所在国家	机构网站
国家应用经济研究中心	National Council of AppliedEconomic Research	NCAER	印度	http://www.ncaer.org/
海外发展研究所	Overseas Development Institute	ODI	英国	https://www.odi.org/
韩国发展研究院	Korean Development Institute	KDI	韩国	http://www.kdi.re.kr/kdi_eng/main/main.jsp
洪都拉斯外债危机和发展社会论坛	Foro Social de Deuda Externa y Desarrollo de Honduras	FOSDEH	洪都拉斯	http://www.fosdeh.net/
吉列尔莫·恩古博士基金会	Fundación Dr. Guillermo Manuel Ungo	FUNDAUNGA	萨尔瓦多	http://www.fundaungo.org.sv/fundaungo/
加纳教师协会	Ghana Association of Teachers	GNAT	加纳	http://ghanateachers.org/
加纳教育服务部	Ghana Education Service	GES	加纳	http://www.ges.gov.gh/GES
加纳研究生导师协会	Ghana National Association of Graduate Teachers	NAGRAT	加纳	nagrat.org
经济、司法和社会研究和文献中心	le Centre d'Etudes,de Documentation et de Recherche Economiques et Sociales	CEDRES	埃及	
经济发展中心	Center for Economic Development	CED	美国	https://economicdevelopment.umw.edu/

（续表）

机构中文名称	机构英文名称	英文简称	所在国家	机构网站
经济分析研究所	Institute for Economic Analysis		肯尼亚	
经济和社会研究基金会	Economic and Social Research Foundation	ESRF	坦桑尼亚	http://www.esrftz.org
经济和社会研究协会	Consortium pour la Recherche Economique et Sociale	CRES	塞内加尔	http://www.cres-sn.org
经济社会研究与文献中心	Centre d'études，de documentation et de recherches économiques et sociales	CEDRES	布基纳法索	
经济事务研究所——肯尼亚	Institute for Economic Affairs-Kenya	IEA Kenya	肯尼亚	http://ieakenya.or.ke
经济事务研究所——加纳	Institute of Economic Affairs - Ghana	IEA-Ghana	加纳	
经济研究中心	Center for Economic Research	CER	乌兹别克斯坦	http://www.cer.uz/en/
经济研究中心	Economic Research Center	ERC	阿塞拜疆	http://erc.az/az/
经济增长研究所	Institute of Economic Growth	IEG	印度	http://www.iegindia.org/
经济政策研究中心	Economic Policy Research Center	EPRC	乌干达	http://eprcug.org
经济转型研究所	Institute for Economy in Transition	IET		
卡托研究所	the Cato Institute	Cato	美国	http://www.cato.org
开放社会基金会	Open Society Foundation		美国	https://www.opensocietyfoundations.org/
开放社会政策协会	Policy Association for an Open Society	PASOS	捷克	http://pasos.org

（续表）

机构中文名称	机构英文名称	英文简称	所在国家	机构网站
科学、技术和创新政策研究中心	Science，Technology and Innovation Policy Research Organization	STIPRO	坦桑尼亚	http://www.stipro.or.tz
科学、技术及政策研究中心	Center for Study of Science，Technology and Policy	CSTEP	印度	http://www.cstep.in/
可持续发展政策研究所	Sustainable Development Policy Institute	SDPI	巴基斯坦	http://www.sdpi.org/
肯尼亚公共政策研究与分析中心	Kenya Institute for Public Policy Research and Analysis	KIPPRA	肯尼亚	http://kippra.or.ke/
兰德公司	RAND Corporation		美国	http://www.rand.org/
美国国际开发署	United States Agency for International Development	USAID	美国	https://www.usaid.gov
美国公共政策企业研究所/美国企业研究所	American Enterprise Institute for Public Policy Research/American Enterprise Institute	AEI	美国	http://aei.org
美国退休者协会	American Association of Retired Persons	AARP	美国	http://www.aarp.org
马凯雷雷社会研究所	Makerere Institute of Social Research	MISR	乌干达	https://misr.mak.ac.ug/
蒙特雷科技大学的公共管理与公共政策研究生院	Graduate School of Public Administration and Public Policy，Tecnológico de Monterrey	EGAP	墨西哥	
蒙特利尔经济研究所	Montreal Economic Institute	MEI	加拿大	http://www.iedm.org/fr/e
秘鲁研究所	Instituto de Estudios Peruanos	IRP	秘鲁	http://www.iep.org.pe/

（续表）

机构中文名称	机构英文名称	英文简称	所在国家	机构网站
民主发展中心	Center for Democratic Development	CDD	加纳	http://www.cddgh.org
民主研究中心	Center for the Study of Democracy	CSD	比利时	http://www.csd.bg
民主与自由企业中心	Center for Democracy and Free Enterprise	CDFE	捷克	
农业与农村未来发展计划	Initiative prospective agricole et rurale	IPAR	塞内加尔	http://www.ipar.sn/
欧洲第比利斯自由倡议学院	European Initiative-Liberal Academy Tbilisi	EI-LAT	格鲁吉亚	http://www.ei-lat.ge
欧洲发展政策管理中心	European Centre for Development Policy Management	ECDPM	荷兰（总部）	http://ecdpm.org/
欧洲政策研究中心	Center for European Policy Studies	CEPS	比利时	https://www.ceps.eu
贫穷分析中心	Centre for Poverty Analysis	CEPA	斯里兰卡	http://www.cepa.lk/
区域研究和资讯中心	Center for Regional Information and Studies			
全国家庭事务委员会	National Council of Family Affairs	NCRF	美国	https://www.ncfr.org/
全国民意研究中心	National Opinion Research Center	NORC	美国	http://www.norc.org/
全球发展网络	Global Development Network	GDN	印度（总部）	http://www.gdn.int
全球发展中心	Center for Global Development	CGD	美国	http://www.cgdev.org
萨尔瓦多经济与社会发展基金会	Fundación Salvadoreña para el Desarrollo Económico y Social / Departamento de Estudios Económicos y Sociales	FUSADES	萨尔瓦多	fusades.org

（续表）

机构中文名称	机构英文名称	英文简称	所在国家	机构网站
社会和环境变迁研究所	Institute for Social and Environmental Transition	ISET-International	美国	http://i-s-e-t. org/
社会和环境变迁研究所——尼泊尔	Institute for Social and Environmental Transition-Nepal	ISET-N	尼泊尔	http:// isetnepal. org. np/
社会经济研究中心	Center for Social and Economic Research	CASE	波兰	http://www. case-research. eu/
社会研究协会	Asociación de Investigación y Estudios Sociales	ASIES	危地马拉	http://www. asies. org. gt/
社会政策和发展中心	Social Policy and Development Centre	SPDC	巴基斯坦	http://www. spdc. org. pk/
社会综合发展中心	Integrated Social Development Centre	ISODEC	加纳	
实践智库	PRAXIS		爱沙尼亚	http://www. praxis. ee/
世界野生生物基金会	International World Wildlife Fund	WWF	美国	http://www. worldwildlife. org/
数据政策研究所	Data Policy Institute	DPI		
太平洋大学的研究中心	Research Center of the University of the Pacific	CIUP	秘鲁	
统计、社会和经济研究所	Institute of Statistical, Social and Economic Research	ISSER	美国	http://www. isser. org/
万隆治理研究所	Bandung Institute of Governance Studies	BIGS	印度尼西亚	http://bigs. or. id
危地马拉发展基金会	Fundación para el Desarrollo de Guatemala	FUNDESA *	危地马拉	
威廉和弗洛·休利特基金会	The William and Flora Hewlett Foundation		美国	http://www. hewlett. org/

（续表）

机构中文名称	机构英文名称	英文简称	所在国家	机构网站
先进社会技术部	Advanced Social Technologies	AST	亚美尼亚	http://www.ast.am/en/home
亚洲开发银行	Asian Development Bank	ADB	菲律宾（总部）	http://www.adb.org
研究与通讯中心	Center for Research and Communication	CRC	菲律宾	
印度贱民文化研究所	Indian Institute of Dalit Studies	IIDS	印度	http://www.dalitstudies.org.in
预算与政策研究中心	Centre for Budget and Policy Studies	CBPS	印度	http://cbps.in
预算与治理责任研究中心	Center for Budget and Governance Accountability	CBGA	印度	http://www.cbgaindia.org/
战略与国际问题研究中心	Center for Strategic andInternational Studies	CSIS	美国	https://www.csis.org/
政策对话中心	Centre for Policy Dialogue	CPD	孟加拉国	http://cpd.org.bd/
政策分析研究所——卢旺达	Institute of Policy Analysis and Research - Rwanda	IPAR-Rwanda	卢旺达	http://www.ipar-rwanda.org/index.php?lang＝en
政策研究所	Institute of Policy Studies	IPS	斯里兰卡	http://www.ips.lk/
政策研究与发展	Policy Research and Development	PRAD	尼泊尔	
政策研究中心	Centre for Policy Research	CPR	印度	.
政治经济学实证研究所	Institut de recherche empirique en économie politique	IERPE	贝宁	

（续表）

机构中文名称	机构英文名称	英文简称	所在国家	机构网站
政治研究中心	Center for Political Studies	CPS	英国	http://www. cps. org. uk/
芝加哥全球事务委员会	Chicago Council on Global Affairs		美国	https：//www. thechicagocouncil. org/
治理研究所	Institute of Governance Studies	IGS	孟加拉国	
中央银行的研究与发展中心	Research & Development Center of Central Bank		阿塞拜疆	
综合社会发展中心	Unnayan Shamannay	US	孟加拉国	

附表 3　缩略语①

英文简称	英文全称	中文含义
Annex X. X ＊	Annex X. X ＊	标有"＊"号的附录,是一些政策和程序文本的的实例。这些附录单独在 http://r4d. org/improving-thingk-tank-management 上以 WORD 形式出版。
CD	Center Director	中心主任
CEE	Central and Eastern Europe	中欧和东欧
CEE‐6		CEE‐6 指的是中东欧的六个智库,作者与这六个智库的执行董事进行了深入的沟通交流,文中将会探讨作者在交流中获得的信息。
CIS	Commonwealth of Independent States	独立国家联合体"独联体"(由位于高加索地区和中亚地区的前苏联国家组成的独立国家联合体)
CPS	Cost policy statement	成本政策声明
CSO	Civil Society Organization	公民社会组织
ED	Executive Directors	执行董事
EOs	Example organizations	机构实例
EU	European Union	欧盟
FTE	Full time equivalent	全工时评量法
GDN‐15		是指参加 GDN 监控计划的 15 个智库,包括对其进行监控调查,这将会在正文中进一步阐述。

---

① 译者注：表格空白处表示该缩略语只有英文简称,没有英文全称。

英文简称	英文全称	中文含义
HR	Human resources	人力资源
IT	Information technology	信息技术
MPs	Members of Parliament	议员
PD	Project Director	项目总监
PETS	Public Expenditures Tracking System	公共支出跟踪系统
PEC	Policy engagement and communications	政策参与和沟通
PO	Participating organization	参与机构
PROs	Policy research organizations	政策研究机构
QC	Quality control	质量控制
RA	Research assistant	助理研究员
RAOs	Research advocacy organizations	研究与倡导组织
SME	Small and medium enterprises	中小企业
Stage 1, 2, and 3 think tanks		第 1 章基于智库全职研究人员人员和现有通讯专家的数量将智库发展划分为三个阶段，第一阶段的智库拥有不足 10 人的全职研究员，甚至没有一个全职通讯专家。与第一阶段的智库，第二阶段和第三阶段的智库规模较大，这并不是指简单的员工人数或者员工构成，而是指智库全面发展的程度。
TAP	Transparency and Accountability Project	透明度和问责制项目
Team leader		团队领导者是指凝聚研究人员，管理项目小组的人，在一些规模较大的团队中，还会出现"组中组"的情况，并出现"分组负责人"团队领导者经常被称为中心主任、部门主任。

（续表）

英文简称	英文全称	中文含义
TTI-48		TTI-48 是指参与 TTI 项目、并接受其监控调查的 48 个智库。正文中将会详细阐述其调查数据。
TTI-EX-2012		50 个智库或智库联盟成员的领导人、员工于 2012 年在南非举办会议，共同商讨改善智库管理、增强彼此间交流的方法。
TOR	Terms of reference	职权范围
3ie	International Initiative for Impact Evaluation	国际影响力评估项目

图书在版编目(CIP)数据

完善智库管理：智库、"研究与倡导型"非政府组
织及其资助者的实践指南 /（美）雷蒙德·斯特鲁伊克著；
李刚等译. — 南京：南京大学出版社，2017.1(2018.4 重印)
（南大智库文丛 / 李刚主编）
书名原文：Improving Think Tank Management：
Practical Guidance for Think Tanks，Research
Advocacy NGOs，and Their Funders
ISBN 978 - 7 - 305 - 17967 - 9

Ⅰ．①完… Ⅱ．①雷… ②李… Ⅲ．①咨询机构—管
理学—研究 Ⅳ．①C932.82

中国版本图书馆 CIP 数据核字(2016)第 282313 号

Improving Think Tank Management：Practical Guidance for Think Tanks，
Research Advocacy NGOs，and Their Funders
by Raymond Struyk
© Results for Development Institute，2015.
Simplified Chinese translation copyright © 2017
by Nanjing University Press Co. ，Ltd.
all rights reserved

出版发行　南京大学出版社
社　　址　南京市汉口路 22 号　　　　　邮　编　210093
出 版 人　金鑫荣

丛 书 名　南大智库文丛
主　　编　李　刚
书　　名　完善智库管理：智库、"研究与倡导型"非政府组织及其资助者的实践指南
著　　者　[美]雷蒙德·斯特鲁伊克
译　　者　李　刚　孔　放　庆海涛　等
校　　译　伍丹履
责任编辑　张　珂　张　静

照　　排　南京南琳图文制作有限公司
印　　刷　江苏凤凰通达印刷有限公司
开　　本　718×1000　1/16　印张 34.75　字数 504 千
版　　次　2017 年 1 月第 1 版　2018 年 4 月第 2 次印刷
ISBN 978 - 7 - 305 - 17967 - 9
定　　价　98.00 元

网址：http://www.njupco.com
官方微博：http://weibo.com/njupco
官方微信号：njupress
销售咨询热线：(025) 83594756